“绿色化”和减贫相结合的《中国绿色减贫指数报告2016》研究成果

将为我国新时期尤其“十三五”扶贫攻坚总目标提供重要参考和指导

【经济学学术前沿书系】

中国绿色减贫指数报告（2016）

北京师范大学中国扶贫研究中心◎著

经济日报出版社

图书在版编目（CIP）数据

中国绿色减贫指数报告. 2016 / 北京师范大学中国扶贫研究中心著. -- 北京：经济日报出版社，2016.6

ISBN 978-7-80257-954-5

Ⅰ. ①中… Ⅱ. ①北… Ⅲ. ①扶贫-研究报告-中国-2016 Ⅳ. ①F124.7

中国版本图书馆 CIP 数据核字（2016）第 117068 号

中国绿色减贫指数报告 2016

作　　者	北京师范大学中国扶贫研究中心
责任编辑	晏杰然
责任校对	孙　楠
出版发行	经济日报出版社
社　　址	北京市西城区白纸坊东街 2 号
邮政编码	100054
电　　话	010-63516978（编辑部）　63516959（发行部）
网　　址	www.edpbook.com.cn
E-mail	edpbook@126.com
经　　销	全国新华书店
印　　刷	北京九州迅驰传媒文化有限公司
开　　本	710×1000 mm　1/16
印　　张	22.125
字　　数	369 千字
版　　次	2016 年 6 月第一版
印　　次	2016 年 6 月第一次印刷
书　　号	ISBN 978-7-80257-954-5
定　　价	45.00 元

序言一

绿色减贫领域中一项创新研究

绿色发展与消除贫困既是联合国"2030 年可持续发展议程"的重要目标，也是中国政府提出的 2020 年建设全面小康社会的宏伟规划的任务要求。在过去近 40 年的发展与改革历程中，中国在经济增长方面取得了举世瞩目的成就，GDP 的年均增长率超过了 9%，居民收入也出现了大幅度增长。然而，由于过度追求经济增长，忽视了经济增长的可持续性和增长成果的共享性，在一段时期内一些地区出现了环境恶化，污染严重的问题，同时由于收入差距和城乡差距的扩大，农村仍有很大一个人群长期处于贫困状态。我们知道，扶贫最有效的手段是发展经济，而经济发展又不能不顾及环境保护，因此通过绿色发展来实现减贫的目的成为现有发展阶段中不得不做出的一种选择。

绿色发展与绿色减贫作为一种发展理念已深入人心。可是，仅仅宣扬这种理念是不够的。我们需要将它应用到经济和社会发展研究中，落实在政策制定和执行中。因此，对绿色减贫的目标和过程加以指数化是一项非常重要的工作。在这方面，北京师范大学张琦教授主编的《中国绿色减贫指数报告 2016》作出了尝试，并取得了很大进展。该报告根据所收集到的最新信息和数据，对农村 11 个连片特困地区的绿色减贫的效果加以评估，并给出了各个片区的绿色减贫指数。根据报告提供的 11 个片区的绿色减贫指数，可以看出片区之间存在着很大的差异，而且大部分片区在经济增长和扶贫开发方面具有不俗的表现，而在资源利用和环境保护方面却差强人意。也就是说，报告提供的绿色减贫指数是一套参照标准，从中可以对各地的绿色减贫效果做出评估和比较，因此它具有非常重要的政策含义和实用价值。

应该看到，构造一套绿色减贫指数具有相当的难度。特别对于连片特困地区来说，收集到相关的真实可靠的信息和数据是特别困难的，而这些信息和数据又是计算绿色减贫指数的基础和关键成分。因此，我对张琦教授及其团队为此做出的大量辛勤工作表示由衷钦佩。当然，从严格的学术标准来看，这项工作会有或多或少的不足和遗憾，但是这无法掩盖其重要的社会价值。它作为一项开创性的工作，在以后不断改进和完善过程中，会不断显现出重要的社会影响作用。

北京师范大学教授

李实

2016 年 5 月 4 日

序言二

打赢脱贫攻坚战必须贯彻绿色发展理念

在党的十八届五中全会上，习近平总书记提出创新、协调、绿色、开放、共享“五大发展理念”，其中，绿色发展理念与其他四大发展理念相互贯通、相互促进，集中体现了我们党关于生态文明建设的新要求，对于推进我国经济社会科学发展具有重大意义。绿色发展理念以人与自然和谐为价值取向，以绿色低碳循环为主要原则，以生态文明建设为基本抓手。绿色发展理念的提出，体现了我们党对我国经济社会发展阶段性特征的科学把握。经济合作与发展组织的报告显示，绿色发展是一种新的经济发展举措，它将人类福祉置于发展的中心位置，确保自然资产继续为可持续发展提供必要的资源与环境服务。绿色发展扩展了财富、福祉、增长与发展质量的传统定义。2015 年 11 月，中共中央、国务院印发的《关于打赢脱贫攻坚战的决定》(以下简称:《决定》)在指导思想中明确要求，脱贫攻坚要牢固树立并切实贯彻创新、协调、绿色、开放、共享的发展理念。因此，打赢脱贫攻坚战、实现贫困地区的可持续发展必须以五大发展理念为统领，必须把扶贫开发促进减贫和绿色增长结合起来，推进绿色减贫。绿色减贫，是精准扶贫精准脱贫基本方略的内在要求，是贫困地区发展、脱贫攻坚贯彻落实绿色发展理念的重要体现。

坚持绿色减贫、实现绿色发展，是由贫困地区的生态脆弱、贫困人口通常面临发展与生态保护选择等特征所决定的。我国的大部分贫困地区和生态脆弱地区在地理分布上存在着很强的耦合性。在生态脆弱区的县级行政单位中，76% 为国家扶贫开发工作重点县，这些县的土地面积、耕地面积和人口数量，分别占到生态脆弱地区土地面积的 43%、耕地面积的 68%、人口数量的 76%。生态脆弱意味着这些地区难以通过重化工业化等方式来进一步推进本地区的减贫发展步伐。根据《全国主体功能区规划》所划分的重点生态功能区基本上覆盖了 14 个集中连片特困地区，国家禁止开发区域中有 42.9% 的区域位于国家扶贫开发工作重点县。显然，这些地区的发展必须走绿色发展的路子，脱贫攻坚自然必须以绿色发展为原则。《决定》把“坚持保护生态，实现绿色发展”作为指导思想，并把“结合生态保护脱贫”作为精准扶贫精准脱贫重要路径之一，要求牢固树立绿水青山就是金山银山的理念，把生态保护放在优先位置，扶贫开发不能以牺牲生态为代价，探索生态脱贫新路子，让贫困人口从生态建设与修复中得到更多实惠。这为大力推进绿色减贫提供了依据，指明了方向。

深入研究绿色减贫问题具有重要的理论及现实意义。绿色减贫首先是绿色发展、扶贫开发有机融合的新减贫发展理念。如何实现融合涉及其内涵及外延、重大意义、理论基础、作用机理、实现路径、国际经验等诸多理论问题，需要通过研究加以厘清。只有理论上的清晰并逐步成熟，才能真正把绿色减贫理念落实到脱贫攻坚行动中。深入研究与此相关的实践问题同样紧迫而重要。比如，如何坚持问题导向，抓住影响绿色减贫的关键问题进行深入分析，为着力解决脱贫攻坚与生态保护关系处理中的一系列突出问题提供参考？再比如，如何在扶贫开发工作成效考核体系建设中体现绿色减贫的价值取向，建立起绿色的干部考核方法和脱贫攻坚政绩评价方法？还有，贫困地区如何在自然资源资产产权和用途管制，能源、水、土地节约集约利用，资源环境承载能力监测预警，生态环境损害赔偿、生态补偿、生态服务价值评价、分类差异化考核等制度建设方面进行创新性探索、实现更大的绿色减贫效果？等等。

《绿色减贫指数研究报告 2016》关于绿色减贫研究取得了初步成果，积累了一定基础。把绿色减贫从理念进行量化、用指数表达是这项研究的重要创新。研究以 11 个集中连片特困地区为单元，在国内外众多研究成果的基础上，结合中国实际建立的一套测算各个集中连片特困地区绿色减贫水平的指标体系，测算出绿色减贫指数，填补了减贫方面相关研究的空白。其次，报告对 11 个片区的绿色减贫指数进行了测算，并从经济增长绿色角度、资源利用与环境保护角度、社会发展角度、扶贫开发与减贫效应角度分别进行分析，同时通过片区之间的比较分析，为了解片区整体以及各个片区的绿色减贫水平提供了依据。从分析结果看，与相关研究及实际的感官印象是大体一致的，这也印证了指标体系的一定科学性。第三，报告基于指数测算分析，对每一个片区和 11 个片区推进绿色减贫提出了对策建议。总体上看，这些建议有合理性和可操作性。

从进一步完善绿色减贫研究的视角看，总的是要着力提高其理论性和实用性。一是需要加强片区发展、绿色发展、绿色减贫、脱贫攻坚之间的内在联系以及绿色减贫在其中的地位、作用机制、实现路径等问题研究，加快基于已有研究积累构建中国特色绿色减贫理论框架的进程。二是需要完善绿色减贫指标体系。

当前及未来五年，精准扶贫精准脱贫是脱贫攻坚的基本方略，绿色减贫的指标必须体现这一战略变化，指标选择、取舍都要与精准扶贫精准脱贫需求相适应，否则就难以客观、准确、全面反映片区脱贫攻坚的绿色减贫水平。三是需要加强案例研究。以片区为单元，尽管测算到县，但是还是显得有些“泛”，导致所提出建议并没有体现出是以研究结果为支撑的。选择典型案例研究，更深入分析、展示贫困地区把绿水青山变为金山银山、把生态环境转化为生产力的内部机理，可能更能发挥绿色减贫指数的启发作用。再比如，通过一些案例的绿色减贫指数分析，总结提炼这些地方是如何创新发展思路，因地制宜选择发展能够发挥生态环境优势的环境友好型、生态友好型产业，并通过生态优势吸引外来要素资源、营造发展优势等做法，可能基于此提出的建议会更有说服力。等等。四是需要加强国际交流。一方面，通过开展国际比较研究有助于吸收国际经验，提高研究水平。另一方面，通过开展国际交流，可以分享我国绿色减贫的实践及研究形成的经验。

中国国际扶贫中心副主任、研究员

2016 年 5 月 9 日

专家评议

中央政策研究室经济局局长　冯海发教授

以易地搬迁扶贫、绿色产业扶贫、旅游扶贫、光伏产业扶贫、电商扶贫、碳交易等多种生态低碳方式的绿色扶贫实践创新探索，是脱贫攻坚的重要实现方式和路径。为了推动这种绿色扶贫方式的不断完善和健康发展，从理论、政策层面及实践层面进行深化研究，显得十分必要和重要。北京师范大学中国扶贫研究中心张琦教授，率领研究团队，多年来一直坚持绿色减贫研究，在2014年完成了《中国绿色减贫指数报告2014》后，经过修改完善指标体系，对14个片区逐个进行分析，新完成的《中国绿色减贫指数报告2016》，就是这方面的一项新的重要研究成果。研究报告对绿色减贫指数的测算以及在此基础上提出的对策建议，不仅在扶贫脱贫理论上具有创新，而且对推动扶贫脱贫实践具有重要参考价值。

国务院扶贫办政策法规司司长　苏国霞研究员

一、研究选题符合五大发展理念和四个全面战略布局，聚焦贫困地区发展的关键问题。首次提出绿色减贫论题，试图在经济增长、减少贫困、生态保护中寻找平衡，有理论创新意义。

二、课题在2014年的研究中，比较全面地回顾和分析了国际绿色增长和减贫理论的发展，介绍了国内相关研究的情况，为课题研究和指标体系的建立奠定了基础。2016年的研究积极回应了中央扶贫战略的调整，增加了精准扶贫的新理念、新内容，有了明显的改进。

三、课题继续从经济增长绿化度、资源利用和环境保护程度、社会发展能力、扶贫开发与减贫效果等四个方面建设了绿色发展指标体系及二级指标，比较客观地反映了贫困地区可持续发展的关键问题。二级指标建议关注以下方面：（1）在社会发展能力中增加“农村居民人均收入五等分”相关指标。（2）在社会发展能力中增加“学前教育”相关指标。（3）在扶贫工作和减贫效果部分增加“住房安全”相关指标。

四、课题利用以上方法分别分析了11个连片特困地区和505个片区县的绿色发展水平，分别提出实现绿色发展的政策建议，对分类指导脱贫攻坚有重要意义。

五、建议：（1）国家主体功能区战略与绿色减贫有直接关系，许多禁止开发、限制开发地区与贫困地区高度重合，目前课题中缺少这方面的评估。（2）退耕还林、退牧还草是国家最早开展的生态补偿尝试，目前仍然发挥作用，建议作出评估。（3）建议关注《决定》中提出的将贫困人口就地转化成护林员的政策落实情况。

中国社会科学院贫困问题研究中心主任　吴国宝研究员

北京师范大学中国减贫研究中心张琦教授完成的《中国绿色减贫指数报告2016》，是该中心在《中国绿色减贫指数报告2014》基础上完善和更新之后推出的一项重要科研成果。《中国绿色减贫指数报告2016》，及时呼应了联合国2030可持续发展议程和十八届五中全会提出的“创新、协调、绿色、开放、共享”的发展理念以及《中共中央国务院关于打赢脱贫攻坚战的决定》所包含的精神，具有重要的现实意义。

该报告在分析和研究绿色减贫有关理论和政策文献的基础上，结合中国减贫和发展的实际，建构和完善了中国绿色减贫指标体系和权重设置，使其能够全面反映《中国农村扶贫开发纲要（2011–2020）》所包含的目标和战略思想。指标设计总体合理，数据来源可靠，呈现结果既有全国绿色减贫指数及其变化和各指标的贡献率，也有分片区和分省、分县的指数值，具有很高的学术价值和应用价值。

中国人民大学反贫困问题研究中心主任　汪三贵教授

北京师范大学中国扶贫研究中心完成的《中国绿色减贫指数报告2016》是在《中国绿色减贫指数报告2014》的基础上，通过进一步修改、完善和数据更新后获得的研究成果。该报告首先对指标体系进行了调整，取消了多个数据基础比较差的二级指标，并对饮水安全指标进行了重新定义，此基础上对二级指标重新进行了分配了权重。这一调整提高了测量指标的质量和数据的可获得性。其次是对各个指标的数据进行了大规模的更新，并且根据新的数据和指标体系对11个片区和片区内各个县的绿色减贫指数进行测算。再次是分析比较了2012年和2014年各个指数的变化情况。最后根据分析结果提出了相应的政策建议。

本报告逻辑清晰，指标体系能基本反映绿色发展和减贫的基本状况，并能将两者结合起来，分析方法和数据处理科学合理。分析结论很好地反映了各大片区和片区各县的绿色减贫程度，提出的政策建议有较强的针对性，对制定促进片区绿色发展和减贫政策有较强的参考价值。

中国社科院社会学所　王晓毅研究员

要在2020年实现全面小康社会，农村贫困和环境问题是其中的两个重要短板，粗放式的经济发展带来日益严重的环境问题，随着自然资源的过度利用并进而导致资源退化，以及高能耗和高污染企业向贫困地区转移，贫困地区面临着日益严重的环境问题；中国取得了举世瞩目的减贫成绩，但是绿色发展仍然是对贫困地区的挑战，在这种背景下，绿色减贫指数的发布对于实现减贫和环境保护双重目标，具有重要的指导意义。

绿色减贫指数包含了发展的三个维度，第一是可持续的维度，在发展的同时要保护资源环境；第二是人民福祉的维度，发展和减贫主要不是体现在经济增长，尽管经济增长对减贫有重要贡献，但是发展的目标是改善人民的福祉；第三是公平的维度，发展要缩小差距，实现公平。本书对指标的选择反映了绿色减贫的核心。

在不以GDP论英雄的时代，绿色减贫指数为决策者，特别是地方的决策者提供了新的目标。贫困地区不再以经济增长速度为目标，发展的目标如何确定?绿色减贫指数可以替代GDP成为贫困地区的发展目标。

指数最大的用途在于进行比较，绿色减贫指数提供了三种比较，第一，纵向的比较，以反映进步的速度。第二，横向的比较，反应不同地区的差异。第三，各部分的比较，反应一个地区的发展短板。通过三个方向的比较，扶贫绿色指数给决策者提供了参考以确定努力的方向。

国务院扶贫办规划财务司副司长　郭建军研究员

很高兴看到北京师范大学中国扶贫研究中心张琦教授团队完成《中国绿色减贫指数报告2016》，这是一份高质量的扶贫研究学术报告，但又是一份很有实用价值的政策咨询报告，时代赋予了中国扶贫脱贫新时期的绿色减贫新使命和新行动，这份报告体现了精准扶贫的绿色路径和绿色减贫的精准化方略。

本报告沿袭了《中国绿色减贫指数报告2014》集中测度了我国集中连片特殊困难地区的绿色减贫总指数综合情况，并对11个片区绿色减贫指数分别进行指数测度和比较分析，据此提出对策建议，既是对我国片区区域发展与扶贫攻坚规划实施效果的检验和评估，具有重要参考价值，也是对片区扶贫理论研究新突破，有重要的理论价值，从报告中绿色减贫成果测度和结论来看，片区扶贫在与精准扶贫相结合的效果已经显现，在推进扶贫脱贫进程中作用还是很大的。张琦教授及其团队长期从事绿色减贫研究，期望在现有成果基础上，取得更多研究成果，尤其是绿色减贫指数研究为基础，开发更多绿色减贫的系列创新性研究成果。

中国农业大学经济管理学院　王秀清教授

这是一份非常具有开创性的研究报告。首先，该报告以绿色发展、可持续发展和建设生态文明为理念，开创性地将过去一直被视为矛盾冲突的“减贫”和“绿色发展”有效地结合起来，建立了“绿色减贫”理论和政策分析框架，填补了我国学术界和该领域政策研究的一项空白。第二，以上述绿色减贫理论框架为基础，构建了由经济增长绿色度、资源利用与环境保护程度、社会发展能力、扶贫开发与减贫效果等四大类指标所构成的中国集中连片特困地区绿色减贫指标体系。第三，以完善绿色减贫指标体系为基础，对2016年全国和14个片区的绿色减贫指数分别进行了具体的测算，这些测算结果既可以用来对已有的绿色减贫成果进行评价和比较，也可以针对不同片区提供未来绿色减贫攻坚战需要着重加强或改进的不同侧重领域，具有非常重要的实践指导价值，可供各级扶贫工作相关领导机构决策参考。

当然，正因为是开创性的研究，所以还存在着一定的完善空间。如果从尽量减少指标的角度来看，例如减贫和绿色各一个指标的话，也许应该只有“贫困人口占农村人口比重”和“单位地区生产总值能耗”，那么如果依此各赋予50%权重，对全国和14片区再次进行分析，结果是否会有不同，是一个值得验证的方向，因为目前21个指标的相同权重可能会导致偏差。

北京大学贫困地区发展研究院院长　雷明教授

反贫困是全球面临的共同挑战，全人类、全社会承担反贫困责任，是人类文明发展到今天的必然结果。目前中国尚有13万个贫困村，7000万贫困人口，大部分贫困群体又主要分布在生态环境脆弱地区。可以说，贫困地区成为我国全面建成小康社会的一个“短板”，而生态环境脆弱则又是生态文明建设的一个“短板”，要补好这两个“短板”，反贫困工作就必须同时兼顾经济、社会、生态文明三个目标，既要增加贫困群体的经济收入，同时也要有助于建立良好的生态、健康的水环境、和谐的人与自然的关系。

实现这一目标，就需要我们在贫困地区实施减贫与绿色发展相结合战略，在可持续发展和减贫背景前提下，推动绿色发展、实现绿色减贫。这是贯彻落实中央“四个切实”、“六个精准”、“四个一批”扶贫开发战略的一个关键，也是坚持以人为本，转变发展观念，创新发展模式的一项重要举措。

张琦教授团队多年来一直从事绿色减贫方面研究，2014年，团队在比较分析各类相关评价方法的基础上，结合中国集中连片特困地区实际，提出了编制中国集中连片特困地区绿色减贫指数体系的基本思路和原则，发布了《中国绿色减贫指数报告2014》，取得了良好的社会反响。2016年，团队又在对原指标体系修正的基础上，完成了《中国绿色减贫指数报告2016》。

2016报告采用同2014年报告中所采用的办法，用四分法来确定指标体系的一级结构，从经济增长绿色角度、资源利用与环境保护程度角度、社会发展能力角度和扶贫开发与减贫效果角度来构建中国集中连片特困地区绿色减贫指标体系。其中经济增长绿化度和资源利用与环境保护程度两个指标体现了绿色，社会发展能力和扶贫开发与减贫效果两个指标体现了减贫，整个指标体系既突出了绿色又强调了减贫，所提出的中国绿色减贫指数，能够比较好地反映出测评对象绿色减贫的基本情况。

同时报告根据实际情况，对一些区分度不高、数据可得性差的指标进行了替换，增加了一些能够更好测度贫困地区绿色减贫的指标。总的来看，与2014年使用的绿色减贫评价指标体系相比，指标体系更加实用有效。

另外，报告在全面测算了2014年除西藏、四省藏区以及新疆南疆三地州外11个连片特困地区的片区“绿色减贫指数”，并根据测算得到的结果进行了分析。整个报告不仅包含11个连片特困地区总体情况的分析，也包含了每一片区的具体区情分析；不仅包括11个连片特困地区绿色减贫基本情况的测算分析，还包括了11个连片特困地区绿色减贫发展的政策建议。可以说，报告给出了目前中国贫困地区特别是11个连片特困地区绿色减贫的一个全景图。

我相信，本报告的研究成果对于广大贫困地区特别是11个连片特困地区绿色减贫，实现“绿水青山就是金山银山”目标，以及对于从事扶贫脱贫的研究者和实践工作者了解有关中国绿色减贫情况、开展相关工作都有着很好的参考价值。

国务院扶贫办信息中心副主任　王小林研究员

以绿色减贫引领扶贫开发

生态文明和共同富裕，关乎民族未来，关系人民福祉，事关“两个一百年”奋斗目标和中华民族伟大复兴中国梦的实现。当前，在经济社会转型的过程中，相对经济总量的中高速增长，环境和贫困问题是“两个一百年”奋斗目标的短板问题。《中共中央 国务院关于打赢脱贫攻坚战的决定》明确我国扶贫开发的总体目标是，到2020年，现行标准（按2010年不变价计算，农民人均纯收入2300元）下农村贫困人口实现脱贫，贫困县全部“摘帽”，解决区域性整体贫困。为了实现这一目标，各级政府层层签署脱贫责任状，层层传导压力，落实责任。在这样一场脱贫攻坚战中，积极探索科学扶贫、绿色减贫的模式就尤为重要。《中国绿色减贫指数报告2016》，既提出了绿色减贫的方向，又对贫困地区绿色减贫进行了客观的评价，对完善我国扶贫开发道路具有十分重要的应用价值。

党的十八届五中全会明确提出，以创新、协调、绿色、开放、共享“五大理念”引导发展。打赢脱贫攻坚战，需以“五大理念”为指导，不断完善扶贫开发机制，特别是要探索和实践绿色减贫模式。以下结合“五大理念”谈谈关于绿色减贫的一些思考，也算是对《中国绿色减贫指数报告》的一些评论和建议。

一、以创新培育扶贫开发新动力。创新是引领发展的第一动力。同样，扶贫开发也需赋予创新的生命和活力。《中国绿色减贫指数报告》中提出的绿色减贫就是一种创新理念。坚持创新发展，推动“大众创业、万众创新”就是要释放底层民众创业和创新的动能。如甘肃省“精准扶贫大数据平台”、贵州省“精准扶贫云”和生态扶贫的扶贫开发创新，都是为贫困人口服务的重大创新工程。目前，贫困地区像星星之火的“淘宝村”、旅游扶贫农家乐合作社等，正在点燃贫困人口联合创新的火炬。绿色减贫的创新理念和方向，需在贫困地区积极宣传推动，使其成为今后减贫的新动能。

二、区域发展与精准扶贫协调推进绿色减贫。区域发展带动与到户到人精准扶贫相互支持，互为补充，是打赢“十三五”脱贫攻坚战的两大支柱。区域发展的重点是832个贫困县（片区县和重点县）要提高发展质量和效益，不断加强基础设施互联互通，补充公共服务短板，特别是要不断加强生态环境建设，夯实贫困地区发展的基础，提升绿色发展和绿色减贫的内在动力。同时，着力推进贫困地区生态产业发展，创新生态产业组织模式，完善利益分配机制，让生态产业发展成为带动贫困14个集中连片特困地区贫困人口减贫的主导力量。生态脱贫不能“大水漫灌”，要着力找准生态脱贫对象，有条件地加大生态补偿力度，直补到人。同时，要以生态、生产、生活“三生”系统共生发展，作为生态脱贫的指导。在加大对承担国家重要生态功能的贫困地区贫困人口生态转移支付的同时，明确设置生态保护，儿童教育，妇幼保健等关乎绿色发展和阻断贫困代际传递的政策条件。最终形成有利于贫困人口的生态补偿机制。

三、以绿色发展开拓贫困地区优势。传统的发展观念认为，贫困地区基础设施落后、公共服务不足，不具备发展的要素。但贫困地区的“青山绿水”“蓝天白云”、相对缓慢的节奏，正成为快速工业化、城镇化进程中的稀缺资源，有其自身的资源禀赋和比较优势。因此，贫困地区可以大力发展生态服务业和少数民族、传统村落等文化产业、生态移民搬迁、新能源扶贫，开展绿色发展的新格局。要打造让贫困人口参与多、获得感强的新兴绿色产业，在推动生态产业扶贫工作时，积极探索将扶贫开发财政资金折股到户，以确保贫困人口的受益，这些都是保证贫困人口受益的有效制度安排。

四、以改革开放突破区域发展制约瓶颈。当前，在“引进来”和“走出去”并重的发展阶段，加大贫困地区对外开放，将为突破贫困地区区域发展制约瓶颈提供新机遇。贫困地区要积极抓住我国新一轮对外开放的战略机遇，实现异军突起，特别是要紧紧抓住“一带一路”建设的战略机遇，带动西部地区和集中连片特困地区深化改革扩大开放，发挥比较优势。如重庆在推动渝新欧铁路建设、宁夏在构建丝路经济带上的中阿合作“桥头堡”方面的积极探索，都为贫困地区和贫困人口的发展提供了新机遇。此外，正如《中国绿色减贫指数报告》所指出的，加强绿色减贫国际交流合作，也会为全球绿色减贫，实现2030年议程所设定的可持续发展目标，贡献中国智慧，提出中国方案，进一步提升我国在全球减贫中的软实力。

五、以共享体现社会主义本质要求。保证贫困人口平等参与、平等发展权利，使贫困人口在共建共享中有更多获得感，才能朝着共同富裕方向稳步前进。一要提高发展机会的包容性，保证贫困人口在基础教育、公共卫生等关键公共服务方面的普遍公平获得，才能使贫困人口不输在起跑线上。二要提高发展结果的益贫性，通过完善收入分配，提高劳动报酬的比例，织牢最低生活保障制度的兜底网络。三是完善中间环节的利益共享机制，让贫困人口分享发展成果。一些地方积极探索贫困地区与城市的土地利用增减挂钩，保证贫困人口移民搬迁中，获得更多的土地增值收益，都是有益的尝试。

最后，希望北京师范大学中国扶贫研究中心，继续完善《中国绿色减贫指数报告》的评价维度、指标体系、分析方法和数据采集，以及传播应用，使其成为引领我国绿色减贫的重要智库知识产品。

北京大学　夏庆杰教授

北京师范大学张琦教授主持的《中国绿色减贫指数报告2016》构造了一个包括4个一级指标和27个二级指标的结构体系、及指标的选择与指数的测算方法。用四分法来确定指标体系的一级结构，即从经济增长绿色角度、资源利用与环境保护程度角度、社会发展能力角度和扶贫开发与减贫效果角度来构建中国集中连片特困地区绿色减贫指标体系。

该报告主要根据上述绿色减贫指数对我国连片特困地区的绿色减贫指数进行了测算和排序，重点对各主要连片特困地区的绿色减贫指标逐个进行了测算和分析、并根据各主要连片特困地区的情况一一提出政策建议。

在中国减贫研究中，该报告提出的中国绿色减贫指数体系是完全的创新研究。该报告还把自己的研究应用到中国连片特困地区的绿色贫困测算当中，并据此提出政策建议。《中国绿色减贫指数报告2016》既有较高的学术价值，又有较高的实际应用价值，对中国的减贫事业具有一定的理论和实际意义。

创新性的研究也有需要完善的地方。该报告提出的中国绿色减贫指标体系和实际可得指标的差距？在中国贫困地区致贫的主要原因中，一是老年人的因病致贫，二是因学致贫。如果提早对老年人的高血压、脑血栓等常见病进行医疗干预，可以大幅度降低因病致贫。因而是否应该在社会发展指标中考虑这两个指标？

中国农业大学人文与发展学院教授、公共管理学院副院长、中国生态补偿政策研究中心主任　左停教授

谢谢给了提前拜读的机会。非常有意义的报告。发布《绿色减贫指数报告》工作在中央提出包括绿色发展的五大发展理念之后显得特别具有超前性、战略性，这是一项非常有意义的工作。设计绿色减贫指数，是一件带有难度的探索性的工作，课题组能提出了一个比较科学的并且不断改进的指标体系，是对减贫理论与方法的贡献。课题组在占有大量数据的基础上，对全国11个片区505个贫困的绿色减贫指数进行量化分析，其结果对实际减贫政策和减贫实践具有推动或引领作用。建议通过评审，适当修改后尽快发布。有几点建议，供今后的工作参考：

1）一些细节可能介绍不够，不如各个片区的数值是以片区为单元计算出来的，还是片区内的不同县的有关数值的加权平均或算术平均。2）目前四个维度的权重随二级指标的增减而变化，一般来说，固定四个维度的权重可能更好，这样，即使二级指标增减，不影响总的结构，使得容易进行不同年度之间的比较。3）目前采用的“均值标准差法”，只适合内部不同片区与贫困县相对位次的比较，无法体现绝对值的变化，在现有指标体系基本不变的情况下能否考虑也推出参照某个标准值的绝对值。

中国农业科学院农业经济与发展研究所　夏英研究员

“绿色减贫”作为一个全新的概念，其源于理念创新，其重大意义在于转变了以往对减贫效应，囿于收入增长的固有认识，因而在我国扶贫理论研究和发展实践探索中越来越受到重视。在这一话题下，令人耳目一新的是由张琦教授带领的北京师范大学贫困问题研究团队深耕“绿色减贫”理论，紧密结合我国减贫实践进展，经过近几年的潜心研究首次提出中国集中连片特困地区绿色减贫指数，这一指数的设计能够较全面、客观、科学地描述各个贫困片区的绿色减贫总体水平，并且可从各个分项指标的高低比较中得出不同片区的不同特点和优劣势，从而揭示出各个片区在绿色减贫进程中面临的问题以及有待改善的方向，其价值不仅是减贫思路方法上的具体应用创新，而且在政策层面上为政府推进我国集中连片特困地区绿色减贫进程提供战略参考依据和有操作性的对策措施。更为难能可贵的是，该团队不断自我提升，修改完善指标体系，从理论政策层面和实践层面进行不断研究和创新探索，《中国绿色减贫指数报告 2016》这项研究成果对于从事扶贫脱贫的研究者和实践工作者有很好的参考价值，对于丰富深化我国减贫理论研究和传播提升实践经验具有十分重要的现实意义。

目　录

总　论　绿色减贫：从理念创新到中国行动……………………………………1

第一篇　综合篇

第一章　中国绿色减贫指数指标体系的改进……………………………… 13

第二章　绿色减贫指数测算结果……………………………………………… 17

第一节　测算总结果及分析 ………………………………………………… 17

第二节　经济增长绿化度测算结果分析 …………………………………… 22

第三节　资源利用与环境保护程度指数测算结果及其分析 ……………… 24

第四节　社会发展能力指数测算结果及分析 ……………………………… 25

第五节　扶贫开发与减贫效果指数测算结果及分析 ……………………… 26

第三章　绿色减贫指数的片区比较…………………………………………… 29

第一节　绿色减贫总指数比较 ……………………………………………… 29

第二节　经济增长绿化度比较 ……………………………………………… 31

第三节　资源利用与环境保护程度指数比较 ……………………………… 40

第四节　社会发展能力指数比较 …………………………………………… 48

第五节　扶贫开发与减贫效果指数比较分析 ……………………………… 57

第四章　中国绿色减贫思考与对策建议……………………………………… 63

第一节　绿色减贫分析的结论总结与思考 ………………………………… 63

第二节　积极推进绿色减贫政策建议 ……………………………………… 70

第二篇 片区篇

第五章 大兴安岭南麓片区绿色减贫指数分析 …… 79

第一节 大兴安岭南麓片区绿色减贫指数分析 …… 80

第二节 大兴安岭南麓片区内部各县绿色减贫指数的比较 …… 86

第三节 启示和建议 …… 97

第六章 大别山片区绿色减贫指数分析 …… 101

第一节 大别山片区绿色减贫指数分析 …… 102

第二节 大别山片区内部各县绿色减贫指数的比较 …… 107

第三节 启示和建议 …… 113

第七章 燕山 – 太行山片区绿色减贫指数分析 …… 117

第一节 燕山—太行山片区绿色减贫指数分析 …… 118

第二节 燕山—太行山片区内部各县绿色减贫指数的比较 …… 126

第三节 启示和建议 …… 137

第八章 罗霄山片区绿色减贫指数分析 …… 141

第一节 罗霄山片区绿色减贫指数分析 …… 142

第二节 罗霄山片区内部各县绿色减贫指数的比较 …… 148

第三节 启示和建议 …… 155

第九章 六盘山片区绿色减贫指数分析 …… 160

第一节 片区绿色减贫指数分析 …… 161

第二节 六盘山片区片区内部各县绿色减贫指数的比较 …… 167

第三节 启示和建议 …… 174

第十章 滇西边境片区绿色减贫指数分析 …… 177

第一节 滇西边境片区绿色减贫指数分析 …… 178

第二节 滇西边境片区内部各县绿色减贫指数的比较 …… 184

第三节 启示和建议 …… 190

第十一章 吕梁山片区绿色减贫指数分析 …… 194

第一节 吕梁山片区绿色减贫指数分析 …… 194
第二节 吕梁山片区内部各县绿色减贫指数的比较 …… 201
第三节 启示和建议 …… 206

第十二章 秦巴山片区绿色减贫指数分析 …… 209

第一节 秦巴山片区绿色减贫指数分析 …… 210
第二节 秦巴山片区片区内部各县绿色减贫指数的比较 …… 216
第三节 启示和建议 …… 222

第十三章 武陵山片区绿色减贫指数分析 …… 226

第一节 武陵山片区绿色减贫指数分析 …… 226
第二节 武陵山片区内部各县绿色减贫指数的比较 …… 231
第三节 启示和建议 …… 246

第十四章 滇桂黔石漠化片区绿色减贫指数分析 …… 249

第一节 滇桂黔石漠化片区绿色减贫指数分析 …… 250
第二节 滇桂黔石漠化片区内部各县绿色减贫指数的比较 …… 256
第三节 启示和建议 …… 262

第十五章 乌蒙山片区绿色减贫指数分析 …… 265

第一节 乌蒙山片区绿色减贫指数分析 …… 266
第二节 乌蒙山片区内部各县绿色减贫指数的比较 …… 271
第三节 分析和建议 …… 277

附表一 中国连片特困地区绿色减贫体检表 …… 279

附件二 中国 505 个贫困县绿色减贫指数及排名表 …… 290

附件三 绿色减贫指数指标解释与数据来源 …… 306

参考文献 …… 313

后 记 …… 317

表索引

表 1-1　中国绿色减贫指数一、二级指标及权重 …… 15
表 2-1　2014 年中国 11 个连片特困地区绿色减贫指数及排名 …… 17
表 2-2　各连片特困地区中国绿色减贫指数排名变化表（2014 与 2012）…… 20
表 2-3　经济增长绿化度二级指标、权重及其属性 …… 23
表 2-4　2012、2014 年全国 11 个片区经济增长绿化度指数值及排名 …… 23
表 2-5　片区间资源利用与环境保护程度指数二级指标、权重及其属性 …… 24
表 2-6　2012、2014 年全国 11 个片区资源利用与环境保护程度指数值及排名 …… 24
表 2-7　片区间社会发展能力指数二级指标、权重及其属性 …… 25
表 2-8　2012、2014 年全国 11 个片区社会发展能力指数值及排名 …… 26
表 2-9　片区间扶贫开发与减贫效果指数二级指标、权重及其属性 …… 27
表 2-10　2012、2014 年全国 11 个片区扶贫开发与减贫效果指数值及排名 …… 27
表 3-1　2014 年连片特困地区绿色减贫指数及排名 …… 29
表 3-2　2014 年中国 11 个连片特困地区经济增长绿化度指数及排名 …… 31
表 3-3　片区绿色减贫指数与经济增长绿化度排名比较差异 …… 35
表 3-4　片区绿色发展绿化度二级指标、权重及指标属性 …… 36
表 3-5　2014 年与 2012 年片区绿色经济增长绿化度变化四位以上的指标 …… 39
表 3-6　片区资源利用与环境保护程度二级指标、权重及指标属性 …… 41

表 3-7　2014 年中国 11 个连片特困地区资源利用与环境保护程度指数及排名 ……… 41

表 3-8　资源利用与环境保护程度指标指数值及排名 ……… 42

表 3-9　分区域片区绿色减贫指数与资源利用与环境保护程度排名差异比较 ……… 44

表 3-10　资源利用与环境保护程度二级指标排名 ……… 45

表 3-11　2014 年与 2012 年片区资源利用与环境保护程度变化 3 位及以上的指标 …… 47

表 3-12　片区社会发展能力二级指标、权重及指标属性 ……… 48

表 3-13　2014 年中国 11 个连片特困地区社会发展能力指数及排名 ……… 49

表 3-14　2014 年中国 11 个连片特困地区社会发展能力指数及总排名 ……… 50

表 3-15　分区域片区绿色减贫指数与社会发展能力排名差异比较 ……… 52

表 3-16　社会发展能力二级指标排名 ……… 53

表 3-17　2014 年与 2012 年片区社会发展能力排名变化四位以上的指标 ……… 56

表 3-18　片区扶贫开发与减贫效果三级指标、权重及指标属性 ……… 58

表 3-19　2014 年中国 11 个连片特困地区扶贫开发与减贫效果排名 ……… 58

表 3-20　2014 年分区域片区绿色减贫指数与资源利用与环境保护程度排名差异比较　61

表 3-21　2014 年扶贫开发与减贫效果三级指标排名 ……… 61

表 4-1　2014 年 11 个连片特困地区绿色减贫指数及排名情况 ……… 64

表 4-2　分片区二级指标对绿色减贫指数的贡献度 ……… 66

表 4-3　分片区绿色减贫指标体系中绿色度指标贡献和减贫效果指标贡献 ……… 67

表 4-4　2014 年绿色减贫指标体系中各片区的二级指标值低于平均值情况 ……… 68

表 5-1　2014 年 11 个连片特困地区绿色减贫指数及排名 ……… 80

表 5-2　2014 年大兴安岭南麓片区指标排名变动表 ……… 82

表 5-3　大兴安岭南麓片区经济增长绿化度变动表 ……… 83

表 5-4　大兴安岭南麓片区资源利用与环境保护程度指数表 ……… 84

表 5-5　2014 年大兴安岭南麓片区社会发展能力指数测算结果 ……… 84

表 5-6　2014 年大兴安岭南麓片区扶贫开发与减贫效果指数测算结果 ……… 86

表 5-7　2014 年度大兴安岭南麓片区县级绿色减贫指数排名表 1 ………………………… 87
表 5-8　2014 年度大兴安岭南麓片区县级绿色减贫指数排名表 2 ………………………… 87
表 5-9　大兴安岭南麓片区各县经济增长绿化度排名表 1 …………………………………… 89
表 5-10　大兴安岭南麓片区各县经济增长绿化度排名表 2 ………………………………… 90
表 5-11　大兴安岭南麓片区各县资源利用与环境保护程度排名表 1 ……………………… 92
表 5-12　大兴安岭南麓片区各县资源利用与环境保护程度排名表 2 ……………………… 92
表 5-13　大兴安岭南麓片区各县社会发展能力指标排名表 1 ……………………………… 94
表 5-14　大兴安岭南麓片区各县社会发展能力指标排名表 2 ……………………………… 94
表 5-15　大兴安岭南麓片区各县扶贫开发与减贫效果指标排名表 1 ……………………… 96
表 5-16　大兴安岭南麓片区各县扶贫开发与减贫效果指标排名表 2 ……………………… 96
表 5-17　大兴安岭南麓片区各县扶贫开发与减贫效果指标排名表 3 ……………………… 97
表 6-1　2014 年 11 个连片特困地区绿色减贫指数及排名 ……………………………… 102
表 6-2　大别山片区指标排名变动表 ……………………………………………………… 104
表 6-3　大别山片区经济增长绿化度变动表 ……………………………………………… 104
表 6-4　大别山片区资源利用与环境保护程度指数表 …………………………………… 105
表 6-5　2014 年大别山片区社会发展能力指数测算结果 ………………………………… 106
表 6-6　2014、2012 年 35 个县概况 ……………………………………………………… 108
表 6-7　2014 年 35 个县绿色减贫指数及其排名情况 …………………………………… 108
表 6-8　大别山片区各县经济增长绿化度指数及其排名情况 …………………………… 110
表 6-9　大别山片区各县资源利用与环境保护指数及其排名情况 ……………………… 110
表 6-10　大别山片区各县社会发展能力指数及其排名 ………………………………… 111
表 6-11　大别山片区各县扶贫开发与减贫效果指标及其排名情况 …………………… 113
表 7-1　2014 年绿色减贫指数及排名 …………………………………………………… 119
表 7-2　2014 燕山 – 太行山片区指标排名变动表 ……………………………………… 121
表 7-3　燕山 – 太行山片区经济增长绿化度变动表 ……………………………………… 122

表 7-4　燕山 - 太行山片区资源利用与环境保护程度指数表 ………………………… 123
表 7-5　2014 年燕山 - 太行山片区社会发展能力指数测算结果 …………………… 124
表 7-6　2014 年燕山 - 太行山片区扶贫开发与减贫效果指数测算结果 …………… 125
表 7-7　2014 年度燕山 - 太行山片区县级绿色减贫指数排名表 …………………… 126
表 7-8　燕山 - 太行山片区各县经济增长绿化度排名表 1………………………… 128
表 7-9　燕山 - 太行山片区各县经济增长绿化度排名表 2………………………… 129
表 7-10　燕山 - 太行山片区各县经济增长绿化度排名表 1 ……………………… 131
表 7-11　燕山 - 太行山片区各县经济增长绿化度排名表 2 ……………………… 132
表 7-12　燕山 - 太行山片区各县社会发展能力排名表 1 ………………………… 133
表 7-13　燕山 - 太行山片区各县社会发展能力排名表 2 ………………………… 134
表 7-14　燕山 - 太行山片区各县扶贫开发与减贫效果排名表 1 ………………… 135
表 7-15　燕山 - 太行山片区各县扶贫开发与减贫效果排名表 2 ………………… 136
表 8-1　罗霄山区绿色减贫指数及二级指标 ……………………………………… 142
表 8-2　罗霄山片区指标排名变动表 ……………………………………………… 144
表 8-3　罗霄山片区经济增长绿化度变动表 ……………………………………… 145
表 8-4　罗霄山片区资源利用与环境保护指数表 ………………………………… 146
表 8-5　2014 年罗霄山片区社会发展指数测算结果 ……………………………… 146
表 8-6　2011、2012、2014 年 23 个县绿色减贫排名变动表 ……………………… 148
表 8-7　罗霄山片区各县经济增长绿化度排名变动表 …………………………… 150
表 8-8　罗霄山片区各县社会发展指标排名变动表 ……………………………… 153
表 8-9　罗霄山片区各县扶贫开发与减贫效果指标变动表 ……………………… 154
表 9-1　六盘山片区 2014、2012 年 61 个县概况 ………………………………… 160
表 9-2　2014 年 11 个连片特困地区绿色减贫指数及排名 ……………………… 161
表 9-3　六盘山片区指标排名变动表 ……………………………………………… 163
表 9-4　六盘山片区经济增长绿化度变动表 ……………………………………… 164

表 9-5　六盘山片区资源利用与环境保护程度指数表 …………………………… 165
表 9-6　2014 年六盘山片区社会发展能力指数测算结果表 ……………………… 166
表 9-7　六盘山片区扶贫开发与减贫效果指数测算结果表 ……………………… 167
表 9-8　2014 年 61 个县绿色减贫指数及其排名情况 …………………………… 168
表 9-9　六盘山片区各县经济增长绿化度指数及其排名情况 …………………… 169
表 9-10　六盘山片区各县资源利用与环境保护指数及其排名情况 ……………… 170
表 9-11　六盘山片区各县社会发展能力指数及其排名 …………………………… 172
表 9-12　六盘山片区各县扶贫开发与减贫效果指标及其排名情况 ……………… 173
表 10-1　滇西边境片区 2014、2012 年 56 个县概况 …………………………… 177
表 10-2　2014 年 11 个连片特困地区绿色减贫指数及排名 ……………………… 178
表 10-3　滇西边境片区指标排名变动表 ………………………………………… 180
表 10-4　滇西边境片区经济增长绿化度变动表 ………………………………… 181
表 10-5　滇西边境片区片区资源利用与环境保护程度指数表 …………………… 182
表 10-6　2014 年滇西边境片区社会发展能力指数测算结果 …………………… 183
表 10-7　滇西边境片区扶贫开发与减贫效果指数测算结果 ……………………… 184
表 10-8　2014 年滇西边境片区 56 个县绿色减贫指数及其排名情况 …………… 185
表 10-9　滇西边境片区各县经济增长绿化度指数及其排名情况 ………………… 186
表 10-10　滇西边境片区各县资源利用与环境保护指数及其排名情况 ………… 187
表 10-11　滇西边境片区各县社会发展能力指数及其排名 ……………………… 189
表 10-12　滇西边境片区各县扶贫开发与减贫效果指标及其排名情况 ………… 190
表 11-1　吕梁山片区 2014、2012 年 20 个县概况 ……………………………… 194
表 11-2　2014 年 11 个连片特困地区绿色减贫指数及排名 ……………………… 195
表 11-3　吕梁山片区指标排名变动表 …………………………………………… 197
表 11-4　吕梁山片区经济增长绿化度变动表 …………………………………… 198
表 11-5　吕梁山片区资源利用与环境保护程度指数表 ………………………… 199

表 11-6 2014 年吕梁山片区社会发展能力指数测算结果 …… 199
表 11-7 吕梁山片区扶贫开发与减贫效果指数测算结果 …… 200
表 11-8 吕梁山片区 2014 年 20 个县绿色减贫指数及其排名情况 …… 201
表 11-9 吕梁山片区各县经济增长绿化度指数及其排名情况 …… 203
表 11-10 吕梁山片区各县资源利用与环境保护指数及其排名情况 …… 204
表 11-11 吕梁山片区各县社会发展能力指数及其排名 …… 204
表 11-12 吕梁山片区各县扶贫开发与减贫效果指标及其排名情况 …… 205
表 12-1 秦巴山片区行政区域范围 …… 209
表 12-2 2014 年 11 个连片特困地区绿色减贫指数及排名 …… 210
表 12-3 秦巴山片区指标排名变动表 …… 212
表 12-4 秦巴山片区经济增长绿化度变动表 …… 213
表 12-5 秦巴山片区资源利用与环境保护程度指数表 …… 214
表 12-6 2014 年秦巴山片区社会发展能力指数测算结果 …… 215
表 12-7 秦巴山片区扶贫开发与减贫效果指数测算结果 …… 216
表 12-8 2014 年 75 个县绿色减贫指数及其排名情况 …… 217
表 12-9 秦巴山片区各县经济增长绿化度指数及其排名情况 …… 218
表 12-10 秦巴山片区各县资源利用与环境保护指数及其排名情况 …… 219
表 12-11 秦巴山片区各县社会发展能力指数及其排名 …… 220
表 12-12 秦巴山片区各县扶贫开发与减贫效果指标及其排名情况 …… 221
表 13-1 2014 年绿色减贫指数及排名 …… 227
表 13-2 武陵山片区一级指标排名变化表 …… 229
表 13-3 武陵山片区二级指标排名变化情况 …… 229
表 13-4 2014 年武陵山片区 64 个县（市、区）绿色减贫指数及排名 …… 231
表 13-5 2014 年武陵山片区 64 个县（市、区）经济增长绿化度及排名 …… 234
表 13-6 2014 年武陵山片区 64 个县（市、区）资源利用与环境保护及排名 …… 237

表 13-7　2014 年武陵山片区 64 个县（市、区）社会发展及排名 ………………………… 241
表 13-8　2014 年武陵山片区 64 个县（市、区）扶贫开发与减贫效果及排名 ……… 244
表 14-1　2014 年 11 个连片特困地区绿色减贫指数及排名 ………………………………… 250
表 14-2　滇桂黔石漠化片区指标排名变动表 ………………………………………………… 252
表 14-3　滇桂黔石漠化片区经济增长绿化度变动表 ……………………………………… 252
表 14-4　滇桂黔石漠化片区资源利用与环境保护程度指数表 …………………………… 253
表 14-5　2014 年滇桂黔石漠化片区社会发展能力指数测算结果 ………………………… 254
表 14-6　2014、2012 年 80 个县概况 ……………………………………………………………… 256
表 14-7　2014 年 80 个县绿色减贫指数及其排名情况 ……………………………………… 257
表 14-8　滇桂黔石漠化片区各县经济增长绿化度指数及其排名情况 …………………… 258
表 14-9　滇桂黔石漠化片区各县资源利用与环境保护指数及其排名情况 ……………… 259
表 14-10　滇桂黔石漠化片区各县社会发展能力指数及其排名 ………………………… 260
表 14-11　滇桂黔石漠化片区各县扶贫开发与减贫效果指标及其排名情况 …………… 261
表 15-1　2014 年 11 个连片特困地区绿色减贫指数及排名 ………………………………… 266
表 15-2　乌蒙山片区指标排名变动表 ………………………………………………………… 268
表 15-3　乌蒙山片区经济增长绿化度变动表 ………………………………………………… 268
表 15-4　乌蒙山片区资源利用与环境保护程度指数表 ……………………………………… 269
表 15-5　2014 年乌蒙山片区社会发展能力指数测算结果 ………………………………… 270
表 15-6　2014 年 18 个县绿色减贫排名表 …………………………………………………… 271
表 15-7　乌蒙山片区各县经济增长绿化度变动表 …………………………………………… 273
表 15-8　乌蒙山片区各县社会发展能力指标表 ……………………………………………… 275
表 15-9　乌蒙山片区各县扶贫开发与指标表 ………………………………………………… 276

图索引

贫困地区绿色减贫产业的目标价值实现………………………………………………………… 5

图 1–1　中国绿色减贫指数的一级指标框架示意图　………………………………………… 14

图 2–1　2014 年中国 11 个连片特困地区绿色减贫指数排名比较图　……………………… 19

图 2–3　2014 中国绿色减贫指数排名前 20 贫困县和排名后 20 贫困县比较图 ……… 21

图 2–4　2012 中国绿色减贫指数排名前 20 贫困县和排名后 20 贫困县比较图 ……… 22

图 3–1　2014 年中国 11 个连片特困地区绿色减贫指数排名片区分布　…………………… 30

图 3–3　经济增长绿化度排名片区比较　……………………………………………………… 32

图 3–4　2014 年中国 11 个连片特困地区绿色减贫指数分指标片区排名　………………… 33

图 3–5　人均地区生产总之和第三产业增加值比重指标的片区排名　……………………… 37

图 3–6　单位地区生产总值能耗和单位地区生产总值二氧化硫排放量指标的片区排名 37

图 3–7　土地产出率指标的片区排名　………………………………………………………… 38

图 3–8　工业固体废物综合利用率指标的片区情况　………………………………………… 38

图 3–9　资源利用与环境保护程度排名片区比较　…………………………………………… 43

图 3–10　森林覆盖率和人均森林面积片区指标值 …………………………………………… 46

图 3–11　单位耕地面积化肥施用量片区指标值 ……………………………………………… 47

图 3–12　社会发展能力排名片区比较 ………………………………………………………… 50

图 3-13 农村恩格尔系数和城乡收入比片区指标值 …… 53
图 3-14 有卫生室行政村比例和高中阶段教育毛入学率片区指标值 …… 54
图 3-15 新型合作医疗参合率和新型农村养老参保率片区指标值 …… 55
图 3-16 2014 年扶贫开发与减贫效果排名片区比较 …… 59
图 4-1 2014 年中国 11 个连片特困地区绿色减贫指数情况 …… 65
图 5-1 大兴安岭南麓片区区域发展与扶贫攻坚规划行政区划图 …… 79
图 5-2 2014 年大兴安岭南麓片区二级指标雷达图 …… 81
图 5-3 2014 年大兴安岭南麓片区县级绿色减贫指数与人均地区生产总值排名对比 …… 89
图 5-4 2014 年大兴安岭南麓片区县级经济增长绿化度与人均地区生产总值排名对比 …… 91
图 6-1 大别山区区域发展与扶贫攻坚规划行政区划图 …… 101
图 6-2 2014 年大别山片区二级指标雷达图 …… 103
图 6-3 大别山片区扶贫开发与减贫效果指数测算结果 …… 107
图 7-1 燕山 - 太行山片区区域发展与扶贫攻坚规划行政区划图 …… 117
图 7-2 2014 年燕山 - 太行山片区二级指标雷达图 …… 120
图 7-3 燕山 - 太行山片区扶贫开发与减贫效果指数测算结果 …… 125
图 7-4 燕山 - 太行山片区人均地区生产总值与经济增长绿色度排名对比 …… 130
图 8-1 罗霄山片区区域发展与扶贫攻坚规划行政区划图 …… 141
图 8-2 2014 年罗霄山片区二级指标雷达图 …… 143
图 8-3 罗霄山片区扶贫开发与减贫效果指数测算结果 …… 147
图 8-4 罗霄山片区县级绿色减贫指数与人均地区生产总值排名对比图 …… 150
图 8-5 2014 年罗霄山片区各县资源利用与环境保护指标测算结果对比 …… 152
图 9-1 2014 年六盘山片区二级指标雷达图 …… 162

图 10-1　2014 年滇西边境片区二级指标雷达图 …………………………………… 179
图 11-1　2014 年吕梁山片区二级指标雷达图 …………………………………… 196
图 12-1　2014 年秦巴山片区片区二级指标雷达图 ……………………………… 211
图 13-1　武陵山片区绿色减贫指标排名 ………………………………………… 234
图 13-2　武陵山片区经济增长绿化度排名 ……………………………………… 237
图 13-3　武陵山片区资源利用与环境保护排名 ………………………………… 240
图 13-4　武陵山片区社会发展排名 ……………………………………………… 243
图 13-5　武陵山片区扶贫开发与减贫效果排名 ………………………………… 246
图 14-1　滇桂黔石漠化片区区域发展与扶贫攻坚规划行政区划图 …………… 249
图 14-2　2014 年滇桂黔石漠化片区二级指标雷达图 …………………………… 251
图 14-3　滇桂黔石漠化片区扶贫开发与减贫效果指数测算结果 ……………… 255
图 15-1　乌蒙山片区区域发展与扶贫攻坚规划行政区划图 …………………… 265
图 15-2　2014 年乌蒙山片区二级指标雷达图 …………………………………… 267
图 15-3　2014 年乌蒙山片区县级绿色减贫指数与经济增长绿色度排名对比 ……… 272
图 15-4　2014 年乌蒙山片区各县资源利用与环境保护程度指标测算结果对比 …… 274
图 15-5　社会扶贫开发与减贫效果图以及各个县排名 ………………………… 276

总　论

绿色减贫：从理念创新到中国行动

联合国2015年千年目标基本完成，新的2030年可持续发展议程已全面确定，绿色发展和减贫作为可持续发展目标的前提和路径，不仅仍然是国际社会持续性的目标，而且也是世界各国优先关注的首要任务。中国是全球最早实现千年减贫发展目标的发展中国家，也是制定和推动2030年联合国可持续发展目标、坚持减贫和绿色发展的主要推动者和倡导者，是积极推动2015年联合国气候大国达成最终协议的主要贡献者之一。

而更为有着历史性意义是，一方面中国在2015年提出包括绿色发展和共享发展理念在内的“五大发展理念”，并将农村贫困人口脱贫确定为全面建成小康社会最艰巨的任务，确立并制定了打赢脱贫攻坚战的全面部署，将绿色生态脱贫确定为五大脱贫路径之一。伴随扶贫脱贫战略定位的历史性提升，我国对扶贫脱贫的支持力度不断加大。绿色发展和共享发展二者的融合推进，目的就是积极推进绿色与减贫无缝对接，贫困地区走绿色减贫、生态减贫创新之路，进而构筑中国绿色减贫新经验和新典范。不难看出，中国绿色发展理念和行动战略已经确定无疑，实现绿色减贫脱贫的前提更加牢固、目标更加明确。绿色减贫已经成为新时期中国发展战略的重要内容之一。从理念创新到实施行动，绿色减贫工作承担了未来中国扶贫脱贫的新历史责任和使命。

一、绿色发展和减贫：2030年可持续发展议程新的目标和前提

从20世纪60、70年代以来，可持续发展理念不断得到推广。1972年，为保护和改善环境，联合国人类环境会议首次举行；1987年，联合国首次提出了可持续发展理念；1992年的联合国环境与发展大会上，可持续发展取得了国际共识；2000年9月联合国首脑会议上签署《联合国千年宣言》，2002年第一届可

持续发展世界首脑会议举行；2015 年 9 月联合国 193 个会员国通过的“2030 年可持续发展议程”，旨在消除贫困、保护地球、确保所有人共享繁荣的全球性目标。该议程不断在全球范围内发出倡议，传播可持续发展理念，推广生态环境保护与经济发展经验，将绿色发展与减贫作为可持续发展的前提和目标。这一方面标志着绿色发展理念进一步得到了全球共识，也在一定程度上为 2030 年全球发展战略制定了新方向和新目标。即在目标制定方面，“2030 年可持续发展议程”涵盖 17 个可持续发展目标以及 169 个子目标，其内容可以归结为人、地球、繁荣、和平和合作伙伴五大类。在理念构建方面，“2030 年可持续发展议程”在突出可持续发展的理念同时，更加倡导加强消除贫困的任务，并且能够走绿色发展的减贫道路。在推进经济、社会和环境发展中，则提出了必须走包容式发展模式，即“不落下任何一个人”的包容性发展和绿色发展新理念，即绿色减贫与发展之路，更加注重发展的减贫、教育、卫生等传统基本生存问题。与此同时，更加注重南北合作路径和能力建设，尤其是强化发展中国家造血功能。“2030 年可持续发展议程”的绿色发展和减贫目标确定，为绿色减贫的国际合作和发展创造了新的机遇，预示着绿色减贫将在世界范围内有新前景和新期许。

二、绿色发展：新时期中国发展五大理念之核心位置

工业革命以来，人类对于发展的认识不断演变，随着社会的发展而不断深入。进入 21 世纪，人类社会进入第四次工业革命，即绿色工业革命，发展模式将从前三次工业革命的“黑色发展模式”转向全面的“绿色发展模式”①。中国作为世界最大的新兴经济体，无疑是绿色发展理念的倡导者，无论在理论还是实践中都不断摸索、创新，尤其在减贫工作中，将绿色发展理念紧密的融入进去，探索出一套具有中国特色的绿色减贫道路。

我国绿色发展道路经历了一个不断创新的历程，从“十一五”规划突出了绿色发展的思路，绿色发展指标被列为约束性指标，到“十二五”绿色发展理念进一步强化，并明确了绿色发展的激励约束机制，进而到 2015 年 10 月 15 日召开的十八届五中全会再次强调绿色发展理念，提出要实现“十三五”时期发展目标，破解发展难题，厚植发展优势，必须牢固树立并切实贯彻包括“绿色发展”的五大理念，绿色发展理念居于五大理念之核心位置。事实上，尽管绿色发展理念雏形形成较早，但真正形成理念和行动则是从 2012 年 11 月党十八大提出“大力推进生态文明建设”战略决策之后，2015 年 5 月《中共中央国务院关于加快

① 胡鞍钢，周绍杰．绿色发展：功能界定、机制分析与发展战略．中国人口·资源与环境，2014.01

推进生态文明建设的意见》发布，将理念付之于行动，并提升到了生态文明建设新高度。伴随这一过程的是“绿色化”，中国在2015年3月提出了“新型工业化、城镇化、信息化、农业现代化和绿色化”五化同步发展战略目标，经济绿色化代表了新经济发展方式和方向，生活绿色化代表了绿色低碳和文明健康生活方式，绿色化更代表了社会主义核心价值取向。总而言之，绿色发展理念是新时期中国发展战略核心和重点。2015年的第21届联合国气候变化大会上开幕式上国家主席习近平承诺“中国将在2030年左右二氧化碳排放达到峰值，并争取尽早实现，届时森林蓄积量比2005年增加45亿立方米”，进一步证明了中国绿色发展的决心和信心。

三、绿色减贫：中国开展国际扶贫合作重要路径

在中国，经济快速发展中上亿人脱离了贫困，可以称作全人类最伟大的“大逃亡”[①]。改革开放以来，中国减少农村贫困人口7.9亿，对世界减贫的贡献率超过70%。中国是全球最早实现千年发展目标中减贫目标的发展中国家。中国扶贫脱贫所探索的大国扶贫经验也为世界所推崇，为全球减贫提供了中国方案和中国成功案例作参考，也为中国倡导的国际扶贫与合作提供了良好机遇和条件，可以看出，未来中国参与国际扶贫合作的前景广阔，绿色减贫合作是重要路径。2015年9月26日，习近平主席在联合国发展峰会上发表的《谋共同永续发展 做合作共赢伙伴》讲话中承诺“6个100”项目支持，未来5年中国将对发展中国家提供100个减贫项目、100个农业合作项目、100个促贸援助项目、100个生态保护和应对气候变化项目、100所医院和诊所、100所学校和职业培训中心等六大方面的项目支持，其中减贫和生态作为两大支持项目，体现了中国在减贫和环境保护上对外合作上的新举措。习近平总书记在2015年10月17日的全国“扶贫日”上提出，推进工业、农业、人力资源开发、绿色能源、环保等各领域务实合作，帮助各发展中国家把资源优势转化为发展优势，同样预示着未来中国的绿色减贫之路将会快速推进。

四、绿色减贫：可持续性强的扶贫脱贫新方式

绿色减贫的本质就是以生态保护为出发点来进行减贫的新战略，很显然，这打破了传统扶贫模式并形成了新的可持续的扶贫脱贫内在机理。

---

① Angus，Deaton. The Great Escape-Health，Wealth and the Origins of the Inequality［M］. Beijing：China CITIC Press，2014.

绿色减贫动力机制新转化。贫困地区人口大多受教育程度低，生存技能较落后，自身减贫能力弱，主要依靠政府的单项扶持。然而绿色减贫的实施，发展方式从外源向内源的根本转变，构建出新的绿色扶贫动力机制。从宏观层面看，国家从绿色发展角度出发，利用当地自然资源，建立相应的绿色扶贫项目，通过培训贫困人口专业技术，拓宽其就业渠道和收入来源，从而提升贫困地区的内生动力。从微观层面分析，贫困人口从被动的接受式扶持变为主动的积极减贫。

绿色减贫开辟了扶贫脱贫的新路径。绿色扶贫战略因地制宜，结合地区的发展特点，提出不同的扶贫模式。对于自然条件极差的贫困地区，实施生态搬迁等包容性的减贫路径；对于生态条件较好的地区，改变了以前大力开发的扶贫模式，转化为以保护利用为主的长效扶贫路径，如建设生态观光景区等旅游产业；对于生态条件多样性的地区，既有自然环境较好的区域，也存在生态破坏较严重的区域，采取针对性的绿色减贫措施，对生态薄弱区加大管制保护力度，对自然条件较好的区域又要采取适当利用的减贫方式。

绿色减贫是可持续性最强的共享发展模式。首先，绿色减贫的本质就是体现共享理念。绿色减贫是以绿色发展理念即可持续发展为目标的减贫过程，强调在扶贫脱贫的同时注重保护生态环境和生态发展，我们知道，生态环境和生态发展不是个体单独所能决定的，需要依靠自然生产力和生态体系循环来实现，是自然与人与自然共享的可持续体系，而这正是共享发展理念的本质要求。其次，绿色减贫的模式共享。绿色减贫是以多维贫困为依据，以综合减贫成效为标准的多维减贫，其发展模式也综合考虑经济、健康、环境等多方面因素，根据不同地区贫困条件采取针对性的扶贫开发措施，如旅游扶贫、生态扶贫和光伏扶贫等，都是有效借助于当地自然条件而开发的长效减贫模式，对其他地区同样有参考共享的价值。再次，绿色减贫的成效共享。绿色减贫的最大意义在于其产生的减贫效应不仅体现在收入的提高，同时还体现在环境、生态、文化等综合效应上。因此，效应影响范围更广，不仅局限在贫困地区，对于非贫困地区同样产生影响，如依靠自然环境开发的旅游扶贫，不仅使贫困人口依靠旅游产业增加收入，也进一步能增强当地政府对于环境和生态保护的积极性，同时，也让周边非贫困地区的人口能体验到良好的生态环境，真正达到了成效人人共享。最后，绿色扶贫实现了经济目标、社会目标和生态目标的统一。以旅游扶贫为例，旅游扶贫中，必须协调好旅游经济系统和旅游景区生态系统之间关系，在获得经济效益同时不破坏旅游资源生态系统，从而达到可持续利用目的，实现三个目标统一：第一，可以为游客提供质量高的旅游体验；第二，发展过程中贫困地区独特的生态环境不受到严重污染和破坏；第三，贫困人口的生活质量不断提高，扶贫减贫效果广泛惠及到贫困人群。

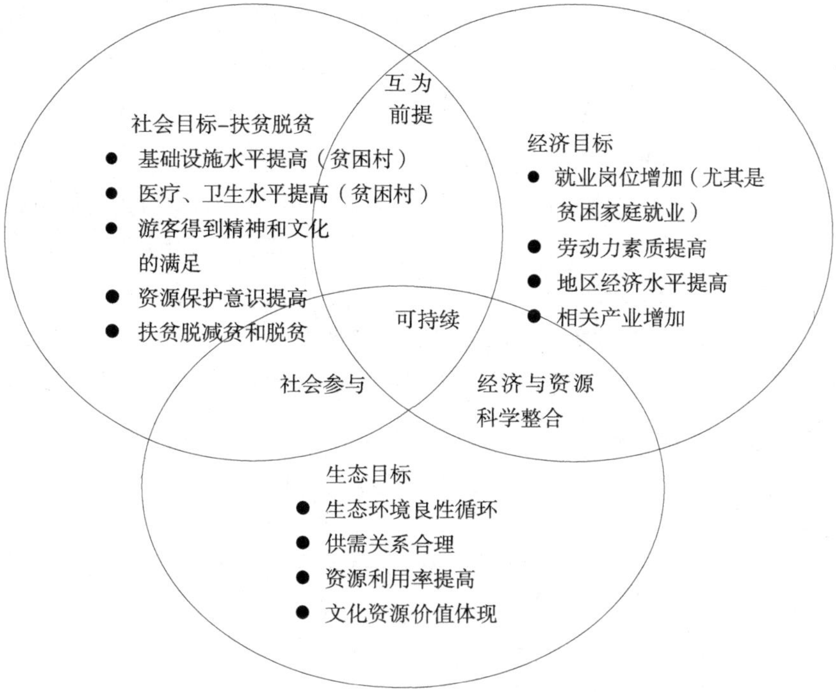

贫困地区绿色减贫产业的目标价值实现

五、绿色减贫：中国推进精准扶贫方略的最有效方式

精准扶贫是新时期脱贫攻坚的基本方略，是提高扶贫资源有效配置效果的有力措施。绿色减贫是通过与自然生态环境体系和自然生产力紧密相融，将自然资源、经济资源和社会资源寓于绿色发展体系循环之中，并以此提升资源配置效率，进而获得经济效益、社会效益和生态效益的全面提升，达到改善和提高贫困家庭收入生活水平，摆脱贫困转台。绿色减贫在扶贫目标、扶贫原则、扶贫任务和扶贫措施上与精准扶贫一致，绿色减贫是精准扶贫最有效的实现方式，绿色减贫有利于提高精准扶贫的科学性和完整性，有利于精准脱贫的有序性和持久性效果实现，有利于实现精准扶贫精准脱贫与区域经济发展的有机结合，有利于精准扶贫精准脱贫新目标的转换和提升。可以说，绿色减贫是最有生命力精准扶贫和最具可持续性的精准扶贫。

（一）绿色减贫有效提高了精准扶贫和精准脱贫的科学性和完整性

我们认为，精准扶贫通过一定方式将低于贫困线的家庭和人口识别出来，同时找准导致这些家庭或人口贫困的关键性因素，它是精准扶贫的基础①。而绿色减贫的提出为精准识别提供更为全面科学和完整的识别依据和基础，打破仅依靠收入的贫困识别标准，增加资源与环境保护的绿色发展维度，符合了多维扶贫的宗旨和要求，使精准扶贫内涵更具科学性。与此同时，绿色减贫为确定精准脱贫路径科学性提供了基础。绿色减贫的前提就是坚持“一方水土，养一方人”原则，在确定精准扶贫和精准脱贫路径时要充分考虑贫困地区资源环境承载力大小，通过对环境承载力标准，来确定脱贫方式和扶贫方式，对于“一方水土无法养一方人”地区，则采取生态移民搬迁扶贫方式，否则，采取其它扶贫方式，都无法最终实现脱贫目的。

（二）绿色减贫是精准脱贫的有序性和持久性效果实现

实践证明，仅仅以收入水平提升为目标的扶贫脱贫方式和帮扶措施，往往会在短时间内提升收入水平，却很容易导致返贫现象，当然返贫的原因很多，但是其中一个重要原因就是脱贫家庭的生计能力和发展能力尚未完全培养起来，扶贫产业或扶贫项目包括其他扶贫措施等缺乏持久性，从而导致了返贫率高，精准扶贫脱贫的效率就会下降。依靠绿色减贫的理念确定并实施的特色差异性扶贫脱贫路径，从开始就注重了区域的经济、社会和自然共生性，剔除了单一的保护环境或单一减贫目的，而是综合了贫困地区的整体产业发展和资源环境体系，在扶贫模式也考虑了绿色经济方法，产业发展可持续性和就业稳定性，从而保证了收入的稳定性和可持续性。也就是说，绿色减贫的融入，精准扶贫项目同时兼顾绿色和发展，扶贫与生态并重，短期和长期效益相统一，可见，绿色减贫绿色脱贫潜能的持续性程度，决定了精准扶贫精准脱贫的可持续性程度。

（三）绿色减贫为构建精准扶贫考核机制和贫困退出机制提供基础和参考

完整的扶贫考核机制是实施精准扶贫必不可少的制度保障，精准考核是检验精准扶贫成效的重要因素。绿色减贫的融入为精准扶贫考核和退出机制提供基础和参考。首先，绿色减贫提高精准考核的准确度。绿色发展作为扶贫成效的多维标准之一，衡量一个地区减贫成效不仅体现在收入水平的提升，同样体现在健康、生活和环境等其他维度的完成情况，若一味地以破坏当地环境来提升收入，

① 汪三贵，郭子豪．论中国的精准扶贫［J］．贵州社会科学，2015.05.

减贫成效必然会受到负向影响。结合绿色减贫可以使精准考核从环境保护、资源利用率、能源节约程度等方面对贫困地区的减贫成效进行评价，拓宽了精准考核的范围，提升了精准考核的准确度和可信度；其次，绿色减贫进一步完善了扶贫退出机制。绿色减贫从绿色发展角度为退出机制提供了新的参考标准，从区域的环境承载力和生态保护程度等方面为评估标准对贫困县、贫困户进行减贫评估，只有达到经济、医疗、教育、环境等多方面条件的地区才可以达到退出标准，脱贫一户、销号一户，提高退出机制的准确度，使真正脱贫并且有能力继续支撑未来发展的地区退出来，用长远、发展的理念完善退出机制、提升退出效率。

（四）绿色减贫有利于实现精准扶贫精准脱贫与区域经济发展的有机结合。

精准扶贫精准脱贫的精髓是“真扶贫”“扶贫真”，主要体现在对象精准、项目精准、资金精准、帮扶措施精准、脱贫效果精准和考核精准“六个精准”。绿色减贫是在精准扶贫精准脱贫前提和基础下的精准绿色扶贫方式、精准的绿色扶贫措施、精准的绿色项目、精准的绿色考核内容等。但这绝不是否定区域经济发展、否认贫困乡镇村集体经济、贫困乡镇的产业发展等，绿色的精准扶贫应该是农户经济和村经济、乡镇经济的全面融合和同步发展，绿色减贫则在强调到村到户扶贫脱贫的同时，更加注重区域经济整体性脱贫，也就是区域性整体贫困的减贫产业和经济的培育发展。无论是旅游经济、特色产业经济或者是传统文化景观经济、乡村集体经济等等，都是以不丢掉一个“贫困”户为前提，绿色减贫所构建的绿色扶贫产业、绿色扶贫项目、绿色扶贫经济等都是“一个贫困户不能少”为前提，绿色扶贫体现精准扶贫与区域经济之间有机结合最佳方式和最有效路径。绿色减贫是益贫性的经济发展表现形式，是共享发展的表现形式，是一种特色的包容性经济发展表现形式。

（五）绿色减贫为 2020 年后中国减贫指明了新方向和新重点

到 2020 年，我国将在现有标准下，实现农村贫困地区脱贫，贫困县全部摘帽，解决区域性整体贫困问题，即在我国全面建成小康社会时间点下的贫困问题基本解决。很显然，一方面这种脱贫是在现有标准即 2010 年 2300 元（不变价格）下的脱贫，也就是说初步完成了绝对贫困脱贫的问题，这是一项历史性功绩，也预示着中国小康社会基本实现。另一方面，也不可否认我们的脱贫还是一种低标准下脱贫，与 2015 年世界银行提出的每天 1.9 美元新贫困标准比较，还有一定距离。事实上，绝对贫困问题基本解决，并不意味着贫困完全消除，当然，消除绝对贫困是不可能的，贫困永远存在，无论发展到什么阶段，贫困问题始终是人类面临的任务和挑战，中国的减贫之路也不会有终结。这就意味着道2020年后，我国扶贫脱贫的目标和任务将会转换到相对贫困问题，或者说低收入群体。绿色减贫理念的融入为未来我国实现精准扶贫之后的减贫道路奠定一个宏观性的方向和指导。从联合国2030年可持续发展议程可以看出，经济与环境协同促进的可持续发展模式是全人类共同的发展之路，在未来的减贫道路中，不仅脱离不了绿色发展，而且绿色发展理念将会越来越重要。随着绝对贫困的逐渐减少，解决相对贫困在未来减贫中将是主要面临的任务，生态环境的保护对于相对贫困的影响力将会不断增大，绿色减贫将起到一定指导和参考，绿色减贫将带来绿色福利，从而促进中国减贫之路健康可持续发展。

六、绿色减贫：2014 ~ 2015年新实践和新探索

国务院扶贫办主任刘永富在生态文明贵阳国际论坛2015年年会“生态文明与开放式扶贫”论坛表示，中国正在实施的移民搬迁扶贫、光伏产业扶贫、旅游扶贫三项扶贫工程成为中国“绿色”扶贫重要支柱，事实上，2014年以来，我国的绿色减贫在实践中取得了长足进步和发展，也积累了一定的经验和创新模式。

（一）易地搬迁扶贫——区域发展与绿色减贫相融新路径

易地搬迁是中国扶贫开发品牌之一，是我国扶贫开发过程中，将区域发展和绿色减贫相结合的最重要经验模式之一，被国家“十三五”规划中确定为实现2020年全部脱贫“五个一批”重要路径之一。截至2015年，国家累计安排易地扶贫搬迁中央补助投资363亿元，搬迁贫困群众680万余人。其中，2001 ~ 2010年，安排中央补助投资132亿元，搬迁贫困群众286万余人；“十二五”以来，共安排中央预算内补助投资231亿元，搬迁贫困群众394万人，在扶贫减贫中起到了重要作用。尤其对于贫困人口规模大且山区较多的省份来说，易地搬迁扶贫作用尤其明显。例如贵州省自2001年以来已累计搬迁了104万农村贫困人口。据有关调查资料显示，到2020年，我国将对1000万贫困人口实施易地搬迁扶贫，占到整个扶贫脱贫人口的近15%，国家为此将投资6000亿资金来组织实施。易地搬迁属于生态扶贫和绿色减贫模式的范畴，其主要原因就是易地搬迁遵循自然规律与经济规律，对于生态环境较差地区，实施保护型减贫策略，通过搬迁、因地制宜确定安置方式改善贫困人口的客观生存环境等方式，从而有效缓解扶贫开发造成的环境破坏，促进当地经济社会的可持续发展。

（二）光伏扶贫——绿色减贫路径新探索

光伏扶贫是有效利用光伏发电产业对贫困地区、贫困人口进行精准扶贫的新型扶贫模式。2015 年 7 月 30 日，国家能源局、国务院扶贫办印发了实施光伏扶贫工程工作方案，计划利用 6 年时间开展光伏发电产业扶贫工程并开展安徽、宁夏等三十余个首批光伏试点。从调研情况来看，部分试点在光伏扶贫上已取得一定的成效[①]，“中国光伏应用第一城”合肥，截止2014年，已有500户贫困户家庭受益于“光伏扶贫”，农户年均增收 2500 元，到 2018 年将会完成 1000 户贫困家庭“光伏扶贫”目标，从全国总体来看，光伏扶贫是绿色减贫新途径，通过对贫困家庭安装发屋顶光伏电站等形式促进贫困户增收，有利于人民群众生活方式的变革，开辟了贫困人口增收新渠道，达到绿色减贫效果。

（三）旅游扶贫——绿色减贫在生态保护的创新

旅游扶贫是连接生态保护与减贫脱贫的有效桥梁，是绿色减贫创新最有效途径。国务院扶贫办与国家旅游局合作，启动贫困村旅游扶贫工程。资料显示，2014 年全国乡村旅游特色村超过 10 万个，接待的游客达到 12 亿，约占全国旅游接待总数的 1/3，乡村旅游的营业收入达到 3200 亿，同比增长 15%，带动 3300 万的农民受益。近年来，各地在旅游扶贫方面也加大力度，创新突破。旅游扶贫在未来的绿色扶贫中将起到主导性作用，伴随交通等基础设施的不断改善，山绿水清空气新鲜景观好的贫困地区，将是健康中国最理想之胜地，也是绿色发展和绿色减贫的重要模式之一，在不远的将来，也会成为走向小康和富裕的重要支撑。

（四）“互联网 + 扶贫”——绿色减贫信息时代的新运用

“互联网 + 扶贫”是我国扶贫脱贫的新突破和新运用，利用互联网解决扶贫实施中的信息障碍，增强贫困地区和非贫困地区间的信息流通，提高贫困人口的公平性。中共中央国务院关于打赢脱贫攻坚战的决定提出“完善电信普遍服务补偿机制，加快推进宽带网络覆盖贫困村。实施电商扶贫工程”等互联网扶贫措施。其中电商作为一种新兴的市场手段和精准的扶贫方式开始成为社会扶贫力量，电商企业探索的“互联网 + 扶贫”正在成为扶贫新路径。与此同时，互联网现代科学技术运用，将大大提升扶贫脱贫的效率，例如贵州省利用国家大数据建设试点的机遇，开发并运用于扶贫脱贫管理的“扶贫云”，就是通过互联网手段

---

① 光伏扶贫基本资料及政策解读 http：//www.ceeia.com/News_View.aspx?newsid=60122&classid=2

和技术，构建了贵州扶贫脱贫的大数据新平台，并以此实现扶贫脱贫高效率的扶贫供给需求对接、扶贫脱贫动态信息管理的现代化及时化。

第一篇

综合篇

第一章　中国绿色减贫指数指标体系的改进

2014年，我们在比较分析各类相关评价方法的基础上，结合中国集中连片特困地区实际，提出了编制中国集中连片特困地区绿色减贫指数体系的基本思路和原则，构造了一个包括4个一级指标和27个二级指标的结构体系，并简单介绍了指标的选择与指数的测算方法。并依据14个集中连片特困区2012年的数据，对连片特困区绿色减贫情况进行了测算。

2015年，我们根据实际情况，对指标体系进行了修正，对一些区分度不高、数据可得性差的指标进行了替换，也相应的增加了一些能够更好测度贫困地区绿色减贫的指标。总的来看，与2014年使用的绿色减贫评价指标体系相比，原体系为4大类27个指标。这次修订，增加1个指标，删除7个指标，修改后的指标体系为4大类21个指标。总的来看，一级指标仍然是经济增长绿化度、资源利用与环境保护程度、社会发展能力、扶贫开发与减贫效果四个方面，对指标的调整和完善集中在二级指标的调整上。

首先，我们用四分法来确定指标体系的一级结构，即从经济增长绿色角度、资源利用与环境保护程度角度、社会发展能力角度和扶贫开发与减贫效果角度来构建中国集中连片特困地区绿色减贫指标体系。从图1–1显示，中国集中连片特困地区绿色减贫的一级指标中，经济增长绿化度反映的是集中连片特困地区在促进经济发展的生产过程中对资源的消耗程度以及对环境的影响程度；资源利用与环境保护程度反映的是集中连片特困地区现有的自然资源与环境的承载潜力以及在生产生活过程中对环境的保护程度；社会发展能力反映的是集中连片特困地区的总体民生发展水平；扶贫开发与减贫效果反映的是集中连片特困地区的主要减贫效果。

然后，通过四分法将指标体系的一级指标确定为以上的四个方面，其中经济增长绿化度和资源利用与环境保护程度两个指标体现了绿色，社会发展能力和扶贫开发与减贫效果两个指标则体现了减贫，满足了我们既希望突出绿色又希望强调减贫的初衷，有助于达到我们测量中国绿色减贫指数的目的。

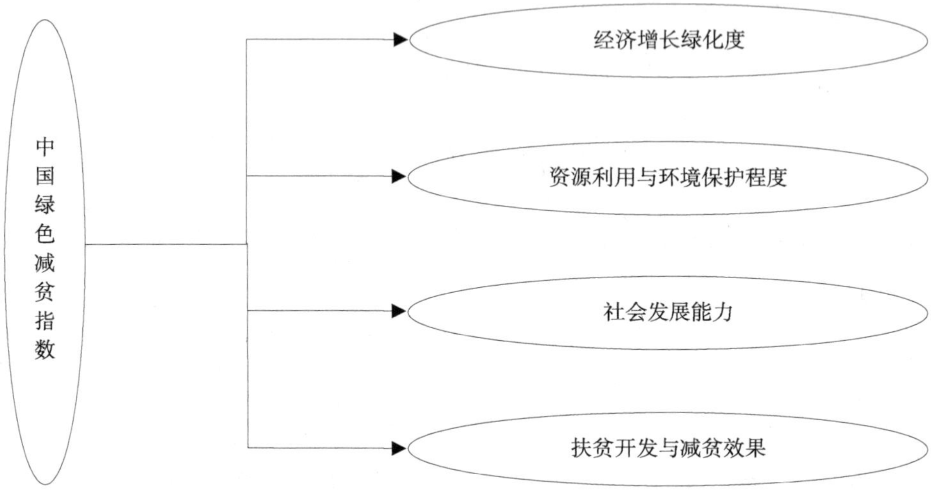

图 1–1　中国绿色减贫指数的一级指标框架示意图

然后，以一级指标为基础对原有的 27 个二级指标进行了调整。共调整了以下指标：

1. 取消了劳动生产率指标。劳动生产率是派生指标，计算方式太过复杂。更为重要的是，其指标本身的一些内涵已经通过经济增长绿色度下几个二级指标有所反映，人均地区生产总值、单位地区生产总值能耗、单位地区生产总值二氧化硫排放量、土地产出率、工业固体废物综合利用率五个指标都从不同的侧面体现了劳动生产率某个或某几个方面。我们认为，这几个指标已经能够较好的体现出劳动生产率的指标内涵，因此，取消了该指标。

2. 将自来水普及率调整为实现安全饮水人数比重指标。首先，农村统计口径一般仅统计安全饮水人数比重，因此，基于数据可得性的考虑，我们将自来水普及率调整为实现安全饮水人数比重。另外，农村饮用水安全问题是美好乡村建设的一项重要内容，也是十八届三中全会提出加快生态文明制度建设的内在要求，这不仅有利于增进农民的福祉，维护农民的利益，而且对建设资源节约型、环境友好型社会，实现可持续发展，加快实现全面小康社会的建设目标也有着重大现实意义。

3. 暂时取消有设施农业大棚行政村比重、有设施畜牧业大棚行政村比重。对设施农业温室大棚和设施畜牧业大棚的统计，各省的统计口径还存在较大差别，对主体材料外径、壁厚、柱间距、主要配套设备及建造棚型等重大技术问题还没有较为统一的标准；另外，智能温控大棚和温室大棚的认定起点面积也还存在差异，导致省际数据的差异较大。另外，此 2 项指标，是相对指标，较难通过相对数量体现具体指标内涵，实际上相同数据的地区，其农业大棚、畜牧业大棚的数量和质量有可能存在天壤之别，也就是该指标本身的区分度也较差。基于以上两点考虑，我们删除了这两项指标。

4. 暂时取消了有农民专业合作经济组织行政村比重指标。此指标也是相对指标，较难通过相对数量体现具体指标内涵，数据相同的地区，农民专业合作社的质量、数量，以及在农村政治、经济生活中体现的具体作用很可能存在很大的差别，难以通过数据本身表达其具体内涵。另外，由于绝大多数行政村均成立了各种类型的专业合作经济组织，导致该指标本身的区分度比较差。基于以上两点考虑，我们取消了该指标。

5 暂时取消了有经营农家乐的行政村比重指标。首先，此指标是相对指标，和前面几个取消的指标一样，较难通过相对的数量体现指标的具体内涵。其次，各地对于农家乐的统计口径、标准、方法也存在较大差异，省际数据的差异较大。最后，从实际情况来看，地方部门对于此指标的统计随意性也较大，导致该指标的可信度也不高。因此，基于以上三点考虑，我们删除了该指标。

经过我们的调整，共确定了 21 个二级指标。然后，我们确定了一级和二级指标的权重（具体见表 2–1），今年的绿色减贫指数，我们将 2 级指标的权重统一调整为 4.76%。因此，各个一级指标的权重也有所变化，经济增长绿化度的权重占 33.3%，资源利用与环境保护程度的权重占 14.3%，社会发展能力的权重占 28.6%，扶贫开发与减贫效果的权重占 23.8%。总体来看，提高了社会发展能力的权重，减少了扶贫开发与减贫效果的比重。具体情况见下表：

表 1–1　中国绿色减贫指数一、二级指标及权重

一级指标	权重	二级指标	权重	指标类型
经济增长绿化度	28.57%	人均地区生产总值	4.76%	正
		单位地区生产总值能耗	4.76%	逆
		单位地区生产总值二氧化硫排放量	4.76%	逆
		土地产出率	4.76%	正
		工业固体废物综合利用率	4.76%	正
		第三产业增加值比重	4.76%	正
资源利用与环境保护程度	14.29%	人均森林面积	4.76%	正
		森林覆盖率	4.76%	正
		单位耕地面积化肥施用量	4.76%	逆

续表

一级指标	权重	二级指标	权重	指标类型
社会发展能力	28.57%	农村恩格尔系数	4.76%	逆
		城乡收入比	4.76%	逆
		新型合作医疗参合率	4.76%	正
		有卫生室行政村比例	4.76%	正
		新型农村养老参保率	4.76%	正
		高中阶段教育毛入学率	4.76%	正
扶贫开发与减贫效果	28.57%	贫困人口占总农村人口比重	4.76%	逆
		农村人均纯收入增长率	4.76%	正
		通电自然村比重	4.76%	正
		通路自然村比重	4.76%	正
		有效灌溉面积占基本农田面积比重	4.76%	正
		实现安全饮水人数比重	4.76%	正

第二章　绿色减贫指数测算结果

根据中国绿色减贫指数指标体系，我们测算了 2014 年除西藏、四省藏区以及新疆南疆三地州外 11 个连片特困地区的片区“绿色减贫指数”。本章将介绍本年度测算得到的结果，并做简要分析。

第一节　测算总结果及分析

本年度报告分别测度了中国 11 个连片特困地区和中国 505 个贫困县的绿色减贫指数。

一、中国 11 个连片特困地区绿色减贫指数总体结果及分析

根据“中国绿色减贫指数”指标体系以及各指标 2014 年的数据，测算出中国 11 个连片特困地区 2014 年绿色减贫指数①及经济增长绿化度、资源利用与环境保护程度、社会发展能力和扶贫开发与减贫效果四个分指数的结果如表 2–1 所示。

表 2–1　2014 年中国 11 个连片特困地区绿色减贫指数及排名

指标	绿色减贫指数		一级指标							
			经济增长绿化度		资源利用与环境保护程度		社会发展能力		扶贫开发与减贫效果	
片区	指标值	排名	指标值	排名	指标值	排名	指标值	排名	指标值	排名
罗霄山区	0.475	1	0.137	3	0.166	1	–0.012	8	0.184	1
大兴安岭南麓片区	0.441	2	0.222	1	–0.042	7	0.081	4	0.179	2
大别山区	0.360	3	0.181	2	–0.128	11	0.181	1	0.126	3
秦巴山区	0.006	4	–0.057	7	0.047	4	0.000	6	0.016	5

① 由于数据等原因，西藏、四省藏区以及新疆南疆三地州未参与测算。

续表

指标	绿色减贫指数		一级指标							
			经济增长绿化度		资源利用与环境保护程度		社会发展能力		扶贫开发与减贫效果	
片区	指标值	排名	指标值	排名	指标值	排名	指标值	排名	指标值	排名
滇西边境片区	-0.009	5	-0.088	8	0.088	3	0.093	2	-0.101	9
燕山 - 太行山片区	-0.029	6	-0.114	10	-0.049	8	0.085	3	0.050	4
六盘山片区	-0.068	7	-0.016	5	-0.034	6	-0.033	9	0.014	6
武陵山区	-0.172	8	0.022	4	-0.011	5	-0.010	7	-0.173	11
滇桂黔石漠化片区	-0.173	9	-0.092	9	0.138	2	-0.139	10	-0.081	8
吕梁山片区	-0.237	10	-0.053	6	-0.115	10	0.004	5	-0.073	7
乌蒙山片区	-0.593	11	-0.142	11	-0.060	9	-0.250	11	-0.141	10

注：1. 本表根据中国绿色减贫指数测算体系，依各指标 2014 年数据测算而得；2. 本表各片区按照绿色减贫指数的指数值从大到小排序；3. 本表中绿色减贫指数等于经济增长绿化度、资源利用与环境保护程度、社会发展能力和扶贫开发与减贫效果四个一级指标指数值之和；4. 以上数据及排名根据《全国扶贫开发重点区域监测报告资料》、各省市统计年鉴、各贫困县统计公报、《中国统计年鉴 2016》《中国环境统计年鉴 2016》《中国环境统计年报 2016》《中国城市统计年鉴 2016》等测算。

由于本次测算采用“均值—标准差法”进行无量纲化处理，因此“0”代表所有参评片区绿色减贫的平均水平，得分高于“0”表示该片区的绿色减贫水平高于全国平均水平，得分低于“0”表示该片区绿色减贫水平低于全国平均水平。

根据测算结果，2014 年绿色减贫指数排在前 4 名的连片特困地区依次是：罗霄山片区、大兴安岭南麓片区、大别山片区、秦巴山区，这四个片区的绿色减贫水平高于全国平均水平，滇西边境片区、燕山 - 太行山片区、六盘山片区、武陵山区、滇桂黔石漠化片区、吕梁山片区、乌蒙山片区的绿色减贫水平低于全国平均水平。为了直观地表现 11 个连片特困地区绿色减贫指数，绘制了排名比较图，具体见图 2-1。

以上测算结果表明，各片区的绿色减贫水平差异十分明显。这种差异主要来自两个不同的因素：其一是体现在反映资源利用效率、绿色经济发展的“经济增长绿化度”和“资源利用与环境保护程度”；其二是体现在扶贫开发效果的“社会发展能力”以及“扶贫开发与减贫效果”。从高于全国平均水平的前 4 个连片特困地区来看，罗霄山片区、秦巴山区主要受第一方面因素的影响，大兴安岭南麓片区、大别山片区 则主要受第二方面的影响。

具体来说，罗霄山片区绿色减贫指数排名第一，主要受扶贫开发与减贫效果、资源利用与环境保护程度、经济增长绿化度的拉动，其社会发展能力指数排名靠后。排名第二的大兴安岭南麓片区在经济增长绿化度、社会发展能力、扶贫开发与减贫效果等三方面都靠前，但其资源利用与环境保护程度排名靠后。排名第三的大别山片区主要是其社会发展能力水平最高，第四的秦巴山区则是由于扶贫开发与减贫效果、资源利用与环境保护程度水平相对较高。绿色减贫水平较低的各片区一级指标表现亦有不同：以排名最后的乌蒙山片区为例，各一级指标表现均 9–11 名；而排第十名的滇桂黔石漠化片区的资源利用和环境保护水平却很高。

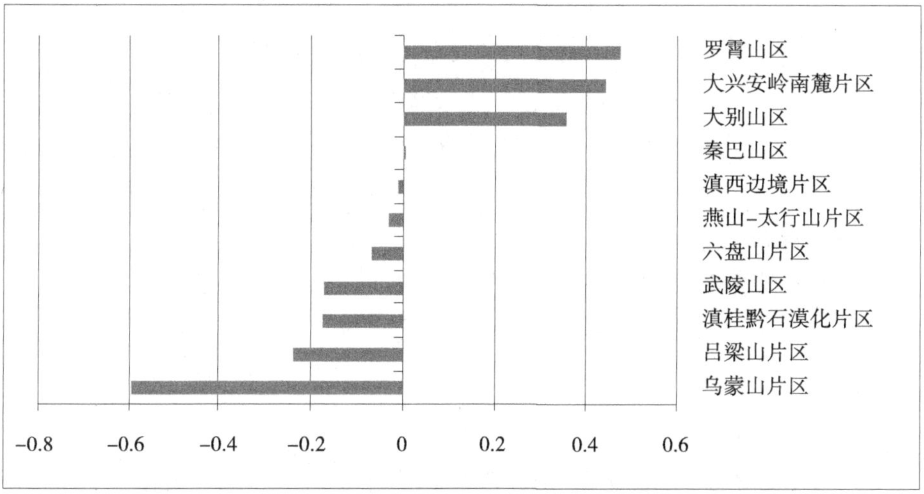

图 2–1　2014 年中国 11 个连片特困地区绿色减贫指数排名比较图

注：根据表 2–1 数据所得。

二、2012 年、2014 年连片特困地区绿色减贫指数测算结果比较分析

从 2012、2014 两年的数据比较来看，片区之间的排名情况除乌蒙山片区依然是最低，没有变化外，其余片区均发生了相应的变化，各片区绿色减贫水平排名变化表现出不同的规律。其中，上升最大的是秦巴山区，该片区的绿色减贫指数从 2012 年的第 8 名上升到 2014 年的第 4 名；片区中下降最多的是燕山 – 太行山片和吕梁山片区，燕山 – 太行山片区则从 2012 年的第 3 名下降到 2014 年的第 6 名，吕梁山片区从 2012 年的第 7 名下降至 2014 年的第 10 名。（详见表 2–2）

表 2-2 各连片特困地区中国绿色减贫指数排名变化表（2014 与 2012）

指标	绿色减贫指数				
	2014 年		2012 年		排名变化 正值表示退步
片区	指标值	排名	指标值	排名	
罗霄山区	0.475	1	0.138	4	-3
大兴安岭南麓片区	0.441	2	0.499	1	2
大别山区	0.360	3	0.264	2	1
秦巴山区	0.006	4	-0.061	8	-4
滇西边境片区	-0.009	5	0.048	6	-1
燕山 - 太行山片区	-0.029	6	0.164	3	3
六盘山片区	-0.068	7	0.131	5	2
武陵山区	-0.172	8	-0.069	9	-1
滇桂黔石漠化片区	-0.173	9	-0.383	10	-1
吕梁山片区	-0.237	10	0.014	7	3
乌蒙山片区	-0.593	11	-0.747	11	0

注：1、本表根据中国绿色减贫指数体系，依据各指标 2012、2014 年数据测算而得；2、本表城市按 2014 年绿色发展指数的指数值从高到低排序；3、以上数据及排名根据《全国扶贫开发重点区域监测报告资料》、各省市统计年鉴、各贫困县统计公报、《中国统计年鉴 2016、2013》《中国环境统计年鉴 2016、2013》《中国环境统计年报 2016、2013》《中国城市统计年鉴 2016、2013》等测算；4、由于西藏、四省藏区以及新疆南疆三地州部分指标数据暂不全，因此本次测算不包含这三个片区。

三、中国 505 个贫困县绿色减贫指数测算结果及分析

利用 2014 年、2012 年的数据，根据中国绿色减贫指数指标体系测算，2012 年、2014 年中国 505 个贫困县的绿色减贫指数及其排名详见附录。

与片区测算类似，指数值“0”表示所有参评县的平均水平，指数值高于“0”表示该县的绿色减贫水平高于参评县的平均水平，指数值低于“0”表示该县的绿色减贫水平低于参评县的平均水平。

2014 年，在参与测算的 505 个贫困县中，有上犹县、互助土族自治县、团风县、印江土家族苗族自治县、靖州苗族侗族自治县、来凤县、宣化县、井冈山市、宿松县、罗田县、炎陵县、岳西县、桂东县、安仁县、宜章县、五峰土家族自治县、潜山县等 255 个贫困县的绿色减贫水平高于全国平均水平，景谷傣族彝族自治县、松桃苗族自治县、美姑县、越西县等 249 贫困县的绿色减贫水平低于

全国平均水平。

2012年，在参与测算的505个贫困县中，有246个贫困县的绿色减贫水平高于平均水平，259个县的绿色减贫水平低于平均水平。其中高于全国贫困县绿色减贫水平的贫困县有阿尔山市、太湖县、潜山县、会昌县、彭阳县、岳西县、静乐县、通榆县、隆德县、尚义县等。

为方便读者阅读，根据“中国505个贫困县绿色减贫指数及排名”，绘出2014年、2012年中国绿色减贫指数排名前20贫困县和排名后20贫困县比较图，如图2–3和图2–4所示：

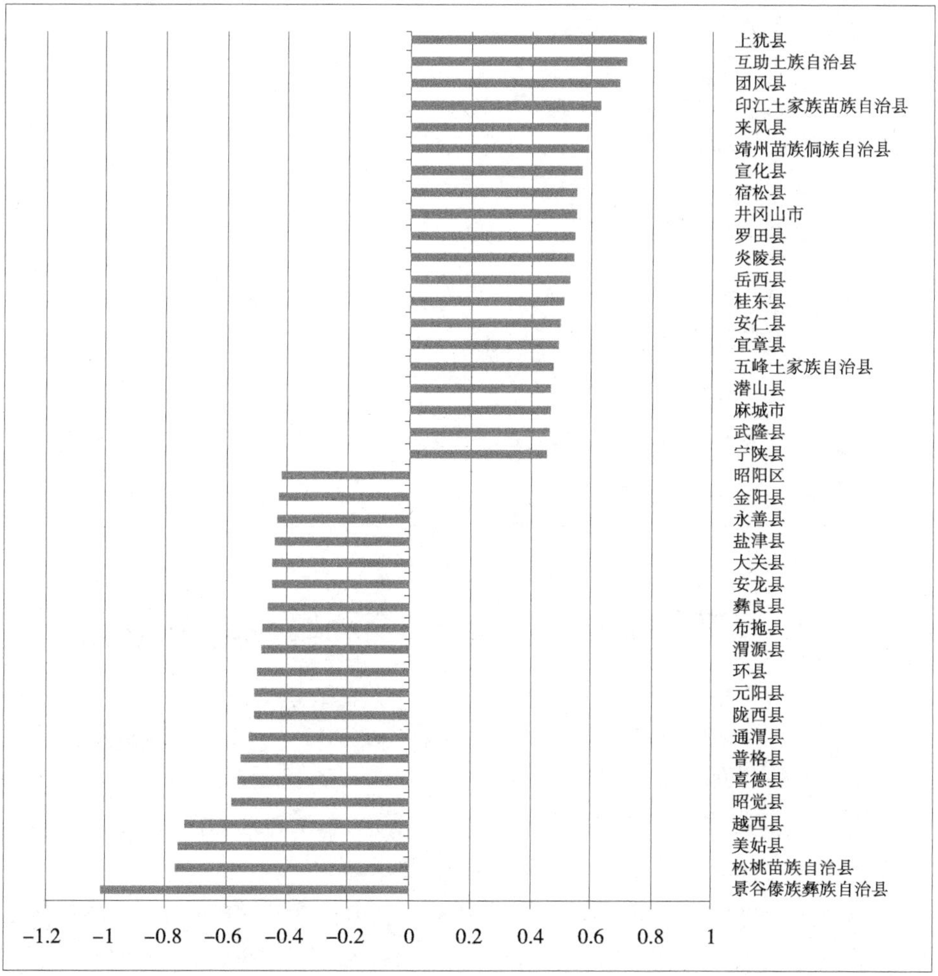

图2–3　2014中国绿色减贫指数排名前20贫困县和排名后20贫困县比较图

注：本图根据附录“中国505个贫困县绿色减贫指数及排名”制作。

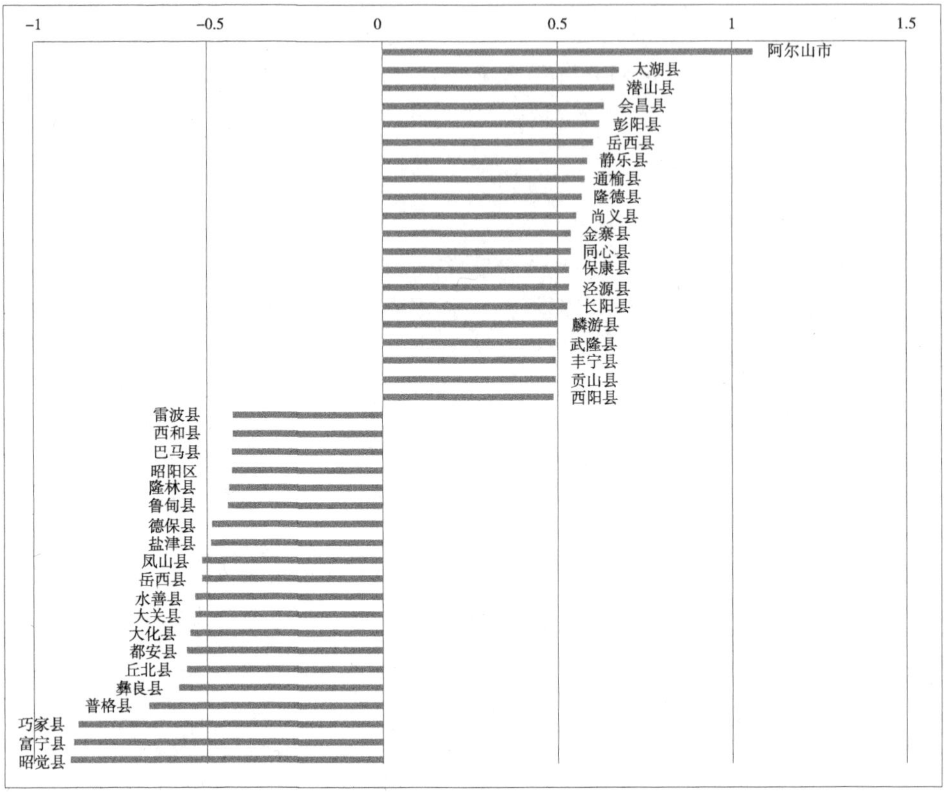

图 2-4　2012 中国绿色减贫指数排名前 20 贫困县和排名后 20 贫困县比较图

注：本图根据本章附录一“中国 505 个贫困县绿色减贫指数及排名”制作。

第二节　经济增长绿化度测算结果分析

在中国绿色减贫指数评价体系中，经济增长绿化度指标由人均地区生产总值、单位地区生产总值能耗、单位地区生产总值二氧化硫排放量、劳动生产率、土地产出率、工业固体废物综合利用率、第三产业增加值比重 6 项二级指标构成。各项二级指标的权重及其指标属性见表 2-3。

在对二级指标的原始数据进行标准化处理基础上，根据表 3-4 中的权重，计算得出了各片区 2012 年和 2014 年两年经济增长绿化度指标，测算结果如下（见表 2-4）。

表 2-3　经济增长绿化度二级指标、权重及其属性

一级指标	权重	二级指标	权重
经济增长绿化度	28.57%	人均地区生产总值	4.76%
		单位地区生产总值能耗	4.76%
		单位地区生产总值二氧化硫排放量	4.76%
		土地产出率	4.76%
		工业固体废物综合利用率	4.76%
		第三产业增加值比重	4.76%

表 2-4　2012、2014 年全国 11 个片区经济增长绿化度指数值及排名

指标	经济增长绿化度			
	2012 年		2014 年	
片区	指标值	排名	指标值	排名
罗霄山片区	0.141	1	0.137	3
大别山片区	0.088	2	0.181	2
六盘山片区	0.07	3	–0.016	5
吕梁山片区	0.067	4	–0.053	6
大兴安岭南麓片区	0.048	5	0.215	1
秦巴山片区	0.035	6	–0.057	7
燕山 – 太行山片区	0.011	7	–0.114	10
武陵山片区	–0.006	8	0.022	4
滇西边境片区	–0.043	9	–0.088	8
乌蒙山片区	–0.146	10	–0.142	11
滇桂黔石漠化片区	–0.265	11	–0.092	9

注：1、本表根据中国绿色减贫指数体系，依据各指标 2014、2012 年数据测算而得；2、本表城市按 2012 年经济增长绿化度指数的指数值从高到低排序；3、以上数据及排名根据《全国扶贫开发重点区域监测报告资料》、各省市统计年鉴、各贫困县统计公报、《中国统计年鉴》《中国环境统计年鉴》《中国环境统计年报》、《中国城市统计年鉴》等测算；4、由于西藏、四省藏区以及新疆南疆三地州部分指标数据暂不全，因此本次测算不包含这三个片区。

从测算结果可以得出，2012 年，经济增长绿化度水平排前五位的片区依次是罗霄山片区、大别山区、六盘山片区、吕梁山片区、大兴安岭南麓片区，排名低于全国平均水平的片区有滇桂黔石漠化片区、乌蒙山片区、滇西边境片区、武陵山片区 4 个片区。2014 年，经济增长绿化度水平排前四位的片区依次是大兴安岭南麓片区、大别山区、罗霄山片区、武陵山片区，排名低于全国平均水平的片区有六盘山片区、吕梁山片区、秦巴山片区、滇西边境片区、滇桂黔石漠化片区、燕山 – 太行山片区、乌蒙山片区 7 个片区。从 2014、2012 两年的数据比较来看，各片区经济增长绿化度水平排名顺序变化不大。

第三节 资源利用与环境保护程度指数测算结果及其分析

在中国绿色减贫指数评价体系中，资源利用与环境保护程度指标由人均森林面积、森林覆盖率、单位耕地面积化肥施用量 3 项二级指标构成。各项二级指标的权重及其指标属性见表 2–5。

表 2–5 片区间资源利用与环境保护程度指数二级指标、权重及其属性

一级指标	权重	二级指标	权重
资源利用与环境保护程度	14.29%	人均森林面积	4.76%
		森林覆盖率	4.76%
		单位耕地面积化肥施用量	4.76%

在对二级指标的原始数据进行标准化处理基础上，根据表 2–6 中的权重，计算得出了各片区 2012 年和 2014 年两年资源利用与环境保护程度指数，测算结果如下（见表 2–6）。

表 2–6 2012、2014 年全国 11 个片区资源利用与环境保护程度指数值及排名

指标	资源利用与环境保护程度指数			
	2012 年		2014 年	
片区	指标值	排名	指标值	排名
滇桂黔石漠化片区	0.164	1	0.138	2
罗霄山片区	0.104	2	0.166	1
大兴安岭南麓片区	0.065	3	–0.042	7
滇西边境片区	0.023	4	0.088	3
燕山 – 太行山片区	0.008	5	–0.049	8
吕梁山片区	–0.005	6	–0.115	10
武陵山片区	–0.04	7	–0.011	5
六盘山片区	–0.045	8	–0.034	6
秦巴山片区	–0.068	9	0.047	4
乌蒙山片区	–0.072	10	–0.060	9
大别山片区	–0.135	11	–0.128	11

注：1、本表根据中国绿色减贫指数体系，依据各指标 2014、2012 年数据测算而得；2、本表城市按 2012 年资源利用与环境保护程度指数的指数值从高到低排序；3、以上数据及排名根据《全国扶贫开发重点区域监测报

告资料》、各省市统计年鉴、各贫困县统计公报、《中国统计年鉴》《中国环境统计年鉴》《中国环境统计年报》《中国城市统计年鉴》等测算；4、由于西藏、四省藏区以及新疆南疆三地州部分指标数据暂不全，因此本次测算不包含这三个片区。

从测算结果可以得出，2012 年，资源利用与环境保护程度水平排前五位的片区依次是滇桂黔石漠化片区、罗霄山片区、大兴安岭南麓片区、滇西边境片区、燕山－太行山片区，排名低于全国平均水平的片区有大别山区、乌蒙山片区、秦巴山片区、六盘山片区、武陵山片区、吕梁山片 6 个片区。2014 年，资源利用与环境保护程度水平排前五位的片区依次是罗霄山片区、滇桂黔石漠化片区、滇西边境片区、秦巴山片区、武陵山片区，排名低于全国平均水平的片区有大兴安岭南麓片区、燕山－太行山片区、吕梁山片区、武陵山片区、六盘山片区、乌蒙山片区、大别山片区 7 个片区。从 2014、2012 两年的数据比较来看，各片区资源利用与环境保护程度水平排名顺序变化较大，大兴安岭南麓片区从 2012 年的第 3 名下降至第 7 名，吕梁山片区从 2012 年的第 6 名下降至第 10 名，而秦巴山片区则从 2012 年的第 9 名上升至第 4 名。

第四节　社会发展能力指数测算结果及分析

在中国绿色减贫指数评价体系中，社会发展能力指数由农村恩格尔系数、城乡收入比、新型合作医疗参合率、有卫生室行政村比例、新型农村养老参保率、高中阶段教育毛入学率 6 项二级指标构成。各项二级指标的权重及其指标属性见表 2–7。

表 2–7　片区间社会发展能力指数二级指标、权重及其属性

一级指标	权重	二级指标	权重
社会发展能力	28.57%	农村恩格尔系数	4.76%
		城乡收入比	4.76%
		新型合作医疗参合率	4.76%
		有卫生室行政村比例	4.76%
		新型农村养老参保率	4.76%
		高中阶段教育毛入学率	4.76%

在对二级指标的原始数据进行标准化处理基础上，根据表 2–8 中的权重，计算得出了各片区 2012 年和 2014 年两年社会发展能力指数，测算结果如下（见表 2–8）。

表 2-8　2012、2014 年全国 11 个片区社会发展能力指数值及排名

指标	社会发展能力指数			
	2012 年		2014 年	
片区	指标值	排名	指标值	排名
大别山片区	0.1	1	0.181	1
燕山 - 太行山片区	0.092	2	0.085	3
吕梁山片区	0.075	3	0.004	5
滇西边境片区	0.065	4	0.093	2
大兴安岭南麓片区	0.062	5	0.081	4
六盘山片区	0.034	6	–0.033	9
秦巴山片区	0.019	7	0.000	6
罗霄山片区	–0.057	8	–0.012	8
滇桂黔石漠化片区	–0.063	9	–0.139	10
武陵山片区	–0.116	10	–0.010	7
乌蒙山片区	–0.21	11	–0.250	11

注：1、本表根据中国绿色减贫指数体系，依据各指标 2014、2012 年数据测算而得；2、本表城市按 2012 年社会发展能力指数的指数值从高到低排序；3、以上数据及排名根据《全国扶贫开发重点区域监测报告资料》、各省市统计年鉴、各贫困县统计公报、《中国城市统计年鉴》等测算；4、由于西藏、四省藏区以及新疆南疆三地州部分指标数据暂不全，因此本次测算不包含这三个片区。

以上测算结果显示，2012 年，社会发展能力水平排前五位的片区依次是大别山片区、燕山 - 太行山片区、吕梁山片区、滇西边境片区、大兴安岭南麓片区，排名低于全国平均水平的片区有罗霄山片区、滇桂黔石漠化片区、武陵山片区、乌蒙山片区 4 个片区。2014 年，社会发展能力水平排前三位的片区依次是大别山片区、滇西边境片区、燕山 - 太行山片区，排名低于全国平均水平的片区有六盘山片区、罗霄山片区、滇桂黔石漠化片区、武陵山片区、乌蒙山片区 5 个片区。从 2014、2012 两年的数据比较来看，各片区社会发展能力水平排名顺序变化较大，其中六盘山片区从 2012 年的第 6 名下降到第 9 名，武陵山片区从 2012 年的第 10 名上升到第 7 名，其他片区变化不大。

第五节　扶贫开发与减贫效果指数测算结果及分析

在中国绿色减贫指数评价体系中，扶贫开发与减贫效果指数由农村恩格尔系数、城乡收入比、新型合作医疗参合率、有卫生室行政村比例、新型农村养老参保率、高中阶段教育毛入学率 6 项二级指标构成。各项二级指标的权重及其指标属性见表 2–9。

表 2-9 片区间扶贫开发与减贫效果指数二级指标、权重及其属性

一级指标	权重	二级指标	权重
扶贫开发与减贫效果	28.57%	农村恩格尔系数	4.76%
		城乡收入比	4.76%
		新型合作医疗参合率	4.76%
		有卫生室行政村比例	4.76%
		新型农村养老参保率	4.76%
		高中阶段教育毛入学率	4.76%

在对二级指标的原始数据进行标准化处理基础上，根据表 2-10 中的权重，计算得出了各片区 2012 年和 2014 年两年扶贫开发与减贫效果指数，测算结果如下（见表 2-10）。

表 2-10 2012、2014 年全国 11 个片区扶贫开发与减贫效果指数值及排名

指标	扶贫开发与减贫效果指数			
	2012 年		2014 年	
片区	指标值	排名	指标值	排名
大兴安岭南麓片区	0.325	1	0.179	2
大别山片区	0.211	2	0.126	3
武陵山片区	0.094	3	–0.173	11
六盘山片区	0.073	4	0.014	6
燕山 – 太行山片区	0.053	5	0.050	4
滇西边境片区	0.002	6	–0.101	9
秦巴山片区	–0.046	7	0.016	5
罗霄山片区	–0.05	8	0.184	1
吕梁山片区	–0.123	9	–0.073	7
滇桂黔石漠化片区	–0.219	10	–0.081	8
乌蒙山片区	–0.319	11	–0.141	10

注：1、本表根据中国绿色减贫指数体系，依据各指标 2014、2012 年数据测算而得；2、本表城市按 2012 年扶贫开发和减贫效果指数的指数值从高到低排序；3、以上数据及排名根据《全国扶贫开发重点区域监测报告资料》、各省市统计年鉴、各贫困县统计公报、《中国统计年鉴》《中国环境统计年鉴》《中国环境统计年报》《中国城市统计年鉴》等测算；4、由于西藏、四省藏区以及新疆南疆三地州部分指标数据暂不全，因此本次测算不包含这三个片区。

以上测算结果显示，2012 年在参与测算的 11 个片区中，有 6 个片区扶贫开发与减贫效果指数高于全国平均水平，按指数由高到低排序依次是：大兴安岭南麓片区、大别山片区、武陵山片区、六盘山片区、燕山 – 太行山片区、滇西边境片区，其他 5 个片区的扶贫开发与减贫效果指数均低于平均水平。2014 年，有 6 个片区扶贫开发与减贫效果指数高于全国平均水平，按指数由高到低排序依次是：罗霄山片区、大兴安岭南麓片区、大别山片区、燕山 – 太行山片区、秦巴山片区、六盘山片区，其他 5 个片区的扶贫开发与减贫效果指数均低于全国平均水平。

第三章　绿色减贫指数的片区比较

我们将计算得出的 11 个连片特困地区（除西藏、四省藏区以及新疆南疆三地州）的“绿色减贫指数”，以及经济增长绿色度、资源利用与环境保护程度、社会发展能力和扶贫开发与减贫效果的指标值及排名进行了片区比较，并与 2012 年的数据进行了对比分析。在结合我国集中连片特困地区发展实际的基础上开展多角度比较分析，总结各片区发展特点。

第一节　绿色减贫总指数比较

从表 3–1 中可以看出，绿色减贫指数排在前五位的片区依次是：罗霄山区、大兴安岭南麓片区、大别山区、秦巴山区、滇西边境地区。从地理区位看，除秦巴山区、滇西边境地区位于西部外，其他 3 个片区均处于中部和东北部地区。位于第 6–11 名的 6 个片区中，中部的片区包含吕梁山片区和武陵山片区，东北部片区包含燕山 – 太行山片区，六盘山片区、滇贵黔石漠化、乌蒙山片区均属西部片区。

表 3–1　2014 年连片特困地区绿色减贫指数及排名

指标	中国绿色减贫指数		二级指标							
			经济增长绿色度		资源利用与环境保护程度		社会发展能力		扶贫开发与减贫效果	
省区	指标值	排名	指标值	排名	指标值	排名	指标值	排名	指标值	排名
罗霄山区	0.475	1	0.137	3	0.166	1	–0.012	8	0.184	1
大兴安岭南麓片区	0.441	2	0.222	1	–0.042	7	0.081	4	0.179	2
大别山区	0.360	3	0.181	2	–0.128	11	0.181	1	0.126	3
秦巴山区	0.006	4	–0.057	7	0.047	4	0.000	6	0.016	5
滇西边境片区	–0.009	5	–0.088	8	0.088	3	0.093	2	–0.101	9
燕山 – 太行山片区	–0.029	6	–0.114	10	–0.049	8	0.085	3	0.050	4

续表

指标	中国绿色减贫指数		二级指标							
			经济增长绿色度		资源利用与环境保护程度		社会发展能力		扶贫开发与减贫效果	
省区	指标值	排名	指标值	排名	指标值	排名	指标值	排名	指标值	排名
六盘山片区	−0.068	7	−0.016	5	−0.034	6	−0.033	9	0.014	6
武陵山区	−0.172	8	0.022	4	−0.011	5	−0.010	7	−0.173	11
滇桂黔石漠化片区	−0.173	9	−0.092	9	0.138	2	−0.139	10	−0.081	8
吕梁山片区	−0.237	10	−0.053	6	−0.115	10	0.004	5	−0.073	7
乌蒙山片区	−0.593	11	−0.142	11	−0.060	9	−0.250	11	−0.141	10

注：中国绿色减贫指数由经济增长绿色度、资源利用与环境保护程度、社会发展能力、扶贫开发与减贫效果等指标计算所得。数据来源：中国统计年鉴 2015、各地市统计年鉴等。

与 2012 年相比，六盘山区和燕山－太行山区退出绿色减贫指数前五名，取而代之的是秦巴山区和滇西边境片区。为了直观地比较绿色减贫指数的区域分布，我们绘制了如下地理分布图（见图 3–1）。其中，指数排在前五名为绿色减贫发展水平好一些的片区，用深灰色表示；第 6–10 名为绿色减贫发展水平一般的片区，用中度灰色表示；第 11 名为绿色减贫发展水平落后的片区，用浅灰色表示。

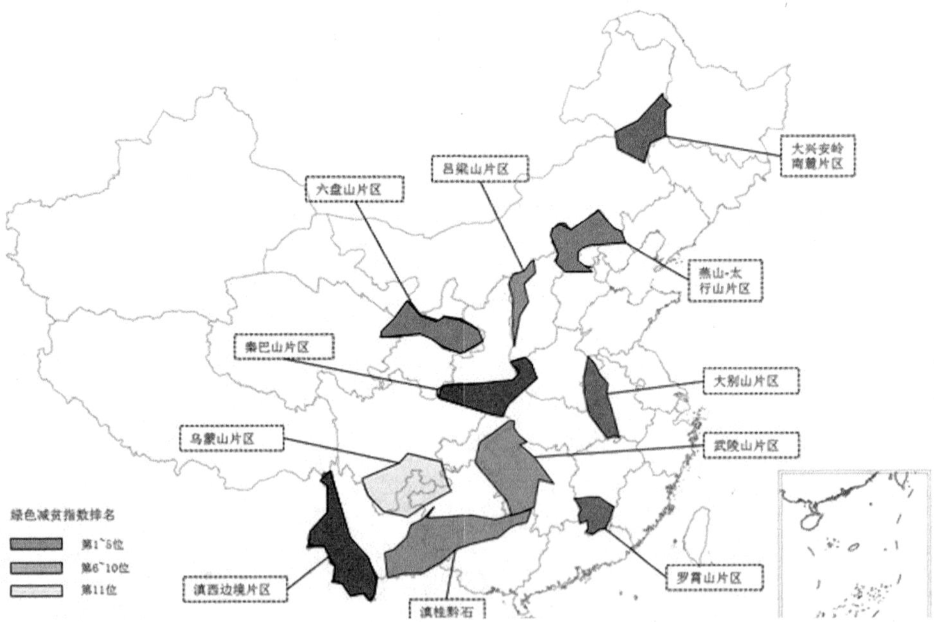

图 3–1　2014 年中国 11 个连片特困地区绿色减贫指数排名片区分布

绿色减贫指数是由经济增长绿化度、资源利用与环境保护程度、社会发展能力、扶贫开发与减贫效果4个二级指标和21个具体指标测算获得。为了直观地比较各片区四方面指标的发展水平的区域分布，我们制图如图3-2所示。

由图可见，经济增长绿色度方面，大兴安岭南麓片区、大别山区、罗霄山区排名靠前，而滇西边境片区和乌蒙山片区排名靠后；资源利用与环境保护方面，罗霄山区、滇桂黔石漠化片区和滇西边境片区排名靠前，而吕梁山片区、大别山区排名垫底；社会发展能力方面，大别山区排名第一，而乌蒙山片区和滇桂黔石漠化片区排在后两位；扶贫开发与减贫效果方面，罗霄山区、大兴安岭南麓片区、大别山区指数排名前三，而乌蒙山片区、武陵山区排名靠后。

第二节　经济增长绿化度比较

经济增长绿化度是“绿色减贫指数片区测算体系”中重要的指标之一。本节我们将对11个连片特困地区的经济增长绿化度指标值及其排名进行比较分析。

一、片区经济增长绿化度指数测算结果

根据“片区测算体系”中经济增长绿化度的测度体系和权重标准，我国11个连片特困地区经济增长绿化度指数的测算结果如表3-2所示。

表3-2　2014年中国11个连片特困地区经济增长绿化度指数及排名

片区	经济增长绿化度	二级指标					
		人均地区生产总值	单位地区生产总值能耗	单位地区生产总值二氧化硫排放量	土地产出率	工业固体废物综合利用率	第三产业增加值比重
大兴安岭南麓片区	0.22	2.06	0.31	1.81	-1.70	1.12	1.06
大别山区	0.18	-0.29	1.48	1.47	1.41	1.24	-1.51
罗霄山区	0.14	0.35	1.94	0.74	1.00	-0.72	-0.43
武陵山区	0.02	-0.23	0.19	-0.13	0.12	-0.45	0.97
六盘山片区	-0.02	-0.02	0.12	-0.43	-0.38	0.03	0.34
吕梁山片区	-0.05	-0.76	-1.23	-0.83	0.29	0.59	0.83
秦巴山区	-0.06	0.59	-0.29	0.51	-0.10	-1.12	-0.78
滇西边境片区	-0.09	0.23	-0.03	-0.40	0.05	-0.92	-0.79
滇桂黔石漠化片区	-0.09	-1.56	-1.12	-0.70	-0.93	1.28	1.10

片区	经济增长绿化度	二级指标					
		人均地区生产总值	单位地区生产总值能耗	单位地区生产总值二氧化硫排放量	土地产出率	工业固体废物综合利用率	第三产业增加值比重
燕山 - 太行山片区	−0.11	0.83	−0.45	−0.78	−1.10	−1.48	0.58
乌蒙山片区	−0.14	−1.19	−0.93	−1.27	1.34	0.44	−1.37

注：①本表根据片区测算体系中经济增长绿化度的指标体系，依各指标 2014 年数据测算而得；②本表各片区按照经济增长绿化度的指数值从大到小排序。资料来源：根据《中国统计年鉴 2015》《中国城市统计年鉴 2015》等测算。

从表 3–2 中看到，排在经济增长绿化度前五位的省份依次是：大兴安岭南麓片区、大别山区、罗霄山区、武陵山区和六盘山片区（见图 3–3）。

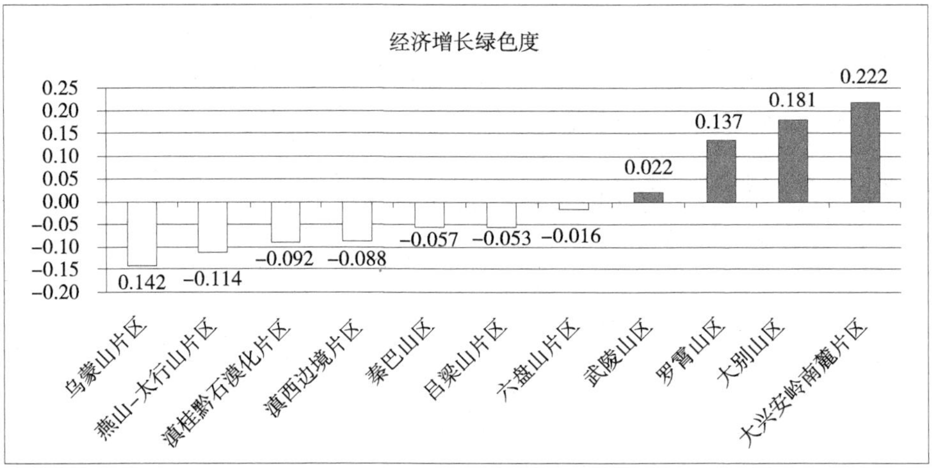

图 3–3 经济增长绿化度排名片区比较

子指标方面，人均地区生产总值指标排名前五位的片区依次是：大兴安岭南麓片区、燕山 – 太行山片区、秦巴山区、罗霄山区、滇西边境片区；单位地区生产总值能耗指标排名前五位的片区依次是：罗霄山区、大别山区、大兴安岭南麓片区、武陵山区、六盘山片区；单位地区生产总值二氧化硫排放量指标排名前五位的片区依次是：大兴安岭南麓片区、大别山区、罗霄山区、秦巴山区、武陵山区；土地产出率排名前五位的片区依次是：大别山区、乌蒙山片区、罗霄山区、吕梁山片区、武陵山区；工业固体废物综合利用率指标排名前五位的片区依次是：滇桂黔石漠化片区、大别山区、大兴安岭南麓片区、吕梁山片区、乌蒙山片区；第三产业增加值比重排名前五位的片区依次是：滇桂黔石漠化片区、大兴安岭南麓片区、武陵山区、吕梁山片区、燕山 – 太阳山片区。如图 3-4 所示：

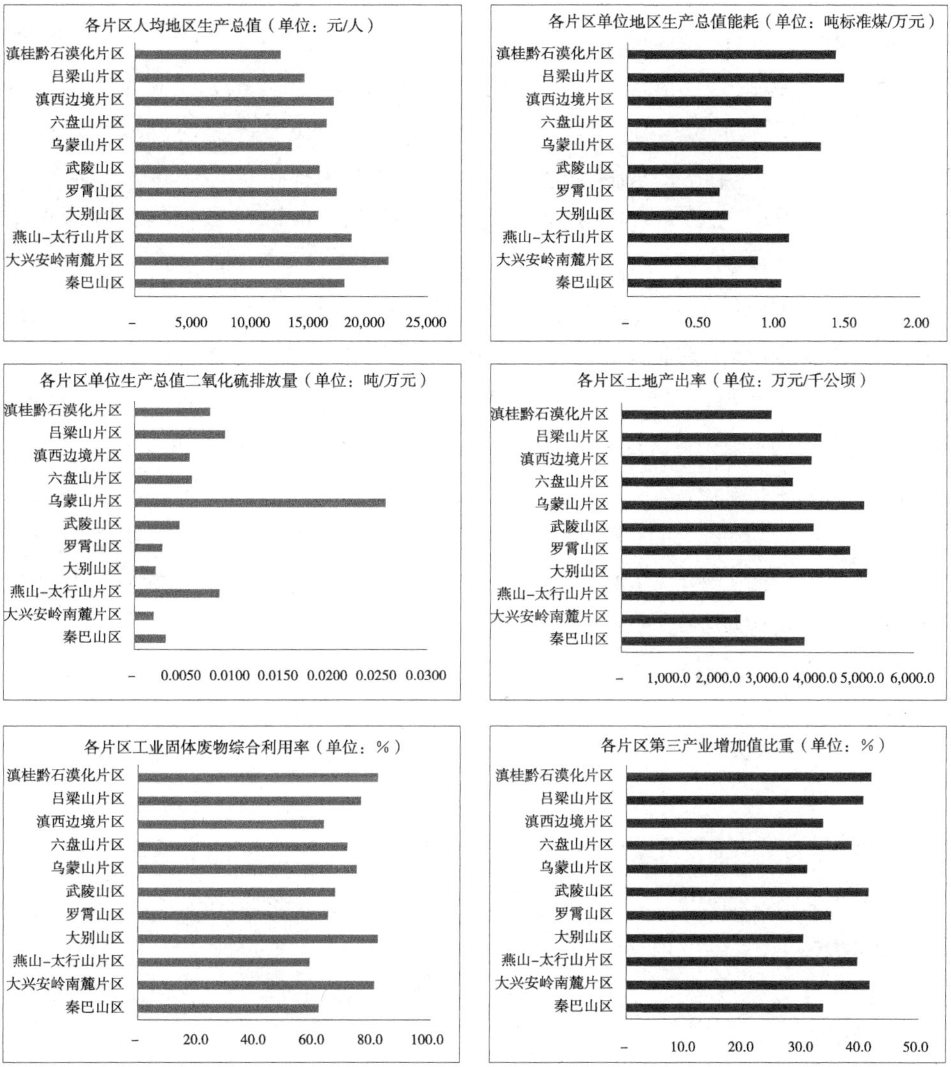

图 3-4　2014 年中国 11 个连片特困地区绿色减贫指数分指标片区排名

结合表 3-2 和图 3-3、图 3-4，中国 11 个连片特困地区经济增长绿化度的总体特征如下：

（一）经济增长绿色度区域差异大，呈东西部两极分化

从经济增长绿化度的区域分布来看，经济增长绿化度呈东西部两极分化，东部片区经济增长绿化度排名靠前，而西部地区排名靠后。

经济增长绿化度排名前五位的连片特困地区中，东北地区有 1 个，中部有 2 个，西部有 2 个；排名 6–11 位的片区中，除燕山 – 太行山片区和武陵山区分属东部和中部外，其余 4 个片区均位于西部。大兴安岭南麓片区在单位地区生产总值能耗、单位地区生产总值二氧化硫排放量、土地产出率和工业固体废物综合利用率等指标上得分靠前，其中人均地区生产总值、单位生产总值二氧化硫排放量指标得分第一，经济增长绿色度排名第一。大别山区在单位地区生产总值能耗、单位地区生产总值二氧化硫排放量、土地产出率和工业固体废物综合利用率等四个子指标的得分排名均较为靠前，其中土地产出率位列第一，经济增长绿色度排在第二位。罗霄山区在单位地区生产总值能耗、单位地区生产总值二氧化硫排放量和工业固体废物综合利用率指标上的得分均排在前列，整体较好，经济增长绿色度排名第三。六盘山片区经济增长绿色度各项指标均名列中游，经济增长绿色度排名第四位。乌蒙山片区各项指标排在各片区之末，其中单位地区生产总值二氧化硫排放量指标排名垫底，经济增长绿色度排在最末。滇西边境、滇桂黔石漠化片区整体排名靠后。对比发现，乌蒙山片区、滇西边境片区和滇桂黔石漠化片区排名之所以靠后，其主要原因就在于单位地区生产总值能耗和单位生产总值二氧化硫排放量指标得分低，导致片区经济增长绿色度排名不佳。

对比经济增长绿色度的子指标发现，西部的单位地区生产总值能耗、单位地区生产总值二氧化硫排放量指标与东北部、中部的差距最大，其次是工业固体废物综合利用率和第三产业增加值比重指标。相对而言，三个区域在工业固体废物综合利用率指标上的差距最小，各片区该指标基本都在 50% 以上；差异最大的指标是单位地区生产总值二氧化硫排放量，大兴安岭南麓片区与乌蒙山片区相差十余倍，此外，东西部在单位地区生产总值能耗指标上也存在较大差距。在经济增长绿化度的 6 个指标中，有 3 个与“节能减排”工作相关，分别是单位地区生产总值能耗、单位地区生产总值二氧化硫排放量和工业固体废物综合利用率。

（二）经济增长绿色度与能耗水平高度负相关

经济增长绿色度指数的排名顺序与各片区单位地区生产总值能耗和单位生产总值二氧化硫排放量存在高度的负相关性，即单位地区生产总值能耗水平越少，经济增长绿化度指数的排序越靠前，此种负相关性在人均地区生产总值与能耗水平和二氧化硫排放量之间表现得更为突出。单位地区生产总值能耗指标为逆指标，能耗越低，排名越高。从测算结果来看，单位地区生产总值能耗排名前五名的片区，有 4 个进入了经济增长绿色度指数排名前五名。说明单位地区生产总值能耗排名对经济增长绿化度排名几乎起到了决定性的作用。

以燕山－太行山片区为例，其经济增长绿色度排在 11 个片区中的第 10 位，单位地区生产总值能耗水平排在第 8 位，单位地区生产总值二氧化硫排放量排在第 9 位，而人均地区生产总值排在第 2 位。从统计数据结果来看，部分片区存在依靠高能耗获得经济增长的问题，换言之，经济的增长建立在不可持续的能源消耗型发展模式上。诚然，也不乏获得经济增长绿色度和低能耗双赢格局的片区，大兴安岭南麓片区和罗霄山区均属于此种类型。

（三）经济增长绿色度是衡量绿色减贫效果的重要依据

对比各片区经济增长绿色度指数排序与绿色减贫指数排序后发现，11 个参评片区名次变动在 3 名及以内的片区达 5 个，占总参评片区的 45%。名次变动 4 位及以上的片区有 2 个，占参评片区数量的 18%，分别是吕梁山片区和燕山－太行山片区（见表 3–3）。

表 3–3 片区绿色减贫指数与经济增长绿化度排名比较差异

片区	中国绿色减贫指数排名	经济增长绿色度排名	名次变动
罗霄山区	1	3	–2
大兴安岭南麓片区	2	1	1
大别山区	3	2	1
秦巴山区	4	7	–3
滇西边境片区	5	8	–3
燕山－太行山片区	6	10	–4
六盘山片区	7	5	2
武陵山区	8	4	4
滇桂黔石漠化片区	9	9	0
吕梁山片区	10	6	4
乌蒙山片区	11	11	0

在名次差异较大的 2 个片区中，北部和西南部各 1 个。从表 3–3 中可以发现，燕山－太行山片区经济增长绿色度排名第 10 位，而绿色减贫指数排在第 6 位，吕梁山片区经济增长绿色度排第 6 位，而绿色减贫指数排在第 10 位。其中原因可能是：绿色减贫指数是由经济增长绿化度、资源利用与环境保护程度、社会发展能力、扶贫开发与减贫效应四部分构成的，其中一个维度很难直接影响其总体评分。吕梁山片区则具有相反的情形，经济增长绿色度程度高，但绿色减贫

指数较低，其原因在于前文所提及的单个指标不能决定整体情况。可见，在绿色减贫指数评价中，尽管某些片区的绿色经济发展水平相对落后，但扶贫开发与减贫效果、社会发展能力等指标对相关片区的绿色减贫指数排名具有重要的补充和拉动作用。

二、片区经济增长绿化度比较分析

在绿色减贫指数测度体系中，片区经济增长绿化度指数占绿色减贫指数总权重的 28.57%，共由 6 个二级指标构成，正指标 4 个，逆指标 2 个，二级指标权重为 4.76%。从指标构成来看，经济增长绿化度指标主要是由表 3–4 中的 6 个指标加权组合而成。

表 3–4　片区绿色发展绿化度二级指标、权重及指标属性

指标序号	指标	权重（%）	指标属性
1	人均地区生产总值	4.762	正
2	单位地区生产总值能耗	4.762	逆
3	单位地区生产总值二氧化硫排放量	4.762	逆
4	土地产出率	4.762	正
5	工业固体废物综合利用率	4.762	正
6	第三产业增加值比重	4.762	正

注：本表内容由本报告课题组召开的多次课题座谈会研讨确定。

在片区经济增长绿化度测度体系中，衡量经济发展的指标主要有人均地区生产总值（单位：元）和第三产业增加值比重（单位：%）两个指标。综合来看，大兴安岭南麓片区在这两个指标上均表现良好，其人均地区生产总值和第三产业增加值比重均位列第一，而乌蒙山片区在经济发展方面略占劣势，两个指标在所有片区的排名均较为靠后，滇桂黔石漠化片区则存在较为严重的分化现象，即人均地区生产总值低，而第三产业增加值比重高（见图 3–5）。由此可以说明，大兴安岭南麓片区在这些片区中，经济实力较强，且第三产业发展势头良好；而滇桂黔石漠化片区和乌蒙山片区则需要进一步扩大经济总量，提升人均地区生产总值，吕梁山片区也需要进一步提升人均地区生产总值。大别山区和武陵山区人均地区生产总值也有待进一步提升。

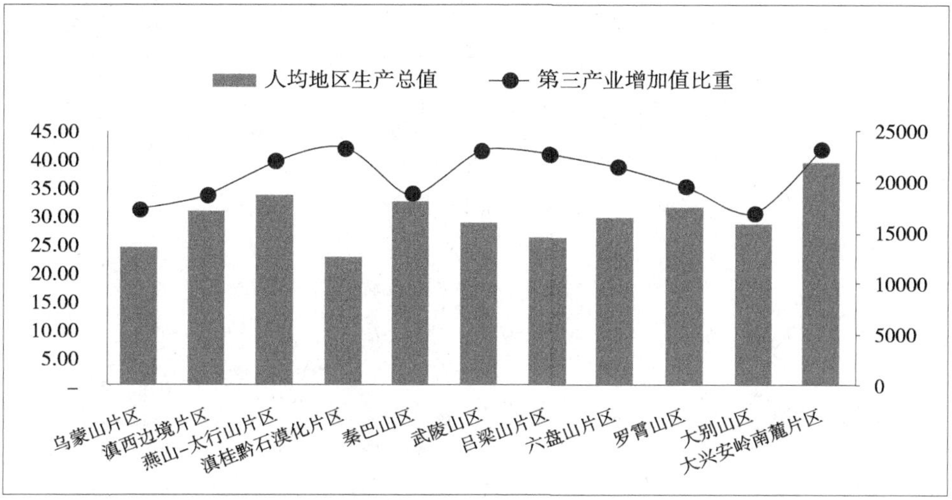

图 3–5　人均地区生产总之和第三产业增加值比重指标的片区排名

在片区经济增长绿化度测度体系中，衡量环境污染和能耗的指标主要有单位地区生产总值能耗（单位：吨标准煤 / 万元）和单位地区生产总值二氧化硫排放量（单位：吨 / 万元）两个指标。综合来看，罗霄山区、大别山区在这两个指标上均表现较好，大兴安岭南麓片区单位地区生产总值二氧化硫排放量最低，而乌蒙山片区两个指标均较高，能耗和环境污染较严重，吕梁山片区单位地区生产总值能耗最高（见图 3–6）。由于这两个指标是逆指标，即指标值越大则排名越靠后，说明罗霄山区和大别山区在环境保护和降低能耗方面做得很好，而乌蒙山片区则需要进一步提升能源利用能力，减少环境污染物排放，降低能源消耗率。

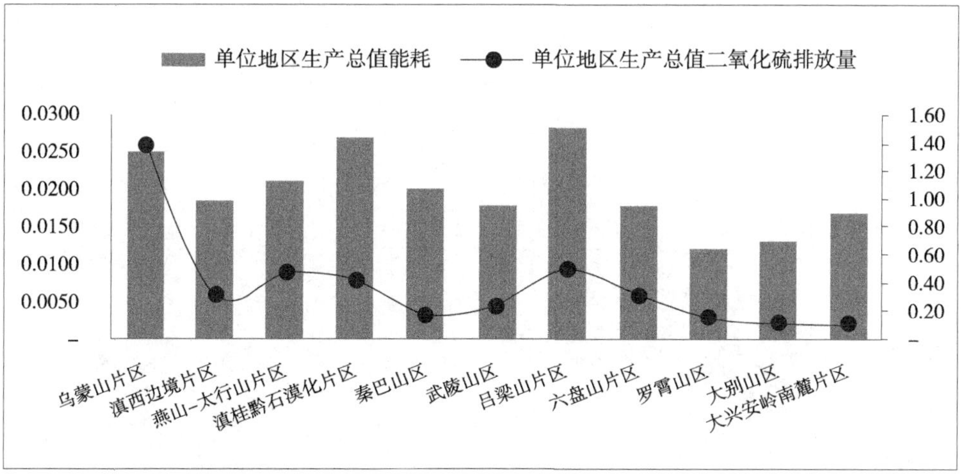

图 3–6　单位地区生产总值能耗和单位地区生产总值二氧化硫排放量指标的片区排名

在片区经济增长绿化度测度体系中，衡量土地利用效率的指标主要是土地产出率（单位：万元 / 千公顷）。大别山区位列第一，而大兴安岭南麓片区位列最后一名（见图 3–7）。说明大别山区在土地利用过程中，土地得到较充分利用，产出率较高；而大兴安岭南麓片区土地利用率低，需要进一步提升土地使用效率。

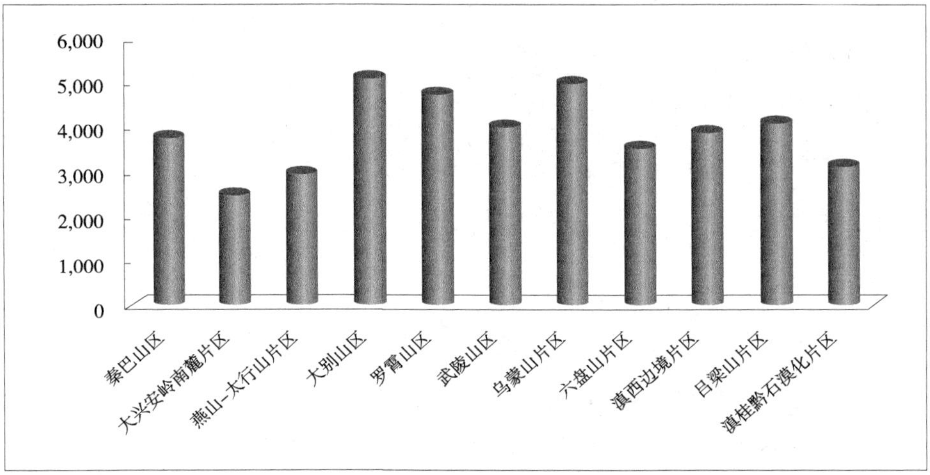

图 3–7　土地产出率指标的片区排名

在片区经济增长绿化度测度体系中，工业固体废物综合利用率（单位：%）是衡量工业固体废物回收利用、资源循环使用效率和绿色、可持续发展的重要指标。滇桂黔石漠化片区、大别山区和大兴安岭南麓片区的工业固体废物综合利用率均超过 80%，燕山 – 太行山片区该指标最低，仅 59.3%（见图 3–8）。此外，吕梁山区、乌蒙山片区的工业固体废物综合利用率相对较高，秦巴山区、滇西边境片区等地需进一步提升工业废物综合利用率。

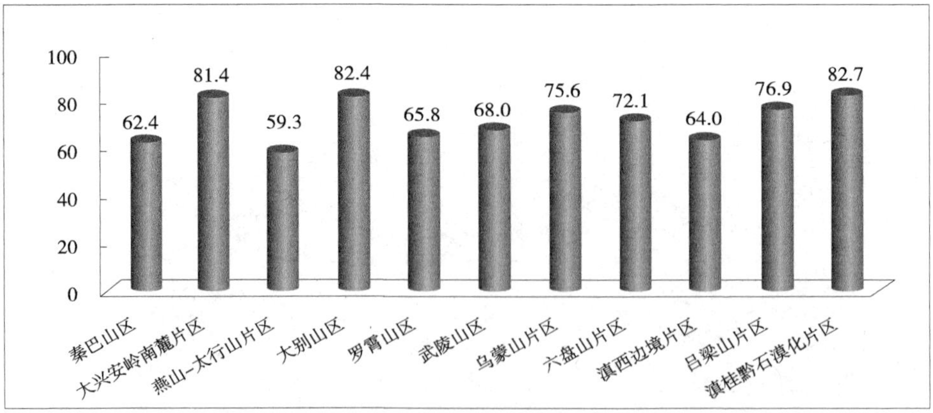

图 3–8　工业固体废物综合利用率指标的片区情况

三、与 2012 年度片区经济增长绿化度比较分析

将各片区 2014 年和 2012 年的经济增长绿化度指数排名对比后发现，共有 8 个片区的二级指标排名变化在 4 名及以上（见表 3–5）。

表 3–5　2014 年与 2012 年片区绿色经济增长绿化度变化四位以上的指标

片区	三级指标	2014 年排名	2012 年排名	位次变化
大兴安岭南麓片区	第三产业增加值比重	2	10	8
燕山 – 太行山片区	单位地区生产总值二氧化硫排放量	9	3	–6
罗霄山区	单位地区生产总值二氧化硫排放量	3	8	5
	工业固体废物综合利用率	8	4	–4
	第三产业增加值比重	7	3	–4
武陵山区	单位地区生产总值二氧化硫排放量	5	9	4
乌蒙山片区	单位地区生产总值二氧化硫排放量	11	3	–8
六盘山片区	人均地区生产总值	6	10	4
吕梁山片区	人均地区生产总值	9	1	–8
	单位地区生产总值二氧化硫排放量	10	3	–7
滇桂黔石漠化片区	工业固体废物综合利用率	1	10	9
	第三产业增加值比重	1	11	10

注：变动值为正数表明排名上升，负数表明排名下降。

2014 年大兴安岭南麓片区的第三产业增加值比重排名情况比 2012 年上升了 8 个名次，由 2012 年的第 10 位升至 2014 年的第 2 位，第三产业发展较快。燕山 – 太行山片区的单位地区生产总值二氧化硫排放量名次后退了 6 位，由 2012 年的第 3 位降至 2014 年的第 9 位，表明环境污染程度存在较大程度的恶化，经济发展与环境承载力之间的矛盾日渐突出。

罗霄山区单位地区生产总值二氧化硫排放量指标排名较 2012 年均上升了 5 位，环境污染程度得到降低，工业固体废物综合利用率和第三产业增加值比重较 2012 年均后退了 4 位，在资源回收利用方面比较欠缺，第三产业增加值比重的下降正是基于资源消耗型产业的增加、效益的提高，导致第三产业增加值比重出现相对性下降。

武陵山区单位地区生产总值二氧化硫排放量指标较 2012 年提升了 4 位，污染物减排和环境治理工作取得了较好的成效。与此形成对比的是，乌蒙山片区该指标排名由 2012 年的第 3 位下降至 2014 年的第 11 位，排名下降 8 位，一方面反映出乌蒙山片区经济发展存在粗放式经营特征，另一方面也反映出减排和环保工作存在较大的成长空间，该问题在吕梁山片区已得到反映。

六盘山片区人均地区生产总值由 2012 年的第 10 位上升至 2014 年的第 6 位，片区经济获得较大幅度的增长。吕梁山片区在该指标方面的表现不佳，由 2012 年的第 3 位降至 2014 年的第 10 位，一方面由于该片区经济增长缓慢，另一方面则是其他片区经济增长较快，造成片区经济增速的相对下降。

滇桂黔石漠化片区在工业固体废物综合利用率和第三产业增加值比重两个指标方面均获得较大进步，由 2012 年的垫底水平双双升至 2015 年的第 1 位，资源回收再利用能力和效率大幅度提高，第三产业发展速度加快，在片区经济增长中的贡献率提升。

四、简要总结

通过我国 11 个连片特困地区经济增长绿色度指数测算结果可以看出，大兴安岭南麓片区、大别山区、罗霄山区、六盘山片区经济增长绿色度指数较高，排名靠前；滇西边境片区、乌蒙山片区、燕山－太行山片区、滇桂黔石漠化片区经济增长绿色度指数较低，排名靠后。经济增长绿色度作为绿色减贫指数的一级指标中在指标测算和衡量绿色减贫程度中占有非常重要的地位。同时，在经济增长绿色度下属的二级指标中，单位地区生产总值能耗、单位地区生产总值二氧化硫排放量、工业固体废物综合利用率等关于能源利用效率和污染物排放的指标，对于经济增长绿色度的指标贡献度非常高。在今后的发展中，各片区应减少经济发展过程中的污染物排放，减少能源损耗，提升能源、资源利用率，贯彻绿色发展理念和发展方式，提升片区绿色发展指数。

第三节　资源利用与环境保护程度指数比较

大力推进绿色减贫事业，需要我们协调并统筹减贫与资源、环境的发展。资源利用与环境保护程度衡量的是一个地区资源丰富度和对生态与环境保护的关注度，是绿色减贫指数的重要内涵之一。

本节基于片区比较的视角，利用“中国绿色减贫指数片区测算体系”，测算出了中国 11 个连片特困地区的资源利用与环境保护程度情况，在此基础上分析并描述各片区在资源利用与环境保护程度方面的现状、特点及基本格局，对各地区之间差异情况进行比较，得到我们对片区资源利用与环境保护的启示。

一、资源利用与环境保护程度的测算结果

在“中国绿色减贫指数片区测算体系”中，资源利用与环境保护程度指标由人均森林面积、森林覆盖率、单位耕地面积化肥施用量 3 项指标构成。各项二级指标的权重及其指标属性见表 3-6。

表 3-6　片区资源利用与环境保护程度二级指标、权重及指标属性

指标序号	指标	权重（%）	指标属性
1	人均森林面积	4.762%	正
2	森林覆盖率	4.762%	正
3	单位耕地面积化肥施用量	4.762%	逆

注：本表内容由课题组召开多次专家座谈会研讨确定。

根据“中国绿色减贫指数片区测算体系”中资源利用与环境保护程度的评价体系和权重标准，得出 11 个片区 2014 年资源利用与环境保护程度指标和二级指标的测度结果以及排名（见表 3-7）。

表 3-7　2014 年中国 11 个连片特困地区资源利用与环境保护程度指数及排名

指标	资源利用与环境保护程度		二级指标					
			人均森林面积		森林覆盖率		单位耕地面积化肥施用量	
地区	指数值	排名	原值	排名	原值	排名	原值	排名
罗霄山区	0.166	1	0.0212	1	73.28	1	417.9657	8
滇桂黔石漠化片区	0.138	2	0.0045	6	57.05	5	174.5007	1
滇西边境片区	0.088	3	0.0106	2	64.66	2	327.8439	3
秦巴山区	0.047	4	0.0070	5	60.45	4	331.9741	4
武陵山区	–0.011	5	0.0045	7	60.96	3	460.6451	10
六盘山片区	–0.034	6	0.0089	4	24.31	9	354.7650	5
大兴安岭南麓片区	–0.042	7	0.0103	3	18.71	11	372.7032	6
燕山 – 太行山片区	–0.049	8	0.0028	8	30.16	8	303.8898	2
乌蒙山片区	–0.060	9	0.0026	9	45.29	6	443.7500	9
吕梁山片区	–0.115	10	0.0024	10	19.77	10	410.4195	7
大别山区	–0.128	11	0.0010	11	35.35	7	640.2085	11

注：①本表根据片区测算体系中资源利用与环境保护程度的指标体系，依各指标 2014 年数据测算而得；②本表各片区按照资源利用与环境保护程度的指数值从大到小排序。

资料来源：根据《中国统计年鉴 2015》、《中国城市统计年鉴 2015》、国务院扶贫办统计数据等测算。

二、资源利用与环境保护程度指数比较分析

为了全面比较各片区资源利用与环境保护程度的差异，我们根据“中国绿色减贫指数片区测算体系”对 11 个片区的资源利用与环境保护程度指标的测度结果进行分析。

根据表 3–7 的测算结果单独列出资源利用与环境保护程度指数及其排名进行片区之间的比较分析，见表 3–8。

表 3–8　资源利用与环境保护程度指标指数值及排名

指标	资源利用与环境保护程度指标	
地区	指数值	排名
罗霄山区	0.166	1
滇桂黔石漠化片区	0.138	2
滇西边境片区	0.088	3
秦巴山区	0.047	4
武陵山区	–0.011	5
六盘山片区	–0.034	6
大兴安岭南麓片区	–0.042	7
燕山 – 太行山片区	–0.049	8
乌蒙山片区	–0.060	9
吕梁山片区	–0.115	10
大别山区	–0.128	11

注：根据表 3–7 所制。

同时，根据表 3–8 中各片区的资源利用与环境保护程度的指数值绘制出图 3–9。其中，横轴为资源利用与环境保护程度指数值，其中 0 点为 11 个片区资源利用与环境保护程度的平均水平。资源利用与环境保护程度指数值高于平均水平的片区用颜色条框表示，资源利用与环境保护程度指数值越高，其条框就越长；相反，资源利用与环境保护程度指数值低于平均水平的片区则用白色条框表示，资源利用与环境保护程度指数值越低，其条框就越长。

根据表 3–8 和图 3–9 对 11 个片区进行排名说明。从排名情况上看，排在资源利用与环境保护程度指标前五位（指数得分为正）的依次是：罗霄山区、滇桂黔石漠化片区、滇西边境片区、秦巴山区、武陵山区。排在资源利用与环境保护程度指标后 6 位的地区分别是：六盘山片区、大兴安岭南麓片区、燕山 – 太行山片区、乌蒙山片区、吕梁山片区、大别山区。

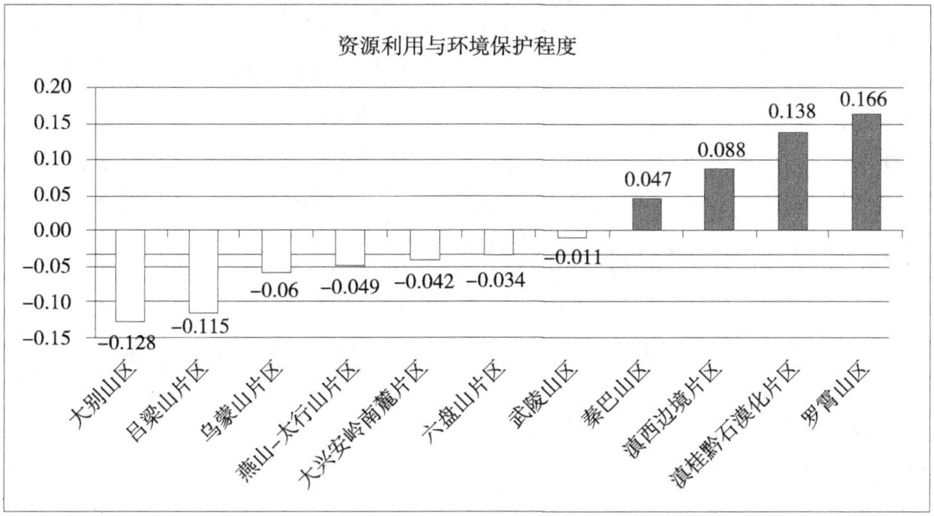

图 3–9　资源利用与环境保护程度排名片区比较

注：根据表 3–8 中相关数据绘制。

结合表 3–7、表 3–8 和图 3–9，可以发现 11 个片区资源利用与环境保护程度呈现出如下特点：

（一）资源利用与环境保护程度指数得分普遍较低，提升空间较大。

从全国 11 个片区来看，资源利用与环境保护程度的指数得分在零以下的片区有 7 个，其中吕梁山片区和大别山区得分较低，与排名靠前的罗霄山区和滇桂黔石漠化片区存在较大差距，最高分与最低分之间相差近两倍。从各片区资源利用与环境保护程度指数测算结果来看，云南省该项指标执行情况较佳，滇桂黔石漠化片区和滇西边境片区得分均靠前，分别排在第 2 位和第 3 位。排名第 5 位至第 11 位的七个片区中，以大别山区和吕梁山片区得分最低，两个片区分别排在第 11 位和第 10 位。整体来看，资源利用与环境保护程度指数得分情况普遍不理想，改善和提升空间较大。

（二）中西部面临较大的资源与环境压力，中部尤其为甚。

资源利用与环境保护程度指数排名前 4 位中，西部地区有 2 个，中部地区有 2 个。排在资源利用与环境保护程度指标后 7 位的地区有 2 个在西部地区，分别是六盘山片区（列 6 位）、乌蒙山片区（列 9 位）；有 3 个位于中部地区，分别是吕梁山片区（列 10 位）、武陵山片区（列 5 位）、大别山片区（列 11

位）；东部和东北部地区各 1 个，分别是大兴安岭南麓片区（列 7 位）、燕山－太行山片区（列 8 位）。这些数据反映了位次靠后地区面临较大的资源与环境压力。

在排名靠后的片区中，东部、中部和西部均有入选，表明资源利用与环境保护问题并非个别片区所独有，具有一定的普遍性，同时也说明该问题的重要性和紧迫性。为达到绿色减贫效果，资源利用和环境保护是其中重要的内容，需要妥善处理资源与环保同减贫与经济发展的关系。

（三）资源利用与环境保护程度指数排名与绿色减贫指数排名差异较小。

从片区来看，大部分片区资源利用与环境保护程度指数排名与绿色减贫指数排名差距不大，差距基本在 0–3 位之间。只有个别片区绿色减贫指数与资源利用与环境保护程度指数排名存在明显差异：大兴安岭南麓片区绿色减贫指数居第 2 位，而资源利用与环境保护程度排名位居第 7 位，名次相差 5 位；大别山区绿色减贫指数居第 3 位，而资源利用与环境保护程度排名位居第 11 位，两者差距达到 8 位；滇桂黔石漠化片区绿色减贫指数居第 9 位，而资源利用与环境保护程度排名位居第 2 位，二者相差达 7 位。除以上 3 个片区差异较大以外，其他片区差异都较小（表 3–9）。

表 3–9　分区域片区绿色减贫指数与资源利用与环境保护程度排名差异比较

区域	片区	绿色减贫指数排名	资源利用与环境保护程度排名	位次差距
东北地区	大兴安岭南麓片区	2	7	5
东部地区	燕山－太行山片区	6	8	2
中部地区	大别山区	3	11	8
	罗霄山区	1	1	0
	吕梁山片区	10	10	0
	武陵山区	8	5	–3
西部地区	六盘山片区	7	6	–1
	滇西边境片区	5	3	–2
	秦巴山区	4	4	0
	滇桂黔石漠化片区	9	2	–7
	乌蒙山片区	11	9	–2

注：本表根据片区测算体系中绿色减贫指数和资源利用与环境保护程度指数得分值排名得到。

分析其中两个片区资源利用与环境保护程度和绿色减贫指数差异较大的原因，我们认为，对于大别山片区，虽然存在资源利用与环境保护程度方面的不足，但是由于其经济增长绿化度、社会发展能力、扶贫开发与减贫效果相对其他片区都较好，四方面综合后形成了大别山片区绿色减贫指数排名居前。对于滇桂黔石漠化片区，尽管具备资源丰富、生态环境等优势，但是由于在经济增长绿化度不高、扶贫开发与减贫效果不明显等导致总体绿色减贫指数较低。

三、资源利用与环境保护程度和其二级指标对比分析

该部分将对资源利用与环境保护程度及其二级指标进行对比分析，表 3-10 列示了各片区所对应的二级指标以及总排名。

表 3-10 资源利用与环境保护程度二级指标排名

指标	资源利用与环境保护程度指标			总排名
地区	人均森林面积	森林覆盖率	单位耕地面积化肥施用量	
罗霄山区	1	1	4	1
滇桂黔石漠化片区	6	5	11	2
滇西边境片区	2	2	9	3
秦巴山区	5	4	8	4
武陵山区	7	3	2	5
六盘山片区	4	9	7	6
大兴安岭南麓片区	3	11	6	7
燕山 - 太行山片区	8	8	10	8
乌蒙山片区	9	6	3	9
吕梁山片区	10	10	5	10
大别山区	11	7	1	11

注：根据表 3-7 所制。

根据表 3-10 可以发现，资源利用与环境保护程度指标排名中排名第一的是罗霄山区，且指数值相对其他片区比较高。从二级指标来看，人均森林面积、森林覆盖率、单位耕地面积化肥施用量排名都比较靠前，分别列各地区排名 1 位、1 位、4 位。资源利用与环境保护程度指标排名中排名最后一名是大别山片区，其二级指标人均森林面积、森林覆盖率、单位耕地面积化肥施用量排名都比较靠后，分别列各地区排名 11 位、7 位、1 位，综合后使得资源利用与环境保护程度指数得分位居最后一位，同时使得该片区成为资源利用和环境保护方面需重点关注的地区。

在片区资源利用与环境保护程度测度体系中，衡量片区生态资源丰裕度的

指标主要是人均森林面积和森林覆盖率（图 3-10）。从人均森林面积来看，位居前三位的依次是罗霄山片区、滇西边境地区、大兴安岭南麓片区，位居最后三位的依次是乌蒙山片区（9 位）、吕梁山片区（10 位）、大别山片区（11 位），而从森林覆盖率来看，位居前三位的依次是罗霄山片区、滇西边境片区、武陵山片区，位居最后三位的依次是六盘山片区（9 位）、吕梁山片区（10 位）、大兴安岭南麓片区（11 位）。大兴安岭南麓片区森林覆盖率排名最后一位，但是人均森林面积排名第一，主要是由于该片区地广人稀形成的，可以从以下数据看出：2010 末该片区规划国土面积为 14.5 万平方公里，但总人口只有 833.3 万，而同期罗霄山片区 2010 年末规划国土面积 5.3 万平方公里，总人口达 1170.1 万。罗霄山片区森林覆盖率排名第一，这主要得益于罗霄山及周边地区植被数量和种类分布较多以及存在的一些天然常绿、针阔叶林区，仅罗霄山脉中段万洋山中的天然常绿、针阔叶林区面积约 3400 公顷。此外，在图 3-10 中反应的森林覆盖率和人均森林面积并没有呈现基本一致的趋势，主要由于各片区在规划国土面积、森林总面积、人口总数量三方面存在较大差异。

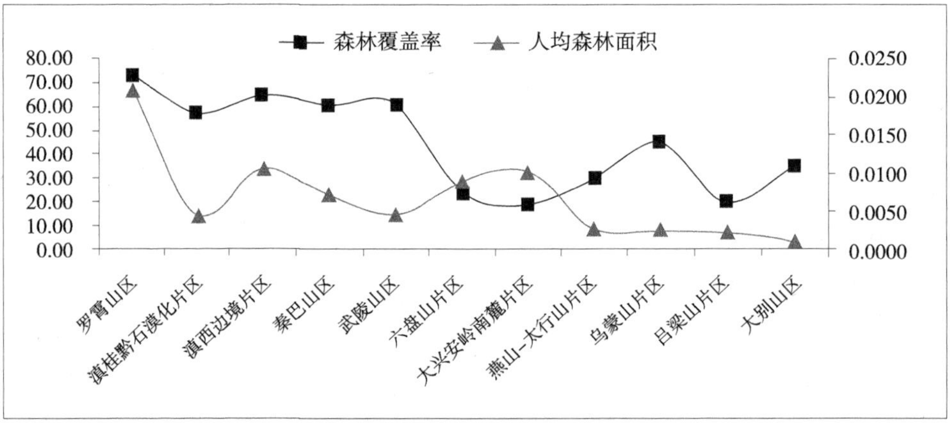

图 3-10　森林覆盖率和人均森林面积片区指标值

在片区资源利用与环境保护程度测度体系中，衡量片区环境保护程度的指标主要是单位耕地面积化肥施用量（图 3-11）。从单位耕地面积化肥施用量来看，位居前三位的依次是滇桂黔石漠化片区、燕山 – 太行山片区、滇西边境片区，位居最后三位依次是乌蒙山片区（9 位）、武陵山区（10 位）、大别山区（11 位）。该指标值越大，表明环境保护程度越差。由图可见，大别山区、武陵山区和乌蒙山片区环境保护程度较佳。

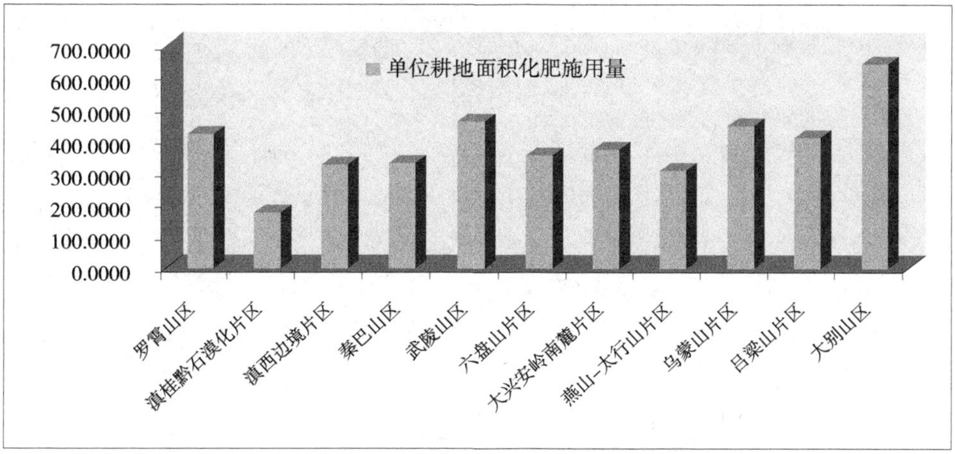

图 3–11　单位耕地面积化肥施用量片区指标值

四、与 2012 年度片区资源利用与环境保护程度比较分析

将各片区 2014 年和 2012 年的资源利用与环境保护程度指数排名对比后发现，各片区在资源利用与环境保护程度排名上变动基本不大，在二级指标排名上也只有个别片区发生变化，且变动位次不大，其中共有个片区的二级指标排名变化在两位及以上，且集中在单位耕地面化肥施用量指标上（表 3–11）。

表 3–11　2014 年与 2012 年片区资源利用与环境保护程度变化 3 位及以上的指标

片区	二级指标	2014 年排名	2012 年排名	位次变化
秦巴山区	单位耕地面积化肥施用量	4	10	6
罗霄山区	单位耕地面积化肥施用量	8	3	–5
六盘山片区	单位耕地面积化肥施用量	5	2	–3
滇桂黔石漠化片区	单位耕地面积化肥施用量	1	4	3

注：变动值为正数表明排名上升，负数表明排名下降。

2014 年秦巴山区的单位耕地面化肥施用量排名情况比 2011 年上升了 6 个名次，说明该片区在化肥施用量上较 2012 年有大幅减少。2014 年罗霄山区的单位耕地面化肥施用量排名相比 2012 年有较大幅度的下滑，说明该片区化肥施用总量基本上在不断增加，也一定程度上说明该片区化肥使用的监督管理力度不够，导致化肥污染加重。

五、简要总结

总的来看，11 个片区在资源利用与环境保护程度方面还存在一定差距，少部分片区完成的较为突出。这种区域差异也为我们因地制宜地选择合适的绿色减贫模式提供了可能。立足当地的资源和环境现状，可以得到以下几点启示：

第一，各片区应因地制宜将经济发展和减贫相结合。在某些生态环境较好的片区，可以发展具有地区特色的绿色产业，比如生态休闲旅游、生态林果业，帮助贫困群众脱贫致富。第二，注重环境保护和资源有效利用有机结合。杜绝人为破坏森林资源等不良现象，通过立法对不法行为进行约束，同时与监管有效结合，促进资源的合理利用和环境的有效保护。

第四节　社会发展能力指数比较

社会发展能力指数衡量的是地区人民生活水平、教育、卫生、社会保障等社会各方面的综合发展情况，是绿色减贫指数的重要内涵之一。

本节从片区比较的视角，采用“中国绿色减贫指数片区测算体系”，测算了中国 11 个连片特困地区的社会发展能力指数，分析并描述了各片区在社会发展能力方面的基本情况，并对各片区之间的差异进行了比较，进而得到关于绿色减贫与社会发展能力的相关启示。

一、社会发展能力的测算结果及比较分析

在“中国绿色减贫指数片区测算体系”中，社会发展能力指标由农村恩格尔系数、城乡收入比、新型合作医疗参合率、有卫生室行政村比例、新型农村养老参保率、高中阶段教育毛入学率共 6 项指标构成。各项二级指标的权重及其指标属性见表 3-12。

表 3-12　片区社会发展能力二级指标、权重及指标属性

指标序号	指标	权重（%）	指标属性
1	农村恩格尔系数	4.762%	逆
2	城乡收入比	4.762%	逆
3	新型合作医疗参合率	4.762%	正
4	有卫生室行政村比例	4.762%	正
5	新型农村养老参保率	4.762%	正
6	高中阶段教育毛入学率	4.762%	正

注：本表内容由课题组召开多次专家座谈会研讨确定。

根据“中国绿色减贫指数片区测算体系”中社会发展能力的评价体系和权重标准，得出 11 个片区社会发展能力指标和二级指标的测度结果以及总排名（见表 3–13）。

表 3–13　2014 年中国 11 个连片特困地区社会发展能力指数及排名

指标	社会发展能力		二级指标											
			农村恩格尔系数		城乡收入比		新型合作医疗参合率		卫生室行政村比例		新型农村养老参保率		高中阶段教育毛入学率	
片区	指标值	排名	原值	排名	原值	排名	原值	排名	原值	排名	原值	排名	原值	排名
大别山区	0.18	1	37.74	8	2.48	2	93.51	2	95.20	5	100.00	1	100.00	1
滇西边境片区	0.09	2	37.31	6	3.33	10	102.13	1	96.41	3	0.52	9	0.52	9
燕山 - 太行山片区	0.08	3	34.81	3	2.59	3	84.52	8	96.69	2	27.47	5	27.47	5
大兴安岭南麓片区	0.08	4	33.73	2	2.17	1	79.47	10	92.67	7	23.38	6	23.38	6
吕梁山片区	0.00	5	29.72	1	3.20	8	87.94	7	87.03	11	0.43	11	0.43	11
秦巴山区	0.00	6	37.57	7	3.15	6	93.03	4	95.20	4	0.60	8	0.60	8
武陵山区	–0.01	7	36.42	4	3.10	5	92.36	5	88.09	10	84.86	3	84.86	3
罗霄山区	–0.01	8	37.06	5	2.73	4	88.12	6	88.98	9	100.00	1	100.00	1
六盘山片区	–0.03	9	37.90	9	3.28	9	93.37	3	92.42	8	0.44	10	0.44	10
滇桂黔石漠化片区	–0.14	10	38.11	10	3.74	11	81.41	9	97.02	1	20.77	7	20.77	7
乌蒙山片区	–0.25	11	43.85	11	3.16	7	77.44	11	93.36	6	77.44	4	77.44	4

注：本表各片区按照社会发展能力的指数值从大到小排序。

资料来源：根据《中国统计年鉴 2015》、《中国城市统计年鉴 2015》、国务院扶贫办统计数据等测算。

二、社会发展能力指数比较分析

为了全面比较各片区社会发展能力的差异，我们根据“中国绿色减贫指数片区测算体系”对 11 片区的社会发展能力指数的测度结果进行分析。

根据表 3–13 的测算结果单独列出社会发展能力指数得分及其排名进行片区之间的比较分析，见表 3–14。

同时，根据表 3–14 中各片区的社会发展能力指数值可以绘制出图 3–12。其中，横轴为社会发展能力指数值。社会发展能力指数值高于平均水平的片区用颜色条框表示，社会发展能力指数值越高，其条框就越长；相反，社会发展能力指数值越低，其浅色条框就越长。

表 3–14 2014 年中国 11 个连片特困地区社会发展能力指数及总排名

指标	社会发展能力	
地区	指数值	排名
大别山区	0.18	1
滇西边境片区	0.09	2
燕山 – 太行山片区	0.08	3
大兴安岭南麓片区	0.08	4
吕梁山片区	0.00	5
秦巴山区	0.00	6
武陵山区	–0.01	7
罗霄山区	–0.01	8
六盘山片区	–0.03	9
滇桂黔石漠化片区	–0.14	10
乌蒙山片区	–0.25	11

注：本表根据表 3–13 整理而得。

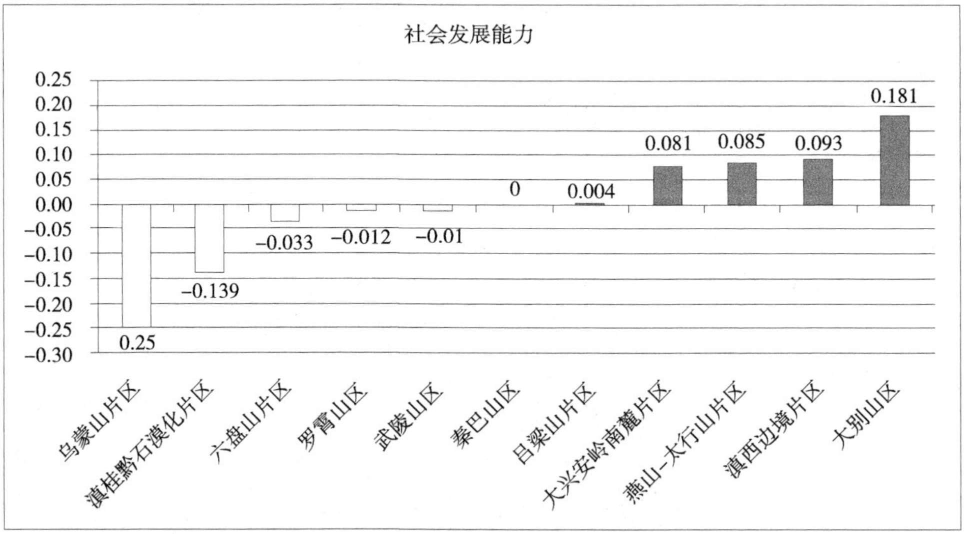

图 3–12 社会发展能力排名片区比较

注：根据表 3–13 中相关数据所制。

为了全面比较各片区社会发展能力的差异，我们将根据表 3–13、表 3–14 和图 3–12 对 11 片区的社会发展能力指标的测度结果进行比较分析。

根据表 3–13、表 3–14 和图 3–12 对 11 个片区进行排名说明。从排名情况上看，排在社会发展能力指数前五位（指数得分为正）的依次是：大别山片区、滇西边境片区、燕山 – 太行山片区、大兴安岭南麓片区、吕梁山片区。排在社会发展能力指标后 6 位的地区分别是：秦巴山片区、武陵山片区、罗霄山区、六盘山片区、滇桂黔石漠化片区、乌蒙山片区。

具体来看可以发现 11 个片区社会发展能力方面的总体特点如下：

（一）片区社会发展能力指数差异较小

从全国 11 个片区来看，社会发展能力指数得分两级分化严重，但多数片区比较集中，其中滇西边境片区、燕山 – 太行山片区和大兴安岭南麓片区得分均在 0.05–0.1 之间，武陵山区、罗霄山区和六盘山片区得分均在 –0.05–0 之间，吕梁山片区和秦巴山区得分趋于零，而大别山区和乌蒙山片区差异较大，从数据结果可以看出，社会发展能力指数的两级分化较为严重，但在多数片区之间差异较小。

（二）区域间和区域内社会发展能力差异性均较显著

一方面，区域间社会发展能力存在差异性，总体上呈现中部、东部及东北地区较好、西部偏低的局面。社会发展能力指数排名前 5 位中，东部地区有 1 个，中部地区有 2 个，东北地区有 1 个，西部地区 1 个，其中排在首位的是属于中部的大别山片区。排在社会发展能力指数最后 6 位的地区有 4 个在西部地区，分别是六盘山片区（列 9 位）、秦巴山片区（列 6 位）滇桂黔石漠化片区（列 10 位）、乌蒙山片区（列 11 位）；有 2 个位于中部地区，分别是罗霄山片区（列 8 位）、武陵山片区（列 7 位）。另一方面，区域内社会发展能力差异性也比较显著：位居首位的大别山片区，与位居 11 位的乌蒙山片区相比，之间相差近两倍；同为西部地区的滇西边境片区和乌蒙山片区的位次相差达到 9 位。

（三）片区社会发展能力指数排序与绿色减贫指数排序基本一致

社会发展能力影响片区绿色减贫，测算结果表明，多数片区社会发展能力指数排序与绿色减贫指数排序基本一致。名次变动比较多的是罗霄山区、吕梁山片区，其他片区的名次变动基本保持在 0–3 位之间。其中，有 5 个片区的绿色减贫指数是相对于社会发展能力指数上升的。从区域来看，变动较大的主要集中在中部地区以及东北地区，东部地区和西部地区相对变化较小（表 3–15）。

分析其中三个片区社会发展能力指数排名和绿色减贫指数排名差异较大的原因，我们认为，对于罗霄山片区，由于其在经济增长绿化度、资源利用与环境保护程度等的优势弥补社会发展能力带来的不足，从而在绿色减贫指数排名上前进较多。而对于吕梁山片区，尽管其在社会发展能力方面表现较好，但是由于在扶贫开发与减贫效果、资源利用与环境保护程度等方面处于落后位置从而使得综合后的绿色减贫指数相对社会发展能力指数偏后。

表 3–15　分区域片区绿色减贫指数与社会发展能力排名差异比较

区域	省区	绿色减贫指数排名	社会发展能力指数排名	位次差距
东北地区	大兴安岭南麓片区	2	4	2
东部地区	燕山 – 太行山片区	6	3	–3
中部地区	罗霄山区	1	8	7
	大别山区	3	1	–2
	吕梁山片区	10	5	–5
	武陵山区	8	7	–1
西部地区	秦巴山区	4	6	2
	滇西边境片区	5	2	–3
	六盘山片区	7	9	2
	滇桂黔石漠化片区	9	10	1
	乌蒙山片区	11	11	0

注：本表根据中国绿色减贫测算体系整理而得。

三、社会发展能力和其二级指标对比分析

为了深入剖析各片区社会发展能力情况，下面对社会发展能力二级指标排名进行说明，对片区之间社会发展能力进行对比分析。社会发展能力的二级指标排名见表 3–16。

具体来看，社会发展能力指数排名首位的是大别山片区。从二级指标来看，大别山片区的 4 个二级指标排名基本都靠前，其中有 2 个指标位居第 2 位，2 个二级指标位居第 1 位，综合后使得社会发展能力指数最终位居首位。这与该片区本身具备的一定社会发展能力基础优势以及《大别山片区区域发展与扶贫攻坚规划（2011 ～ 2020 年）》等政策规划的支持有一定关系。社会发展能力指标排名最后一位的是乌蒙山片区，其中 2 个二级指标排名最后一位，农村恩格尔系数、新型农村合作医疗参合率位居最后一位。说明该地区社会发展能力整体基础较落后，是未来扶贫开发需要重点关注的地区。

表 3-16 社会发展能力二级指标排名

片区	农村恩格尔系数	城乡收入比	新型合作医疗参合率	有卫生室行政村比例	新型农村养老参保率	高中阶段教育毛入学率	总排名
大别山区	8	2	2	5	1	1	1
滇西边境片区	6	10	1	3	9	9	2
燕山－太行山片区	3	3	8	2	5	5	3
大兴安岭南麓片区	2	1	10	7	6	6	4
吕梁山片区	1	8	7	11	11	11	5
秦巴山区	7	6	4	4	8	8	6
武陵山区	4	5	5	10	3	3	7
罗霄山区	5	4	6	9	1	1	8
六盘山片区	9	9	3	8	10	10	9
滇桂黔石漠化片区	10	11	9	1	7	7	10
乌蒙山片区	11	7	11	6	4	4	11

注：根据表 3–13 中相关数据制得。

在片区社会发展能力测度体系中，衡量片区农村居民生活水平的指标主要是农村恩格尔系数（图 3–13）。从农村恩格尔系数来看，位居前三位的依次是大兴安岭南麓片区、大别山区和燕山－太行山片区。由于燕山－太行山片区包括河北以及山西等部分地区，属于京津冀都市圈及周边地区，具有一定的社会以及经济基础，所以相对来说地区农村居民人均纯收入较高，食物支出在消费总支出中所占的比重相对较小，从而恩格尔系数较低，排名相对靠前。而位居最后三位是滇桂黔石漠化片区（排 11 位）、滇西边境片区（排 10 位）和六盘山片区（排 9 位），说明这几个片区农村居民人均纯收入相对偏低。

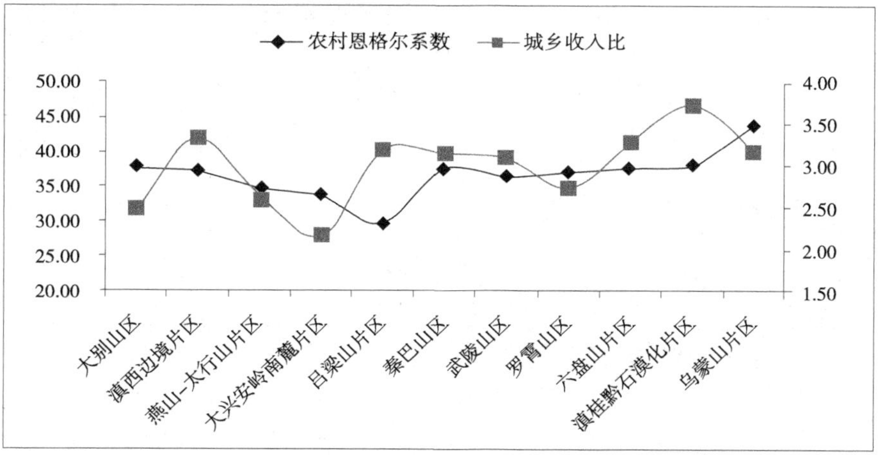

图 3–13 农村恩格尔系数和城乡收入比片区指标值

在片区社会发展能力测度体系中，衡量片区城乡收入差距的指标主要是城乡收入比（图 3–13）。从城乡收入比来看，位居前三位的依次是大兴安岭南麓片区、大别山片区、燕山 – 太行山片区。而位居最后三位的是滇桂黔石漠化片区（11 位）、滇西边境片区（10 位）、六盘山片区（9 位），一定程度上可以说明位次靠后的几个片区城乡收入不平等现象比较突出，所以当地政府应该注重统筹城乡经济社会发展能力，对当地农村经济发展给予适当的政策倾斜。

在片区社会发展能力测度体系中，衡量片区农村卫生事业发展情况的指标主要是卫生室行政村比例（图 3–14）。从有卫生室行政村比例来看，各片区整体差异不大，中西部贫困地区卫生条件逐渐趋同。相对而言，位居前三位的滇桂黔石漠化片区、燕山 – 太行山片区和滇西边境片区有卫生室的行政村比例均超过 96%，仅吕梁山片区、武陵山区和罗霄山区该比例低于 90%，但比例均在 88% 左右，这在一定程度上说明这些片区在农村卫生服务体系建设方面成果显著，卫生条件大为改善，贫困地区和贫困人口拥有更多健康保障。

在片区社会发展能力测度体系中，衡量片区教育事业发展情况的指标主要是高中阶段教育毛入学率（图 3–14）。从高中阶段教育毛入学率来看，位居前三位的依次是大别山区、罗霄山区和武陵山区，其中大别山区和武陵山区的高中阶段教育毛入学率均达到 100%，很大程度得益于当地对于教育的重视以及普及。位居最后四位的是吕梁山片区（11 位）、六盘山片区（10 位）、滇西边境片区（9 位）、秦巴山区（8 位），此四个片区的高中阶段教育毛入学率均低于 1%。从区域上来看，西部地区教育事业发展相对滞后，应加大对教育的投入，培养更多高素质人才，从而更好地为减贫事业做出贡献。

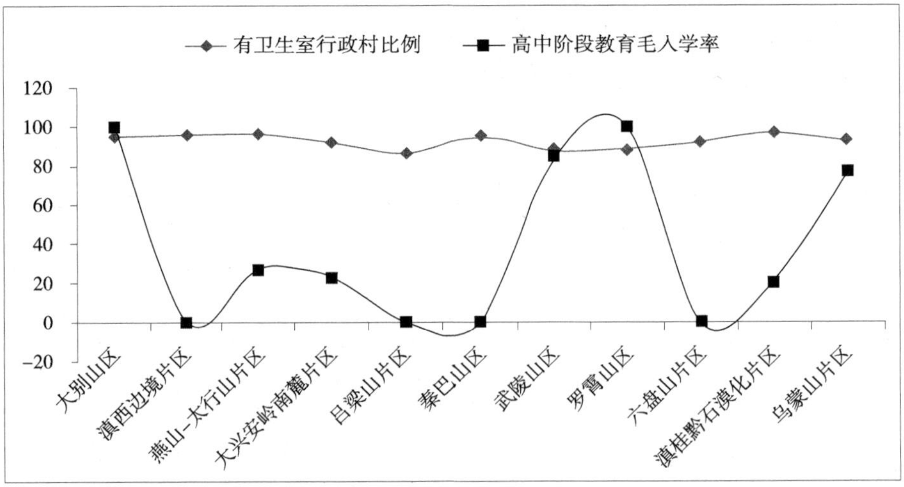

图 3–14　有卫生室行政村比例和高中阶段教育毛入学率片区指标值

在片区社会发展能力测度体系中，衡量片区社会保障体系发展情况的指标主要是新型合作医疗参合率和新型农村养老参保率（图 3–15）。综合来看，新型合作医疗参合率普遍高于新型农村养老参保率，各片区差异较小，说明各片区在社会医疗保障水平方面相对较高。从新型合作医疗参合率来看，位居前三位的依次是滇西边境片区、大别山区、六盘山片区，而位居后三位的是乌蒙山片区（11 位）、大兴安岭南麓片区（10 位）、滇桂黔石漠化片区（9 位），这些片区尽管排名靠后，但新型合作医疗参合率均在 80% 左右，整体情况仍然较好。从新型农村养老参保率来看，位居前三位的依次是罗霄山区、大别山区、武陵山区，主要是分布在中部地区，说明这些地区在社会保障以及农村老年人生活保障制度和机制方面相对完善。而位居后四位的是吕梁山片区（11 位）、六盘山片区（10 位）、滇西边境片区（9 位）、秦巴山区（8 位），这些地区新型农村养老参保率均不足 1%，社会保障工作在这几个片区仍存在较大的完善空间。

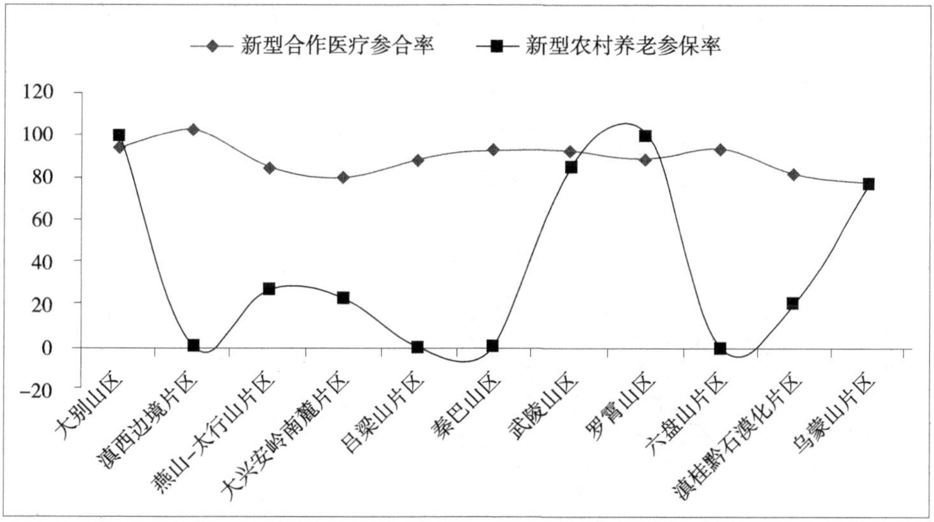

图 3–15　新型合作医疗参合率和新型农村养老参保率片区指标值

四、与 2012 年度片区社会发展能力比较分析

将各片区 2014 年和 2012 年的社会发展能力指数排名对比后发现，共有 5 个片区的二级指标排名变化在四位及以上（见表 3–17），且二级指标变动主要集中在有卫生室行政村比例、城乡收入比、新型合作医疗参合率等。

表 3-17　2014 年与 2012 年片区社会发展能力排名变化四位以上的指标

片区	二级指标	2014 年排名	2012 年排名	差异
秦巴山区	农村恩格尔系数	7	3	-4
	有卫生室行政村比例	4	10	6
	高中阶段教育毛入学率	5	1	-4
大兴安岭南麓片区	新型农村养老参保率	6	11	5
燕山－太行山片区	城乡收入比	3	7	4
	高中阶段教育毛入学率	7	3	-4
罗霄山区	农村恩格尔系数	5	9	4
	城乡收入比	4	8	4
	有卫生室行政村比例	9	3	-6
	新型农村养老参保率	1	8	7
武陵山区	农村恩格尔系数	4	11	7
乌蒙山片区	城乡收入比	7	11	4
	新型合作医疗参合率	11	1	-10
	新型农村养老参保率	4	10	6
六盘山片区	农村恩格尔系数	9	4	-5
	城乡收入比	9	3	-6
	新型农村养老参保率	10	4	-6
滇西边境片区	新型合作医疗参合率	1	6	5
	新型农村养老参保率	9	1	-8
	高中阶段教育毛入学率	2	10	8
吕梁山片区	有卫生室行政村比例	11	6	-5
	新型农村养老参保率	11	2	-9
滇桂黔石漠化片区	城乡收入比	11	6	-5
	新型合作医疗参合率	9	4	-5
	有卫生室行政村比例	1	7	6

注：变动值为正数表明排名上升，负数表明排名下降。

2014 年秦巴山片区的农村恩格尔系数和高中阶段教育毛入学率排名情况均比 2012 年下降了 4 个名次，而有卫生室行政村比例排名情况比 2012 年上升了 6 个名次。从某种意义上说明秦巴山片区的卫生事业发展状况速度较快，位次大幅度提升。大兴安岭南麓片区的新型农村养老参保率较 2012 年提升了 5 个名次，农村养老保障获得长足发展。

在城乡收入比方面，2014 年燕山－太行山片区、罗霄山区和乌蒙山片区的排名情况比 2012 年均提升了 4 个名次，而六盘山片区和滇桂黔石漠化片区的排名情况分别比 2012 年下降了 6 个名次和 5 个名次。说明大部分片区城乡收入差距有所缩小或维持稳定，仅有少部分地区城乡收入差距在扩大。

在新型合作医疗参合率方面，2014 年乌蒙山片区和滇桂黔石漠化片区的排名情况比 2012 年下降幅度较大，说明滇西边境片区在社会医疗保障方面的发展速度相比其他一些片区相对缓慢。新型农村养老参保率方面，与 2012 年相比，2014 年六盘山片区、滇西边境片区和吕梁山片区排名均有大幅下降，罗霄山区、乌蒙山片区和大兴安岭南麓片区排名均有较大幅度提升。

五、简要总结

社会发展能力情况是影响绿色减贫的重要方面，且社会发展能力涵盖的内容也非常广泛。整体来看，11 个片区在社会发展能力方面还存在一定差距，且有个别片区差异性比较突出。进行社会发展能力方面的片区比较后，我们可以总结以下几点启示：

第一，片区的经济社会发展能力必须充分考虑到当地农民的收入情况。打赢脱贫攻坚战，其中最重要的就是促进农民持续增收，而增收又注重提高农村居民人均纯收入，这对促进减贫事业、社会和谐发展都具有重要意义。第二，片区的社会发展能力需要统筹协调发展。片区统筹发展需要做到：一是统筹区域发展，包括中部、西部、东北部片区间的发展；二是统筹城乡发展，逐步缩小片区城乡发展差距；三是统筹社会事业发展，包括片区卫生医疗、社会保障、教育等的协调发展。

第五节　扶贫开发与减贫效果指数比较分析

绿色减贫涉及经济、社会、资源、环境、人口等诸多方面，体现出可持续发展的复杂性和系统性。在系统性、综合性、协调性扶贫政策的支持下，如何更好的反映扶贫政策整体效果，是值得我们深思的问题。扶贫开发与减贫效果指标衡量的是一个地区扶贫政策支持下贫困人口生活质量，可以反映出贫困广度、贫困深度和贫困强度的变化，是绿色减贫指数的重要内涵之一。

本节从片区比较的视角，采用“中国绿色减贫指数评价体系（片区比较）”，测算了中国 11 个连片特困地区的扶贫开发与减贫效果情况，分析并描述各片区在扶贫开发与减贫效果方面的现状、特点及基本格局，比较各片区在扶贫开发与减贫效果方面的差异，得到我们对扶贫开发与减贫效果方面的启示。

一、扶贫开发与减贫效果的测算结果

在中国绿色减贫指数评价体系（片区比较）中，扶贫开发与减贫效果指标由贫困人口占总农村人口比重、农村人均纯收入增长率、通电行政村比重等 6 项测算指标构成。各项三级指标的权重及其指标属性见表 3–18。

表 3–18　片区扶贫开发与减贫效果三级指标、权重及指标属性

指标序号	指标	权重（%）	指标属性
1	贫困人口占总农村人口比重	4.762%	逆
2	农村人均纯收入增长率	4.762%	正
3	通电行政村比重	4.762%	正
4	通路行政村比重	4.762%	正
5	有效灌溉面积占基本农田面积比重	4.762%	正
6	实现安全饮水人数比重	4.762%	正

注：本表内容是由本报告课题组召开的多次专家座谈会研讨确定的。

根据“中国绿色减贫指数评价体系（片区比较）”中扶贫开发和减贫效果的评价体系和权重标准，得出 11 个片区扶贫开发与减贫效果指标排名（见表 3–19）。

表 3–19　2014 年中国 11 个连片特困地区扶贫开发与减贫效果排名

片区	扶贫开发与减贫效果		三级指标											
			贫困人口占总农村人口比重		农村人均纯收入增长率		通电行政村比重		通路行政村比重		有效灌溉面积占基本农田面积比重		实现安全饮水人数比重	
	指标值	排名	原值	排名	原值	排名	原值	排名	原值	排名	原值	排名	原值	排名
罗霄山区	0.18	1	0.21	3	13.84	4	99.88	2	99.17	1	67.85	1	40.36	10
大兴安岭南麓片区	0.18	2	0.17	2	16.5	1	99.00	7	88.98	5	47.04	4	45.67	7
大别山区	0.13	3	0.17	1	11.71	9	99.14	6	90.59	3	64.07	2	45.47	8
燕山－太行山片区	0.05	4	0.3	6	10.07	11	99.97	1	96.38	2	42.67	5	51.14	4
秦巴山区	0.02	5	0.23	4	13.69	5	99.87	3	85.93	6	21.76	11	46.71	6
六盘山片区	0.01	6	28.44	10	13.39	7	99.66	4	78.41	8	35.95	9	55.56	3
吕梁山片区	–0.07	7	39.77	11	10.84	10	97.35	10	89.98	4	36.54	8	56.65	1
滇桂黔石漠化片区	–0.08	8	26.39	9	13.57	6	98.46	8	67.62	9	38.87	7	50.57	5
滇西边境片区	–0.10	9	22.85	8	15.35	2	97.85	9	61.38	10	58.78	3	55.56	2

续表

片区	扶贫开发与减贫效果		三级指标											
			贫困人口占总农村人口比重		农村人均纯收入增长率		通电行政村比重		通路行政村比重		有效灌溉面积占基本农田面积比重		实现安全饮水人数比重	
	指标值	排名	原值	排名	原值	排名	原值	排名	原值	排名	原值	排名	原值	排名
乌蒙山片区	–0.14	10	17.73	7	14.19	3	99.53	5	55.09	11	34.18	10	43.85	9
武陵山区	–0.17	11	0.23	5	12.37	8	94.81	11	84.99	7	40.18	6	38.82	11

注：本表根据资源利用与环境保护程度的指标体系，依据各指标 2012 年数据测算而得。数据来源主要由国务院扶贫办数据统计库、《中国环境统计年鉴 2015》、《中国环境统计年鉴 2015》、部分省市 2015 及 2014 统计年鉴。

为了全面比较各片扶贫开发与减贫效果的差异，我们根据“中国绿色减贫指数评价体系（片区比较）”对 11 片区的扶贫开发月减贫效果指标的测度结果进行分析。同时，根据表 3–19 中各片区的扶贫开发与减贫效果的指数值可以绘制出图 3–16。其中，横轴为扶贫开发与减贫效果的指数值，其中 0 点为 11 个片区扶贫开发与减贫的平均水平。扶贫开发与减贫效果指数值高于平均水平的片区用深色条框表示，扶贫开发与减贫指数值越高，其条框就越长；相反，扶贫开发与减贫指数值低于平均水平的片区则用浅色条框表示，扶贫开发与减贫指数值越低，其条框就越长。

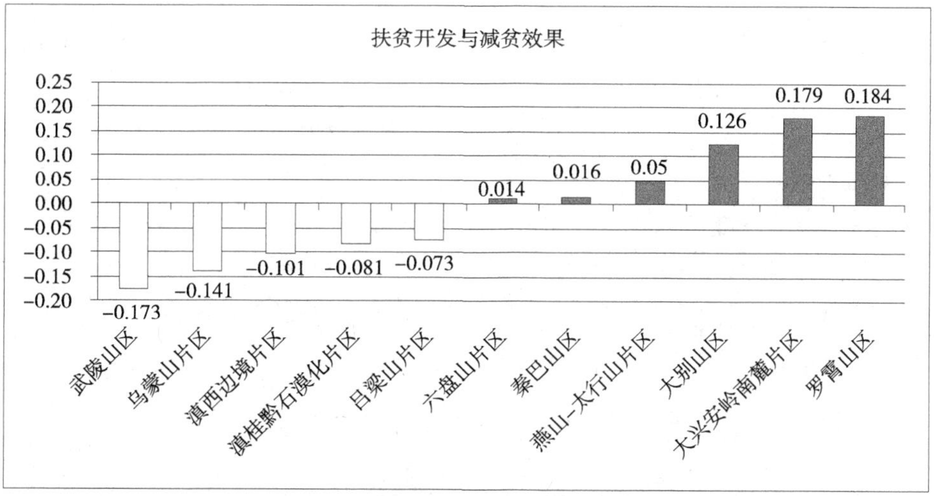

图 3–16　2014 年扶贫开发与减贫效果排名片区比较

注：根据表 3–19 中相关数据绘制。

根据图 3–16 可以看出，罗霄山片区、大兴安岭南麓片区、大别山区排名前三，燕山 – 太行山片区、秦巴山区、六盘山片区分列第 4 位、第 5 位第 6 位，且得分均为正，说明这几个片区扶贫开发与减贫效果的成效较为显著。吕梁山片区、乌蒙山片区、武陵山片区、滇黔石漠化片区均排名靠后，说明这几个片区扶贫开发与减贫效果相对较差，存在进一步提高和改善的空间。

结合表 3–19 和图 3–16，可以发现 11 个片区资源利用与环境保护程度呈现出如下几个特点：

（一）扶贫开发与减贫效果的片区间差异较大

可以从表 3–19 和图 3–16 种可以看出，整体来说 2014 年扶贫开发与减贫指标多数地区差异较大，东北部、东部和中部地区的指数情况普遍比西部地区占优，前 5 位片区中，西部地区仅秦巴山区上榜，西部地区面临的扶贫开发与减贫形势相对更加严峻，这与西部地区基础社会薄弱、贫困地区生态和资源较为脆弱均有较大的关系。

（二）东部和中部片区扶贫效果较佳，片区内部存在较大差异

根据表 3–19，扶贫开发和减贫效果指数排名前 6 位中，东部地区有 2 个，分别为大兴安岭南麓片区（列 2 位）、燕山 – 太行山片区（列 4 位）；中部地区有 2 个，分别为罗霄山片区（列 1 位）、大别山片区（列 3 位）；西部地区有 2 个为秦巴山区（列 5 位）、六盘山区（列 6 位）。排在后 5 位的地区有 4 个在西部地区，分别是乌蒙山片区（列 10 位）、滇西边境片区（列 9 位）、滇桂黔石漠化片区（列 8 位）、吕梁山片区（列 7 位）；有 1 个位于中部地区，即武陵山片区（列 11 位）。这些数据反映了位次靠后地区扶贫开发和减贫效果政策带来的效果并不明显。西部地区经济水平较为落后的同时，减贫效果也较为落后。

此外，对于西部片区，乌蒙山片区位于 10 位，与位居第 5 位的秦巴山区差异较大。同样对于中部地区，位居第 1 位的罗霄山区与位居第 11 位的吕梁山片区也存在较大差距，这都反映了扶贫开发与减贫效果在西部和中部地区存在较大的内部差异。

（三）扶贫开发与减贫效果对片区绿色减贫的影响分析

根据表 3–20，从片区来看，各片区绿色减贫指数与扶贫开发与减贫效果指数排名差异较小，仅燕山太行山片区绿色减贫指数位居第 6、而扶贫开发与减贫效果排名位居 4 位，相差达 2 位。其他片区绿色减贫指数与扶贫开发与减贫效果指数差距不大，差距基本在［–1，1］之间。这在一定程度上也表明，扶贫开发与减贫

效果和绿色减贫指数之间存在较强的关联，即二者之间基本存在正相关的关系，同时也表明现阶段我国开展开发工作，在注重绿色与经济发展方面做了大量工作。

表 3–20　2014 年分区域片区绿色减贫指数与资源利用与环境保护程度排名差异比较

区域	片区	绿色减贫指数排名	扶贫开发与减贫效果排名	位次差距
东部地区	大兴安岭南麓片区	2	2	0
	燕山－太行山片区	6	4	–2
中部地区	大别山区	3	3	0
	罗霄山区	1	1	0
	吕梁山片区	10	7	–3
	武陵山区	8	11	3
西部地区	六盘山片区	7	6	–1
	滇西边境片区	5	9	4
	秦巴山区	4	5	1
	滇桂黔石漠化片区	9	8	–1
	乌蒙山片区	11	10	–1

二、扶贫开发与减贫效果及其三级指标对比分析

利用 2014 年数据，根据绿色减贫指数指标体系测算后，11 个片区扶贫开发与减贫效果的三级指标详细排名如表 3–21 所示。

表 3–21　2014 年扶贫开发与减贫效果三级指标排名

片区	扶贫开发与减贫效果指标						
	实现安全饮水人数比重	贫困人口占总农村人口比重	农村人均纯收入增长率	通电行政村比重	通路行政村比重	有效灌溉面积占基本农田面积比重	实现安全饮水人数比重
罗霄山区	9	3	4	2	1	1	10
大兴安岭南麓片区	6	2	1	7	5	4	7
大别山区	7	1	9	6	3	2	8
燕山－太行山片区	3	6	11	1	2	5	4
秦巴山区	5	4	5	3	6	11	6
滇西边境片区	11	8	2	9	10	3	2
六盘山片区	2	10	7	4	8	9	3
滇桂黔石漠化片区	4	9	6	8	9	7	5
武陵山区	10	5	8	11	7	6	11
乌蒙山片区	8	7	3	5	11	10	9
吕梁山片区	1	11	10	10	4	8	1

根据表 3–21 可以发现，扶贫开发与减贫效果指标排名中排名第一的是罗霄山区，且相关指数排名相对其他片区比较高，通路行政村比重和有效灌溉面积占基本农田面积比重均排名第一，通电行政村比重、贫困人口占总农村人口比重和农村人均纯收入增长率等三个指标排名均较为靠前，分别排在第 2 位、第 3 位和第 4 位。这与其受国务院扶贫办加大扶贫开发支持力度等重要决策有一定关系。这说明罗霄山区人们生活质量整体水平较其他片区来看较高，扶贫开发与减贫效果相对显著。

扶贫开发与减贫效果指标排名中排名最后一名是吕梁山片区，其三级指标贫困人口占总农村人口比重、农村人均纯收入增长率、通电行政村比重、有效灌溉面积占基本农田面积比重等指标排名均较靠后，分别列各地区排名第 11 位、第 10 位、第 9 位和第 8 位。造成这种结果的原因可能是乌蒙山片区处于西南地区云贵高原，由于地形、地势复杂加上水土流失、地震等自然灾害的较为频发，水、电、路、农牧等基础设施建设难度较大，且自然灾害破坏力强，导致该片区扶贫开发与减贫效果整体较差。

总体来看，通电行政村比重的片区区分度较弱，11 个片区均达到或超过 95%；农村人均纯收入增长率和实现安全饮水人数比重与减贫效果总排名差异性较大，主要表现在部分片区减贫效果排名靠后而三级指标排名靠前，以及部分片区三级指标的绝对值较小，以实现安全饮水人数比重为例，绝大部分片区均低于 50%，改进和完善的空间较大；贫困人口占总农村人口比重、通路行政村比重和有效灌溉面积占基本农田面积比重与减贫效果排名基本吻合，但需要注意的是，部分地区相关指标的绝对值较低。

三、简要总结

总体来看，11 个片区在扶贫开发与减贫效果方面存在一定差异性，片区内部亦有较大的差异性，某些指标表现良好、某些指标仍需继续努力和完善，且有个别指标在 11 个片区整体表现不佳。这种区域差异也为我们因地制宜地选择合适的绿色减贫模式提供了可能。因此扶贫政策的制定不能一概而论，应根据各个片区不同的特点制定相对应且有效的政策措施，重点提高片区内相对薄弱和落后的环节，坚持以人为本，努力提高基础设施建设水平和贫困人口生活质量水平，使扶贫开发政策的减贫效果实现整体水平的提高。

第四章　中国绿色减贫思考与对策建议

消除贫困，改善民生，实现共同富裕，是社会主义的本质要求。习近平总书记多次强调绿水青山就是金山银山，保护与发展并不矛盾，保护生态环境就是保护生产力，改善生态环境就是发展生产力。他也曾指出，绿色发展和可持续发展是当今世界的时代潮流，中国经济要适应“新常态”。同有形的物质一样，美好的环境也被承认是可贵的财富，而有限的能源、资源是人类最好的储蓄。如何正确处理发展和生态环境保护的关系，在生态文明建设体制机制改革方面先行先试，把提出的行动计划扎扎实实落实到行动上，实现发展和生态环境保护协同推进成了贫困地区发展的现实挑战。基于我们对 11 个连片特困区绿色减贫指数的测算，在对绿色减贫指数总体结论分析的基础上，提出有关的政策建议。

第一节　绿色减贫分析的结论总结与思考

通过对 11 个集中连片特困区绿色减贫指数的测算，我们认为至少可以从绿色减贫指数总体结果，绿色减贫指数指标体系的一级指标、二级指标，三个方面对这些启示进行进一步的总结归纳。

一、绿色减贫指数测算结果的集中趋势更加凸显，片区差异有所减弱

由于今年的评价指标有所调整，从绿色减贫指数测算结果揭示出测算的 11 个连片特困地区总体来看，相较 2012 年测算结果，今年不同片区分布根据绿色减贫指数测算结果的好坏程度的集中趋势更加凸显，但是片区之间的差距有所减弱。

（一）11 个片区测算结果的集中趋势更加凸显。测算的 11 个连片特困地区根据绿色减贫指数可以划分为三档，绿色减贫指数高于 0 的片区有 4 个，低于 0 的片区有 7 个，各档之间的集中趋势更加凸显。根据各片区具体的绿色减

贫指数测算值（见表 4–1），我们可以将 11 个片区分为三档：罗霄山区、大兴安岭南麓片区、大别山区、秦巴山区为第一档，其绿色减贫指数测算值高于全国平均水平 0[①]，分别为 0.475、0.441 和 0.360，集中在 0.4 上下。滇西边境片区、燕山 – 太行山片区、六盘山片区为第二档，其绿色减贫指数测算值接近全国平均水平，分别为 0.006、–0.009、–0.029，集中在 0 左右。武陵山区、滇桂黔石漠化片区、吕梁山片区、乌蒙山片区则离全国平均水平较远，分别为 –0.068、–0.172、–0.173、–0.237、–0.593。

表 4–1　2014 年 11 个连片特困地区绿色减贫指数及排名情况

片区	绿色减贫指数	排名	片区	绿色减贫指数	排名
罗霄山区	0.475	1	六盘山片区	–0.068	7
大兴安岭南麓片区	0.441	2	武陵山区	–0.172	8
大别山区	0.360	3	滇桂黔石漠化片区	–0.173	9
秦巴山区	0.006	4	吕梁山片区	–0.237	10
滇西边境片区	–0.009	5	乌蒙山片区	–0.593	11
燕山 – 太行山片区	–0.029	6			

注：表中数据根据相关年鉴搜集数据计算得到

（二）片区差异有所减弱。测算的 11 个连片特困地区中罗霄山片区表现最好，乌蒙山片区位居末位，两个片区之间的绿色减贫指数测算结果差异较大，但相较 2012 年数据测算结果，片区之间的差异有所减弱。2012 年最好片区和最差片区的绝对值差为 1.246，而今年下降到 1.068，表明虽然片区间差异较大，但差距正在减小。

为了更直观的反映 11 个连片特困地区绿色减贫指数情况，将表 4–1 中的测算结果用柱状图表现出来，见图 4–1。从图 4–1 中，我们可以看到罗霄山片区表现最好，绿色减贫指数测算值为 0.475，而测算结果最后一名的乌蒙山片区，其测算值为 –0.593，前者的值比后者高出 1.068，相差较大。这说明不同片区的绿色减贫效果两极分化较严重。另外，乌蒙山片区测算结果的绝对值要大于罗霄山片区，达到 0.118，这表明，不同片区之间测算结果差异较大，内部差距很大，因此，对第 3 档片区的绿色扶贫开发要予以重点关注。

① 由于本次测算采用“均值—标准差法”进行无量纲化处理，因此“0”代表所有参评片区绿色减贫的平均水平，得分高于“0”表示该片区的绿色减贫水平高于全国平均水平，得分低于“0”表示该片区绿色减贫水平低于全国平均水平。

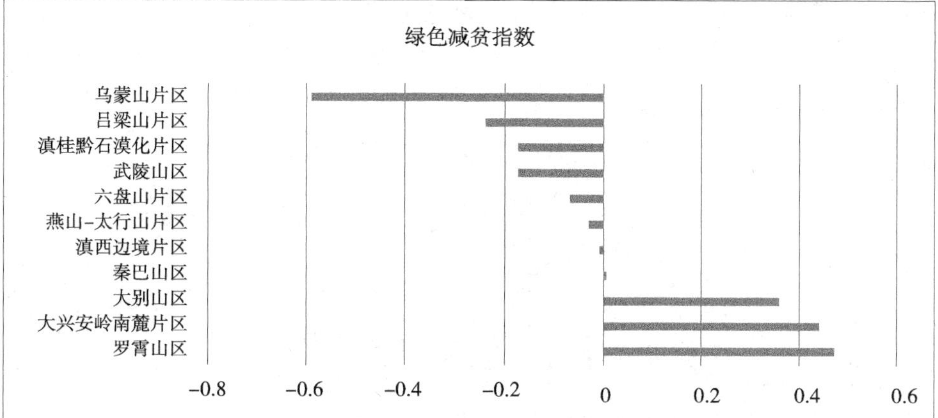

	罗霄山区	大兴安岭南麓片区	大别山区	秦巴山区	滇西边境片区	燕山-太行山片区	六盘山片区	武陵山区	滇桂黔石漠化片区	吕梁山片区	乌蒙山片区
■ 列2	0.475	0.441	0.36	0.006	−0.009	−0.029	−0.068	−0.172	−0.173	−0.237	−0.593

图 4-1 2014 年中国 11 个连片特困地区绿色减贫指数情况

二、各片区重视减贫忽视绿色发展的趋势仍未改变

与 2012 年测算相同的是，各片区在扶贫开发过程中基本能够兼顾“绿色”和“减贫”，但是对“减贫”的重视程度要高于“绿色发展”

（一）一级指标呈现强弱分化，经济增长绿化度、社会发展能力两个一级指标弱于资源利用与环境保护程度、扶贫开发与减贫效果指标，总体来看各片区更重视“减贫”而忽视“绿色”

根据各片区绿色减贫指数测算结果及各片区 4 个一级指标的测算值，可以计算 11 个片区每个一级指标对该片区绿色减贫指数的贡献度①（最终测算结果见表 4-2）。

从表 4-2 可以看出，“经济增长绿化度”一级指标对绿色减贫指数的贡献度小于平均值 0 的片区有 7 个，其中燕山 – 太行山片区和乌蒙山片区该指标的贡献度最小；“资源利用与环境保护程度”一级指标对绿色减贫指数的贡献度小于平

---

① 计算方法为：每个片区各一级指标的值 / 该片区绿色减贫指数值 ×100；另外，为了保持最终测算结果含义的一致性，在计算秦巴山片区、武陵山片区、滇桂黔石漠化片区和乌蒙山片区四个片区时，最终测算结果要取计算结果的相反数，这是因为这四个片区的绿色减贫指数为负值，其计算结果与其他片区的结果含义完全相反。

均值 0 的片区有 7 个，其中吕梁山片区和大别山片区该指标的贡献度最小；“社会发展能力”一级指标对绿色减贫指数的贡献度小于平均值 0 的片区有 5 个，其中乌蒙山片区该指标的贡献度最小；“扶贫开发与减贫效果”一级指标对绿色减贫指数的贡献度小于平均值 0 的片区有 5 个，其中武陵山片区和乌蒙山片区该指标的贡献度最小。

某片区一级指标对绿色减贫指数的贡献度小于平均值 0 的意义在于该一级指标对于该片区其他非负指标的正面作用起到削弱的作用，如罗霄山片区的社会发展能力指标的贡献度为负，则表明此一级指标对罗霄山片区的经济增长绿化度、资源利用与环境保护程度指标、扶贫开发与减贫效果的三个指标的作用是削弱的，由此导致本应该更高的绿色减贫指数被拉低。

表 4–2　分片区二级指标对绿色减贫指数的贡献度

	经济增长绿色度	资源利用与环境保护程度	社会发展能力	扶贫开发与减贫效果
罗霄山区	13.73	16.62	–1.21	18.37
大兴安岭南麓片区	22.21	–4.18	8.10	17.95
大别山区	18.12	–12.84	18.15	12.57
秦巴山区	–5.68	4.66	0.01	1.59
滇西边境片区	–8.84	8.79	9.29	–10.09
燕山 - 太行山片区	–11.45	–4.89	8.45	4.95
六盘山片区	–1.64	–3.39	–3.25	1.43
武陵山区	2.17	–1.06	–1.04	–17.31
滇桂黔石漠化片区	–9.16	13.84	–13.86	–8.12
吕梁山片区	–5.25	–11.55	0.37	–7.28
乌蒙山片区	–14.21	–6.00	–25.00	–14.05

注：表中数据根据相关年鉴搜集数据计算得到

（二）各片区在扶贫开发过程中对减贫效果的重视程度高于绿色发展的重视

由于绿色和减贫为本报告指标体系的两大落脚点，根据绿色减贫指标体系的基本架构和对一级指标赋予权重的思路，可以将四个一级指标归为两大类：经济增长绿化度和资源利用与环境保护程度可归为绿色效果的总表征指标，共计包括 10 个二级指标；社会发展能力和扶贫开发与减贫效果课归为减贫效果的总表征指标，共计包括 11 个二级指标。在上述思路的基础上计算绿色效果和减贫效果两大类总表征指标对绿色减贫指数的贡献，并计算两者的差值，计算结果见表 4–3。

表 4–3 分片区绿色减贫指标体系中绿色度指标贡献和减贫效果指标贡献

	绿色效果贡献	减贫效果贡献	绿色效果贡献与减贫效果贡献的差值
滇桂黔石漠化片区	4.68	–21.98	26.66
武陵山区	1.10	–18.35	19.46
乌蒙山片区	–20.21	–39.06	18.85
罗霄山区	30.35	17.16	13.19
滇西边境片区	–0.05	–0.81	0.75
秦巴山区	–1.02	1.60	–2.62
六盘山片区	–5.02	–1.82	–3.21
大兴安岭南麓片区	18.03	26.05	–8.01
吕梁山片区	–16.80	–6.91	–9.89
大别山区	5.28	30.71	–25.43
燕山 – 太行山片区	–16.33	13.40	–29.74

注：表中数据根据相关年鉴搜集数据计算得到

表 4–3 的计算结果包含丰富的内容。首先看绿色效果贡献与减贫效果贡献的差值，高于 0 的片区分别是滇桂黔石漠化片区、武陵山区、乌蒙山片区、罗霄山区、滇西边境片区，这表明这几个片区绿色效果贡献高于减贫效果贡献，但考虑到滇桂黔石漠化片区、武陵山区、乌蒙山片区、滇西边境片区绿色效果贡献均为负值，只能表明其减贫效果贡献更差；与之相对应的是差值低于 0 的片区，这些片区包括秦巴山区、六盘山片区、大兴安岭南麓片区、吕梁山片区、大别山区、燕山 – 太行山片区 6 个片区，这表明秦巴山区、大兴安岭南麓片区、大别山区、燕山 – 太行山片区在“减贫”方面的表现良好，而六盘山片区、吕梁山片区在“绿色”方面的表现比其在“扶贫”方面的表现更差。从片区数量上来看，各片区在扶贫开发过程中对“减贫效果”的重视程度要高于“绿色发展”。

上一段论述中，我们提到差值高于 0 表示该片区“绿色”方面表现良好，那么对于差值高于 0 的 5 个片区中，有 4 个片区的减贫效果贡献均低于 0，其中乌蒙山片区最严重，这反映出的问题是这四个片区之所以在“绿色”方面表现良好，是因为这四个片区的扶贫开发力度还比较小，扶贫效果不明显，其对经济的带动作用还不足以对当地的生态环境造成严重破坏。

而与这四个片区情况相反的是秦巴山片区、吕梁山片区和燕山 – 太行山片区，这 3 个片区从绿色效果贡献与减贫效果贡献的差值来看，体现的是减贫效果更好，但是这 3 个片区的绿色效果贡献小于 0，反映出来的问题是这 3 个片区扶贫开发的效果在一定程度上是以牺牲当地生态环境为代价的。

因此较好的标准应该是片区的绿色效果贡献与减贫效果贡献的差值接近 0，并且片区的绿色效果贡献和减贫效果贡献均要大于 0。以此为标准遴选出来的较为接近的片区包括秦巴山片区、罗霄山片区 2 个片区，这 2 个片区在扶贫开发过程中对“绿色”和“减贫”两个落脚点至少都给予了相当程度的关注。

三、有关基础设施的指标完成情况较好，有关生产效率和收入分配的指标完成程度较差，有关绿色发展的相关指标处于二者之间

根据我们对 11 个连片特困地区 21 个二级指标在 2014 年的取值进行测算，并将其与各片区 21 个二级指标值的当年全国平均值进行比较。对于正指标来说，如果片区二级指标取值低于全国平均值，或者对于逆指标来说，片区二级指标取值高于全国平均值，我们认为该片区在这项二级指标上需要采取一些措施进行补救。反之，我们则认为该片区在这项二级指标上的效果要好于全国平均水平。统计结果见表 4–4 所示。

表 4–4　2014 年绿色减贫指标体系中各片区的二级指标值低于平均值情况

	指标类型	秦巴山区	大兴安岭南麓片区	燕山 1	大别山区	罗霄山区	武陵山区	乌蒙山片区	六盘山片区	滇西边境片区	吕梁山片区	滇桂黔石漠化片区	合计
人均地区生产总值	正				1		1	1	1		1	1	6
单位地区生产总值能耗	逆	1		1				1		1	1	1	6
单位地区生产总值二氧化硫排放量	逆			1			1	1	1	1	1	1	7
土地产出率	正	1	1	1					1			1	5
工业固体废物综合利用率	正	1		1		1	1			1			5
第三产业增加值比重	正	1			1	1		1		1			5
人均森林面积	正			1	1		1	1			1	1	6
森林覆盖率	正		1	1	1				1		1		5
单位耕地面积化肥施用量	逆		1		1	1	1	1	1		1		7
农村恩格尔系数	逆	1			1	1		1	1	1		1	7
城乡收入比	逆	1					1	1	1	1	1	1	7
新型合作医疗参合率	正		1	1		1		1			1	1	6
有卫生室行政村比例	正		1			1	1		1		1		5
新型农村养老参保率	正	1	1	1					1	1	1	1	7
高中阶段教育毛入学率	正					1	1	1				1	4
贫困人口占总农村人口比重	逆							1	1	1	1	1	5

续表

	指标类型	秦巴山区	大兴安岭南麓片区	燕山1	大别山区	罗霄山区	武陵山区	乌蒙山片区	六盘山片区	滇西边境片区	吕梁山片区	滇桂黔石漠化片区	合计
农村人均纯收入增长率	正			1	1		1				1		4
通电行政村比重	正						1			1	1	1	4
通路行政村比重	正							1	1	1		1	4
有效灌溉面积占基本农田面积比重	正	1		1			1	1	1		1	1	7
实现安全饮水人数比重	正		1		1	1	1	1		1			6
合计 2		8	7	10	8	8	12	14	12	11	14	14	

注：对于正指标，表中数字 1 表示该片区在 2014 年对应二级指标上的取值低于该指标的全国平均值；对于逆指标，表中数字 1 表示该片区在 2014 年对应二级指标上的取值高于该指标的全国平均值

从表 4–4 中的合计 1，我们可以看出对于 21 个二级指标来说，每个正指标均有不同数量的片区取值低于全国平均值，某项正指标取值低于全国平均值的片区数越多，则说明未来我国扶贫开发过程中对该项指标的关注度应该要继续加强和提升。对于逆指标来说，正好相反。

据统计，单位地区生产总值二氧化硫排放量、单位耕地面积化肥施用量、农村恩格尔系数、城乡收入比、新型农村养老参保率、有效灌溉面积占基本农田面积比重六个指标均有 7 个片区没有达到平均值，说明这个指标的完成情况较差。

人均地区生产总值、单位地区生产总值能耗、实现安全饮水人数比重、人均森林面积、新型合作医疗参合率，这 5 个二级指标的取值有 6 个片区没有达到该指标的全国平均值；

土地产出率、工业固体废物综合利用率、第三产业增加值比重、森林覆盖、有卫生室行政村比例，这 5 个二级指标的取值有 5 个片区没有达到该指标的全国平均值；

单位地区生产总值二氧化硫排放量、工业固体废物综合利用率、第三产业增加值比重、新型合作医疗参合率、农村人均纯收入增长率，这 5 个二级指标的取值有 5 个片区没有达到该指标的全国平均值；

贫困人口占总农村人口比重、高中阶段教育毛入学率、农村人均纯收入增长率、通电行政村比重、通路行政村比重，这 5 个二级指标的取值有 5 个片区没有达到该指标的全国平均值。

总的来看，绿色减贫指数指标体系的二级指标测算值从总体上反映出我国连

片特困地区有关基础设施的指标完成情况较好，有关生产效率和收入分配的指标完成程度较差，有关绿色发展的相关指标处于二者之间。

第二节　积极推进绿色减贫政策建议

一、进一步统一思想，明确贫困地区绿色发展的总基调

党的十八大以来，贫困地区生态文明建设和绿色发展取得新明显进步。但从绿色减贫指数测度情况来看，绿色贡献率在整个绿色减贫的贡献率方面来看还有所欠缺，有关绿色发展的指标完成情况离预期也还较差。有关绿色发展的指标，2014 年的测算结果虽然较 2012 的测算结果有所进步，但部分原因是整体调整了绿色发展相关指标的权重，导致绿色发展整体得分较高。就具体指标的情况来看，变化并不明显，距“既要金山银山，也要绿水青山”的总体要求还有差距。因此，建议严格按照党中央决策部署，把生态文明建设融入经济、政治、文化、社会建设各方面和全过程，协同推进新型工业化、城镇化、信息化、农业现代化和绿色化，牢固树立“绿水青山就是金山银山”的理念，坚持把节约优先、保护优先、自然恢复作为基本方针，把绿色发展、循环发展、低碳发展作为基本途径，把培育生态文化作为重要支撑，明确贫困地区绿色发展的总基调，切实把绿色发展融入到扶贫脱贫和精准扶贫行动中、项目中、资金投入中和每一个帮扶措施和扶贫产业发展培育中，贫困地区发展要长期坚持绿色发展的总基调。

二、进一步完善以绿色减贫为核心的贫困县考核机制

2013 年 11 月，十八届三中全会明确指出，要“完善发展成果考核评价体系，纠正单纯以经济增长速度评定政绩的偏向”。2014 年 1 月，两办印发了《关于创新机制扎实推进农村扶贫开发工作的意见》，在扶贫攻坚六项机制改革中明确了要改进贫困县考核机制，并提出了 4 点指导性意见。2014 年 10 月，中组部、国务院扶贫办在《关于改进贫困县党政领导班子和领导干部经济社会发展实绩考核工作的意见》中，从操作层面对改进贫困县考核工作提出了 9 点更为具体的意见。至此，中央层面通过两个规范性文件对贫困县考核机制创新完成了“顶层设计”。各地根据这两个文件，也出台了不少的规范性文件，总体上对贫困县考核的指标设计、考核程序、结果运用等方方面面进行了更进一步、更为详尽的规

定。从表面上看，我国贫困县考核制度已经渐次形成。总体来看，从中央到地方的整体导向是对贫困县或减少取消 GDP 考核比重，增加其绿色发展、可持续发展的指标的比重。

因此，我们建议将应该尽快建立以绿色减贫为核心的贫困县考核机制。考核机制是整个精准扶贫机制的指挥棒。绿色减贫的核心包含“绿色”和“减贫”两大落脚点，在扶贫开发的过程中，要兼顾扶贫成效和经济增长绿化度。所以通过本报告对 11 个连片特困地区绿色减贫指数的测算分析，我们认为经济增长绿化度应该成为新的贫困县考核指标中衡量减贫成效的重要标准之一。针对贫困地区多属水系源头区、生态涵养保护区的实际，要加大贫困县考核机制中生态文明建设的考核力度，提高生态效益、资源消耗、环境损害等指标的权重，通过考核引导贫困县正确处理经济发展、资源开发与环境保护的关系，促进经济社会发展与人口资源环境相协调。

三、以绿色减贫指数评价结果为对照，提升有关指标的完成度

总的来看，绿色减贫指数指标体系的二级指标测算值从总体上反映出我国连片特困地区有关基础设施的指标完成情况较好，有关生产效率和收入分配的指标完成程度较差，有关绿色发展的相关指标处于二者之间。从二级指标的测算情况来看，还有大量的指标距离“绿色发展”的要求较远，甚至部分指标在今年指标体系有所调整的情况下，其贡献度出现了不同程度的下降。因此，如何有针对性的根据绿色减贫测算结果为依据，以各二级指标的贡献率为抓手，提升有关指标的完成质量，成为一个现实问题。

因此，我们建议：首先，着重提升有关生产效率和收入分配的指标完成质量，如单位地区生产总值二氧化硫排放量、单位耕地面积化肥施用量、农村恩格尔系数、城乡收入比、新型农村养老参保率、有效灌溉面积占基本农田面积比重等指标；其次加强提升有关绿色发展的相关相关指标，如人均地区生产总值、单位地区生产总值能耗、实现安全饮水人数比重、人均森林面积、新型合作医疗参合率等指标；最后进一步完善连片特困区的基础设施建设，如贫困人口占总农村人口比重、高中阶段教育毛入学率、农村人均纯收入增长率、通电行政村比重、通路行政村比重等指标。

四、进一步加强精准扶贫与片区攻坚的紧密融合

片区扶贫攻坚是扶贫攻坚主战场，也是精准扶贫的主战场，从测算结果来

看，无论是一级指标还是二级指标，均呈现出较为显著的片区差异性特征，并且测算结果根据片区的不同出现了相对集中的发展趋势，这种趋势在 2012 和 2014 年的测算中均表现的比较突出。这说明，绿色减贫指数的指标体系以及各级指标和各片区的关联程度较高，一方面表明指标体系在片区层面的相对科学性，另一方面，也表明在精准扶贫背景下的片区攻坚仍然有着重大意义。精准扶贫主要着力于贫困户、贫困村来展开，能够较为快速的实现脱贫致富。但是我们也要看到一村一户的发展状况，往往与一个区域的发展状况连在一块的，绿色减贫指数的测算也印证了此问题，区域性贫困问题的解决是贫困村户脱贫致富的基础。

因此，建议连片集中贫困地区根据自身空间、区域条件制定符合自己身实际的战略定位、发展目标与重点任务。把片区攻坚和精准扶贫紧密结合起来，做到整村推进、整乡推进、整县推进、整片推进与精准扶贫结合来，把片区攻坚与扶贫对象精准、措施到户精准、项目安排精准、资金使用精准、因村派人精准、脱贫成效精准结合起来，保证片区扶贫攻坚工作的可持续性。从片区层面，重点解决贫困村户发展致富所面临的一些共性约束问题，统筹推进区域经济社会发展，进一步对扶贫工作实行精细化的管理，对扶贫资源进行精确化的配置，对扶贫对象实现精准化扶持。

五、尽快建立以贫困地区为重点和突破领域的生态补偿制度

为了更好地激励连片特困地区的绿色减贫行动，要尽快建立生态补偿制度是重中之重。所谓生态补偿制度，简单的说就是生态环境保护好的地区会产生很大的社会收益，其他地区或居民会因为这个地区生态环境保护受益，那么按照生态补偿原则，其他受益的地区或居民就需要对该地区交费以补偿该地区因保护生态环境而产生的成本，包括为采用其他可以促进经济发展，但是可能对生态环境造成破坏的机会成本等。生态补偿的另一个含义是对破坏生态环境的单位和个人要进行惩罚，以补偿生态环境破坏产生的社会成本。连片特困地区很多都处于生态环境脆弱区域，这些地区如果单纯为了减贫，采用工业化等方式，就会对当地的生态环境造成毁灭性的破坏。

因此，我们建议：首先，确定贫困地区重点和突破领域。贫困地区既是我国自然资源富集区，又是重要生态屏障区和生态脆弱区；既是经济发展战略区，又是经济社会相对落后和贫困人口聚集区。因此我国生态补偿的重点应放在贫困地区，抓紧研究制定相关生态补偿政策，加强规划引导，提出各类生态补偿问题的优先次序及实施步骤，在一些领域重点突破。其次，加强生态保护和生态补偿立法工作。尽快研究制定国家层面《关于建立健全生态补偿机制的若干意见》和

《生态补偿条例》；第三，坚持使用资源付费和谁污染环境、谁破坏生态谁付费原则，明确补偿责任主体。坚持落实受益主体，量化其利益，着力解决补偿利益虚化、未补偿到真正受损者问题。第四，生态补偿要逐步实现规范化、标准化、动态化。第五，积极探索市场化生态补偿模式，一方面可以促进当地政府对生态环境保护的重视程度，另一方面可以在实施过程中不断借鉴国际先进经验促进绿色减贫。

六、树立绿色经济发展思维，建立绿色经济长效发展机制

经济新常态下，推动经济发展方式由规模速度型粗放增长向质量效率型集约增长转变，经济发展动力由传统增长点向新的增长点转变，这对贫困地区创新发展路径既面临挑战，也是一次提质升级发展的机遇。经济发展新常态实质是经济发展方式的根本性转变。贫困地区应立足阶段特征，生态涵养、升级发展，生态是贫困地区最宝贵的资源、最核心的竞争力，贫困地区的资源禀赋大多具有独特性、稀缺性、不可复制性，是参与区域竞争的重要法宝，因此，要把生态资源优势转化为产业优势、经济优势、发展优势，实现生态涵养、发展升级。

因此，我们建议，首先构建绿色经济的支撑体系——着重构建生态产业体系、生态城镇体系和生态环境体系。一方面，发挥科技对经济发展的支撑引领作用，加大技术引进和创新力度，促进产学研用深度融合，加速推进贫困地区由传统农业向现代经济转变。另一方面，因地制宜发展特色集镇、美丽乡村，促进公共服务向农村覆盖、资源要素向农村辐射、城镇资本向农村转移，形成以城促乡、以乡促城、城乡互动的发展新格局。同时，打造良好的生态环境体系，贫困地区应时时处处以生态为先，把生态文明建设放在更加突出的位置，让群众共享生态文明成果。其次，建立绿色经济的长效机制，着重发挥市场机制的效力，把政府引导和市场机制结合起来，发挥市场配置的决定性作用，促进资源效益最大化。充分发挥政府投入的杠杆作用，鼓励社会资本参与其中，形成多渠道、多元化的投融资体制。按照“谁污染谁付费、谁破坏谁治理、谁保护谁受益”的原则，突出生态环境损害成本和修复效益。

七、充分利用贫困地区后发优势，打造面向未来的数字经济

贫困地区走绿色发展具有相当的后发优势。在经济转型和生态文明的大背景下，贫困地区显然要跳出“先污染、后治理”的怪圈，打破传统工业经济的发展桎梏。贫困地区有非常丰富的非物质文化以及大量的绿色资源优势，既有绿色

自然资源也有绿色人文资源，如果能基于大量的绿色资源优势，加快发展，充分利用好贫困地区的后发优势，贫困地区就有可能走出一条绿色发展的道路。结合当前的互联网发展趋势，贫困地区完全可以充分利用后发优势，走基于互联网的绿色发展道路。实际上，随着发展理念和互联网等技术条件的变化，加之中国庞大的市场体量以及强大的国际市场影响力，贫困地区发展传统工业面临的一些体质障碍，在互联网经济时代已不复存在，诸如地理偏僻、本地市场狭小、资本缺乏、人口素质差、资源匮乏等，均已被大大弱化，已经难以构成贫困地区的发展障碍，而贫困地区后发优势的诸多因素却在不断的增强。

因此，基于以上判断，我们建议将互联网和信息通讯技术等基础设施作为促进贫困地区经济发展的战略性投资，着眼于打造面向未来的数字经济，为其发挥后来居上的优势创造条件，在贫困地区进行互联网基础设施投资。同时，大力简化国外高校和研究机构、国际人才、各类非盈利中介机构、金融机构、体育博彩等到贫困地区落地的审批手续，利用这些产业和互联网产业结合，加快形成新的经济增长点，带动贫困地区新兴产业的发展。

八、积极探索碳汇交易制度

国家发改委公布的《中国应对气候变化的政策与行动 2015 年度报告》中指出，《碳排放权交易管理条例》已经于 2015 年 12 月已正式报国务院审议，发改委正加快全国碳市场建设进度，为 2017 年启动全国碳交易奠定基础。中国尚有 4000 多万公顷宜林荒山荒地，以及相当数量的边际型土地可用于植树造林。这些荒山荒地大部分集中于贫困地区，一旦开发，林业碳汇市场前景相当可观。另外，由于林业碳汇要求尽量减少机械操作，因此必须投入一定量的劳动力，而贫困地区的劳动力价格较低，这有助于降低经营碳汇的劳动成本，提高项目收益率。发展林业碳汇既可以给贫困地区农民带来收入，也维护了国家的生态安全。但是，由于国家目前对林业碳汇项目有实施规模不得少于 5000 亩林地的门槛规定，前期投入非常大，并且还存在较高的经营风险，因为前期经营产生不了太多可以用于交易的碳汇，导致贫困地区分散的农户很难直接参与林业碳汇项目。

因此，基于以上考虑，我们建议：首先，完善林地流转的相关体制和政策建构，确保贫困地区能够通过林地产权参与碳汇经营，凭借林地产权流转实现林地集中化、规模化经营。其次，适当降低碳汇项目参与门槛，增加对分散农户的政策、资金扶持。碳汇项目对政府不存在经营风险，反而是环保和扶贫的重要补充，政府如果能适当降低门槛，增加扶持，碳汇发展将会更迅速。最后，加强对贫困地区林业技术的支持和普及。碳汇经营有较高的环保要求，规定对森林病虫害应采用以生物防治为主的综合防治措施，避免使用农药防治森林病虫害。此外，为了避免地上和地下生物量受到非项目因素的影响，农户无权在项目林地进行其他人为干扰的活动。而这些要求需要较高的技术支撑，因此建议加强对贫困地区林业技术的支持和普及。

第二篇

片区篇

第五章　大兴安岭南麓片区绿色减贫指数分析

大兴安岭南麓片区地处大兴安岭中段和松嫩平原西北部，是国家新一轮扶贫攻坚主战场之一。本规划区域范围包括内蒙古、吉林、黑龙江三省区集中连片特殊困难地区县市区旗（以下简称片区县）19 个，其他市（区）3 个，共 22 个。区域内有 13 个国家扶贫开发工作重点县、3 个老区县、2 个边境市（旗）、15 个牧业和半农半牧业县（旗）。内蒙古片区包括兴安盟的阿尔山市、科尔沁右翼前旗、科尔沁右翼中旗、扎赉特旗、突泉县；吉林片区包括白城市的镇赉县、通榆县、大安市；以及黑龙江片区齐齐哈尔市的龙江县、泰来县、甘南县、富裕县、林甸县、克东县、拜泉县，大庆市的林甸县和绥化市的明水县、青冈县、望奎县、兰西县。

图 5-1　大兴安岭南麓片区区域发展与扶贫攻坚规划行政区划图

图片来源：大兴安岭南麓片区区域发展与扶贫攻坚规划（2012-2020 年）

规划区域国土总面积为 14. 5 万平方公里，地处大兴安岭中段和相连的松嫩平原西北部，地貌类型以低山丘陵和平原为主。气候类型为温带大陆性季风气候，≥ 10℃年积温 2300-3461 摄氏度，无霜期 101-190 天，冬季严寒漫长，年均降水量 275–532 毫米。嫩江及其支流阿伦河、乌裕尔河、雅鲁河、绰尔河、洮儿河与呼兰河及其支流通肯河等流经本区，汇入松花江。森林覆盖率 15.7%。片区内土地资源丰富，有耕地 449.9 万公顷、草场 286.5 万公顷。铅锌铝、石油等矿产资源有一定储量。

第一节　大兴安岭南麓片区绿色减贫指数分析

根据绿色减贫测算体系表，对中国连片特困地区中 11 个片区绿色减贫指数进行测算，本节从中掘取大兴安岭南麓片区指数计算结果进行分析，主要包括测算总结果分析、经济增长绿化度指数结果分析、资源利用与环境保护程度指数结果分析、社会发展能力指数结果分析和扶贫开发与减贫效果指数结果分析。

一、测算总结果及分析

根据绿色减贫测算体系表，中国连片特困地区中 11 个片区绿色减贫指数测算结果如下表所示。

表 5–1　2014 年 11 个连片特困地区绿色减贫指数及排名

指标	绿色减贫指数		二级指标							
			经济增长绿化度		资源利用与环境保护程度		社会发展能力		扶贫开发与减贫效果	
地区	指标值	排名	指标值	排名	指标值	排名	指标值	排名	指标值	排名
罗霄山区	0.475	1	0.137	3	0.166	1	–0.012	8	0.184	1
大兴安岭南麓片区	0.441	2	0.222	1	–0.042	7	0.081	4	0.179	2
大别山区	0.360	3	0.181	2	–0.128	11	0.181	1	0.126	3
秦巴山区	0.006	4	–0.057	7	0.047	4	0.000	6	0.016	5
滇西边境片区	–0.009	5	–0.088	8	0.088	3	0.093	2	–0.101	9
燕山 - 太行山片区	–0.029	6	–0.114	10	–0.049	8	0.085	3	0.050	4
六盘山片区	–0.068	7	–0.016	5	–0.034	6	–0.033	9	0.014	6
武陵山区	–0.172	8	0.022	4	–0.011	5	–0.010	7	–0.173	11
滇桂黔石漠化片区	–0.173	9	–0.092	9	0.138	2	–0.139	10	–0.081	8
吕梁山片区	–0.237	10	–0.053	6	–0.115	10	0.004	5	–0.073	7
乌蒙山片区	–0.593	11	–0.142	11	–0.060	9	–0.250	11	–0.141	10

注：本表根据绿色减贫测算体系表，依各片区 2014 年各指标均值测算而得。

资料来源：《中国统计年鉴 2015》《中国县域经济统计年鉴 2015》、2015 年各省级统计年鉴、2015 年各市级统计年鉴、2015 年各县级统计年鉴与公报，以及相关政府部门提供的权威数据。

从上表可以看出，大兴安岭南麓片区绿色减贫指数在 11 个片区中排在第 2 位，2014 年大兴安岭南麓片区的绿色减贫指数值为 0.441。总体而言，大兴安岭南麓片区绿色减贫指数为正，各二级指标值分别为：经济增长绿化度 0.222，在 11 个片区中排在第 1 名；资源利用和环境保护 –0.042，在 11 个片区中排在第 7 名；社会发展能力 0.081，在 11 个片区中排在第 4 名；扶贫开发与减贫效果 0.179，在 11 个片区中排在第 2 名。大兴安岭南麓片区经济增长整体呈可持续绿色发展状态，在考察的 11 个片区中排名第二，同时资源利用和环境保护方面仍有提升空间。可以看出，大兴安岭南麓片区在 2014 年度经济发展与扶贫开发过程中注重经济与资源环境的结合。

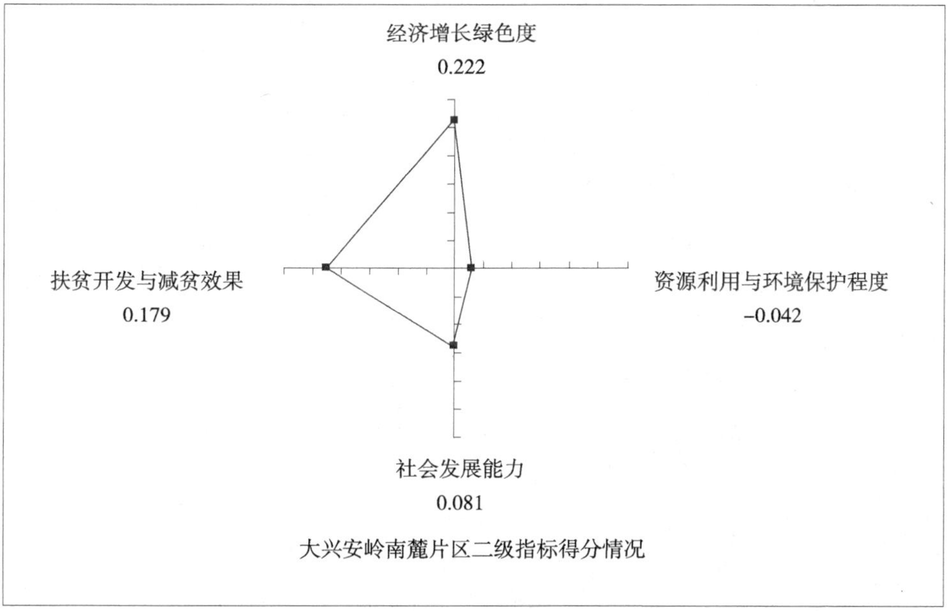

图 5–2　2014 年大兴安岭南麓片区二级指标雷达图

资源利用与环境保护程度指标为负值的原因是：在反映资源利用与环境保护程度的 3 个三级指标中，“单位耕地面积化肥施用量”为逆指标，说明大兴安岭南麓片区中农业仍然是区域发展的重要产业，在农业生产生活过程中不可避免地会施用化肥，而“单位耕地面积化肥施用量”在衡量资源利用与环境保护程度为逆指标值。同时“人均森林面积”和“森林覆盖率”虽然评价值得分为正但是得分较低，导致资源利用与环境保护程度指标为负值。

由于比较的年份是 2014 年和 2012 年，年度跨度期较大，再加上最近几年扶贫开发力度的逐步加强，扶贫效果逐渐显现，大兴安岭南麓片区部分指标排名发生较大变化。其中“第三产业增加值比重”“实现安全饮水人数比重”“新型农村养老参保率”“贫困人口占总农村人口比重”变化较大且排名有所上升。如表5–3 所示，2014 年大兴安岭南麓片区第三产业增加值比重为 41.91%，在 11 个片区中排名第 2，而 2012 年该指标排名在第 10 名，2014 年大兴安岭南麓片区产业调整加速，第三产业比重增加；2014 年大兴安岭南麓片区“实现安全饮水人数比重”为 45.668%，较 2012 年安全饮用水比重上升，排名上升 4 位；2014 年大兴安岭南麓片区“新型农村养老参保率”排名从第 11 位上升到第 6 位，上升 5 位，但是由于 2014 年对于片区监测数据采用扶贫办建档立数据，所以 2014 年的原始数据较 2012 年的参保率有所下降，但是总体排名处于上升阶段；2014 年大兴安岭南麓片区“贫困人口占总农村人口比重”排名从第 7 位上升到第 2 位，上升 5 位，减贫效果明显。

表 5–2　2014 年大兴安岭南麓片区指标排名变动表

指标名称	两年原始数据			两年排名变化		
	单位	2014 年	2012 年	2014 年	2012 年	变动
土地产出率	万元 / 千公顷	2427.470	2.460	11	7	–4
第三产业增加值比重	%	41.910	26.840	2	10	8
农村恩格尔系数	%	33.726	38.130	2	5	3
新型农村养老参保率	%	23.379	26.660	6	11	5
贫困人口占总农村人口比重	%	0.168	33.730	2	7	5
通电行政村比重	%	98.997	99.310	7	3	–4
实现安全饮水人数比重	%	45.668	42.202	6	10	4

注：变动值为正数表明排名上升。

二、经济增长绿化度测算结果分析

2014 年大兴安岭南麓片区经济增长绿化度总值为 0.215，其三级指标 2014 年数值分别为：人均地区生产总值 21799.421 元 / 人，比 2012 年有所上升，在 11 个片区中其人均生产总值排名第 1。单位地区生产总值能耗为 0.898 吨标准煤 / 万元，比 2012 年 1.010 吨标准煤 / 万元的能耗值低，在 11 个片区中其单位地区生产总值能耗排名第 3。单位地区生产总值二氧化硫排放量为 0.002 吨 / 万元，在 11 个片区中其单位地区生产总值二氧化硫排放量排名第 1，排名没有变化。

表 5-3　大兴安岭南麓片区经济增长绿化度变动表

三级指标	单位	指标属性	2014 大兴安岭南麓片区数值	2012 大兴安岭南麓片区数值	2014 大兴安岭南麓片区排名	排名变化	进退脸谱
人均地区生产总值	元 / 人	正	21799.400	17629.200	1	1	J
单位地区生产总值能耗	吨标准煤 / 万元	逆	0.898	1.010	3	1	J
单位地区生产总值二氧化硫排放量	吨 / 万元	逆	0.002	0.000	1	0	
土地产出率	万元 / 千公顷	正	2427.470	2.460	11	–4	L
工业固体废物综合利用率	%	正	81.419	76.000	3	2	J
第三产业增加值比重	%	正	41.910	26.840	2	8	J

土地产出率为 2427.47 万元 / 公顷，此处土地产出率的计算方法用农业总产值 / 农作物播种面积代替，2014 年大兴安岭南麓片区土地产出率排名为 11，农业生产土地利用在 11 个片区中最低。工业固体废物综合利用率为 81.419%，比 11 个片区均值的 71.886% 高近 10%，说明大兴安岭南麓片区注重对工业固体废物的循环利用，绿色生产意识较强。第三产业增加值比重为 41.91%，比 2012 年的 26.840% 有较大提升，第三产业生产在三大产业生产中占比逐渐提高，这无疑将推动大兴安岭南麓片区的绿色扶贫开发进程。

综上所述，大兴安岭南麓片区单位地区生产总值能耗、单位地区生产总值二氧化硫排放量和工业固体废物综合利用率指标数值结果显示，大兴安岭南麓片区经济增长过程中注重对环境的保护，产业生产能耗、废气污染较低，工业固体废物利用率较高。而土地产出率和第三产业增加值比重数值结果显示大兴安岭南麓片区经济转轨趋向明显，经济绿色发展潜力巨大。这些子指标所组成的大兴安岭南麓片区“经济增长绿化度”指标值为 0.215，在 11 个片区中排名第一，说明大兴安岭南麓片区在减贫过程中经济与绿色共融。

三、资源利用与环境保护程度指数测算结果及其分析

2014 年大兴安岭南麓片区资源利用和环境保护总值为 –0.042，其子指标主要包括人均森林面积、森林覆盖率和单位耕地面积化肥施用量，2014 年大兴安岭南麓片区人均森林面积为 0.010 平方公里 / 人，较 11 个片区 2014 年平均人均森林面积 0.007 平方公里 / 人；2014 年大兴安岭南麓片区森林覆盖率为 18.706%，排名没有变化，但是低于 11 个片区平均森林覆盖率 44.544% 的平均水平。

表 5-4 大兴安岭南麓片区资源利用与环境保护程度指数表

指标名称	单位	指标属性	2014 大兴安岭南麓片区数值	2012 大兴安岭南麓片区数值	2014 大兴安岭南麓片区排名	排名变化	进退脸谱
人均森林面积	平方公里 / 人	正	0.010	0.990	3	-2	L
森林覆盖率	%	正	18.706	20.180	11	0	
单位耕地面积化肥施用量	千克 / 公顷	逆	372.703	338.820	6	1	J

2014 年大兴安岭南麓片区单位耕地面积化肥施用量为 372.703 千克 / 公顷，而 11 个片区该指标平均水平为 385.333 千克 / 公顷，大兴安岭南麓片区化肥施用量有所下降，目前来看低于片区平均水平，排名上升 1 位，说明大兴安岭南麓片区在农业生产过程中注重土地的可持续利用，不过度施用化学肥料，寻求科学的种植方式。

综上所述，大兴安岭南麓片区资源利用与环境保护处于慢慢缓解的过程中，需要重视对森林资源的保护和开发，数据所反应的森林覆盖率和人均森林面积下降需要引起重视，片区在发展经济的同时需要注意对资源的保护。同时可以看到，大兴安岭南麓片区单位耕地面积化肥施用量有所降低，说明片区注重对当地土地资源的保护，不盲目追求经济利益，合理施用化肥，追求经济效益与资源环境保护的共同兼顾和平衡发展。

四、社会发展能力指数测算结果及分析

在社会发展能力指数项下，涵盖农村恩格尔系数、城乡收入比、新型合作医疗参合率、有卫生室行政村比重、新型农村养老参保率和高中阶段教育毛入学率，共 6 个子指标。2014 年大兴安岭南麓片区农村恩格尔系数为 33.726%，农村恩格尔系数低于片区平均水平 36.747%。2014 年大兴安岭南麓片区城乡收入比为 2.168%，比 2012 年下降了近 0.5 个百分点，且低于片区平均值，整体排名没有变化，说明大兴安岭南麓片区城乡收入差距在不断缩小。

表 5-5 2014 年大兴安岭南麓片区社会发展能力指数测算结果

指标名称	单位	指标属性	2014 测评均值	2014 大兴安岭南麓片区数值	2012 大兴安岭南麓片区数值	2014 大兴安岭南麓片区排名	排名变化	进退脸谱
农村恩格尔系数	%	逆	36.747	33.726	38.130	2	3	
城乡收入比	%	逆	2.993	2.168	2.700	1	0	--

续表

指标名称	单位	指标属性	2014 测评均值	2014 大兴安岭南麓片区数值	2012 大兴安岭南麓片区数值	2014 大兴安岭南麓片区排名	排名变化	进退脸谱
新型合作医疗参合率	%	正	88.482	79.475	55.020	10	1	
有卫生室行政村比例	%	正	93.007	92.669	92.010	7	–2	
新型农村养老参保率	%	正	39.629	23.379	26.660	6	5	
高中阶段教育毛入学率	%	正	82.193	86.128	76.930	4	2	

“新型合作医疗参合率”为 79.475%，较 2012 年 55.020% 有很大提升，但是仍低于片区 88.482% 的平均水平，排名方面进步 1 位。“有卫生室行政村比例”为 92.669%，较 2012 年有卫生室行政村比例提高 0.65 个百分点，但是仍低于 11 个片区 93.007% 平均水平；“新型农村养老参保率”23.379%，而 11 个片区平均值为 39.629%，仍有提升空间；“高中阶段教育毛入学率”为 86.128%，高于 11 个片区 82.193% 的平均水平，较 2012 年毛入学率提高近 10 个百分点。

综上所述，大兴安岭南麓片区社会发展能力指数测算结果表明，大兴安岭南麓片区贫困人口虽然仍然贫困，但是城乡收入差距不断缩小，新型合作医疗参合率和新型农村养老参保率较 11 个片区平均水平而言偏低，因此，大兴安岭南麓片区扶贫开发力度仍需加大，不断改善农村居民生活环境，提高大兴安岭南麓片区贫困地区医疗、教育投入，加快城镇化进程，缩小城市和农村收入差距，推动城市和农村共同富裕，促进社会和谐发展。

五、扶贫开发与减贫效果指数测算结果及分析

大兴安岭南麓片区是我国连片特困地区之一，测算其扶贫开发与减贫效果相当必要，本文选取贫困人口占总农村人口比重、农村人均纯收入增长率、通电行政村比重、通路行政村比重、有效灌溉面积、实现安全饮水人数比重，这 6 个指标测度大兴安岭南麓片区扶贫开发与减贫效果。

2014 年大兴安岭南麓片区贫困人口占总农村人口比重为 0.168%，低于 11 个片区 12.408% 的平均水平，且较 2012 年减贫效果明显，排名上升 5 位。农村人均纯收入增长率为 16.499%，高于 11 个片区 13.229% 的平均水平，排名

没有变化；通电行政村比重为98.997%，虽然高于11个片区98.685%的平均水平，但是在11个片区排名中排名第7位，同时较2012年下降了4位；通路行政村比重为88.982%，虽然高于11个片区81.682%的平均水平，但是在11个片区排名中排名第5位，同时较2012年下降1位；有效灌溉面积占基本农田面积比重为47.041%，高于11个片区44.354%的平均水平，排名上升2位。实现安全饮水人数比重为45.668%，较2012年排名上升2位，说明大兴安岭南麓片区安全饮水处于稳步推进过程中势必会促进整个片区经济增长绿化度的提升。

表 5–6　2014 年大兴安岭南麓片区扶贫开发与减贫效果指数测算结果

指标名称	单位	指标属性	2014 大兴安岭南麓片区数值	2012 大兴安岭南麓片区数值	2014 大兴安岭南麓片区排名	排名变化	进退脸谱
贫困人口占总农村人口比重	%	逆	0.168	33.730	2	5	J
农村人均纯收入增长率	%	正	16.499	32.310	1	0	
通电行政村比重	%	正	98.997	99.310	7	–4	L
通路行政村比重	%	正	88.982	62.920	5	–1	L
有效灌溉面积占基本农田面积比重	%	正	47.041	42.760	4	2	J
实现安全饮水人数比重	%	正	45.668	42.202	6	4	J

综上所述，大兴安岭南麓片区贫困发生率与其他片区相比较，总体上减贫效果良好，但扶贫开发实施力度仍有待进一步加大。例如，加大基础设施建设力度，做好贫困地区村级道路畅通工作、饮水安全工作和农村电力保障工作。做好特色产业增收工作，积极培育贫困地区农民合作组织，开发现代设施农业、设施畜牧业、农家乐等多样增收方式，全面切实提高贫困地区人民生产生活水平，拔除“穷根”。

第二节　大兴安岭南麓片区内部各县绿色减贫指数的比较

本节探讨大兴安岭南麓片区绿色减贫指数测算结果，深入到片区内部各县指数结果比较，尽可能剔除片区间区位、环境差异造成绿色减贫指标差异，更加准确地探讨绿色减贫指数变动，使得研究更具实际意义。

一、绿色减贫指数比较

根据"绿色减贫测算体系表"，导入 2014 年大兴安岭南麓片区 19 个县共计 399 个数据后，得出以下绿色减贫指数及排名表。

表 5–7　2014 年度大兴安岭南麓片区县级绿色减贫指数排名表 1

省	县区	2014 年 绿色减贫指数	片区内排名	11 个片区县 总排名
黑龙江	明水县	0.386	2	31
	兰西县	0.300	4	68
	青冈县	0.291	5	72
	望奎县	0.228	8	98
	富裕县	0.215	9	108
	拜泉县	0.178	11	135
	泰来县	0.174	12	138
	克东县	0.145	13	157
	龙江县	0.143	14	159
	林甸县	0.122	16	178
	甘南县	0.095	18	205
吉林	镇赉县	0.288	6	74
	通榆县	0.125	15	174
	大安市	–0.046	19	294
内蒙古	阿尔山市	0.493	1	15
	科尔沁右翼中旗	0.369	3	35
	突泉县	0.283	7	78
	科尔沁右翼前旗	0.180	10	134
	扎赉特旗	0.113	17	184

表 5–8　2014 年度大兴安岭南麓片区县级绿色减贫指数排名表 2

县区名称	2014 年绿色减贫指数	片区内排名
阿尔山市	0.493	1
明水县	0.386	2
科尔沁右翼中旗	0.369	3
兰西县	0.300	4
青冈县	0.291	5
镇赉县	0.288	6
突泉县	0.283	7

续表

县区名称	2014 年绿色减贫指数	片区内排名
望奎县	0.228	8
富裕县	0.215	9
科尔沁右翼前旗	0.180	10
拜泉县	0.178	11
泰来县	0.174	12
克东县	0.145	13
龙江县	0.143	14
通榆县	0.125	15
林甸县	0.122	16
扎赉特旗	0.113	17
甘南县	0.095	18
大安市	−0.046	19

由上表，绿色减贫指数结果排在前 10 名的分别是阿尔山市、明水县、科尔沁右翼中旗、兰西县、青冈县、镇赉县、突泉县、望奎县、富裕县和科尔沁右翼前旗，它们的绿色减贫指数分别为 0.493、0.386、0.369、0.300、0.291、0.288、0.283、0.228、0.215 和 0.18。上述数据表明，大兴安岭南麓片区内部绿色减贫指数差异相对较小，除了排在前 3 名的阿尔山市、明水县、科尔沁右翼中旗的绿色减贫优势显著外，其余县区差距并不大。同时，黑龙江片区绿色减贫效果较吉林片区显著，吉林片区的大安市绿色减贫指数为负值。

由下图 2014 年大兴安岭南麓片区县级绿色减贫指数与人均地区生产总值排名对比得知，绿色减贫指数显示较好的县，其人均地区生产总值排名并不一定靠前，说明绿色减贫指数与地区经济发展水平相关性不显著，仅 5 个县的人均地区生产总值排名与绿色减贫指数排名相近，但例如阿尔山市绿色减贫指数排名第 1，而人均地区生产总值则排名第 16；炎陵县人均地区生产总值排名第 3，但绿色减贫指数排名则为 13。

综上所述，大兴安岭南麓片区绿色减贫指数大部分县区呈正值，绿色减贫效果显著，黑龙江和内蒙古片区绿色减贫效果比吉林片区好。同时，绿色减贫指数与人均地区生产总值间相关性不明显，对大兴安岭南麓片区而言，绿色减贫与经济增长间的相互作用不显著。

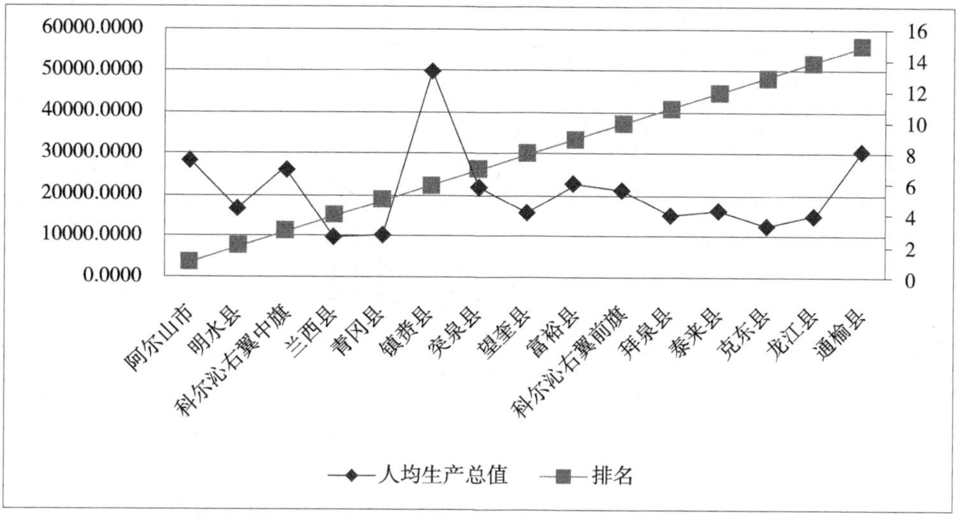

图 5-3 2014 年大兴安岭南麓片区县级绿色减贫指数与人均地区生产总值排名对比

二、经济增长绿化度比较

经济增长绿化度包涵 6 个二级指标，分别为：人均地区生产总值、单位地区生产总值能耗、单位地区生产总值二氧化硫排放量、土地产出率、工业固体废物综合利用率和第三产业增加值比重。

表 5-9 大兴安岭南麓片区各县经济增长绿化度排名表 1

省	县区	二级指标	
		经济增长绿色度	2014 年排名
黑龙江	明水县	0.270	9
	兰西县	0.129	78
	青冈县	0.138	70
	望奎县	0.300	6
	富裕县	0.110	95
	拜泉县	0.095	109
	泰来县	0.046	189
	克东县	0.065	151
	龙江县	-0.028	309
	林甸县	0.130	77
	甘南县	-0.016	288

续表

省	县区	二级指标	
		经济增长绿色度	2014 年排名
吉林	镇赉县	0.279	7
	通榆县	0.152	60
	大安市	0.067	148
内蒙古	阿尔山市	0.051	178
	科尔沁右翼中旗	0.067	147
	突泉县	–0.009	277
	科尔沁右翼前旗	0.013	247
	扎赉特旗	–0.081	377

表 5–10　大兴安岭南麓片区各县经济增长绿化度排名表 2

县区	经济增长绿色度	2014 年 11 个片区排名	大兴安岭南麓片区内排名
望奎县	0.3	6	1
镇赉县	0.279	7	2
明水县	0.27	9	3
通榆县	0.152	60	4
青冈县	0.138	70	5
林甸县	0.13	77	6
兰西县	0.129	78	7
富裕县	0.11	95	8
拜泉县	0.095	109	9
大安市	0.067	148	10
科尔沁右翼中旗	0.067	147	10
克东县	0.065	151	12
阿尔山市	0.051	178	13
泰来县	0.046	189	14
科尔沁右翼前旗	0.013	247	15
突泉县	–0.009	277	16
甘南县	–0.016	288	17
龙江县	–0.028	309	18
扎赉特旗	–0.081	377	19

2014 年，大兴安岭南麓片区经济增长绿化度县域比较中最高的县是望奎县，指标值为 0.3，在所有监测县中排名第 6 位。大兴安岭南麓片区经济增长绿化度县域比较中第 2 名为镇赉县，指标值为 0.279，在所有监测县中排名第 7 位。

明水县、通榆县、青冈县分别排第3、4、5名，指标值分别为0.27、0.152和0.138。大兴安岭南麓片区有8个县进入所有监测县前100名，其中黑龙江省有6个县分别是望奎县、明水县、青冈县、林甸县、兰西县和富裕县，吉林省有2个县分别是镇赉县、通榆县。内蒙古的5个县没有进入所有片区监测的前百名。

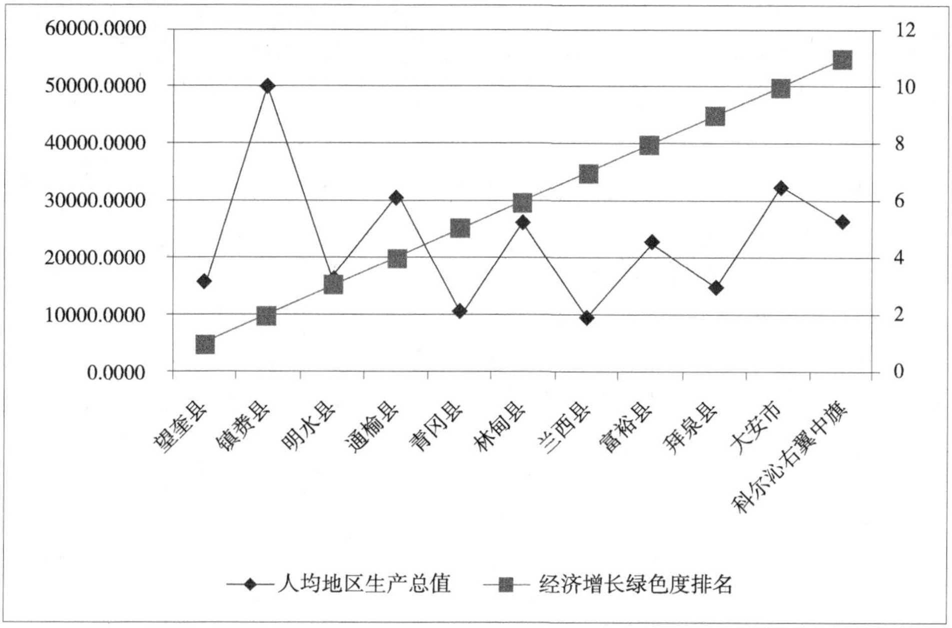

图5-4 2014年大兴安岭南麓片区县级经济增长绿化度与人均地区生产总值排名对比

此外，该片区的人均生产总值与其排名不存在正相关性，排名第1的望奎县，其人均生产总值为15828.491元/人，排名第14位。人均生产总值排名前五位的分别是镇赉县、大安市、通榆县、阿尔山市和科尔沁右翼中旗。

综上所述，大兴安岭南麓片区各县经济增长绿化度数值显示8个县绿色度较好，绿色度显示为负的县之间差异不明显，同时，经济增长绿化度与人均地区生产总值间相关性不明显，对大兴安岭南麓片区而言，经济增长绿化度与经济增长间的相互作用不显著。

三、资源利用与环境保护程度指数比较

资源利用与环境保护程度指标项下有人均森林面积、森林覆盖率和单位耕地面积化肥施用量3个二级指标。2014年资源利用和环境保护指标排名第1的县区是阿尔山市，其指标值为0.375，排名最后的县为兰西县，指标值为–0.146。

表 5-11 大兴安岭南麓片区各县资源利用与环境保护程度排名表 1

省	县区	二级指标	
		资源利用与环境保护程度	2014 年 11 个片区排名
黑龙江	明水县	-0.12	469
	兰西县	-0.146	501
	青冈县	-0.122	470
	望奎县	-0.143	497
	富裕县	-0.124	475
	拜泉县	-0.101	453
	泰来县	-0.109	459
	克东县	-0.111	460
	龙江县	-0.114	464
	林甸县	-0.123	473
	甘南县	-0.118	467
吉林	镇赉县	-0.124	474
	通榆县	-0.085	428
	大安市	-0.145	500
内蒙古	阿尔山市	0.375	4
	科尔沁右翼中旗	-0.038	342
	突泉县	-0.034	330
	科尔沁右翼前旗	0.028	151
	扎赉特旗	-0.089	438

表 5-12 大兴安岭南麓片区各县资源利用与环境保护程度排名表 2

县区	资源利用与环境保护程度	2014 年 11 个片区排名	大兴安岭南麓片区内排名
阿尔山市	0.375	4	1
科尔沁右翼前旗	0.028	151	2
突泉县	-0.034	330	3
科尔沁右翼中旗	-0.038	342	4
通榆县	-0.085	428	5
扎赉特旗	-0.089	438	6
拜泉县	-0.101	453	7
泰来县	-0.109	459	8
克东县	-0.111	460	9
龙江县	-0.114	464	10

续表

县区	资源利用与环境保护程度	2014 年 11 个片区排名	大兴安岭南麓片区内排名
甘南县	−0.118	467	11
明水县	−0.12	469	12
青冈县	−0.122	470	13
林甸县	−0.123	473	14
富裕县	−0.124	475	15
镇赉县	−0.124	474	15
望奎县	−0.143	497	17
大安市	−0.145	500	18
兰西县	−0.146	501	19

通过对 2014 年大兴安岭南麓片区“资源利用与环境保护程度”的排名比较发现：首先，只有阿尔山市进入 11 个片区监测总排名的前百位，而且在总排名中第 4 位，说明阿尔山市的资源利用与环境保护程度比较理想。其次，“资源利用与环境保护程度”得分为正值的只有阿尔山市和科尔沁右翼前旗，其余 17 个县区得分均为负值，在片区总排名中也不甚乐观。第三，内蒙古片区在“资源利用与环境保护程度”方面较黑龙江和吉林好，前四名均为内蒙古片区，占据内蒙古片区的 80%，扎赉特旗也排名第六。

综上所述，大兴安岭南麓片区森林资源丰裕，要提高大兴安岭南麓片区减贫绿色度，必须加大对森林资源的保护和利用力度，同时，应注重在土地利用过程中化肥等的使用量，确保土地和环境可持续发展。

四、社会发展能力指数比较

2014 年，大兴安岭南麓片区社会发展能力指标排名前 10 的县分别为：茶陵县、遂川县、万安县、宁都县、石城县、上犹县、于都县、会昌县、瑞金市和兴国县，其指标值分别为：0.193、0.132、0.089、0.062、0.056、0.049、0.047、0.046、0.042 和 0.037。从排名前 10 的县指标取值来看，大兴安岭南麓片区各县社会发展能力指标数值相近，多于一半的县指标取值为正数。

该片区有 11 个县进入片区总排名的前百位，分别是龙江县、林甸县、突泉县、扎赉特旗、兰西县、泰来县、甘南县、科尔沁右翼中旗、青冈县、拜泉县和明水县。大兴安岭南麓片区排名前五位的是龙江县、林甸县、突泉县、扎赉特旗和兰西县。此外，科尔沁右翼前旗、大安市、望奎县和阿尔山市社会发展能力指数得分为负值。

表 5-13　大兴安岭南麓片区各县社会发展能力指标排名表 1

省	县区	二级指标	
		社会发展能力	2014 年 11 个片区排名
黑龙江	明水县	0.11	95
	兰西县	0.136	65
	青冈县	0.114	92
	望奎县	–0.018	290
	富裕县	0.105	101
	拜泉县	0.114	91
	泰来县	0.131	70
	克东县	0.087	120
	龙江县	0.174	33
	林甸县	0.173	34
	甘南县	0.116	88
吉林	镇赉县	0.041	187
	通榆县	0.034	201
	大安市	–0.005	270
内蒙古	阿尔山市	–0.023	296
	科尔沁右翼中旗	0.115	89
	突泉县	0.171	37
	科尔沁右翼前旗	–0.004	269
	扎赉特旗	0.144	60

表 5-14　大兴安岭南麓片区各县社会发展能力指标排名表 2

县区	社会发展能力	2014 年 11 个片区排名	大兴安岭南麓片区内排名
龙江县	0.174	33	1
林甸县	0.173	34	2
突泉县	0.171	37	3
扎赉特旗	0.144	60	4
兰西县	0.136	65	5
泰来县	0.131	70	6

续表

县区	社会发展能力	2014 年 11 个片区排名	大兴安岭南麓片区内排名
甘南县	0.116	88	7
科尔沁右翼中旗	0.115	89	8
青冈县	0.114	92	9
拜泉县	0.114	91	9
明水县	0.11	95	11
富裕县	0.105	101	12
克东县	0.087	120	13
镇赉县	0.041	187	14
通榆县	0.034	201	15
科尔沁右翼前旗	–0.004	269	16
大安市	–0.005	270	17
望奎县	–0.018	290	18
阿尔山市	–0.023	296	19

总体上说，与 2012 年相比，大兴安岭南麓片区 2014 年农村恩格尔系数呈下降趋势，有卫生室行政村比例、新型农村养老参保率和高中阶段教育毛入学率均有所上升。2012 年和 2014 年大兴安岭南麓片区各县各指标排名变动较大，但总体趋势为农村减贫效果明显，各县社会发展能力指标情况较好。

五、扶贫开发与减贫效果指数比较

2014 年，大兴安岭南麓片区扶贫开发与减贫效果指标排名前 10 名的县分别为：科尔沁右翼中旗、兰西县、青冈县、突泉县、科尔沁右翼前旗、扎赉特旗、明水县、富裕县、甘南县和龙江县，其指标数值分别为：0.225、0.181、0.161、0.154、0.143、0.139、0.126、0.125、0.112 和 0.111。该片区在此项指标中有 15 个县进入 11 个片区总排名的前百位。

贫困人口占总农村人口比重排名前五位是阿尔山市、龙江县、望奎县、兰西县和扎赉特旗。农村人均纯收入增长率排名前五位是扎赉特旗、科尔沁右翼中旗、突泉县、科尔沁右翼前旗和阿尔山市。综上所述，大兴安岭南麓片区各县贫困人口占总农村人口比重均低于 30%，总体效果较好，其农村人均纯收入基本保持增长，各县饮水用电交通情况较好，农业现代化平均水平较低，特色增收产业有待发掘，金融扶贫处于起步阶段。

表 5-15　大兴安岭南麓片区各县扶贫开发与减贫效果指标排名表 1

省	县区	二级指标	
		扶贫开发与减贫效果	2014 年 11 个片区排名
黑龙江	明水县	0.126	61
	兰西县	0.181	13
	青冈县	0.161	25
	望奎县	0.088	97
	富裕县	0.125	62
	拜泉县	0.07	129
	泰来县	0.107	81
	克东县	0.104	85
	龙江县	0.111	77
	林甸县	–0.058	376
	甘南县	0.112	75
吉林	镇赉县	0.091	92
	通榆县	0.024	217
	大安市	0.037	180
内蒙古	阿尔山市	0.089	94
	科尔沁右翼中旗	0.225	3
	突泉县	0.154	27
	科尔沁右翼前旗	0.143	39
	扎赉特旗	0.139	44

表 5-16　大兴安岭南麓片区各县扶贫开发与减贫效果指标排名表 2

县区	扶贫开发与减贫效果	2014 年 11 个片区排名	大兴安岭南麓片区内排名
科尔沁右翼中旗	0.225	3	1
兰西县	0.181	13	2
青冈县	0.161	25	3
突泉县	0.154	27	4
科尔沁右翼前旗	0.143	39	5
扎赉特旗	0.139	44	6
明水县	0.126	61	7
富裕县	0.125	62	8
甘南县	0.112	75	9
龙江县	0.111	77	10
泰来县	0.107	81	11

续表

县区	扶贫开发与减贫效果	2014 年 11 个片区排名	大兴安岭南麓片区内排名
克东县	0.104	85	12
镇赉县	0.091	92	13
阿尔山市	0.089	94	14
望奎县	0.088	97	15
拜泉县	0.07	129	16
大安市	0.037	180	17
通榆县	0.024	217	18
林甸县	−0.058	376	19

表 5–17　大兴安岭南麓片区各县扶贫开发与减贫效果指标排名表 3

县区	贫困人口占总农村人口比重	片区内排名	农村人均纯收入增长率 %	片区内排名
阿尔山市	0.0297	1	25.9734	5
龙江县	0.0479	2	13.6518	11
望奎县	0.0728	3	11.4520	15
兰西县	0.1046	4	20.4550	6
扎赉特旗	0.1300	5	26.4234	1
科尔沁右翼中旗	0.1498	6	26.3050	2
科尔沁右翼前旗	0.1563	7	26.1967	4
拜泉县	0.1588	8	12.5600	14
突泉县	0.1697	9	26.2168	3
泰来县	0.1703	10	13.2891	12
甘南县	0.1730	11	13.7985	10
明水县	0.1835	12	19.3833	7
青冈县	0.1876	13	18.5458	8
林甸县	0.1930	14	3.2258	19
富裕县	0.1963	15	15.0270	9
克东县	0.2066	16	12.9960	13
通榆县	0.2764	17	10.1698	17
大安市	0.2822	18	6.8020	18
镇赉县	0.2957	19	11.0109	16

第三节　启示和建议

总体而言，大兴安岭南麓片区扶贫开发取得巨大成就，农村贫困人口大幅减少，收入水平稳步提高，贫困地区基础设施明显改善，社会事业不断进步，最低生活保障制度全面建立，农村居民生存和温饱问题基本解决。但是地区经济社会发展能力总体水平不高，区域发展不平衡问题突出，制约贫困地区发展的深层次矛盾依然存在。扶贫对象规模大，相对贫困问题凸显，发展相对滞后，扶贫开发任务仍十分艰巨。因此，大兴安岭南麓片区应致力加快扶贫开发建设，巩固温饱成果、加快脱贫致富、改善生态环境、提高发展能力、缩小发展差距。这也是本书绿色减贫主旨提出的背景所在。

一、绿色减贫测算结果的启示

通过绿色减贫测算发现，大兴安岭南麓片区绿色减贫指数在 11 个片区中排在第 2 位，2014 年大兴安岭南麓片区的绿色减贫综合指数值为 0.441。大兴安岭南麓片区在经济增长过程中注重对环境的保护，其产业生产能耗、废气污染较低，工业固体废物利用率较高。同时，大兴安岭南麓片区第三产业比重增加，经济转轨趋向明显，经济绿色发展潜力巨大。大兴安岭南麓片区在绿色减贫过程中，重视环境保护、农村与城市的双赢，追求经济效益与资源环境保护的共同兼顾和平衡发展。

但是，测算结果也表明大兴安岭南麓片区在资源利用与环境保护方面较为薄弱。19 个县中有 17 个县的排名在 11 个片区总排名中比较靠后。这些指标值反映出大兴安岭南麓片区在资源开发与利用方面仍然比较薄弱，在经济发展的同时应该注意对资源的保护和利用效率，不能单纯的追求经济总量的提升却以浪费和牺牲资源为代价。大兴安岭南麓片区需要不断改善农村居民生活环境提高大兴安岭南麓片区贫困地区医疗和教育投入，加快城镇化进程，缩小城市和农村收入差距，推动城市和农村共同富裕，社会和谐发展。

二、对大兴安岭南麓片区的建议

本文以大兴安岭南麓片区绿色减贫测算结果为依据，以《大兴安岭南麓片区区域发展与扶贫攻坚规划（2012 ～ 2020 年）》为抓手，以扶贫开发新纲要为基础，以加大大兴安岭南麓片区绿色减贫开发力度为目的，从以下几方面提出相关意见建议：

（一）加强基础设施建设

依托铁路、高速公路等综合运输通道，加快中心城市和产业集聚区发展，提升辐射带动功能，推进与哈大齐工业走廊的融合发展，加强与长吉图经济区、辽中南经济区等国家重点经济区的经济联系，充分发挥长春、哈尔滨与齐齐哈尔、大庆等周边城市的带动作用，扩大对蒙古、俄罗斯等国家的开放与合作，形成布局合理、联系紧密、特色突出、城镇体系完善的空间结构。

（二）加快污染治理建设

加强工业污染防治。实施工业污染企业“全防全控”工程，加强清洁生产技术改造，淘汰高污染行业落后产能。做好重点领域烟尘、粉尘和有毒有害废气削减及污染土壤治理与修复，严格危险化学品环境管理，加快重金属污染治理，加强危险废物全过程规范化管理，加强矿山尾矿治理。强化环境监督，严格执行建设项目环境影响评价制度。加大环境执法力度，提高环境监管水平，建立主要污染物排放总量监测和发布制度。积极推进排污权有偿使用和交易试点。

（三）加强环境保护力度

加强水环境保护。实行严格的饮用水水源地保护制度。对饮用水源地实施划区保护，防治人畜活动污染水源。加大重点河流的水环境综合治理和生态修复，加强水环境安全监测，严守水功能区纳污红线，从严核定水域纳污容量，全面实行排污许可证制度，严格入河湖排污口审批管理和排污总量控制。建立水环境监测联动机制，增强突发性水污染事故的应急处置能力。健全水污染防治责任追究制度。

加强城镇环境保护。严格实行污染物达标排放，强化污染物排放动态监控及污水处理厂的运营管理，加快推进城镇和工业园区污水集中处理及垃圾无害化处理和资源化利用。完善县级医院和乡镇卫生院医疗垃圾储运装置。加强农村面源污染治理。控制化肥、农药用量，大力治理农膜污染，推广使用可降解农膜。开展畜禽粪便综合处理利用，严禁沼液、养殖废水直接排入江河。转变生活方式，减少生活垃圾污染。

坚持合理开发与优化配置、节约利用与有效保护相结合，重点推进“引嫩入白”等重大引水工程建设和“尼尔基引嫩”工程扩建，推进“引绰济辽”引水工程建设，加快文得根、花园等水库建设的前期工作并适时开工建设，有效缓解工程性缺水问题。加快农村饮水安全工程建设。完成大型灌区、重点中型灌区续建配套和节水改造任务。强化农田水利建设，科学布局抗旱水源井，加强完善农田水利工程及电力供应等配套设施。加强嫩江及其支流等综合治理，全面完成病险水库除险加固。完善抗旱防洪工程设施，切实提高城镇和农牧区抗旱防洪能力。加强节水设施建设。大力推广使用先进的节水技术和节水设施，提高水资源利用效率。实施大型灌溉排水泵站更新改造，推进大中型灌区节水改造，因地制宜推广喷灌、滴灌、管道输水等节水措施。稳步推进节水增粮工程建设、牧区饲草料基地节水灌溉。积极建设循环用水系统，加快对重点企业的节水改造，鼓励利用再生水。

（四）加快发掘特色产业化途径

由绿色减贫测算结果看出，大兴安岭南麓片区第三产业比重不断增加，现代设施农业等建设有待加强，并且大兴安岭南麓片区森林资源相对充裕，因此为进一步加强大兴安岭南麓片区绿色减贫效果，创造大兴安岭南麓片区特色增收产业极有必要。

大兴安岭南麓片区可以充分发挥水煤组合优势，以兴安盟经济技术开发区和科右中旗百吉纳工业园区、白城工业园区等为重点，适度发展煤炭深加工产业，积极推进有色金属资源的勘探和开发，大力发展清洁载能产业，开展有色金属深加工，提高资源综合利用水平。

此外，大兴安岭南麓片区可以以国家级自然保护区、国家森林公园、国家地质公园和湿地公园为依托，以阿尔山、科尔沁草原和向海、扎龙湿地为重点，在保护区域整体生态功能的前提下大力发展生态旅游、度假休闲、民俗风情、湿地科考和红色文化等主题旅游，加强与呼伦贝尔、黑河等区域外旅游线路的链接和跨省区、跨境旅游协作，着力构建四大旅游组团。依托国家重点生态工程，加强生态修复和环境保护，提升生态环境质量，保障东北地区生态安全。

第六章　大别山片区绿色减贫指数分析

大别山连片特殊困难地区跨安徽、河南、湖北三省，集革命老区、粮食主产区和沿淮低洼易涝区于一体，是国家新一轮扶贫开发攻坚战主战场中人口规模和密度最大的片区。大别山区域范围包括安徽、河南、湖北三省的 36 个县（市），其中有 29 个国家扶贫开发工作重点县、27 个革命老区县、23 个国家粮食生产核心区重点县。图 6–1 为大别山片区行政区划图。

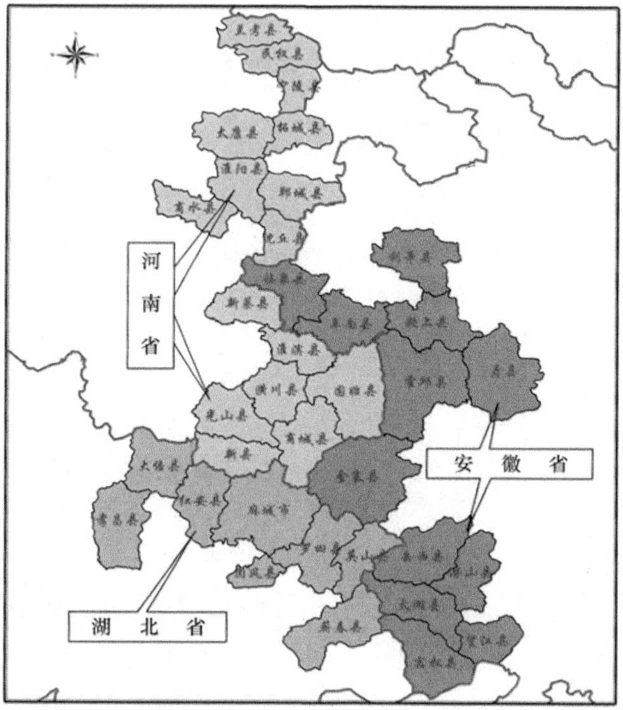

图 6–1　大别山区区域发展与扶贫攻坚规划行政区划图

图片来源：大别山片区区域发展与扶贫攻坚规划（2011 ～ 2020 年）

2010 年末，片区总人口 3657.3 万人，其中乡村人口 3128 万人。当年人均地区生产总值为 9056.3 元 / 人，城镇居民人均可支配收入为 12316.5 元 / 人，农村居民人均纯收入为 4275.9 元 / 人。片区国土总面积为 6.7 万平方公里，地处鄂豫皖交界地带，北抵黄河，南临长江，我国南北重要地理分界线淮河横穿其中。片区南北过渡性气候特征明显，南部以大别山区为主体，属北亚热带湿润季风气候，年均降水量 1115–1563 毫米；片区河流众多，以淮河为主体的水系发达，径流资源丰富，大别山南麓是长江中下游的重要水源补给区。生物物种多样，森林覆盖率为 31.9%，旅游开发潜力大。

第一节　大别山片区绿色减贫指数分析

根据绿色减贫测算体系表，对中国连片特困地区中 11 个片区绿色减贫指数进行测算，本节从中掘大别山片区指数结果进行分析，主要包括测算总结果分析、经济增长绿化度指数结果分析、资源利用与环境保护程度指数结果分析、社会发展能力指数结果分析和扶贫开发与减贫效果指数结果分析。

一、测算总结果及分析

根据绿色减贫测算体系表，中国连片特困地区中 11 个片区绿色减贫指数测算结果如下表所示。

表 6-1　2014 年 11 个连片特困地区绿色减贫指数及排名

指标	中国绿色减贫指数		二级指标							
			经济增长绿色度		资源利用与环境保护程度		社会发展能力		扶贫开发与减贫效果	
省区	指标值	排名	指标值	排名	指标值	排名	指标值	排名	指标值	排名
罗霄山区	0.475	1	0.137	3	0.166	1	–0.012	8	0.184	1
大兴安岭南麓片区	0.441	2	0.222	1	–0.042	7	0.081	4	0.179	2
大别山区	0.360	3	0.181	2	–0.128	11	0.181	1	0.126	3
秦巴山区	0.006	4	–0.057	7	0.047	4	0.000	6	0.016	5
滇西边境片区	–0.009	5	–0.088	8	0.088	3	0.093	2	–0.101	9
燕山 - 太行山片区	–0.029	6	–0.114	10	–0.049	8	0.085	3	0.050	4
六盘山片区	–0.068	7	–0.016	5	–0.034	6	–0.033	9	0.014	6
武陵山区	–0.172	8	0.022	4	–0.011	5	–0.010	7	–0.173	11
滇桂黔石漠化片区	–0.173	9	–0.092	9	0.138	2	–0.139	10	–0.081	8
吕梁山片区	–0.237	10	–0.053	6	–0.115	10	0.004	5	–0.073	7
乌蒙山片区	–0.593	11	–0.142	11	–0.060	9	–0.250	11	–0.141	10

注：中国绿色减贫指数由经济增长绿色度、资源利用与环境保护程度、社会发展能力、扶贫开发与减贫效果等指标计算所得。数据来源：中国统计年鉴 2015、各地市统计年鉴等。

从上表可以看出，大别山片区绿色减贫指数在 11 个片区中排在第 3 位，2014 年大别山片区的绿色减贫指数值为 0.360。总体而言，大别山片区绿色减贫指数排名靠前，各二级指标值分别为：经济增长绿化度 0.181，在 11 个片区中排在第 2 名；资源利用和环境保护 -0.128，在 11 个片区中排在第 11 名；社会发展能力 0.181，在 11 个片区中排在第 1 名；扶贫开发与减贫效果 0.126，在 11 个片区中排在第 3 名。综上大别山片区在经济发展的过程中注重经济增长、社会发展和扶贫开发与减贫效果，但资源的利用和环境保护表现不佳。

资源利用与环境保护指标为负值的原因是：在单位耕地面积化肥施用量 3 个三级指标中，"单位耕地面积化肥施用量"为逆指标，这个二级指标测算结果显示为负值说明，大别山片区扶贫开发过程中资源利用和环境保护相对不足，经济建设和生态文明建设不平衡，在经济、社会、减贫实施的同时，也应消除发展给生态带来的负效应。

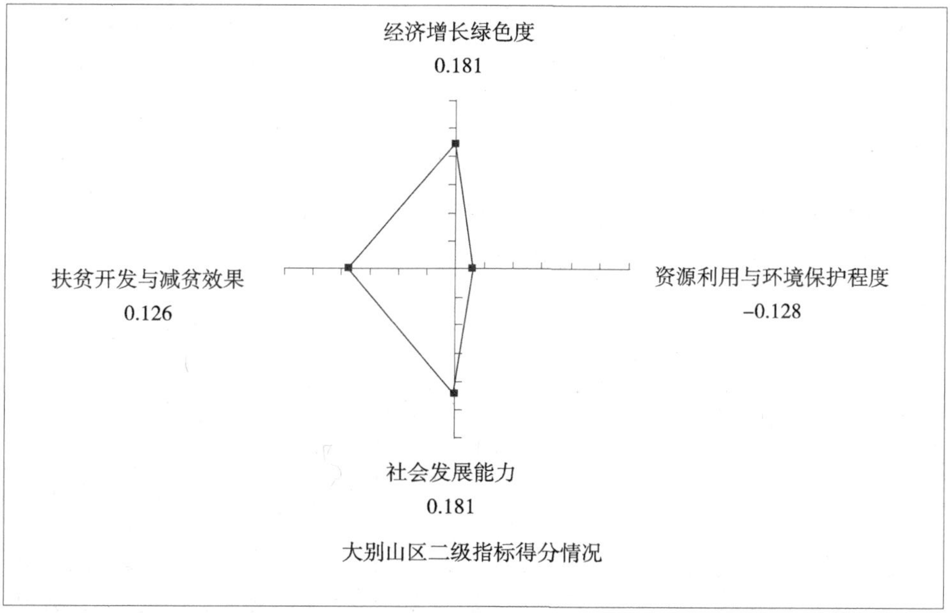

图 6-2　2014 年大别山片区二级指标雷达图

大别山片区 21 个三级指标中，有 5 个指标排名出现 3 位及其以上的变动，人均地区生产总值、土地产出率、实现安全饮水人数比重、有卫生室行政村比例、通电行政村比重等指标变动较大，其中仅土地产出率指标较 2012 年排名出现上升，其他指标排名均有不同程度下降，如下表（表 6-2）所示。

表 6–2　大别山片区指标排名变动表

三级指标名称	两年原始数据			两年排名变化		
	单位	2014	2012	2014	2012	变动
人均地区生产总值	元 / 人	15792.000	13550.200	8	5	–3
土地产出率	万元 / 千公顷	5061.500	2.180	1	10	9
有卫生室行政村比例	%	95.201	93.220	5	2	–3
通电行政村比重	%	99.135	99.670	6	2	–4
实现安全饮水人数比重	%	45.474	41.397	7	11	4

注：变动值为正数表明排名上升。

二、经济增长绿化度测算结果分析

2014 年大别山片区经济增长绿化度总值为 0.181，其二级指标 2014 年数值分别为：人均地区生产总值 15792.026 元 / 人，较 2012 年大大提高，显示大别山片区经济增长成果显著。单位地区生产总值能耗为 0.690 吨标准煤 / 万元，较 2012 年能耗略有提高。单位地区生产总值二氧化硫排放量为 0.002 吨 / 万元。

表 6–3　大别山片区经济增长绿化度变动表

指标名称	指标属性	2014 片区数值	2012 片区数值	2014 片区排名	2012 片区排名	排名变化	进退脸谱
人均地区生产总值	正	15792.000	13550.200	8	5	–3	L
单位地区生产总值能耗	逆	0.690	0.660	2	1	–1	L
单位地区生产总值二氧化硫排放	逆	0.002	0.000	2	1	–1	L
土地产出率	正	5061.500	2.180	1	10	9	J
工业固体废物综合利用率	正	82.432	85.990	2	2	0	
第三产业增加值比重	正	30.504	29.670	11	9	–2	L

土地产出率 5061.50 万元 / 千公顷，此处土地产出率的计算方法用农业总产值 / 农作物播种面积所得，在 11 个片区中排名第一，较 2012 年提升 9 位，说明大别山片区土地产出率的提高对于推动大别山片区绿色扶贫开发进程和贫困人口脱贫致富发挥了重要的作用。工业固体废物综合利用率 82.432%，在 11 个片区中排名第二，说明大别山片区注重对工业固体废物的循环利用，绿色生产意识较强。第三产业增加值比重为 30.504%，较 2012 年下滑两名，在 11 个片区中排名倒数第一。

综上所述，大别山片区单位地区生产总值能耗、单位地区生产总值二氧化硫排放量和工业固体废物综合利用率指标数值结果显示，大别山片区经济增长过程中注重对提高土地产出率的提高和对环境的保护，产业生产能耗、废气污染较低，工业固体废物利用率较高。而提升第三产业比重成为未来实现经济增长的重要渠道。

三、资源利用与环境保护程度指数测算结果及其分析

2014 年大别山片区资源利用和环境保护总值为 –0.128，其二级指标主要包括人均森林面积、森林覆盖率和单位耕地面积化肥施用量，2014 年大别山片区人均森林面积排名第 9 名，较 2012 年下降 2 个名次，成为第 11 名。

表 6–4　大别山片区资源利用与环境保护程度指数表

指标名称	指标属性	2014 年大别山片区排名	2012 大别山片区排名	排名变化	进退脸谱
人均森林面积	正	11	9	–2	L
森林覆盖率	正	7	7	0	–
单位耕地面积化肥施用量	逆	11	11	0	–

2014 年大别山森林覆盖率和单位耕地面积化肥施用量排名不变。2014 年大别山片区森林覆盖率排名第 7 位，单位耕地面积化肥施用量排名为第 11 位，片区内化肥施用量集约化趋势明显。

综上所述，大别山片区森林资源相对不足，单位耕地面积化肥施用量较高，绿色覆盖面积逐年降低，环境保护形势较为严峻，同时，大别山片区对土地资源的保护意识不足，经济增长给土地的合理利用带来较大挑战，化肥施用量排名倒数一，说明大别山片区未能兼顾好经济利益和资源环境保护的协调关系，生态文明理念的落实有待加强。

四、社会发展能力指数测算结果及分析

在社会发展能力指数项下，涵盖农村恩格尔系数、城乡收入比、有卫生室行政村比重、新型农村养老参保率和高中阶段教育毛入学率 5 个二级指标，2014 年大别山片区社会发展能力指数得分 0.181。2014 年大别山片区农村恩格尔系数为 37.740%，在 11 个片区中排名靠后。城乡收入比为 2.476，与 2012 年相比，农村居民收入与城镇居民收入差距正在不断缩小。

表 6–5　2014 年大别山片区社会发展能力指数测算结果

指标名称	指标属性	2014 片区数值	2012 片区数值	2014 片区排名	2012 片区排名	排名变化	进退脸谱
农村恩格尔系数	逆	37.740	39.210	8	6	–2	L
城乡收入比	逆	2.476	2.840	2	2	0	–
新型合作医疗参合率	正	93.508	80.880	2	2	0	–
有卫生室行政村比例	正	95.201	93.220	5	2	–3	L
新型农村养老参保率	正	100.000	47.160	1	3	2	J
高中阶段教育毛入学率	正	84.717	78.880	6	4	–2	L

有卫生室行政村比例为 93.508%，在 11 个片区中排名第 2，较 2012 年提高近 13 个百分点；新型农村养老参保率 100.000%，较 2012 年参保率大幅提高 53 个百分点，率先实现农户全部参与新型农村养老保险，表明大别山片区社会保障服务提高较快。高中阶段教育毛入学率为 84.717%，较 2012 年高中阶段毛入学率提高近 6 个百分点。

综上所述，大别山片区片区社会发展能力指数测算结果表明，大别山片区重视社会发展，城乡收入差距逐渐缩小，新型合作医疗和新型农村养老保险落实情况良好。但相对而言仍然较为贫困，农村恩格尔系数较大，因此，大别山片区仍要积极做好扶贫开发工作，不断改善农村居民生活水平，加大大别山片区贫困地区医疗、教育投入，保障农村公共服务的良好发展。

五、扶贫开发与减贫效果指数测算结果及分析

大别山片区是我国连片特困地区之一，测算其扶贫开发与减贫效果对总结已有减贫效果和下一步扶贫开发方向具有重要的指导意义。本文选取贫困人口占农村总人口比重、农村人均纯收入增长率、通电行政村比重、通路行政村比重、实现安全饮水人数比重、有效灌溉面积占基本农田面积比重等 6 个指标测度大别山片区扶贫开发与减贫效果。

2014 年大别山片区贫困人口占总农村人口比重为 17.270%，在 11 个片区内排名第 1 位，较 2012 年排名提高一位；农村人均纯收入增长率为 13.950%，较 2012 年增速有所提高，但在 11 个片区中排第 9 位，上升一个名次；通电行政村比重为 99.670%，与 2012 年基本持平；通路行政村比重在 11 个片区中排名第 3

名，较 2012 年排名上升 2 位；实现安全饮水人数比重 50.57%；有效灌溉面积占基本农田面积比重 56.648%，较 2012 年提高约 11 个百分点，但在片区中排名下滑六位，成为第 7 位。

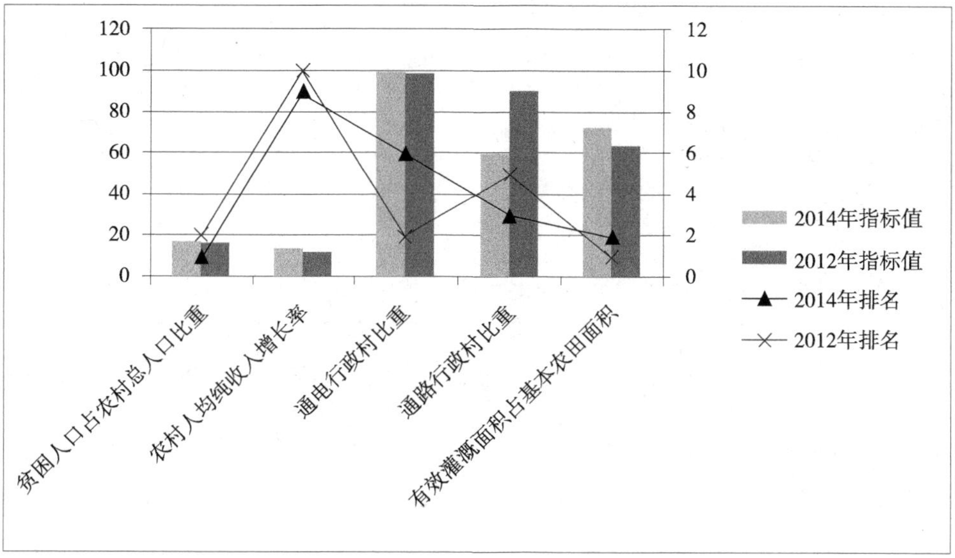

图 6-3 大别山片区扶贫开发与减贫效果指数测算结果

注：2012 年采用的是自来水普及率，而 2014 年采用的是实现安全饮水人数比重，因两个指标统计口径不一致，故不作比较。

综上所述，大别山片区扶贫开发成果显著，贫困发生率较其他片区而言较低，减贫效果取得长足进步。但是农民人均纯收入增长速度较慢，增长潜力有待提高。大别山片区应积极挖掘贫困地区经济增长的动力，促进农村居民可持续发展，降低返贫率。做好贫困地区村级道路畅通工作、饮水安全工作和农村电力保障工作。做好特色产业增收工作，积极培育贫困地区农民合作组织，开发现代设施农业、设施畜牧业、农家乐等多样增收方式，全面切实贫困地区人民生产生活水平。

第二节 大别山片区内部各县绿色减贫指数的比较

本节探讨大别山片区绿色减贫指数测算结果。片区内部各县指数结果比较，尽可能剔除片区间区位、环境差异所造成的绿色减贫指标差异，更加准确地探讨绿色减贫指数变动，使研究更具实际意义。

一、绿色减贫指数比较

根据“绿色减贫测算体系表”，导入 2014 年、2012 年大别山片区 35 个县的数据后（如表 6–6 所示），并得到绿色减贫指数及排名表。

表 6–6　2014、2012 年 35 个县概况

省（区）	市	县
安徽（12）	安庆	潜山县、太湖县、宿松县、望江县、岳西县
	阜阳	临泉县、阜南县、颍上县
	六安	寿县、霍邱县、金寨县
	亳州	利辛县
河南（15）	开封	兰考县
	商丘	民权县、宁陵县、柘城县
	信阳	光山县、新县、商城县、固始县、潢川县、淮滨县
	周口	商水县、沈丘县、郸城县、淮阳县、太康县
	驻马店	新蔡县
湖北（7）	孝感	大悟县
	黄冈	团风县、红安县、罗田县、英山县、蕲春县、麻城市

上表反映了大别山片区所涵盖的绿色减贫指数监测县，安徽省、河南省和湖北省分别包括 12 个、15 个和 7 个县。2014 年 35 个县绿色减贫指数及其在 505 个监测县中的排名情况如表 6–7 所示。

表 6–7　2014 年 35 个县绿色减贫指数及其排名情况

县（市\区）	指标值	排名	县（市\区）	指标值	排名
岳西县	0.590	5	郸城县	0.220	103
罗田县	0.582	6	新县	0.204	115
潜山县	0.524	10	团风县	0.190	127
麻城市	0.500	12	利辛县	0.186	130
英山县	0.462	19	新蔡县	0.186	131
蕲春县	0.446	21	商水县	0.134	165
宿松县	0.438	22	固始县	0.132	169
兰考县	0.380	33	阜南县	0.121	179
金寨县	0.370	34	淮滨县	0.104	196
柘城县	0.355	39	光山县	0.069	220
大悟县	0.355	40	潢川县	0.044	233
太湖县	0.337	48	颍上县	0.028	243
宁陵县	0.306	63	临泉县	–0.006	267

续表

县（市\区）	指标值	排名	县（市\区）	指标值	排名
望江县	0.304	64	寿县	−0.014	271
民权县	0.294	71	沈丘县	−0.166	362
红安县	0.287	75	淮阳县	−0.177	368
商城县	0.258	83	太康县	−0.274	428
霍邱县	0.230	95			

由上表可知，绿色减贫指数结果排在该片区前 10 名的分别是岳西县、罗田县、潜山县、麻城市、英山县、蕲春县、宿松县、兰考县、金寨县和柘城县，而在 505 个监测县的排名中，排在本片区第一位的融安县在所有县中排名第 5 位，罗田县、潜山县、麻城市、英山县分别排在第 6 位、第 10 位、第 12 位、第 19 位，排名均在前 20 位，此外还有 13 个县排在 100 名以内，大别山片区排名 300 名以上的县有 3 个，分别为：沈丘县、淮阳县、太康县。上述数据表明，大别山片区绿色减贫指数整体排名靠前，除了排在后 3 名县相对排名靠后之外，其他县、区在所有县中排在前列。从各县所属省、区来看，各省较为贫困县绿色减贫情况较为均衡，没有表现出明显差异。

综上所述，大别山片区绿色减贫指数绝大部分县、市呈正值，绿色减贫效果明显，但是临泉县、寿县、沈丘县、淮阳县、太康县等为负值，且与其他县差距较大，相关片区应积极加大对这些地区扶持力度，加快其脱贫步伐，使其同其他县、市共同享受扶贫成果。

二、经济增长绿化度比较

经济增长绿化度包涵 6 个二级指标，分别为：人均地区生产总值、单位地区生产总值能耗、单位地区生产总值二氧化硫排放量、土地产出率、工业固体废物综合利用率和第三产业增加值比重。2014 年大别山片区各县经济增长绿化度指数及其排名如表 6–8 所示。

2014 年，大别山区经济增长绿化度最高的县是罗田县，指标值为 0.261，在所有监测县中排名第 10 位；第 2 名为麻城市，指标值为 0.257，潜山县、英山县、望江县分别排第 3、4、5 名，指标值分别为 0.250、0.205、0.180。该片区有 13 个县排入所有监测县前 100 名；河南省所属各县排名多在 1–200 名之间，安徽片区所属各县排名多在 100–300 名之间，湖北片区所属各县排名多在 50–150 名之间。

表 6–8 大别山片区各县经济增长绿化度指数及其排名情况

县	指标值	排名	县	指标值	排名
罗田县	0.261	10	大悟县	0.075	138
麻城市	0.257	11	柘城县	0.069	144
潜山县	0.250	13	阜南县	0.068	145
英山县	0.205	25	商城县	0.064	154
望江县	0.180	37	新县	0.058	163
兰考县	0.166	44	郸城县	0.048	186
蕲春县	0.162	50	光山县	0.046	187
团风县	0.161	53	新蔡县	0.042	193
岳西县	0.160	55	商水县	0.031	213
宿松县	0.157	57	金寨县	0.026	221
利辛县	0.126	80	颍上县	0.020	229
民权县	0.120	85	寿县	0.006	259
太湖县	0.118	87	固始县	–0.011	280
霍邱县	0.098	104	沈丘县	–0.051	337
淮滨县	0.096	105	淮阳县	–0.058	347
临泉县	0.092	113	红安县	–0.079	371
宁陵县	0.084	123	太康县	–0.084	381
潢川县	0.078	134			

综上所述，大别山片区各县经济增长绿化度数值总体排名较为靠前，仅沈丘县、淮阳县、红安县、太康县等四个县排名 300 位以外，分别排在第 337 名、第 347 名、第 371 名和第 381 名。总体来说，片区各县排名较为分散，但是经济增长绿色度指数及其排名差异较小，经济增长绿化度完成较好。

三、资源利用与环境保护程度指数比较

资源利用与环境保护程度指标项下有人均森林面积、森林覆盖率和单位耕地面积化肥施用量 3 个三级指标。2014 年资源利用和环境保护指数及其指标排名如表 6–9 所示。

表 6–9 大别山片区各县资源利用与环境保护指数及其排名情况

县	指标值	排名	县	指标值	排名
岳西县	0.025	163	团风县	–0.117	465
新县	0.012	202	宿松县	–0.120	468
罗田县	0.011	208	阜南县	–0.122	471
金寨县	0.007	221	固始县	–0.122	472

续表

县	指标值	排名	县	指标值	排名
英山县	0.005	231	郸城县	–0.124	476
麻城市	–0.024	300	宁陵县	–0.125	477
潜山县	–0.029	314	颍上县	–0.126	479
太湖县	–0.030	315	望江县	–0.126	480
红安县	–0.034	329	临泉县	–0.129	483
商城县	–0.035	334	利辛县	–0.129	484
大悟县	–0.036	335	沈丘县	–0.130	485
商水县	–0.052	368	柘城县	–0.134	488
蕲春县	–0.052	370	兰考县	–0.136	489
淮阳县	–0.081	418	新蔡县	–0.137	490
潢川县	–0.089	437	太康县	–0.144	498
光山县	–0.101	452	霍邱县	–0.144	499
淮滨县	–0.106	457	寿县	–0.149	502
民权县	–0.114	463			

上表对 2014 年大别山片区各县资源利用与环境保护程度指数及其排名进行了列示，我们注意到，该片区各县资源利用与环境保护程度排名均较为靠后，其中 22 个县排在 502 个贫困县中的 400 名以后。湖北省一半以上县排名 450 名以后，其中寿县排在 502 名，河南省和安徽片区有一半县排在 450 名以后。

大别山片区森林资源相对缺乏，要提高大别山片区减贫绿色度，必须加大对森林资源的保护和利用力度，同时，应注重在土地利用过程中化肥等的使用量，确保土地和环境可持续发展。

四、社会发展能力指数比较

2014 年，大别山片区社会发展能力指标排名前 10 的县分别为：光山县、商城县、麻城市、商水县、岳西县、潜山县、红安县、太湖县、民权县和淮阳县。各县在所有监测县的排名情况较好。由此可见，大别山片区在社会发展能力方面相比其他片区较为领先，如表 6–10 所示。

表 6–10　大别山片区各县社会发展能力指数及其排名

县	指标值	排名	县	指标值	排名
光山县	0.336	1	太康县	0.140	63
商城县	0.231	13	罗田县	0.138	64

续表

县	指标值	排名	县	指标值	排名
麻城市	0.224	15	利辛县	0.125	75
商水县	0.209	16	颍上县	0.118	85
岳西县	0.209	17	宿松县	0.117	86
潜山县	0.209	18	潢川县	0.111	94
红安县	0.200	21	英山县	0.109	97
太湖县	0.197	22	阜南县	0.106	100
民权县	0.183	27	望江县	0.101	106
淮阳县	0.178	29	淮滨县	0.095	112
固始县	0.174	32	宁陵县	0.053	167
金寨县	0.171	38	临泉县	0.049	174
蕲春县	0.170	39	兰考县	0.041	188
团风县	0.167	41	柘城县	0.010	242
新县	0.157	46	寿县	–0.047	338
新蔡县	0.156	47	沈丘县	–0.060	361
郸城县	0.153	52	霍邱县	–0.065	372
大悟县	0.147	57			

总体而言，大别山片区各县 2014 年社会发展能力指标排名较靠前，安徽、河南、湖北片区所属各县指数及排名均较为理想，各县社会发展能力指标情况较好。但寿县、沈丘县、霍邱县等三县指标为负值，说明片区内社会发展能力存在不均衡情况，因此，大别山片区应积极做好各县协调发展，实现共同进步。

五、扶贫开发与减贫效果指数比较

2014 年，大别山片区扶贫开发与减贫效果指标排名前 10 名的县分别为：岳西县、潜山县、商城县、蕲春县、潢川县、大悟县、罗田县、新县、太湖县和颍上县。其中岳西县和潜山县扶贫开发与减贫效果指数排在所有监测县的前十位，分别为第 8 位和第 9 位，商城县、蕲春县、潢川县和大悟县排在所有监测县的前二十位，分别为第 11 位、第 15 位、第 16 位和第 20 位。

综上所述，大别山片区部分县扶贫开发与减贫效果在全国排名较前，不乏扶贫开发与减贫典型县市，但从上表所反映的情况来看，该片区扶贫开发与减贫效果各县之间仍存在较大差异，尤其是河南片区，指标值为负值的四县均位于河南片区，扶贫脱贫形势依然相当严峻。

表 6-11　大别山片区各县扶贫开发与减贫效果指标及其排名情况

县	指标值	排名	县	指标值	排名
岳西县	0.195	8	宁陵县	0.102	86
潜山县	0.192	9	金寨县	0.097	90
商城县	0.189	11	民权县	0.094	91
蕲春县	0.177	15	望江县	0.075	120
潢川县	0.177	16	淮阳县	0.073	126
大悟县	0.169	20	临泉县	0.065	139
罗田县	0.165	21	光山县	0.064	142
新县	0.153	28	阜南县	0.040	170
太湖县	0.153	29	商水县	0.039	174
颍上县	0.147	34	霍邱县	0.026	211
英山县	0.144	36	宿松县	0.017	235
红安县	0.136	49	固始县	0.015	239
淮滨县	0.134	51	寿县	0.000	266
团风县	0.130	56	利辛县	−0.002	270
郸城县	0.127	60	兰考县	−0.010	297
柘城县	0.124	64	新蔡县	−0.026	327
沈丘县	0.115	72	太康县	−0.124	448
麻城市	0.111	76			

第三节　启示和建议

总体而言，大别山片区扶贫开发取得巨大成就，绿色减贫指数稳居 11 个片区中前三名，经济增长绿色度和社会发展能力在 11 个片区中分别排第 2 名和第 1 名，贫困地区经济、社会发展取得长足进步，贫困人口占农村总人口比重 17.270%，在 11 个片区中该指标比重最低，农村贫困人口大幅减少。2014 年大别山片区农民人均收入增长 11.707%，农民人均收入水平稳步提高，贫富差距逐渐减小。2014 年大别山片区通电行政村比重、通路行政村比重分别为 99.135% 和 90.586%，两项指标均超过 11 个片区平均水平，显示大别山片区基础设施明显改善，社会服务水平不断提高，最低生活保障制度全面建立，农村居民生存和温饱问题基本解决。但是地区经济建设和生态文明建设不平衡的矛盾日益突出，经济增长和环境保护相互制约的现象明显，制约贫困地区全面脱贫的深层次矛盾依然存在。扶贫对象规模大，区域内发展不均衡问题凸显，扶贫开发战略仍有待进一步优化。因此，大别山片区应致力稳步提高自然资源保护力度，在获得区域发展获得经济效益的同时注重人与自然的协调关系。加快扶贫开发建设，巩固温饱成果、加快脱贫致富、改善生态环境、提高发展能力、缩小发展差距。这也是绿色减贫理念提出的意义所在。

一、绿色减贫测算结果的启示

通过绿色减贫测算发现，大别山片区在经济发展的过程中经济增长、社会发展和扶贫开发与减贫效果情况较好，在 11 个片区中均排前三名，但资源的利用和环境保护情况不佳，指标值显示为负值，在 11 个片区中排名倒数第一。大别山片区单位面积化肥施用量偏高，且森林资源相对短缺，绿色发展面临严峻挑战，因此应加大土地资源保护力度，农业生产方式逐渐转为环保的方式，既要金山银山更要绿水青山。大别山片区第三产业比重较低，一二三产业结构有待调整，使片区内产业发展由低层次的初级生产逐步向高层次的服务业转变，提高经济效益。

测算结果也表明大别山片区农村仍然较为贫困，农村恩格尔系数较大，片区农户的食品以外的消费能力不足。大别山片区仍要积极做好扶贫开发工作，不断改善农村居民生活水平，加大医疗、教育投入，保障农村公共服务的良好发展。加快城镇化进程，进一步缩小城市和农村收入差距，推动城市和农村共同富裕，社会和谐发展。做好特色产业增收工作，注重贫困地区和贫困人口参与，切实提高贫困地区人民生产生活水平。

二、对大别山片区的建议

本文以大别山片区绿色减贫测算结果为依据，以《大别山片区区域发展与扶贫攻坚规划（2011 ～ 2020 年）》为抓手，以扶贫开发新纲要为基础，以加大大别山片区绿色减贫开发力度为目的，从以下几方面提出相关意见建议：

（一）大力保护自然资源、修复生态环境

大别山地区是皖西南、豫东南和鄂东南大中城市的水源供应地，境内有多处国家级森林公园和国家级自然保护区，是长三角和长江经济带的生态屏障，在国家战略布局和功能区划中，都承担着重要的生态功能。然而，大别山片区人地矛盾突出，森林和矿产资源匮乏。片区每平方公里有户籍人口 548 人，是人口密度最大的片区。人均耕地和人均林地面积仅为全国平均水平的 79. 6% 和 22. 5% 。

因此，大别山片区应该在珍惜和巩固生态建设成果的基础上，大力调整优化

产业结构，加快推进生态建设，使片区生态得到很好的保护和改善。大别山片区应继续实施退耕还林、退牧还草、水土保持、天然林保护、防护林体系建设和石漠化、荒漠化治理等重点生态修复工程。建立生态补偿机制，重点向贫困地区倾斜。加大重点生态功能区生态补偿力度，重视贫困地区的生物多样性保护。

坚持加快发展与保护生态环境相结合。以生态环境保护为前提，以科技创新为支撑，转变经济发展方式，提高资源利用效率和精深加工水平，优化产业结构和空间布局。以生态建设和环境保护为主，除适当发展生态旅游、种养殖业和必要的科学实验外，严禁其他生产建设活动。结合扶贫开发和生态环境保护，有序推进人口转移和易地安置。继续实施退耕还林、水土保持、天然林资源保护、防护林体系建设、水生生态环境保护与修复、野生动植物保护及自然保护区建设、湿地保护与恢复等重点生态工程。加大对重点生态工程建设的投资力度，加大对国家级公益林补偿力度。

（二）调整产业结构、大力发展第三产业

由绿色减贫检测结果得知，大别山片区人均生产总值较低，农民人均纯收入增长率低于 11 个片区平均水平，农村居民消费能力较低，恩格尔系数较高，农村居民没有真正享受到区域发展带来的好处，严重阻碍了政府投资乘数效应的发挥。应充分发挥竞争市场的效率和政府的协调作用。大别山片区第三产业比重低于全国平均水平，因此要调整产业结构，延伸产业链，使经济发展由初级生产和加工为主转向精深加工业，增加产业附加值，提高产业经济效益。

为进一步提高第三产业增加值对 GDP 的比重，应积极推动产业融合和产业集聚，推动现代商业与旅游、文化、体育、设计等产业实现有机融合联动发展，推动产业间互动和促进，做好谋划，着力打造在形态面貌、业态组合、生态环境上充分体现各区特色的产业发展集聚区。培育提升具有区域竞争力的产业集群，加大招商选资力度，打造具有市场影响力的旗舰企业。优化企业外部环境，通过税收政策、教育培训、政府采购以及知识产权保护等方面改革，在当地塑造有利于企业转型升级的外部环境。

创造大别山片区特色增收产业。大别山片区革命遗址众多，为发展特色产业和特色旅游提供了优越的条件。发挥资源优势，优化产业布局，促进产业园区集约发展，壮大产业规模，延伸拓展产业链条，加快构建具有区域特色的现代产业体系，为区域发展和贫困群众脱贫致富奠定基础。培育壮大特色农业，完善农业服务体系，健全农产品市场体系；开展农产品加工、矿产资源精深加工；依托区域内多彩民族民俗文化资源和丰富的自然环境资源、红色旅游资源，突出生态休

闲特色，大力发展旅游产业。以城市为依托，以交通为纽带，以国家级风景名胜区、森林公园、历史文化名城等为主体，突出主题旅游，打造精品旅游线路，形成特色品牌，实现产业多样化和精准化，注重和加强贫困人口参与，确保发展成果共享。

（三）提升农村地区公共服务等软实力

大别山片区公共服务水平低，城镇化进程滞后。人均教育、卫生、社会保障和就业三值较低。基层卫生服务能力弱，妇幼保健水平低。城镇化率严重滞后于全国平均水平，城镇基础设施建设滞后，服务功能不完善，辐射带动能力弱。

首先，大别山片区教育条件落后。普通中小学教育师资力量薄弱；职业技术教育学校少，专业设置不合理，不适应经济社会发展能力需要。为提高教育水平，应大力积极发展学前教育，加快普及高中阶段教育，大力发展职业教育，加快发展继续教育，支持特殊教育发展，推动教育资源城乡共享。

其次，大别山片区医疗卫生条件差，妇幼保健力量弱，基层卫生服务能力不足。为提高医疗卫生水平，应健全公共卫生服务体系，完善重大疾病防控、妇幼保健、健康教育、农村急救、采供血、卫生监督、食品安全风险监测及职业病防治等公共卫生服务网络，提高疾病预防控制能力和突发公共卫生事件应急处置能力；健全县、乡、村三级医疗卫生服务网络，提高医疗卫生服务能力，加强以全科医生为重点的基层医疗卫生队伍建设，加强基本医疗保险体系和医疗救助制度建设。加强社会保障和社会福利基础设施与能力建设。

最后，大别山片区农业技术推广体系不健全，农业科技服务人员不足。为提升大别山片区农业科技水平，应完善科技服务体系。构建公益性推广服务、社会化创业服务、多元化科技服务“三位一体”相互促进的农村科技服务新格局；加强公共文化服务体系建设。深入推进广播电视村村通、乡镇综合文化站、文化信息资源共享等文化惠民工程，切实提高科学技术在农业中的应用和推广。

第七章　燕山－太行山片区绿色减贫指数分析

燕山－太行山集中连片特殊困难地区跨河北、山西、内蒙古三省区，环卫京津，是国家新一轮扶贫开发攻坚战主战场之一。其规划区域范围包括河北、山西、内蒙古三省区的33个县，其中有25个革命老区县、5个民族自治地方县和25个国家扶贫开发工作重点县。河北片区包括保定市的涞水县、阜平县、唐县、涞源县、望都县、易县、曲阳县、顺平县，张家口市的宣化县、张北县、康保县、沽源县、尚义县、蔚县、阳原县、怀安县、万全县和承德市的承德县、平泉县、隆化县、丰宁县、围场县。山西片区包括大同市的阳高县、天镇县、广灵县、灵丘县、浑源县、大同县和忻州市的五台县、繁峙县。内蒙古片区包括乌兰察布的化德县、商都县、兴和县。

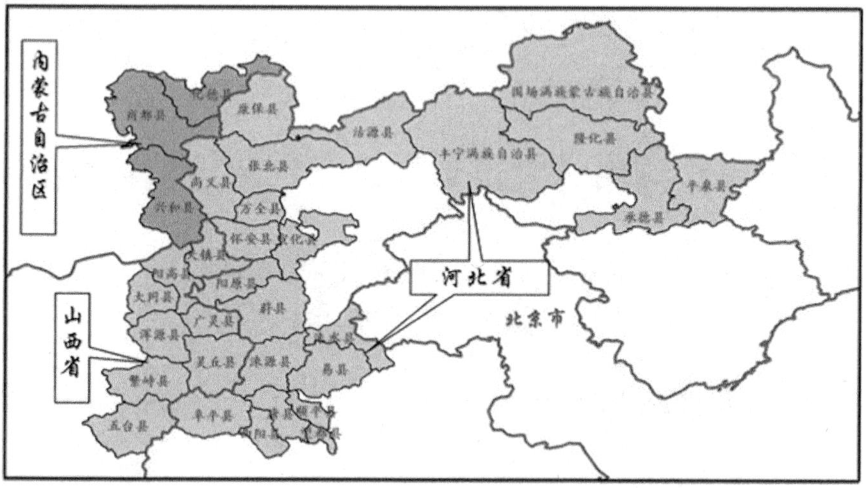

图 7–1　燕山－太行山片区区域发展与扶贫攻坚规划行政区划图

图片来源：燕山－太行山片区区域发展与扶贫攻坚规划（2012～2020年）

该片区国土总面积为9.3万平方公里，地处燕山和太行山腹地，属内蒙古高原和黄土高原向华北平原过渡地带。气候类型为温带大陆性季风气候，无霜期短，昼夜温差大，年均降水量 300–580 毫米。片区跨海河、滦河等流域，是潮河、白河和滦河的发源地，有滹沱河、桑干河、洋河等河流。森林覆盖率为 24.7% 。石墨、膨润土、煤炭、钒钛等矿产资源较为丰富，风能、太阳能等清洁能源具有开发潜力。

燕山—太行山片区承担着京津风沙源治理、三北防护林、太行山绿化、退耕还林、退牧还草、防沙治沙、湿地保护与恢复等重点生态建设任务。片区为海河、滦河重要水源涵养区，是京津地区重要水源地，有 25 个县是京津风沙源治理区，有 6 个县属于限制开发的国家重点生态功能区，有 6 处国家级自然保护区、3 处国家级风景名胜区、12 个国家森林公园、5 个国家地质公园，生态建设任务重，环境保护要求高。

由于燕山—太行山片区自然条件、生态环境和历史等各种原因，经济发展水平落后，是我国连片特殊困难地区的典型代表。对该地区的绿色减贫指数进行详细地研究有着重大意义。因此本章将燕山—太行山片区作为案例，对该地区的绿色减贫情况进行剖析，不仅能够加快该地区绿色减贫的进程，而且对于指导全国贫困地区绿色减贫工作的开展具有借鉴意义。

与全国片区绿色减贫指数一样，本案例选取了经济增长绿化度、资源利用与环境保护程度指数、社会发展能力指数、扶贫开发与减贫效果指数四个一级指标以及 21 个二级指标。在地区的选择上，选取了燕山—太行山片区全部县（市、区），共 33 个。

第一节　燕山—太行山片区绿色减贫指数分析

根据全国片区绿色减贫指数，本节针对燕山—太行山片区，分别从一级指标、二级指标，对其测算的绿色减贫指数的结果进行分析。

一、测算总体结果及分析

根据测算的总体结果，从横向来看，燕山—太行山片区的绿色减贫指数在参与测算的 11 个片区中，排名居中，其中社会发展能力和扶贫开发与减贫效果两项指标优于经济增长绿化度和资源利用与环境保护程度。从纵向来看，同 2012 年比较，2014 年燕山—太行山片区绿色减贫指数排名下降 3 位，且绿色减贫指数从 0.164 下降到 –0.029。根据绿色减贫测算体系表，中国 11 个片区绿色减贫指数测算结果及排名如下表所示。

表 7-1 2014 年绿色减贫指数及排名

指标	绿色减贫指数		二级指标							
			经济增长绿化度		资源利用与环境保护程度		社会发展能力		扶贫开发与减贫效果	
地区	指标值	排名	指标值	排名	指标值	排名	指标值	排名	指标值	排名
罗霄山区	0.475	1	0.137	3	0.166	1	–0.012	8	0.184	1
大兴安岭南麓片区	0.441	2	0.222	1	–0.042	7	0.081	4	0.179	2
大别山区	0.360	3	0.181	2	–0.128	11	0.181	1	0.126	3
秦巴山区	0.006	4	–0.057	7	0.047	4	0.000	6	0.016	5
滇西边境片区	–0.009	5	–0.088	8	0.088	3	0.093	2	–0.101	9
燕山 – 太行山片区	–0.029	6	–0.114	10	–0.049	8	0.085	3	0.050	4
六盘山片区	–0.068	7	–0.016	5	–0.034	6	–0.033	9	0.014	6
武陵山区	–0.172	8	0.022	4	–0.011	5	–0.010	7	–0.173	11
滇桂黔石漠化片区	–0.173	9	–0.092	9	0.138	2	–0.139	10	–0.081	8
吕梁山片区	–0.237	10	–0.053	6	–0.115	10	0.004	5	–0.073	7
乌蒙山片区	–0.593	11	–0.142	11	–0.060	9	–0.250	11	–0.141	10

注：本表根据绿色减贫测算体系表，依各片区 2014 年各指标均值测算而得。

资料来源：《中国统计年鉴 2015》、《中国县域经济统计年鉴 2015》、2015 年各省级统计年鉴、2015 年各市级统计年鉴、2015 年各县级统计年鉴与公报，以及相关政府部门提供的权威数据。

从上表可以看出，燕山 – 太行山片区绿色减贫指数在 11 个片区中排在第 6 位，2014 年燕山 – 太行山片区的绿色减贫指数值为 –0.029。总体而言，燕山 – 太行山片区绿色减贫指数为负，各二级指标值分别为：经济增长绿化度 –0.114，在 11 个片区中排在第 10 名；资源利用和环境保护 –0.049，在 11 个片区中排在第 8 名；社会发展能力 0.085，在 11 个片区中排在第 3 名；扶贫开发与减贫效果 0.050，在 11 个片区中排在第 4 名。燕山 – 太行山片区经济增长的绿色减贫状况有待提升，在考察的 11 个片区中排名第六，同时资源利用和环境保护方面仍有提升空间。可以看出，燕山 – 太行山片区在 2014 年度经济发展与扶贫开发过程中社会发展能力提升较快，排名上升 1 位。

经济增长绿化度指标为负值的原因是：在经济增长绿化度的 7 个子指标中，“单位地区生产总值能耗”和“单位地区生产总值二氧化硫排放量”是逆指标，而这两项指标的得分较高。其余指标如“工业固体废物综合利用率”和“土地产出率”为正指标，但是得分不高，所以导致经济增长绿化度最终得分为负值。再来看反映资源利用与环境保护程度的 3 个子指标，“单位耕地面积化肥施用量”为逆指标，说明燕山 – 太行山片区中农业仍然是区域发展的重要产业，在农业生产生活过程中不可避免地会施用化肥，而“单位耕地面积化肥施用量”在衡量资源利用与环境保护程度为逆指标值。同时“人均森林面积”和“森林覆盖率”虽然评价值得分为正但是得分较低，导致资源利用与环境保护程度指标为负值。

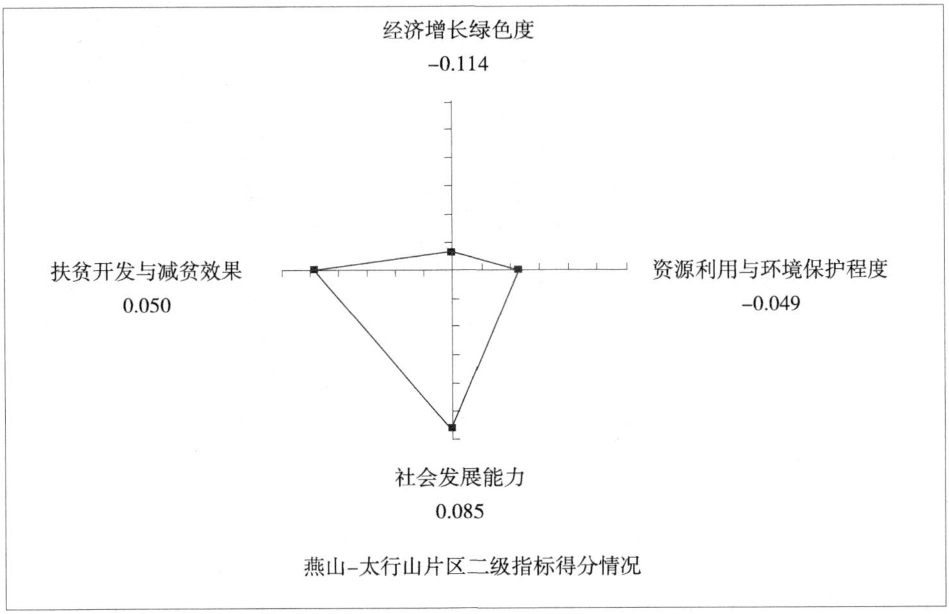

图 7-2　2014 年燕山 - 太行山片区二级指标雷达图

由于比较的年份是 2014 年和 2012 年，年度跨度期较大，再加上最近几年扶贫开发力度的逐步加强，扶贫效果逐渐显现，燕山 - 太行山片区部分指标排名发生较大变化，总体排名较 2012 年下降 3 位。从各项子指标看，“实现安全饮水人数比重”“单位耕地面积化肥施用量”“城乡收入比”和“通电行政村比重”变化较大且排名有所上升。如下表所示，2014 年燕山 - 太行山片区实现安全饮水人数比重”为 51.135%，在 11 个片区中排名第 3，而 2012 年该指标排名在第 9 名，2014 年燕山 - 太行山片区加快完善基础设施，不断满足片区农民的基本生活保障；2014 年燕山 - 太行山片区“单位耕地面积化肥施用量”为 303.890 吨 / 千公顷，排名上升 4 位；2014 年燕山 - 太行山片区“城乡收入比”排名从第 7 位上升到第 3 位，上升 4 位，2014 年燕山 - 太行山片区注重对农村居民生活改善，逐步缩小城乡收入差距；2014 年燕山 - 太行山片区“通电行政村比重”排名从第 6 位上升到第 1 位，上升 5 位，可见片区在 2014 年加大对基础设施的投入，并取得了成效。但是也需要看到，“单位地区生产总值二氧化硫排放量”“土地产出率”“高中阶段教育毛入学率”和“农村人均纯收入增长率”这几项指标的排名下降幅度较大，当然这些指标值可能在改善，我们不是在抹杀地方政府在扶贫开发中的投入，只是客观地反映一下 11 个片区在 2014 年度扶贫开发的工作成效，燕山－太行山片区在下一步的扶贫开发工作中应该特别重视这几项的指标的减贫成效。

表 7-2　2014 燕山－太行山片区指标排名变动表

指标名称	两年原始数据			两年排名变化		
	单位	2014	2012	2014	2012	变动
单位地区生产总值二氧化硫排放量	吨 / 万元	0.009	0.010	9	3	–6
土地产出率	万元 / 千公顷	2935.150	4.490	10	1	–9
人均森林面积	平方公里 / 人	0.003	0.290	8	5	–3
单位耕地面积化肥施用量	吨 / 千公顷	303.890	276.260	2	6	4
城乡收入比	%	2.591	3.360	3	7	4
高中阶段教育毛入学率	%	84.336	81.520	7	3	–4
农村人均纯收入增长率	%	10.070	21.160	11	3	–8
通电行政村比重	%	99.972	97.730	1	6	5
有效灌溉面积占基本农田面积比重	%	42.667	38.790	5	8	3
实现安全饮水人数比重	%	51.135	53.199	3	9	6

注：变动值为正数表明排名上升。

二、经济增长绿化度测算结果分析

2014 年燕山－太行山片区经济增长绿化度总值为 –0.114，其子指标 2014 年数值分别为：人均地区生产总值 18670.752 元 / 人，比 2012 年有所上升，在 11 个片区中其人均生产总值排名第 2。单位地区生产总值能耗为 1.117 吨标准煤 / 万元，比 2012 年 1.320 吨标准煤 / 万元的能耗值低，在 11 个片区中其单位地区生产总值能耗排名第 8，排名没有变化。单位地区生产总值二氧化硫排放量为 0.009 吨 / 万元，虽然较 2012 年的 0.010 有所下降，但是在 11 个片区中其单位地区生产总值二氧化硫排放量排名第 9，下降了 6 位。土地产出率为 2935.15 万元 / 千公顷，此处土地产出率的计算方法用农业总产值 / 农作物播种面积代替，2014 年燕山－太行山片区土地产出率排名为 10，农业生产土地利用在 11 个片区中较低。

工业固体废物综合利用率为 59.282%，比 11 个片区均值的 71.886% 低近 12%，说明燕山 – 太行山片区在对工业固体废物的循环利用方面仍需加强，提高绿色生产意识。第三产业增加值比重为 39.757%，比 2012 年的 35.480% 有所提升，第三产业生产在三大产业生产中占比逐渐提高，这无疑将推动燕山 – 太行山片区的绿色扶贫开发进程。实现安全饮水人数比重为 51.135%，在 11 个片区排名中排名第 3，说明燕山 – 太行山片区安全饮水处于稳步推进过程中势必会促进整个片区经济增长绿化度的提升。

表 7–3　燕山 – 太行山片区经济增长绿化度变动表

二级指标	单位	指标属性	2014 燕山 – 太行山片区数值	2012 燕山 – 太行山片区数值	2014 燕山 – 太行山片区排名	排名变化	进退脸谱
人均地区生产总值	元 / 人	正	18670.800	16139.600	2	1	J
单位地区生产总值能耗	吨标准煤 / 万元	逆	1.117	1.320	8	0	
单位地区生产总值二氧化硫排放量	吨 / 万元	逆	0.009	0.010	9	–6	L
土地产出率	万元 / 千公顷	正	2935.150	4.490	10	–9	L
工业固体废物综合利用率	%	正	59.282	43.000	11	0	
第三产业增加值比重	%	正	39.757	35.480	5	0	

综上所述，燕山 – 太行山片区单位地区生产总值能耗、单位地区生产总值二氧化硫排放量和工业固体废物综合利用率指标数值结果显示，2014 年燕山 – 太行山片区经济增长过程中对环境的保护仍有很大提升空间，可以在产业生产能耗、废气污染、工业固体废物利用率方面下功夫。而土地产出率、实现安全饮水人数比重和第三产业增加值比重数值结果显示燕山 – 太行山片区经济转轨趋向明显，经济绿色发展潜力巨大。这些子指标所组成的燕山 – 太行山片区“经济增长绿化度”指标值为 –0.114，在 11 个片区中排名第六，说明燕山 – 太行山片区在减贫过程中经济绿化程度居中，还有提升和改善空间。

三、资源利用与环境保护程度指数测算结果及其分析

2014 年燕山 – 太行山片区资源利用和环境保护总值为 –0.049，其子指标主要包括人均森林面积、森林覆盖率和单位耕地面积化肥施用量，2014 年燕山 – 太行山片区人均森林面积为 0.003 平方公里 / 人，较 11 个片区 2014 年平均人均森林面积 0.007 平方公里低；2014 年燕山 – 太行山片区森林覆盖率为

30.162%，排名没有变化，但是低于 11 个片区平均森林覆盖率 44.544% 的平均水平。

2014 年燕山 – 太行山片区单位耕地面积化肥施用量为 3303.890 千克 / 公顷，而 11 个片区该指标平均水平为 385.333 千克 / 公顷，燕山 – 太行山片区化肥施用量有所下降，目前来看低于片区平均水平，排名上升 2 位，说明燕山 – 太行山片区在农业生产过程中注重土地的可持续利用，不过度施用化学肥料，寻求科学的种植方式。

表 7–4　燕山 – 太行山片区资源利用与环境保护程度指数表

指标名称	单位	指标属性	2014 测评均值	2014 燕山 – 太行山片区数值	2012 燕山 – 太行山片区数值	2014 燕山 – 太行山片区排名	排名变化	进退脸谱
人均森林面积	平方公里 / 人	正	0.007	0.003	0.290	8	–3	L
森林覆盖率	%	正	44.544	30.162	30.680	8	0	--
单位耕地面积化肥施用量	吨 / 千公顷	逆	385.333	303.890	276.260	2	4	J

综上所述，燕山 – 太行山片区资源利用与环境保护处于慢慢缓解的过程中，需要重视对森林资源的保护和开发，数据所反映的森林覆盖率和人均森林面积下降需要引起重视，片区在发展经济的同时需要注意对资源的保护。同时可以看到，燕山 – 太行山片区单位耕地面积化肥施用量有所降低，说明片区注重对当地土地资源的保护，不盲目追求经济利益，合理施用化肥，追求经济效益与资源环境保护的共同兼顾和平衡发展。

四、社会发展能力指数测算结果及分析

在社会发展能力指数项下，涵盖农村恩格尔系数、城乡收入比、新型合作医疗参合率、有卫生室行政村比重、新型农村养老参保率和高中阶段教育毛入学率，共 6 个子指标。2014 年燕山 – 太行山片区农村恩格尔系数为 34.807%，农村恩格尔系数低于片区平均水平 36.747%。2014 年燕山 – 太行山片区城乡收入比为 2.591，比 2012 年下降了近 0.8 个百分点，且低于片区平均值，整体排名上升 1 位，说明燕山 – 太行山片区城乡收入差距在不断缩小。

“新型合作医疗参合率”为 84.520%，较 2012 年 72.990% 有很大提升，但是仍低于片区 88.482% 的平均水平，排名方面进步 2 位。“有卫生室行政村比例”为 96.694%，较 2012 年有卫生室行政村比例提高 4 个百分点，且高于 11 个

片区 93.007% 的平均水平，排名上升 2 位；“新型农村养老参保率” 27.473%，而 11 个片区平均值为 39.629%，仍有提升空间；“高中阶段教育毛入学率”为 84.336%，高于 11 个片区 82.193% 的平均水平，较 2012 年毛入学率提高近 3 个百分点。

表 7-5　2014 年燕山 – 太行山片区社会发展能力指数测算结果

指标名称	单位	指标属性	2014 测评均值	2014 燕山 – 太行山片区数值	2012 燕山 – 太行山片区数值	2014 燕山 – 太行山片区排名	排名变化	进退脸谱
农村恩格尔系数	%	逆	36.747	34.807	34.580	3	–2	L
城乡收入比	%	逆	2.993	2.591	3.360	3	4	J
新型合作医疗参合率	%	正	88.482	84.520	72.990	8	2	J
有卫生室行政村比例	%	正	93.007	96.694	92.540	2	2	J
新型农村养老参保率	%	正	39.629	27.473	41.980	5	0	--
高中阶段教育毛入学率	%	正	82.193	84.336	81.520	7	–4	L

综上所述，燕山 – 太行山片区社会发展能力指数测算结果表明，燕山 – 太行山片区贫困人口虽然仍然贫困，但是城乡收入差距不断缩小，“城乡收入比”“新型合作医疗参合率”“有卫生室行政村比例”这 3 项指标有所改善，且“农村恩格尔系数”“城乡收入比”“有卫生室行政村比例”这 3 项指标在 11 个片区整体排名中比较靠前。综合来看，燕山 – 太行山片区在社会发展能力方面表现不错，说明片区在改善农村居民生活环境、提高燕山 – 太行山片区贫困地区医疗、教育投入，加快城镇化进程，缩小城市和农村收入差距方面做了不少工作，能够不断促进片区社会和谐发展。

五、扶贫开发与减贫效果指数测算结果及分析

燕山 – 太行山片区是我国连片特困地区之一，测算其扶贫开发与减贫效果相当必要，本文选取贫困人口占总农村人口比重、农村人均纯收入增长率、通电行政村比重、通路行政村比重和有效灌溉面积，这 5 个指标测度燕山 – 太行山片区扶贫开发与减贫效果。

2014 年燕山 – 太行山片区贫困人口占总农村人口比重为 0.3%，低于 11 个片区 12.408% 的平均水平，且较 2012 年减贫效果明显，排名上升 2 位。农村人均纯收入增长率为 10.07%，高于 11 个片区 13.229% 的平均水平，排名下降 8 位；通电行政村比重为 99.972%，高于 11 个片区 98.685% 的平均水平，在 11 个片区排名中

排名第1位，较2012年上升了5位；通路行政村比重为96.376%，高于11个片区81.682%的平均水平，在11个片区排名中排名第2位，同时较2012年上升1位；有效灌溉面积占基本农田面积比重为42.667%，较2012年排名上升3位。

表7-6　2014年燕山－太行山片区扶贫开发与减贫效果指数测算结果

指标名称	单位	指标属性	2014燕山－太行山片区数值	2012燕山－太行山片区数值	2014燕山－太行山片区排名	排名变化	进退脸谱
贫困人口占总农村人口比重	%	逆	0.300	37.540	6	2	J
农村人均纯收入增长率	%	正	10.070	21.160	11	-8	L
通电行政村比重	%	正	99.972	97.730	1	5	J
通路行政村比重	%	正	96.376	72.010	2	1	J
有效灌溉面积占基本农田面积比重	%	正	42.667	38.790	5	3	J
实现安全饮水人数比重	%	正	51.135	53.199	3	6	J

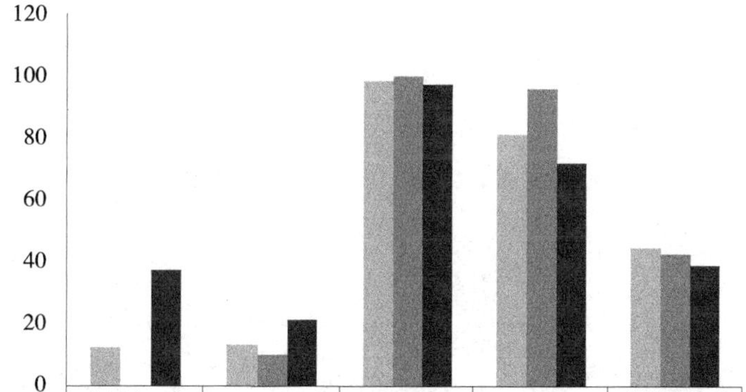

	贫困人口占总农村人口比重	农村人均纯收入增长率	通电行政村比重	通路行政村比重	有效灌溉面积占基本农田面积比重
2014测评均值	12.408	13.229	98.685	81.682	44.354
2014燕山-太行山片区数值	0.3	10.069	99.972	96.376	42.667
2012燕山-太行山片区数值	37.54	21.16	97.73	72.01	38.79

图7-3　燕山－太行山片区扶贫开发与减贫效果指数测算结果

综上所述，燕山－太行山片区贫困发生率较其他片区而言低，总体上减贫效果良好，但扶贫开发实施力度仍有待进一步加大。例如，加大基础设施建设力度，做好贫困地区村级道路畅通工作、饮水安全工作和农村电力保障工作。做好特色产业增收工作，积极培育贫困地区农民合作组织，开发现代设施农业、设施畜牧业、农家乐等多样增收方式，全面切实贫困地区人民生产生活水平，拔除"穷根"。

第二节　燕山—太行山片区内部各县绿色减贫指数的比较

本节探讨燕山－太行山片区绿色减贫指数测算结果，深入到片区内部各县指数结果比较，尽可能剔除片区间区位、环境差异造成绿色减贫指标差异，更加准确地探讨绿色减贫指数变动，使得研究更具实际意义。

一、绿色减贫指数比较

根据"绿色减贫测算体系表"，导入 2014 年燕山－太行山片区 33 个县共计 693 个数据后，得出以下绿色减贫指数及排名表。

表 7–7　2014 年度燕山－太行山片区县级绿色减贫指数排名表

省份	县区	绿色减贫指数	11 个片区总排名	片区内排名
河北	宣化县	0.642	4	1
	万全县	0.34	46	2
	望都县	0.338	47	3
	尚义县	0.187	129	4
	阳原县	0.181	133	5
	蔚县	0.151	153	6
	隆化县	0.148	156	8
	张北县	0.145	158	9
	承德县	0.133	168	10
	怀安县	0.123	177	11
	平泉县	0.111	185	12
	易县	0.108	187	13
	涞水县	0.099	202	15
	康保县	0.095	204	16
	沽源县	0.075	216	17
	顺平县	0.064	222	18
	丰宁县	0.059	227	19
	涞源县	0.021	249	20

续表

省份	县区	绿色减贫指数	11 个片区总排名	片区内排名
	阜平县	-0.031	280	23
	曲阳县	-0.031	281	23
	唐县	-0.094	317	27
	围场县	-0.178	369	31
内蒙古	化德县	0.15	154	7
	兴和县	-0.119	336	29
	商都县	-0.159	359	30
山西	灵丘县	0.102	199	14
	浑源县	0.015	256	21
	阳高县	-0.002	266	22
	五台县	-0.045	293	25
	繁峙县	-0.091	315	26
	大同县	-0.095	319	28
	广灵县	-0.21	384	32
	天镇县	-0.26	419	33

由上表，绿色减贫指数结果排在前 10 名的分别是宣化县、万全县、望都县、尚义县、阳原县、蔚县、化德县、隆化县、张北县和承德县，它们的绿色减贫指数得分分别为 0.642、0.34、0.338、0.187、0.181、0.151、0.15、0.148、0.145 和 0.133。上述数据表明，燕山 - 太行山片区绿色减贫指数差异相对较小，除了排在前 1 名的宣化县的绿色减贫优势显著外，其余县区差距并不大。同时，河北片区绿色减贫效果较内蒙古、山西片区显著，内蒙古、山西片区的大安市绿色减贫指数为负值。

二、经济增长绿化度比较

经济增长绿化度包涵 6 个二级指标，分别为：人均地区生产总值、单位地区生产总值能耗、单位地区生产总值二氧化硫排放量、土地产出率、工业固体废物综合利用率和第三产业增加值比重。

2014 年，燕山 - 太行山片区经济增长绿化度县域比较中最高的县是宣化县，指标值为 0.374，在所有监测县中排名第 1 位。燕山 - 太行山片区经济增长绿化度县域比较中第 2 名为望都县，指标值为 0.246，在所有监测县中排名第 14 位。繁峙县、平泉县和浑源县分别排第 3、4、5 名，指标值分别为 0.079、0.044 和 0.044。燕山 - 太行山片区有 2 个县进入所有监测县前 100 名，均为河北省片区。此外，除宣化县和望都县得分较高、优势明显外，其他各县差异不大。需要注意的是，燕山 - 太行山片区有过半的县区其经济增长绿色度指标值为负值。

表 7-8　燕山 - 太行山片区各县经济增长绿化度排名表 1

省	县区	经济增长绿色度	2014 年总排名
河北	宣化县	0.374	1
	万全县	0.001	265
	望都县	0.246	14
	尚义县	-0.114	413
	阳原县	-0.022	299
	蔚县	-0.165	450
	隆化县	0.015	241
	张北县	-0.068	364
	承德县	0.026	222
	怀安县	-0.113	411
	平泉县	0.044	191
	易县	0.002	262
	涞水县	0.015	244
	康保县	-0.127	418
	沽源县	-0.174	456
	顺平县	-0.048	334
	丰宁县	-0.088	387
	涞源县	-0.015	286
	阜平县	-0.159	444
	曲阳县	-0.065	360
	唐县	-0.102	401
	围场县	-0.162	447
内蒙古	化德县	-0.017	290
	兴和县	0.031	214
	商都县	-0.157	442
山西	灵丘县	0.034	208
	浑源县	0.044	192
	阳高县	0.019	233
	五台县	-0.081	375
	繁峙县	0.079	133
	大同县	-0.076	369
	广灵县	0.018	235
	天镇县	-0.262	491

表 7–9　燕山 – 太行山片区各县经济增长绿化度排名表 2

县区	经济增长绿色度	2014 年 11 个片区排名	燕山 – 太行山片区内排名
宣化县	0.374	1	1
望都县	0.246	14	2
繁峙县	0.079	133	3
平泉县	0.044	191	4
浑源县	0.044	192	4
灵丘县	0.034	208	6
兴和县	0.031	214	7
承德县	0.026	222	8
阳高县	0.019	233	9
广灵县	0.018	235	10
隆化县	0.015	241	11
涞水县	0.015	244	11
易县	0.002	262	13
万全县	0.001	265	14
涞源县	–0.015	286	15
化德县	–0.017	290	16
阳原县	–0.022	299	17
顺平县	–0.048	334	18
曲阳县	–0.065	360	19
张北县	–0.068	364	20
大同县	–0.076	369	21
五台县	–0.081	375	22
丰宁县	–0.088	387	23
唐县	–0.102	401	24
怀安县	–0.113	411	25
尚义县	–0.114	413	26
康保县	–0.127	418	27
商都县	–0.157	442	28
阜平县	–0.159	444	29
围场县	–0.162	447	30
蔚县	–0.165	450	31
沽源县	–0.174	456	32
天镇县	–0.262	491	33

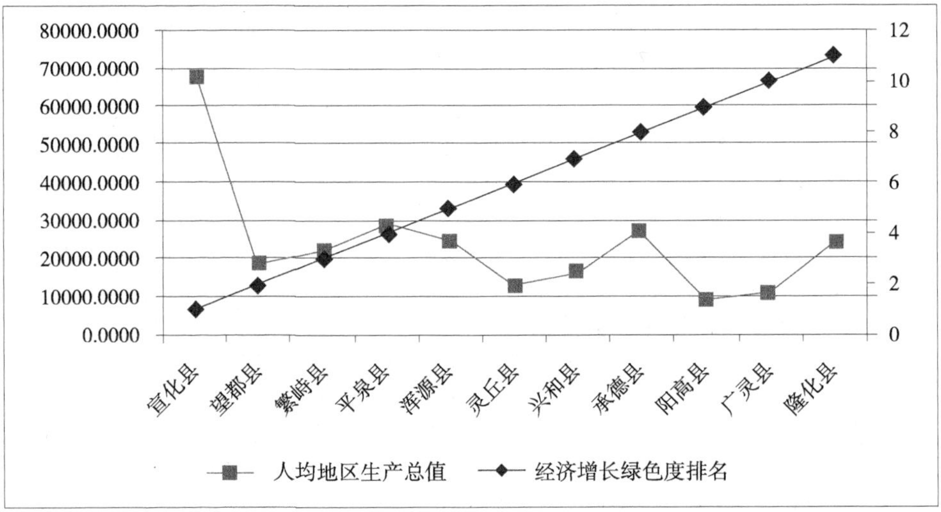

图 7–4　燕山 – 太行山片区人均地区生产总值与经济增长绿色度排名对比

此外，该片区的人均生产总值与其排名不存在正相关性，排名第 2 的望奎县，其人均生产总值为 19021.448 元 / 人，排名第 12 位。人均生产总值排名前五位的分别是宣化县、平泉县、化德县、承德县和涞源县。

综上所述，燕山 – 太行山片区各县经济增长绿化度数值显示 8 个县绿色度较好，绿色度显示为负的县之间差异不明显，同时，经济增长绿化度与人均地区生产总值间相关性不明显，对燕山 – 太行山片区而言，经济增长绿化度与经济增长间的相互作用不显著。

三、资源利用与环境保护程度指数比较

资源利用与环境保护程度指标项下有人均森林面积、森林覆盖率和单位耕地面积化肥施用量 3 个二级指标。2014 年资源利用和环境保护指标排名第 1 的县区是阿尔山市，其指标值为 0.375，排名最后的县为兰西县，指标值为 –0.146。

通过对 2014 年燕山 – 太行山片区“资源利用与环境保护程度”的排名比较发现：首先，有 7 个县区进入 11 个片区监测总排名的前百位，分别是化德县、怀安县、蔚县、沽源县、张北县、康保县和尚义县，说明燕山 – 太行山片区资源利用与环境保护程度比较理想。其次，有 20 个县的“资源利用与环境保护程度”得分为负值在片区总排名中也不甚乐观。第三，河北片区在“资源利用与环境保护程度”方面较山西和内蒙古片区好，排名第一的是内蒙古的化德县，由于该片区河北省的县区占比较大，导致排名方面河北县区较多。

表 7-10　燕山－太行山片区各县经济增长绿化度排名表 1

省	县区	资源利用与环境保护程度	2014 年总排名
河北	宣化县	0.032	144
	万全县	0.036	133
	望都县	–0.141	492
	尚义县	0.054	100
	阳原县	0.038	127
	蔚县	0.064	90
	隆化县	0.009	215
	张北县	0.06	94
	承德县	–0.009	273
	怀安县	0.074	81
	平泉县	0.002	236
	易县	–0.053	372
	涞水县	–0.094	444
	康保县	0.056	97
	沽源县	0.064	92
	顺平县	–0.099	449
	丰宁县	–0.006	266
	涞源县	–0.088	433
	阜平县	–0.076	408
	曲阳县	–0.131	486
	唐县	–0.127	482
	围场县	–0.021	293
内蒙古	化德县	0.096	60
	兴和县	–0.037	339
	商都县	0.035	135
山西	灵丘县	–0.033	325
	浑源县	–0.035	332
	阳高县	–0.035	333
	五台县	–0.038	340
	繁峙县	–0.052	371
	大同县	–0.011	274
	广灵县	–0.054	374
	天镇县	–0.066	392

表 7-11　燕山－太行山片区各县经济增长绿化度排名表 2

县区	经济增长绿色度	2014 年 11 个片区排名	燕山－太行山片区内排名
化德县	0.096	60	1
怀安县	0.074	81	2
蔚县	0.064	90	3
沽源县	0.064	92	3
张北县	0.06	94	5
康保县	0.056	97	6
尚义县	0.054	100	7
阳原县	0.038	127	8
万全县	0.036	133	9
商都县	0.035	135	10
宣化县	0.032	144	11
隆化县	0.009	215	12
平泉县	0.002	236	13
丰宁县	−0.006	266	14
承德县	−0.009	273	15
大同县	−0.011	274	16
围场县	−0.021	293	17
灵丘县	−0.033	325	18
浑源县	−0.035	332	19
阳高县	−0.035	333	19
兴和县	−0.037	339	21
五台县	−0.038	340	22
繁峙县	−0.052	371	23
易县	−0.053	372	24
广灵县	−0.054	374	25
天镇县	−0.066	392	26
阜平县	−0.076	408	27
涞源县	−0.088	433	28
涞水县	−0.094	444	29
顺平县	−0.099	449	30
唐县	−0.127	482	31
曲阳县	−0.131	486	32
望都县	−0.141	492	33

综上所述，燕山－太行山片区森林资源丰裕，要提高燕山－太行山片区减贫绿色度，必须加大对森林资源的保护和利用力度，同时，应注重在土地利用过

程中化肥等的使用量，确保土地和环境可持续发展。

四、社会发展能力指数比较

2014 年，燕山－太行山片区社会发展能力指标排名前 10 的县分别为：沽源县、康保县、尚义县、万全县、蔚县、宣化县、阳原县、涞源县、怀安县和易县，其指标值分别为：0.205、0.174、0.172、0.16、0.153、0.152、0.145、0.142、0.132 和 0.124。从排名前 10 的县指标取值来看，燕山－太行山片区各县社会发展能力指标数值相近，大部分的县区指标取值为正数。

表 7–12　燕山－太行山片区各县社会发展能力排名表 1

省	县区	社会发展能力	2014 年总排名
河北	宣化县	0.152	54
	万全县	0.16	45
	望都县	0.119	84
	尚义县	0.172	36
	阳原县	0.145	59
	蔚县	0.153	53
	隆化县	0.058	160
	张北县	0.109	96
	承德县	0.084	125
	怀安县	0.132	69
	平泉县	0.07	143
	易县	0.124	76
	涞水县	0.102	105
	康保县	0.174	31
	沽源县	0.205	20
	顺平县	0.104	102
	丰宁县	0.107	98
	涞源县	0.142	62
	阜平县	0.098	109
	曲阳县	0.044	181
	唐县	0.061	156
	围场县	–0.08	388
内蒙古	化德县	0.005	253
	兴和县	–0.075	383
	商都县	–0.018	291

续表

省	县区	社会发展能力	2014 年总排名
山西	灵丘县	0.027	213
	浑源县	-0.059	358
	阳高县	0.004	254
	五台县	-0.009	275
	繁峙县	-0.122	440
	大同县	-0.029	304
	广灵县	-0.232	483
	天镇县	0.023	220

表 7-13　燕山 - 太行山片区各县社会发展能力排名表 2

县区	社会发展能力	2014 年 11 个片区排名	燕山 - 太行山片区内排名
沽源县	0.205	20	1
康保县	0.174	31	2
尚义县	0.172	36	3
万全县	0.16	45	4
蔚县	0.153	53	5
宣化县	0.152	54	6
阳原县	0.145	59	7
涞源县	0.142	62	8
怀安县	0.132	69	9
易县	0.124	76	10
望都县	0.119	84	11
张北县	0.109	96	12
丰宁县	0.107	98	13
顺平县	0.104	102	14
涞水县	0.102	105	15
阜平县	0.098	109	16
承德县	0.084	125	17
平泉县	0.07	143	18
唐县	0.061	156	19
隆化县	0.058	160	20
曲阳县	0.044	181	21
灵丘县	0.027	213	22
天镇县	0.023	220	23
化德县	0.005	253	24
阳高县	0.004	254	25

续表

县区	社会发展能力	2014 年 11 个片区排名	燕山 – 太行山片区内排名
五台县	–0.009	275	26
商都县	–0.018	291	27
大同县	–0.029	304	28
浑源县	–0.059	358	29
兴和县	–0.075	383	30
围场县	–0.08	388	31
繁峙县	–0.122	440	32
广灵县	–0.232	483	33

该片区有 13 个县进入片区总排名的前百位，分别是沽源县、康保县、尚义县、万全县、蔚县、宣化县、阳原县、涞源县、怀安县、易县、望都县、张北县和丰宁县。此外，五台县、商都县、大同县、浑源县、兴和县、围场县、繁峙县和广灵县社会发展能力指数得分为负值。

总体上说，与 2012 年相比，燕山 – 太行山片区 2014 年农村恩格尔系数呈下降趋势，有卫生室行政村比例、新型农村养老参保率和高中阶段教育毛入学率均有所上升。2012 年和 2014 年燕山 – 太行山片区各县各指标排名变动较大，但总体趋势为农村减贫效果明显，各县社会发展能力指标情况较好。

五、扶贫开发与减贫效果指数比较

2014 年，燕山 – 太行山片区扶贫开发与减贫效果指标排名前 10 名的县分别为：万全县、曲阳县、望都县、顺平县、阜平县、蔚县、围场县、宣化县、五台县和涞水县，其指标数值分别为：0.143、0.121、0.115、0.107、0.106、0.099、0.085、0.084、0.082 和 0.076。该片区在此项指标中有 6 个县进入 11 个片区总排名的前百位。

表 7–14　燕山 – 太行山片区各县扶贫开发与减贫效果排名表 1

省	县区	扶贫开发与减贫效果	2014 年总排名
河北	宣化县	0.084	103
	万全县	0.143	38
	望都县	0.115	73
	尚义县	0.075	121
	阳原县	0.019	229
	蔚县	0.099	88
	隆化县	0.066	135

续表

省	县区	扶贫开发与减贫效果	2014 年总排名
	张北县	0.043	166
	承德县	0.033	189
	怀安县	0.029	197
	平泉县	–0.005	276
	易县	0.035	186
	涞水县	0.076	117
	康保县	–0.008	287
	沽源县	–0.02	314
	顺平县	0.107	80
	丰宁县	0.046	159
	涞源县	–0.019	310
	阜平县	0.106	82
	曲阳县	0.121	67
	唐县	0.075	122
	围场县	0.085	101
内蒙古	化德县	0.065	138
	兴和县	–0.038	345
	商都县	–0.02	313
山西	灵丘县	0.074	123
	浑源县	0.065	140
	阳高县	0.009	251
	五台县	0.082	107
	繁峙县	0.004	258
	大同县	0.021	224
	广灵县	0.058	148
	天镇县	0.044	164

表 7–15　燕山 – 太行山片区各县扶贫开发与减贫效果排名表 2

县区	扶贫开发与减贫效果	2014 年 11 个片区排名	燕山 – 太行山片区内排名
万全县	0.143	38	1
曲阳县	0.121	67	2
望都县	0.115	73	3
顺平县	0.107	80	4
阜平县	0.106	82	5
蔚县	0.099	88	6
围场县	0.085	101	7

续表

县区	扶贫开发与减贫效果	2014年11个片区排名	燕山－太行山片区内排名
宣化县	0.084	103	8
五台县	0.082	107	9
涞水县	0.076	117	10
尚义县	0.075	121	11
唐县	0.075	122	11
灵丘县	0.074	123	13
隆化县	0.066	135	14
化德县	0.065	138	15
浑源县	0.065	140	15
广灵县	0.058	148	17
丰宁县	0.046	159	18
天镇县	0.044	164	19
张北县	0.043	166	20
易县	0.035	186	21
承德县	0.033	189	22
怀安县	0.029	197	23
大同县	0.021	224	24
阳原县	0.019	229	25
阳高县	0.009	251	26
繁峙县	0.004	258	27
平泉县	-0.005	276	28
康保县	-0.008	287	29
涞源县	-0.019	310	30
沽源县	-0.02	314	31
商都县	-0.02	313	31
兴和县	-0.038	345	33

第三节　启示和建议

总体而言，燕山－太行山片区扶贫开发正在稳步推进过程中，农村贫困人口大幅减少，收入水平稳步提高，贫困地区基础设施明显改善，社会事业不断进步，最低生活保障制度全面建立，农村居民生存和温饱问题基本解决。但是地区经济社会发展能力总体水平不高，区域发展不平衡问题突出，制约贫困地区发展的深层次矛盾依然存在。扶贫对象规模大，相对贫困问题凸显，发展相对滞后，扶贫开发任务仍十分艰巨。因此，燕山－太行山片区应致力加快扶贫开发建设、巩固温饱成果、加快脱贫致富、改善生态环境、提高发展能力和缩小发展差距。这也是本书绿色减贫主旨提出的背景所在。

一、绿色减贫测算结果的启示

通过绿色减贫测算发现，，燕山－太行山片区绿色减贫指数在 11 个片区中排在第 6 位，2014 年燕山－太行山片区的绿色减贫指数值为 –0.029。总体而言，燕山－太行山片区绿色减贫指数为负，燕山－太行山片区经济增长的绿色减贫状况有待提升，同时资源利用和环境保护方面仍有提升空间。

但是，测算结果也表明燕山－太行山片区农村居民仍然较为贫困，单位地区生产总值能耗、单位地区生产总值二氧化硫排放量、工业固体废物综合利用率和实现安全饮水人数比重这几项指标影响片区扶贫开发的绿色度，所以需要加强环境保护和资源利用方面的投入力度，给予更多的关注与支持。片区的扶贫开发不应该是单纯的经济指标的增长，应该关注片区的生存环境和片区的可持续发展能力，绿色减贫指数所考虑的能够反映片区扶贫开发经济发展绿色度的几项指标就是在综合考虑区域、人口的可持续发展能力的基础上构建的。为此，在下一阶段，燕山－太行山片区需要进一步加强对环境保护和资源利用的重视程度，特别是在京津冀协同发展的大框架下，增加片区环境治理和环境保护的投入，同时保护天然林资源和水土资源，为片区可持续发展谋求长远打算。

加快燕山－太行山片区区域发展步伐，加大扶贫攻坚力度，有利于保障和改善民生，促进贫困人口脱贫致富，保障全体人民共享改革发展成果；有利于加快西部大开发和中部地区崛起，缩小地区差距，促进区域协调发展和首都周边地区繁荣稳定；有利于加强环境保护和生态建设，保障京津地区水源安全，构筑京津生态安全屏障；有利于进一步深化改革、扩大开放、转变发展方式，开创科学发展新局面，对实现全面建设小康社会奋斗目标，具有十分重要的意义。

二、对燕山－太行山片区的建议

本文以燕山－太行山片区绿色减贫测算结果为依据，以《燕山－太行山片区区域发展与扶贫攻坚规划（2012 ～ 2020 年）》为抓手，以扶贫开发新纲要为基础，以加大燕山－太行山片区绿色减贫开发力度为目的，从以下几方面提出相关意见建议：

（一）加强生态保护与生态建设

燕山－太行山片区作为京津地区重要生态安全屏障和水源保护区，需要大力推进生态文明建设，不断提高森林覆盖率和植被覆盖度，增强防风固沙、水源涵养和水土保持能力，建设环京津地区“绿色长城”。实行最严格的水资源保护与管理制度，严格防治水环境污染，进一步加强水源地保护。建议建立健全生态和水资源补偿机制。燕山－太行山片区可以依托国家重点生态工程，加强生态修复和环境保护，大力增加林草植被，提高森林覆盖率，控制水土流失，构筑京津地区重要生态安全屏障。以饮用水源地和滦河、潮河、白河等重要河流源头及两岸为重点，保护和恢复森林、草原、湿地等生态系统，加大水源涵养林建设力度，提高水源涵养能力。禁止过度放牧、无序采矿、毁林开荒等行为。严格限制河流源头及上游地区发展高污染产业。以河北涞源白石山国家地质公园、阜平天生桥国家地质公园、涞水野三坡国家地质公园、山西五台山国家地质公园、大同火山群国家地质公园等为重点，开展地貌多样性保护，建立严格的保护机制，防止各类经济活动破坏自然遗存地。

继续实施三北防护林、天然林资源保护、京津风沙源治理、太行山绿化以及湿地保护与恢复等重点生态工程。巩固退耕还林还草成果，加强森林管护，保护天然草场植被。加大沙化和退化土地治理力度，对主要沙尘源区、沙尘暴频发区实行封禁管理。以小流域为单元，采取工程和生物等措施，加大水土流失治理力度。加快已开矿山、矿区生态恢复。实施生态文明示范工程建设。统筹生态建设、环境保护和经济社会发展，建立健全保护生态安全的规章制度，大力开展污染防治和生态修复，发展环境友好型产业，积极倡导绿色消费。推进城乡绿化美化。支持具备条件的县开展生态文明工程试点县建设。

（二）加快推进环境保护和环境管理

燕山－太行山片区针对现有的资源与环境现状，着力加强城乡饮用水水源地保护，严格引水源保护区制度。加大实施滦河和潮河、白河等重点河流及其支流水环境监测和综合治理，建立水环境监测联动机制。合理确定水功能区纳污红线，严格控制排污总量。建立健全水污染防治责任追究制度，增强突发性水污染事故的应急处置能力。严格实行污染物达标排放，强化污染物排放动态监控及污水处理厂的运营管理，加快推进城镇和工业园区污水集中处理及垃圾无害化处理和资源化利用。完善县级医院和乡镇卫生院医疗垃圾储运装置。严格控制化肥、农药用量，发展生态农业。大力治理农膜污染，推广使用可降解农膜。开展畜禽粪便和秸秆等农业废弃物综合处理和资源化利用，严禁沼液、养殖场冲洗废水等直接排入河道。大力推广清洁生产技术，推进污染物达标排放。加大污染企业治理整顿力度，限期关闭排污不达标企业。推进排污权有偿使用和市场交易试点。加快有毒有害废气、重金属等污染治理和污染土壤治理与修复，规范危险废物管理。

此外，要完善环境监测和监督执法体系，建立工业增加值污染物产生量、排放量评价制度，完善节能减排监测统计，落实污染物减排考核指标。严格执行建设项目环境影响评价制度。加大环境执法力度。建立健全突发环境事件信息公开制度和责任追究制度，增强应急处置能力。

（三）推进绿色产业化扶贫进程

燕山 - 太行山片区重点围绕京津地区市场需求，进一步发挥资源环境优势，大力发展优质、高效、生态、安全的现代农业，重点提升绿色、有机农产品生产能力，加快发展农产品加工业，推进农业生产经营专业化、标准化、集约化、品牌化，建成京津地区重要的农副产品供应基地。立足资源特点、市场和劳动力条件，扶持扶贫特色优势产业，重点支持蔬菜、马铃薯、干鲜果、中药材种植、畜禽养殖和旅游等覆盖面大、带动性强、比较优势突出、扶贫效益明显的产业。加大政策支持和资金投入力度，强化基地建设，促进加工转化。加强对贫困农户的技术指导和资金扶持。创新产业组织形式。按照产业化扶贫要求，重点支持农民专业合作社、专业技术协会和扶贫龙头企业、小微型企业等能够直接带动贫困农户增收的产业发展，鼓励社会企业等新型产业组织发展。

（四）大力开发文化旅游资源

燕山 - 太行山片区可以依托深厚文化底蕴，发展以佛道教文化、历史文化、民俗文化和红色文化为特色的文化主题游，建成国内一流、世界知名的文化旅游目的地。充分发挥区位、生态环境等方面优势，重点开发京津等周边城市旅游市场，大力发展生态旅游和休闲度假游，建成京津地区“后花园”。

加强旅游资源整合和开发，在现有宗教文化、历史文化、红色文化和自然风光等主要旅游资源的基础上，进一步开发适合周边城市消费者休闲度假的旅游产品。重点发掘山水休闲游、农事民俗体验游、自然探险游、康体健身游、科普游、节庆游等，培育个性化、差异化的旅游产品，形成点面结合的旅游产品体系。加强旅游资源区域合作和资源共享，构建跨区域旅游协作网。以现有的国家级自然保护区、世界文化自然遗产、国家级风景名胜区、国家森林公园、国家级湿地公园和国家地质公园等为依托，重点打造一批高品质旅游景区和旅游目的地。以交通为纽带，结合周边城市消费趋势，重点开发适合自驾、休闲游的短期旅游线路。

第八章　罗霄山片区绿色减贫指数分析

罗霄山片区包括江西、湖南两大片区，共计23个县，江西片区包括萍乡的莲花县，赣州的赣县、上犹县、安远县、宁都县、于都县、兴国县、寻乌县、会昌县、石城县、瑞金市、南康市，吉安的遂川县、万安县、永新县、井冈山市和抚州的乐安县；而湖南片区包括株洲的茶陵县、炎陵县，郴州的宜章县、汝城县、桂东县、安仁县。罗霄山片区地处我国南方红壤区，暴雨频繁，生态失衡，洪涝灾害和水土流失严重。集革命老区、中央苏区和贫困地区于一体，是贫困人口分布广的连片特困地区，也是重要的经济协作区。[①]

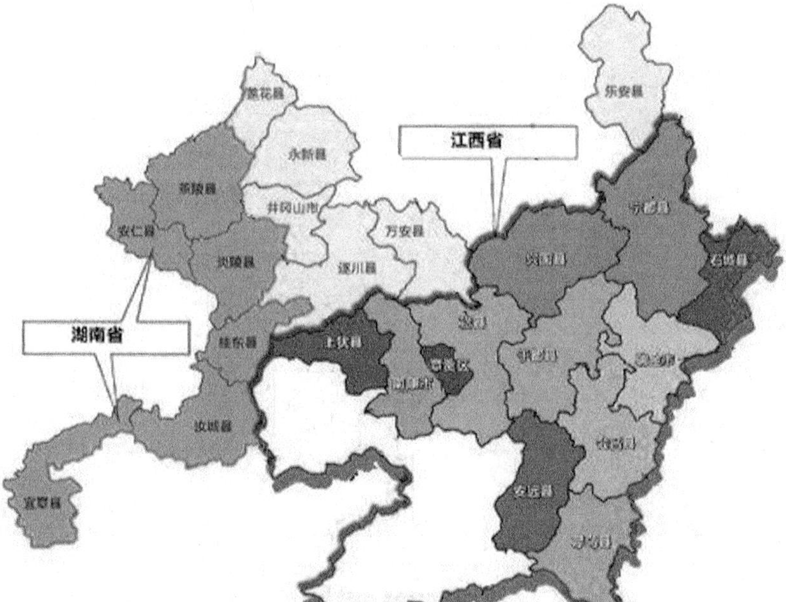

图 8–1　罗霄山片区区域发展与扶贫攻坚规划行政区划图

罗霄山片区地处罗霄山脉中南段及其与南岭、武夷山连接地区，国土总面积为

① 2014年全国扶贫开发工作重点区域监测报告

5.3 万平方公里。地貌类型以山地、丘陵为主。气候类型为亚热带湿润季风气候，无霜期长，降水丰富，年均降水量 1414–1866 毫米。该区域是长江支流赣江和珠江支流东江的发源地，是湘江的重要水源补给区，森林资源丰富。

第一节　罗霄山片区绿色减贫指数分析

根据绿色减贫测算体系表，对中国连片特困地区中 11 个片区绿色减贫指数进行测算，本节从中掘取罗霄山片区指数计算结果进行分析，主要包括测算总结果分析、经济增长绿化度指数结果分析、资源利用与环境保护指数结果分析、社会发展指数结果分析和扶贫开发与减贫效果指数结果分析。

一、测算总结果及分析

根据绿色减贫测算体系表，中国连片特困地区中 11 个片区绿色减贫指数测算结果如下表所示。

表 8–1　罗霄山区绿色减贫指数及二级指标

指标	中国绿色减贫指数		二级指标							
			经济增长绿色度		资源利用与环境保护程度		社会发展能力		扶贫开发与减贫效果	
省区	指标值	排名	指标值	排名	指标值	排名	指标值	排名	指标值	排名
罗霄山区	0.475	1	0.137	3	0.166	1	–0.012	8	0.184	1
大兴安岭南麓片区	0.441	2	0.222	1	–0.042	7	0.081	4	0.179	2
大别山区	0.360	3	0.181	2	–0.128	11	0.181	1	0.126	3
秦巴山区	0.006	4	–0.057	7	0.047	4	0.000	6	0.016	5
滇西边境片区	–0.009	5	–0.088	8	0.088	3	0.093	2	–0.101	9
燕山 – 太行山片区	–0.029	6	–0.114	10	–0.049	8	0.085	3	0.050	4
六盘山片区	–0.068	7	–0.016	5	–0.034	6	–0.033	9	0.014	6
武陵山区	–0.172	8	0.022	4	–0.011	5	–0.010	7	–0.173	11
滇桂黔石漠化片区	–0.173	9	–0.092	9	0.138	2	–0.139	10	–0.081	8
吕梁山片区	–0.237	10	–0.053	6	–0.115	10	0.004	5	–0.073	7
乌蒙山片区	–0.593	11	–0.142	11	–0.060	9	–0.250	11	–0.141	10

注：本表根据绿色减贫测算体系表，依各片区 2015 年各指标均值测算而得。

资料来源：《中国统计年鉴 2015》、《中国县域经济统计年鉴 2015》、2015 年各省级统计年鉴、2015 年各市级统计年鉴、2015 年各县级统计年鉴与公报，以及相关政府部门提供的权威数据。

从上表（表 8–1）可以看出，罗霄山片区绿色减贫指数在 11 个片区中排在第 1 位，较 2012 年提升 3 位，2014 年罗霄山片区的绿色减贫指数值为 0.475，较 2012 年提升 0.337。总体而言，罗霄山片区绿色减贫指数为正，各二级指标值分别为：经济增长绿化度 0.137，在 11 个片区中排在第 3 名；资源利用和环境保护 0.166，在 11 个片区中排在第 1 名；社会发展 –0.012，在 11 个片区中排在第 8 名；扶贫开发与减贫效果 0.184，在 11 个片区中排在第 1 名。罗霄山片区在经济发展的过程中注重资源的利用和环境保护，经济增长整体呈可持续绿色发展状态，经济效益与环境保护“两手抓、两手硬”。

社会发展指标为负值的原因是：在社会发展 5 个三级指标中，“农村恩格尔系数”和“城乡收入比”为逆指标。该二级指标测算结果显示为负值，说明罗霄山片区扶贫开发过程中城乡收入差距较大，农村和城市发展不平衡，农村贫困人口占比较大，农村人口普遍贫困，扶贫工作重点仍然在农村。

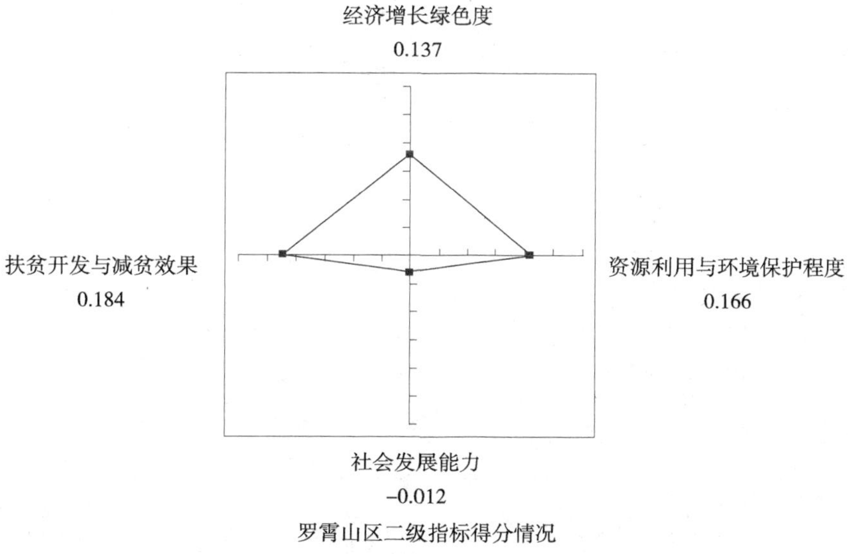

图 8–2　2014 年罗霄山片区二级指标雷达图

罗霄山片区各指标排名基本持平，而“单位地区生产总值二氧化硫排放量”“工业固体废物综合利用率”“第三产业增加值比重”“单位耕地面积化肥施用量”“农村恩格尔系数”“城乡收入比”“有卫生室行政村比例”“新型农村养老参保率”“农村人均纯收入增长率”“通电行政村比重”“通路行政村比重”变动较大，如下表（表 8–2）所示。2014 年罗霄山片区单位地区生产总值二氧化硫排放量为 0.003 吨 / 万元，在 11 个片区中排名第 3，而 2012 年该指标排名第 8。2014 年罗霄山片区工业固体废物综合利用率为 65.754%，在 11 个片区中排名第 8，而 2012 年该指标排名第 4。2014 年罗霄山片区第三产业增加值比重为 35.308%，在 11 个片区中排名第 7，而 2012 年该指标排名第 3。2014 年罗霄山片区单位耕地面积化肥施用量为 417.966 吨 / 千公顷，在 11 个片区中排名第 8，而 2012 年该指标排名第 3。2014 年罗霄山片区农村恩格尔系数为 37.064%，在 11 个片区中排名第 5，而 2012 年该指标排名第 9。2014 年罗霄山片区城乡收入比为 2.728%，在 11 个片区中排名第 4，而 2012 年该指标排名第 8。2014 年罗霄山片区有卫生室行政村比例为 88.980%，在 11 个片区中排名第 9，而 2012 年该指标排名第 3。2014 年罗霄山片区新型农村养老参保率为 100.000%，在 11 个片区中排名第 1，而 2012 年该指标排名第 8。2014 年罗霄山片区农村人均纯收入增长率为 13.840%，在 11 个片区中排名第 4，而 2012 年该指标排名第 11。2014 年罗霄山片区通电行政村比重为 99.882%，在 11 个片区中排名第 2，而 2012 年该指标排名第 8。2014 年罗霄山片区通路行政村比重为 99.168%，在 11 个片区中排名第 1，而 2012 年该指标排名第 7。

表 8–2　罗霄山片区指标排名变动表

三级指标名称	两年原始数据			两年排名变化		
	单位	2014	2012	2014	2012	变动
单位地区生产总值二氧化硫排放量	吨 / 万元	0.003	5.100	3	8	5
工业固体废物综合利用率	%	65.754	80.630	8	4	–4
第三产业增加值比重	%	35.308	37.690	7	3	–4
单位耕地面积化肥施用量	吨 / 千公顷	417.966	3.510	8	3	–5
农村恩格尔系数	%	37.064	44.580	5	9	4
城乡收入比	%	2.728	3.640	4	8	4
有卫生室行政村比例	%	88.980	92.650	9	3	–6
新型农村养老参保率	%	100.000	36.330	1	8	7
农村人均纯收入增长率	%	13.840	12.180	4	11	7
通电行政村比重	%	99.882	96.790	2	8	6
通路行政村比重	%	99.168	58.420	1	7	6
实现安全饮水人数比重	%	40.364	59.898	9	6	–3

二、经济增长绿化度测算结果分析

2014 年罗霄山片区经济增长绿化度总值为 0.137，其二级指标 2014 年数值分别为：人均地区生产总值 17442.1 元 / 人，比 2012 年有所上升。单位地区生产总值能耗为 0.633 吨标准煤 / 万元，比 2012 年 0.900 吨标准煤 / 万元的能耗值低，在 11 个片区中其单位地区生产总值能耗排名第 1，说明罗霄山片区生产能耗较其他片区低，生产节能化成效显著。单位地区生产总值二氧化硫排放量为 0.003 吨 / 万元，比 2012 年 5.100 吨 / 万元的排放量低，在 11 个片区中其单位地区生产总值二氧化硫排放量排名第 3，说明罗霄山片区产业二氧化硫排放量较低，产业清洁生产实力在 11 个片区中名列前茅。

表 8–3 罗霄山片区经济增长绿化度变动表

二级指标	单位	指标属性	2014 绿色减贫罗霄山片区数值	2014 绿色减贫罗霄山片区排名	排名变化	较 2012 年排名进退脸谱
人均地区生产总值	元 / 人	正	17442.1	4	2	J
单位地区生产总值能耗	吨标准煤 / 万元	逆	0.633	1	1	J
单位地区生产总值二氧化硫排放量	吨 / 万元	逆	0.003	3	5	J
土地产出率	万元 / 千公顷	正	4707.817	3	–1	L
工业固体废物综合利用率	%	正	65.754	8	–4	L
第三产业增加值比重	%	正	35.308	7	–4	L

土地产出率为 4707.817 万元 / 千公顷，此处土地产出率的计算方法用农业总产值 / 农作物播种面积代替，罗霄山片区土地产出率排名为 3，农业生产土地利用率较高。工业固体废物综合利用率为 65.754%，比 11 个片区均值的 71.886% 低近 5%，说明罗霄山片区的工业固体废物循环利用能力不足。第三产业增加值比重为 35.308%，比 2012 年的 37.693% 有所下滑。

综上所述，罗霄山片区土地产出率、工业固体废物利用率、第三产业增加值比重三指标排名较 2012 年下滑，显示罗霄山片区生产率较低，且产业层次偏低。另一方面，单位地区生产总值能耗、单位地区生产总值二氧化硫排放量和单位地区生产总值二氧化硫排放量指标数值结果显示，罗霄山片区经济增长过程较注重节能减排，产业生产低碳废弃排放少，显示“新常态”时期罗霄山片区经济换档调整，优化经济结构的变化趋势。

三、资源利用与环境保护指数测算结果及其分析

2014 年罗霄山片区资源利用和环境保护总值为 0.166，其二级指标主要包括人均森林面积、森林覆盖率和单位耕地面积化肥施用量，2014 年罗霄山片区人

均森林面积为 0.007 平方公里，较 11 个片区 2012 年平均人均森林面积 0.021 平方公里有较大差距；2014 年罗霄山片区森林覆盖率为 44.544%，比 11 个片区平均森林覆盖率 73.280% 高，这说明罗霄山片区森林资源占有量相对不足。

表 8-4　罗霄山片区资源利用与环境保护指数表

二级指标	单位	指标属性	2014 绿色减贫年测评均值	2014 绿色减贫罗霄山片区数值
人均森林面积	平方公里	正	0.007	0.021
森林覆盖率	%	正	44.544	73.280
单位耕地面积化肥施用量	千克 / 公顷	逆	385.333	417.966

2014 年罗霄山片区单位耕地面积化肥施用量为 385.333 千克 / 公顷，而 11 个片区该指标平均水平为 417.966 千克 / 公顷，罗霄山片区化肥施用量较低，注重土地的可持续利用，不盲目追求产量，不过度施用化学肥料。

综上所述，罗霄山片区森林资源较为短缺，单位耕地面积化肥施用量较低，绿色覆盖面积较广，环境保护较好，同时，罗霄山片区也注重对当地土地资源的保护，不盲目追求经济利益，合理施用化肥，追求经济效益与资源环境保护的共同兼顾和平衡发展。

四、社会发展指数测算结果及分析

在社会发展指数项下，涵盖农村恩格尔系数、城乡收入比、有卫生室行政村比重、新型农村养老参保率和高中阶段教育毛入学率 5 个二级指标。2014 年罗霄山片区农村恩格尔系数为 37.064%，农村恩格尔系数偏大，表明罗霄山片区农村居民消费中用来购买食物的费用所占比例较大，农村居民生活水平较低。城乡收入比为 2.728，农村居民和城市居民收入差距较大。

表 8-5　2014 年罗霄山片区社会发展指数测算结果（单位：%）

指标	农村恩格尔系数	城乡收入比	有卫生室行政村比例	新型农村养老参保率	高中阶段教育毛入学率
指标属性	逆	逆	正	正	正
数值	37.064	2.728	88.980	100.000	73.888

有卫生室行政村比例为 88.980%，低于 11 个片区平均水平的 93.007%；新型农村养老参保率 100.000%，而 11 个片区平均值为 39.629%，较 2012 年参保率提高 63.666 个百分点；高中阶段教育毛入学率为 73.888%，低于 11 个片区平均值 82.193%，较 2012 年毛入学率提高 3.8 个百分点。

综上所述，罗霄山片区社会发展指数测算结果表明，罗霄山片区农村居民仍然较为贫困。卫生室覆盖率和高中入学率较 11 个片区平均水平而言偏低，因此，罗霄山片区扶贫开发力度仍需加大，不断改善农村居民生活环境，提高罗霄山片区贫困地区医疗、教育投入，加快城镇化进程，缩小城市和农村收入差距，推动城市和农村共同富裕，社会和谐发展。

五、扶贫开发与减贫效果指数测算结果及分析

罗霄山片区是我国连片特困地区之一，测算其扶贫开发与减贫效果相当必要，本文选取贫困人口占总农村人口比重、有农村人均纯收入增长率、通电自然村比重、通路自然村比重、实现安全饮水人数比重这 5 个指标测度罗霄山片区扶贫开发与减贫效果。

2014 年罗霄山片区贫困人口占总农村人口比重为 20.600%，较 11 个片区平均值 12.408% 高，罗霄山片区贫困发生率相对较低；农村人均纯收入增长率为 13.840%，11 个片区平均农村人均纯收入增长率为 13.229%；通电自然村比重为 99.882%；通路自然村比重为 99.168%，比 2012 年上升约 41 个百分点，而 11 个片区平均通路自然村比重为 81.682%，罗霄山片区农村通路情况较好；实现安全饮水人数比重为 40.364%，11 个片区平均值为 46.640%，罗霄山片区安全饮用水人数比重有待提高。

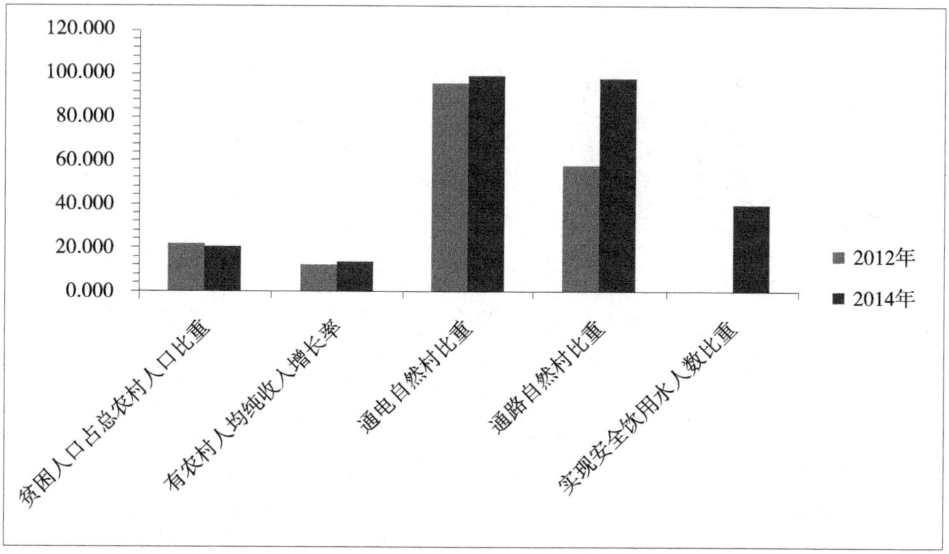

图 8-3　罗霄山片区扶贫开发与减贫效果指数测算结果

2014 年罗霄山片区有效灌溉面积占基本农田面积比重为 67.852%，11 个片区平均水平为 44.354%，罗霄山片区有效灌溉面积占比较其他片区来说较高，有助于农业的发展。

综上所述，罗霄山片区贫困发生率较其他片区而言低，总体上减贫效果良好，但扶贫开发实施力度仍有待进一步加大。例如，加大基础设施建设力度，做好贫困地区村级道路畅通工作、饮水安全工作和农村电力保障工作。做好特色产业增收工作，积极培育贫困地区农民合作组织。

第二节　罗霄山片区内部各县绿色减贫指数的比较

本节探讨罗霄山片区绿色减贫指数测算结果，深入到片区内部各县指数结果比较，尽可能剔除片区间区位、环境差异造成绿色减贫指标差异，更加准确地探讨绿色减贫指数变动，使得研究更具实际意义。

一、绿色减贫指数比较

根据"绿色减贫测算体系表"，导入 2011 年、2012 年、2014 年罗霄山片区 23 个县共计 621 个数据后，得出以下绿色减贫指数及排名表。

表 8-6　2011、2012、2014 年 23 个县绿色减贫排名变动表

地区	2014 年绿色减贫指数值	2012 年绿色减贫指数值	2014 年排名	2012 年排名	2011 年排名	2014 年排名较 2012 年变动
上犹县	0.824	0.074	1	19	22	18
炎陵县	0.528	–0.118	2	8	5	6
井冈山市	0.507	0.59	3	10	8	7
桂东县	0.493	–0.038	4	1	1	–3
安仁县	0.483	–0.158	5	21	19	16
宜章县	0.478	–0.332	6	7	11	1
汝城县	0.392	–0.314	7	4	4	–3
石城县	0.343	0.088	8	14	10	6
茶陵县	0.326	0.064	9	16	17	7
莲花县	0.319	–0.612	10	2	2	–8
瑞金市	0.319	–0.003	11	15	12	4
乐安县	0.315	0.132	12	13	7	1
遂川县	0.285	0.31	13	22	21	9

续表

地区	2014 年绿色减贫指数值	2012 年绿色减贫指数值	2014 年排名	2012 年排名	2011 年排名	2014 年排名较 2012 年变动
赣县	0.238	0.014	14	20	20	6
宁都县	0.230	–0.123	15	6	15	–9
寻乌县	0.218	0.054	16	9	16	–7
南康市	0.199	–0.329	17	23	23	6
安远县	0.198	0.086	18	12	13	–6
万安县	0.191	0.184	19	5	6	–14
于都县	0.190	–0.023	20	3	3	–17
兴国县	0.176	–0.087	21	17	9	–4
会昌县	0.174	0.548	22	11	14	–11
永新县	0.171	–0.005	23	18	18	–5

由上表，绿色减贫指数结果排在前 10 名的分别是上犹县、炎陵县、井冈山市、桂东县、安仁县、宜章县、汝城县、石城县、茶陵县、莲花县，它们的绿色减贫指数分别为 0.824、0.528、0.507、0.493、0.483、0.478、0.392、0.343、0.326、0.319、0.319、0.315、0.285、0.238、0.230、0.218 和 0.199。而排名第 11 名的瑞金市绿色减贫指数为 0.319，上述数据表明，罗霄山片区绿色减贫指数差异相对较小，除了排在前 3 名的上犹县、炎陵县、井冈山市绿色减贫优势显著外。与 2012 年相比，2014 年各县绿色减贫指数排名有较大变动，例如上犹县 2012 年排名为 19，而 2014 年则上升至第 1 名；安仁县 2012 年排名为 21，2014 年上升至第 5 名；而宁都县 2012 年排名第 6 名，2014 年则下降 8 名，来到第 15 名。

由下图（图 8–4）2014 年罗霄山片区县级绿色减贫指数与人均地区生产总值排名对比得知，绿色减贫指数显示较好的县，其人均地区生产总值排名并不一定靠前，说明绿色减贫指数与地区经济发展水平相关性不显著，仅 7 个县的人均地区生产总值排名与绿色减贫指数排名相近，但例如炎陵县绿色减贫指数排名第 2，而人均地区生产总值则排名第 21；安远县人均地区生产总值排名第 5，但绿色减贫指数排名则为 18。

综上所述，罗霄山片区绿色减贫指数均呈正值，绿色减贫效果显著，江西片区绿色减贫效果比湖南片区好，2012 年与 2014 年绿色减贫指数变动较大。同时，绿色减贫指数与人均地区生产总值间相关性不明显，对罗霄山片区而言，绿色减贫与经济增长间的相互作用不显著。

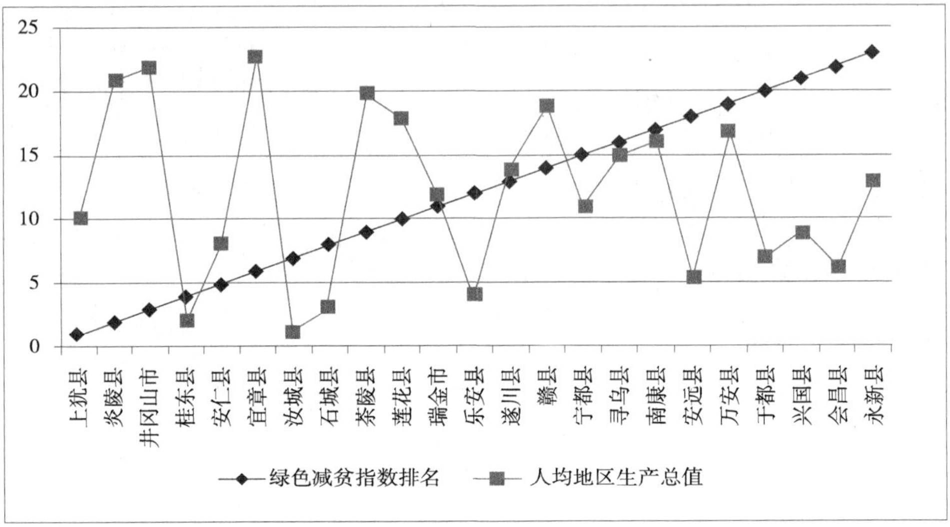

图 8-4 罗霄山片区县级绿色减贫指数与人均地区生产总值排名对比图

二、经济增长绿化度比较

经济增长绿化度包涵 6 个二级指标，分别为：人均地区生产总值、单位地区生产总值能耗、单位地区生产总值二氧化硫排放量、土地产出率、工业固体废物综合利用率和第三产业增加值比重。

表 8-7 罗霄山片区各县经济增长绿化度排名变动表

县市\指标	经济增长绿化度		人均地区生产总值		单位地区生产总值能耗		单位地区生产总值二氧化硫排放量		土地产出率		工业固体废物综合利用率		第三产业增加值比重	
	2014年指标值	2014年排名	2014绿色减贫排名	排名变动	2014绿色减贫排名	排名变动	2014绿色减贫排名	排名变动	2014绿色减贫排名	排名变动	2014绿色减贫排名	排名变动	2014绿色减贫排名	排名变动
宜章县	0.364	1	1	3	7	2	12	-8	3	17	11	10	17	-8
井冈山市	0.253	2	2	-1	19	-17	6	16	21	-16	6	-2	11	-10
瑞金市	0.194	3	12	5	4	16	2	6	19	-6	10	13	14	-10
茶陵县	0.184	4	4	-1	3	7	1	5	18	-7	3	3	1	13
炎陵县	0.177	5	3	-1	2	6	9	-8	2	16	12	-3	7	3
寻乌县	0.084	6	9	1	10	6	3	9	23	-22	18	-10	4	2
赣县	0.083	7	5	0	8	10	13	-2	4	-2	21	-3	6	17
安仁县	0.081	8	16	4	15	-10	18	-16	6	17	2	8	9	2

续表

县市\指标	经济增长绿化度		人均地区生产总值		单位地区生产总值能耗		单位地区生产总值二氧化硫排放量		土地产出率		工业固体废物综合利用率		第三产业增加值比重	
	2014年指标值	2014年排名	2014绿色减贫排名	排名变动	2014绿色减贫排名	排名变动	2014绿色减贫排名	排名变动	2014绿色减贫排名	排名变动	2014绿色减贫排名	排名变动	2014绿色减贫排名	排名变动
上犹县	0.063	9	14	−1	14	−2	17	−3	5	9	23	1	2	11
万安县	0.042	10	7	−1	20	−17	20	−1	16	−8	1	−18	21	0
宁都县	0.040	11	13	−4	13	4	16	−3	14	3	5	−4	19	−4
石城县	0.038	12	21	0	18	4	19	−3	15	−3	4	−12	20	−8
汝城县	0.032	13	23	−1	6	5	11	−8	11	8	19	6	3	5
安远县	0.028	14	19	0	5	10	10	8	10	5	13	−6	23	−18
南康市	0.019	15	8	−1	21	−8	22	−7	8	2	7	10	16	4
永新县	0.015	16	11	1	12	−8	4	16	20	−15	14	0	10	9
桂东县	0.007	17	22	1	22	−15	23	−18	17	5	15	−2	22	−19
乐安县	−0.001	18	20	−2	17	−11	5	2	1	4	8	10	13	−12
遂川县	−0.026	19	10	−2	11	−10	15	6	13	−5	16	1	15	2
会昌县	−0.027	20	18	−4	16	3	21	−12	7	−3	9	10	12	4
于都县	−0.046	21	17	−2	1	13	8	2	9	7	20	−4	5	13
莲花县	−0.059	22	6	10	9	14	14	9	12	−9	22	−17	18	−11
兴国县	−0.062	23	15	−4	23	−2	7	10	22	−1	17	9	8	14

2014 年，经济增长绿化度最高的县是莲花县，指标值为 0.364，第 2 名为井冈山市，指标值为 0.253，瑞金市、茶陵县、炎陵县分别排第 3、4、5 名，指标值分别为 0.194、0.177 和 0.084。人均地区生产总值排名第 1 的是宜章县，井冈山市、炎陵县、茶陵县和赣县分列第 2、3、4、5 名；单位地区生产总值能耗排名前 5 的则是于都县、炎陵县、茶陵县、瑞金市和安远县；单位地区生产总值二氧化硫排放量较少的县为茶陵县、瑞金市、寻乌县、永新县和乐安县；乐安县、炎陵县、宜章县、赣县和上犹县分别列土地产出率指标前 5 名；工业固体废物综合利用率排名前 5 的分别是万安县、安仁县、茶陵县、石城县和宁都县；第三产业增加值比重排名前 5 的则为茶陵县、上犹县、汝城县、寻乌县和于都县。

综上所述，罗霄山片区各县经济增长绿化度数值显示 10 个县绿色度较好。总体来看，绿色度显示为正的县之间的差异较大，而绿色度显示为负的县之间差异不明显，说明经济增长绿化意识较强的县市能较好发挥其优势，实现优先绿色发展，而其余大部分县虽然也有正的指标值，然而并不能体现出明显优势。

三、资源利用与环境保护指数比较

资源利用与环境保护指标项下有人均森林面积、森林覆盖率和单位耕地面积化肥施用量 3 个二级指标。2014 年资源利用和环境保护指标排名第 1 的县是上犹县，其指标值为 0.875，排名最后的县为南康市，指标值为 –0.02。

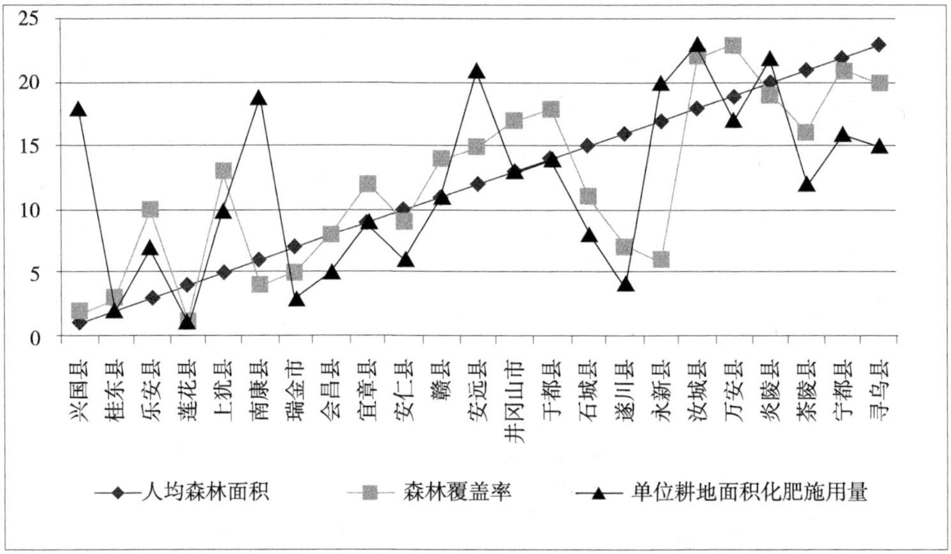

图 8–5　2014 年罗霄山片区各县资源利用与环境保护指标测算结果对比

上图（图 8–5）将 2014 年资源利用与环境保护、森林覆盖率和单位耕地面积化肥施用量 3 个指标排名进行对比发现，资源利用与环境保护指标和森林覆盖率呈近似同向变化，与单位耕地面积化肥施用量相关性不显著，因此判定该指标受地区森林覆盖率影响较大，森林面积大的县其可利用资源较多，从而对该贫困地区绿色减贫的贡献较大。同时，也再次说明罗霄山片区森林资源充裕，森林覆盖率对资源利用与环境保护指标的影响较大。2014 年全国单位耕地面积化肥施用量为 385.333 吨 / 千公顷，罗霄山片区各县平均值为 417.966 吨 / 千公顷。

综上所述，罗霄山片区森林资源丰裕，要提高罗霄山片区减贫绿色度，必须加大对森林资源的保护和利用力度，同时，应注重在土地利用过程中化肥等的使用量，确保土地和环境可持续发展。

四、社会发展指数比较

2014 年，罗霄山片区社会发展指标排名前 10 的县分别为：桂东县、安仁县、莲花县、炎陵县、汝城县、乐安县、井冈山市、于都县、遂川县、石城县，其指标值分别为：0.289、0.258、0.196、0.194、0.187、0.129、0.117、0.078、0.074、0.073。从排名前10的县指标取值来看，罗霄山片区各县社会发展指标数值差异较大，多于一半的县指标取值为正数。

表 8–8　罗霄山片区各县社会发展指标排名变动表

县市\指标	社会发展		农村恩格尔系数		城乡收入比		有卫生室行政村比例		新型农村养老参保率		高中阶段教育毛入学率	
	2014绿色减贫排名	排名变动	2014绿色减贫排名	排名变动	2014绿色减贫排名	排名变动	2014绿色减贫排名	排名变动	2014绿色减贫排名	排名变动	2014绿色减贫排名	排名变动
桂东县	1	15	6	14	6	9	18	–3	1	21	1	1
安仁县	2	9	7	–2	13	–1	11	1	1	10	2	16
莲花县	3	–2	20	–19	19	–18	5	–4	1	1	18	–17
炎陵县	4	17	3	7	2	–1	22	–21	1	20	3	19
汝城县	5	12	12	11	3	12	21	–6	1	6	20	–16
乐安县	6	2	11	8	5	–4	19	–18	1	17	11	–9
井冈山市	7	6	10	–7	16	–3	8	5	1	11	12	–5
于都县	8	4	14	–2	15	–14	9	–8	1	9	17	–4
遂川县	9	14	4	2	1	21	23	–1	1	18	5	17
石城县	10	9	23	–9	23	–5	1	17	1	22	4	13
宁都县	11	–7	8	0	22	–8	2	12	1	5	14	–8
兴国县	12	10	21	1	7	14	17	4	1	4	19	–4
茶陵县	13	–4	22	–18	18	–17	6	–5	1	15	23	–12
永新县	14	–8	13	5	8	11	16	3	1	0	22	–17
会昌县	15	–10	17	–1	14	–13	10	–9	1	14	10	–3
南康市	16	–14	5	4	9	8	15	2	1	7	6	1
万安县	17	–14	9	2	21	–20	3	–2	1	16	21	–7
安远县	18	–8	1	14	17	–16	7	–6	1	13	9	7
宜章县	19	–1	16	–9	12	8	12	8	1	8	15	6
赣县	20	0	15	–13	20	2	4	18	1	2	13	7
寻乌县	21	–7	2	19	4	–3	20	–19	1	12	7	3
上犹县	22	–7	19	–2	10	–9	14	–13	1	19	16	3
瑞金市	23	–16	18	–5	11	–10	13	–12	1	3	8	4

农村恩格尔系数排名前5的县分别为石城县、茶陵县、兴国县、莲花县和上犹县；城乡收入比排名前5的分别为安远县、茶陵县、莲花县、于都县、永新

县；有卫生室行政村比例前 5 名的县分别为：石城县、宁都县、万安县、赣县和莲花县；高中阶段教育毛入学率前 5 名的县分别为：茶陵县、永新县、万安县、汝城县和兴国县。

总体上说，与 2012 年相比，罗霄山片区 2014 年农村恩格尔系数呈下降趋势，有卫生室行政村比例、新型农村养老参保率和高中阶段教育毛入学率均有所上升。2012 年和 2014 年罗霄山片区各县各指标排名变动较大，但总体趋势为农村减贫效果明显，各县社会发展指标情况较好。

五、扶贫开发与减贫效果指数比较

2014 年，罗霄山片区扶贫开发与减贫效果指标排名前 10 名的县分别为：永新县、莲花县、赣县、井冈山市、上犹县、宁都县、汝城县、兴国县、桂东县、万安县，其指标数值分为别：0.216、0.212、0.208、0.197、0.189、0.181、0.176、0.171、0.165 和 0.151，与 2012 年相比，排名有较大变动。

表 8–9 罗霄山片区各县扶贫开发与减贫效果指标变动表

贫困县	2014 年指标值	2014 年排名	与 2012 年比排名变动
永新县	0.216	1	–7
莲花县	0.212	2	–4
赣县	0.208	3	–1
井冈山市	0.197	4	2
上犹县	0.189	5	–7
宁都县	0.181	6	–16
汝城县	0.176	7	–10
兴国县	0.171	8	–7
桂东县	0.165	9	–2
万安县	0.151	10	0
安仁县	0.149	11	8
寻乌县	0.142	12	–8
乐安县	0.141	13	4
瑞金市	0.137	14	–2
宜章县	0.131	15	–3
安远县	0.13	16	2
遂川县	0.124	17	12
于都县	0.122	18	5
石城县	0.120	19	12
炎陵县	0.111	20	–3

续表

贫困县	2014 年指标值	2014 年排名	与 2012 年比排名变动
茶陵县	0.085	21	0
南康市	0.072	22	3
会昌县	0.022	23	22

贫困人口占总农村人口比重指标排名前 5 名的为南康市、赣县、安远县、永新县、上犹县，2014 年其指标值分别为：3.089%、4.027%、4.085%、4.115% 和 4.323%。

农村人均纯收入增长率指标遂川县、宁都县、茶陵县、永新县、会昌县分别排名前 5，其指标值分别为 19.000%、16.900%、16.800%、15.600%、15.300%。通电自然村比重宜章县为 97.290%，其他 22 个县通电自然村比重均达 100%。

遂川县、宁都县、茶陵县、会昌县、石城县、赣县、寻乌县、安远县、汝城县、于都县、南康市、瑞金市、万安县、莲花县、上犹县、兴国县、乐安县、桂东县等十八个县通路行政村比重达 100%，永新县、炎陵县、井冈山市、宜章县、安仁县等五个县的通路行政村比重分别为 99.676%、98.020%、97.087%、93.767%、92.308%。安远县、永新县、乐安县、赣县、茶陵县有效灌溉面积占基本农田面积比重指标排名前 5，分别为 97.853%、91.037%、89.021%、83.214%、82.418%。

综上所述，罗霄山片区各县贫困人口占总农村人口比重均低于 30%，总体效果较好，其农村人均纯收入基本保持增长，各县饮水用电交通情况较好，农业现代化平均水平较低，特色增收产业有待发掘，金融扶贫处于起步阶段。

第三节　启示和建议

总体而言，罗霄山片区扶贫开发取得巨大成就，贫困人口占农村总人口比重从 2012 年的 21.350% 下降到 2014 年的 20.6%，农村贫困人口大幅减少，2014 年农民人均纯收入增长 13.840%，收入水平稳步提高，通电行政村比重、通路行政村比重两项指标均位列 11 个片区前两位，贫困地区基础设施明显改善。新型合作医疗参合率、有卫生室行政村比例、新型农村养老参保率三项指标较 2012 年有提升幅度较大，其中新型农村养老参保率为 100%，在 11 个片区中排名第一，罗霄山片区社会事业不断进步，最低生活保障制度全面建立，农村居民生存和温饱问题基本解决。

但与此同时，罗霄山片区区域发展不平衡问题突出，制约贫困地区发展的深层次矛盾依然存在，城乡收入比为 2.728，农村居民和城市居民收入差距偏大。农村居民消费中用来购买食物的费用所占比例高于 11 个片区平均水平，农村恩格尔系数达 37.064%。因此，罗霄山片区应致力加快扶贫开发建设、巩固温饱成果、加快脱贫致富、改善生态环境、提高发展能力和缩小发展差距。

一、绿色减贫测算结果的启示

通过绿色减贫测算发现，罗霄山片区在经济稳定增长的同时，较为重视环境保护，其中单位地区生产总值能耗和单位地区生产总值二氧化硫排放量两项指标较低，土地产出率较高。另外，罗霄山片区是长江支流赣江和珠江支流东江的发源地，是湘江的重要水源补给区，森林覆盖率为 72%，森林资源较为丰富，2014 年罗霄山片区森林覆盖率在测算的 11 个片区中排名第 1，人均森林面积排名第 3。罗霄山片区单位耕地面积化肥施用量较低说明罗霄山片区注重合理施用化肥，对当地土地资源进行保护，追求经济效益与资源环境保护的共同兼顾和平衡发展。

但是，测算结果也显示罗霄山片区社会发展能力较低，2014 年罗霄山片区社会发展能力指标在 11 个片区排名第 8，尤其是新型合作医疗参合率、有卫生室行政村比例、高中阶段教育毛入学率三项指标虽然较 2012 年有较大幅度增长，但仍低于 11 个片区平均水平，尤其是有卫生室行政村比例、高中阶段教育毛入学率两项指标排在倒数第三名。扶贫开发投入力度仍需加大，需要不断改善农村居民生活环境，提高罗霄山片区贫困地区医疗、教育投入，加快城镇化进程，缩小城市和农村收入差距，推动城市和农村共同富裕，促进社会和谐发展。例如，加大基础设施建设力度，做好贫困地区村级道路畅通工作、饮水安全工作和农村电力保障工作。做好特色产业增收工作，积极培育贫困地区农民合作组织，实现创收增收多元化。

二、对罗霄山片区的建议

本文以罗霄山片区绿色减贫测算结果为依据，以《罗霄山片区区域发展与扶贫攻坚规划（2011 ～ 2020 年）》为抓手，以扶贫开发新纲要为基础，以加大罗霄山片区绿色减贫开发力度为目的，从以下几方面提出相关意见建议：

（一）全面切实保护地区生态环境，健全生态补偿机制

当前我国扶贫开发要在保护环境的条件下，既满足促进贫困地区经济发展、

改善贫困人口生活的现实需求，又不损害后代人的利益，故而必须按照“谁开发谁保护、谁受益谁补偿”的原则，逐步建立健全生态补偿机制。罗霄山片区绿色减贫效果显著，化肥施用量较低，环保工作有待持续推进，应健全生态补偿机制，继续实施退耕还林、水土保持、天然林资源保护、防护林体系建设、石漠化治理、水生生态环境保护与修复、野生动植物保护及自然保护区建设、湿地保护与恢复等重点生态工程。生态补偿机制重点向贫困地区倾斜，对贫困村具有水土保持等生态效益的生态林进行生态补偿。

积极做好经济发展与保护生态环境良性互动。以生态环境保护为前提，以科技创新为支撑，转变经济发展方式，提高资源利用效率和精深加工水平，优化产业结构和空间布局。建立健全生态补偿机制，大力发展生态经济，将生态环境优势转变为经济发展优势，实现又好又快发展。设立生态保护区，主要包括森林、高山草场、天然湿地以及由自然保护区、风景名胜区、森林公园、地质公园等组成的各级各类限制和禁止开发区域。以生态建设和环境保护为主，除适当发展生态旅游、种养殖业和必要的科学实验外，严禁其他生产建设活动。结合扶贫开发和生态环境保护，有序推进人口转移和易地安置，逐步减少人类活动。

继续实施退耕还林、水土保持、天然林资源保护、防护林体系建设、石漠化治理、水生生态环境保护与修复、野生动植物保护及自然保护区建设、湿地保护与恢复、水土保持生态环境综合治理工程等重点生态工程。加大对重点生态工程建设的投资力度。加大对国家级公益林补偿力度。对贫困村具有水土保持等生态效益的生态林进行生态补偿。探索建立流域生态补偿机制。加快建立资源型企业可持续发展准备金制度。加大对废弃矿山植被恢复和生态治理工程的资金支持。

（二）巩固罗霄山片区基础设施建设

罗霄山片区基础设施薄弱，瓶颈制约明显。2015 年 5 月 19 日，民政部副部长宫蒲光在出席罗霄山片区交通基础设施项目专题协调会时表示：“当前，制约罗霄山片区发展最突出的瓶颈、最主要的障碍就是以交通为重点的基础设施薄弱。”截至 2014 年，大别山片区有 59.636% 的农村人口不能为实现饮用安全饮水。绿色减贫测算结果显示，罗霄山片区基础设施建设相对其他连片特困地区落后，因而需不断加大水利等重大公益性基础设施建设力度，加快用电交通等农村硬件设施的改进力度，努力改善片区生产生活条件。

罗霄山片区应根据实际情况，综合评价村镇行政区划调整、易地扶贫搬迁、特色产业发展和农村物流等工作，加大对贫困地区农村公路建设支持力度。加强安全防护设施建设和中小危桥改造，提高农村公路服务水平和防灾抗灾能力。优先安排贫困地区农村饮水安全工程建设，进一步提高农村饮水安全保障程度和自来水普及率，推进村庄内道路硬化，实现村村通班车，全面提高农村公路服务水平和防灾抗灾能力，加大农村电网升级改造工作力度。切实提升罗霄山片区农民的生活质量和生活水平，持续改善农村居民生产生活条件和生活环境。

（三）提升农村地区社会保障等软实力

罗霄山片区社会事业发展滞后，基本公共服务能力不足。2014 年，有卫生室行政村比例、高中阶段教育毛入学率指标在 11 个片区中仅排第 9 名，其中高中阶段教育毛入学率低于 11 个片区平均水平近 12 个百分点。罗霄山片区普通中小学教育师资力量薄弱；职业技术教育学校少，专业设置不合理，不适应经济社会发展需要。医疗卫生条件差，妇幼保健力量弱，基层卫生服务能力不足，12% 的行政村没有卫生室，12% 的农村没有参与新型合作医疗。农业技术推广体系不健全，农业科技服务人员不足。

罗霄山片区发展过程中农村恩格尔系数较大，城乡收入差距处在较大的区间内运行，为进一步提升农村居民生活质量，缩小城乡发展差距，不仅仅需要在基础建设等硬件上下功夫，而且还要提升农村贫困地区文化、社会保障软实力。贫困地区教育、医疗、文化和社会保障的完善是贫困人口福祉的软件保障，是提升贫困人口幸福感和安全感，丰富扶贫客体的精神文化生活的重要条件。应实现贫困地区群众获得公共卫生和基本医疗服务更加均等，进一步健全贫困地区基层卫生计生服务体系，加强妇幼保健机构能力建设，加大重大疾病和地方病防控力度，采取有效措施逐步解决因病致贫、因病返贫问题。完善基本养老保险和最低生活保障制度。完善城镇职工基本养老保险制度，实现城镇居民社会养老保险和新型农村社会养老保险制度全覆盖。加强基本医疗保险体系和医疗救助制度建设。加强社会保障和社会福利基础设施与能力建设。

（四）继续挖掘罗霄山片区绿色产业化潜力

由绿色减贫测算结果看出，罗霄山片区第三产业比重不断增加，现代设施农业等建设有待加强，并且罗霄山片区森林资源相对充裕，因此为进一步加强罗霄山片区绿色减贫效果，创造罗霄山片区特色增收产业极有必要。罗霄山片区矿产资源富集，钨和稀土、钽铌等稀有金属储量大，在世界上占有重要地位。红壤分布广泛，光热充沛，生物物种多样，森林覆盖率高，发展柑橘、油茶、茶叶、毛竹等特色农林产业条件优越。革命遗址众多，有中国革命的摇篮井冈山和中华苏维埃共和国诞生地瑞金等红色旅游胜地，红色文化积淀深厚，老区精神影响深远。历史文化资源比较丰富，炎帝陵等文化古迹具有重大影响，客家文化源远流长。

依托罗霄山片区丰富的森林资源，加强贫困地区旅游资源调查，围绕美丽乡村建设，依托贫困地区优势旅游资源，发挥精品景区的辐射作用，带动农户脱贫致富。加强井冈山根据地和中央苏区、湘赣根据地革命遗址保护，推进全国爱国主义教育和革命传统教育基地建设，传承创新红色文化，建成全国著名的红色旅游目的地。发挥生态环境优势，开发历史文化资源，推动红色旅游与生态休闲游、历史文化游融合发展，加强旅游设施建设，提升服务水平，推进跨省协作，壮大旅游产业。开发旅游资源，依托红色教育基地、古村古镇和风景名胜区、森林公园、湿地公园、自然保护区等旅游资源，重点发展红色旅游、生态旅游、乡村旅游和历史文化游。加强旅游资源整合和旅游产业区域合作，构建旅游开发协作网络。以瑞金为中心，构建原中央苏区旅游圈；以井冈山为中心，推进井冈山市和遂川、万安、永新、莲花、茶陵、炎陵、桂东、安仁等县旅游产业统筹规划与协同发展，构建大井冈山红色与生态文化旅游协作区。开发建设精品旅游线路，加强旅游宣传推介，增强旅游产业整体活力和综合实力。

第九章　六盘山片区绿色减贫指数分析

六盘山片区包括陕西、甘肃、青海、宁夏四大片区，共计61个县，陕西片区包括宝鸡的扶风县、千阳县、麟游县，咸阳市的永寿县、长武县、淳化县、永登县。甘肃片区包括兰州市的皋兰县、榆中县。白银市的靖远县、会宁县、景泰县。天水市的清水县、秦安县、甘谷县、武山县、张家川县、北道区。武威市的古浪县。平凉市的崆峒区、泾川县、灵台县、庄浪县、静宁县。庆阳市的庆城县、环县、华池县、合水县、正宁县、宁县、镇原县。定西市的安定区、通渭县、陇西县、渭源县、临洮县、漳县、岷县。临夏回族自治州的临夏市、临夏县、康乐县、永靖县、广河县、和政县、东乡县积石山自治县。青海片区包括西宁市的湟中县、湟源县。海东地区的民和县、乐都县、互助县、化隆县、循化县。宁夏片区包括，吴忠市的同心县。固原市的原州区、西吉县、隆德县、泾源县、彭阳县。中卫市的海原县。具体片区县分布图表如下：

表 9-1　六盘山片区 2014、2012 年 61 个县概况

片区省（区）	市	县
陕西（7）	宝鸡	扶风县、千阳县、麟游县
	咸阳市	永寿县、长武县、淳化县、永登县
甘肃（40）	兰州市	皋兰县、榆中县
	白银市	靖远县、会宁县、景泰县
	天水市	清水县、秦安县、甘谷县、武山县、张家川县、北道区
	武威市	古浪县
	平凉市	崆峒区、泾川县、灵台县、庄浪县、静宁县。庆阳市的庆城县、环县、华池县、合水县、正宁县、宁县、镇原县
	庆阳市	庆城县、环县、华池县、合水县、正宁县、宁县、镇原县
	定西市	安定区、通渭县、陇西县、渭源县、临洮县、漳县、岷县。临夏回族自治州的临夏市、临夏县、康乐县、永靖县、广河县、和政县、东乡县积石山自治县
青海（7）	西宁市	湟中县、湟源县。
	海东地区	民和县、乐都县、互助县、化隆县、循化县
宁夏（7）	吴忠市	同心县
	固原市	原州区、西吉县、隆德县、泾源县、彭阳县
	中卫市	海原县

六盘山片区在宁夏回族自治区西南部、甘肃省东部、陕西省西端宝鸡以北，青海东北，宁夏西南部。既是关中平原的天然屏障，又是北方重要的分水岭，黄河水系的泾河、清水河、葫芦河均发源于此。片区地貌类型以山地、高原、荒漠为主。气候属中温带半湿润向半干旱过渡带，具有大陆性和海洋季风边缘气候特点。光热资源较少，年日照时数 2200 ~ 2400 小时，年均温 5 ~ 6℃。六盘山山腰地带降雨较多，年降水量达 677 毫米。整体气候干燥，局部气候较为湿润，宜于林木生长。六盘山片区地处我国西北生态脆弱区，雨水少，生态失衡严重。同时开发比较晚，经济基础薄弱，是贫困人口分布广的连片特困地区。

第一节　六盘山片区绿色减贫指数分析

根据绿色减贫测算体系表，对中国连片特困地区中 11 个片区绿色减贫指数进行测算，本节从中掘取六盘山片区指数计算结果进行分析，主要包括测算总结果分析、经济增长绿化度指数结果分析、资源利用与环境保护程度指数结果分析、社会发展能力指数结果分析和扶贫开发与减贫效果指数结果分析。

一、测算总结果及分析

根据绿色减贫测算体系表，中国连片特困地区中 11 个片区绿色减贫指数测算结果如下表所示。

表 9-2　2014 年 11 个连片特困地区绿色减贫指数及排名

指标	绿色减贫指数		二级指标							
			经济增长绿色度		资源利用与环境保护程度		社会发展能力		扶贫开发与减贫效果	
省区	指标值	排名	指标值	排名	指标值	排名	指标值	排名	指标值	排名
罗霄山区	0.475	1	0.137	3	0.166	1	–0.012	8	0.184	1
大兴安岭南麓片区	0.441	2	0.222	1	–0.042	7	0.081	4	0.179	2
大别山区	0.360	3	0.181	2	–0.128	11	0.181	1	0.126	3
秦巴山区	0.006	4	–0.057	7	0.047	4	0.000	6	0.016	5
滇西边境片区	–0.009	5	–0.088	8	0.088	3	0.093	2	–0.101	9
燕山 – 太行山片区	–0.029	6	–0.114	10	–0.049	8	0.085	3	0.050	4
六盘山片区	–0.068	7	–0.016	5	–0.034	6	–0.033	9	0.014	6

续表

指标	绿色减贫指数		二级指标							
			经济增长绿色度		资源利用与环境保护程度		社会发展能力		扶贫开发与减贫效果	
省区	指标值	排名	指标值	排名	指标值	排名	指标值	排名	指标值	排名
武陵山区	-0.172	8	0.022	4	-0.011	5	-0.010	7	-0.173	11
滇桂黔石漠化片区	-0.173	9	-0.092	9	0.138	2	-0.139	10	-0.081	8
吕梁山片区	-0.237	10	-0.053	6	-0.115	10	0.004	5	-0.073	7
乌蒙山片区	-0.593	11	-0.142	11	-0.060	9	-0.250	11	-0.141	10

注：本表根据绿色减贫测算体系表，依各片区 2012 年各指标均值测算而得。资料来源：《中国统计年鉴 2015》、《中国县域经济统计年鉴 2015》、2015 年各省级统计年鉴、2015 年各市级统计年鉴、2014 年各县级统计年鉴与公报，以及相关政府部门提供的权威数据。

从上表（表 9-2）可以看出，六盘山片区绿色减贫指数在 11 个片区中排在第 7 位，2014 年六盘山片区的绿色减贫指数值为 -0.068。总体而言，六盘山片区绿色减贫指数为负，各二级指标值分别为：经济增长绿化度 -0.016，在 11 个片区中排在第 5 名；资源利用和环境保护 -0.034，在 11 个片区中排在第 6 名；社会发展能力 -0.033，在 11 个片区中排在第 9 名；扶贫开发与减贫效果 0.014，在 11 个片区中排在第 6 名。六盘山片区经济增长整体呈可持续绿色发展状态。

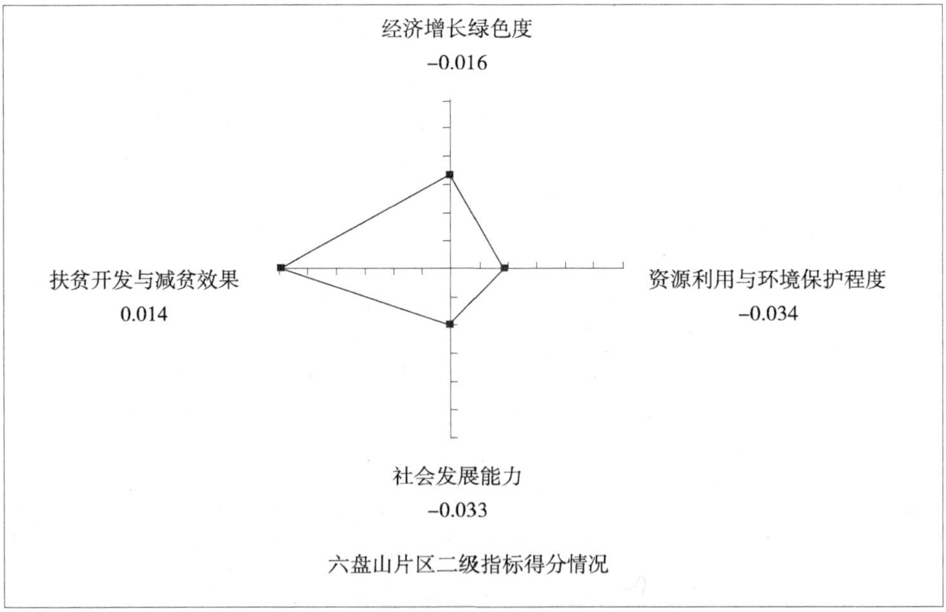

图 9-1　2014 年六盘山片区二级指标雷达图

社会发展能力和扶贫开发、资源利用与环境保护和减贫效果指标为负值的原因分别是：在社会发展能力5个三级指标中，“农村恩格尔系数”和“城乡收入比”为逆指标。资源利用与环境保护3个三级指标中，“单位耕地面积化肥施用量”为逆指标。扶贫开发与减贫效果指标下的5个三级指标中“贫困人口占总农村人口比重”为逆指标。这三个二级指标测算结果显示为负值说明，六盘山片区扶贫开发过程中城乡收入差距较大，农村和城市发展不平衡，农村贫困人口占比较大，农村人口普遍贫困，扶贫工作重点仍然在农村。

表9-3 六盘山片区指标排名变动表

三级指标名称	两年原始数据			两年排名变化		
	单位	2015年	2012	2015年	2012	变动
人均地区生产总值	元/人	16500.700	12622.700	6	10	4
单位地区生产总值二氧化硫排放量	吨/万元	0.006	8.300	7	10	3
土地产出率	万元/千公顷	3541.970	3.360	8	3	–5
工业固体废物综合利用率	%	72.124	83.690	6	3	–3
单位耕地面积化肥施用量	吨/千公顷	354.765	3.070	5	2	–3
农村恩格尔系数	%	37.897	37.550	9	4	–5
城乡收入比	%	3.279	3.250	9	3	–6
新型农村养老参保率	%	0.438	42.840	10	4	–6
农村人均纯收入增长率	%	13.386	20.200	7	4	–3

注：变动值为正数表明排名上升。

六盘山片区各指标排名相对比较均衡，而“人均地区生产总值”“城乡收入比”、“农村恩格尔系数”和“土地产出率”四个三级指标变动较大，如上表（表9–3）所示，2014年六盘山片区人均地区生产总值为16500.700元/人，在11个片区中排名第6，而2012年该指标排名在第10名，2014年六盘山片区经济有较快增长。2014年六盘山片区城乡收入比为3.279，2012年为3.250，相比城乡收入差距扩大，排名为第9名，相对落后。2014年六盘山片区农村恩格尔系数为37.897%，11个片区中排名第9名。土地产出率为3541.970万元/千公顷，在11个片区中排名第8。

二、经济增长绿化度测算结果分析

2014年六盘山片区经济增长绿化度总值为–0.016，其二级指标2014年数值分别为：人均地区生产总值16543.746元/人，比2012年的12622.700元/人有所上升。单位地区生产总值能耗为0.945吨标准煤/万元，比2012年0.960吨标

准煤 / 万元的能耗值低，在 11 个片区中其单位地区生产总值能耗排名第 5，说明六盘山片区生产能耗较其他片区低，生产节能化成效显著。单位地区生产总值二氧化硫排放量为 0.006 吨 / 万元，比 2012 年 0.008300 吨 / 万元的排放量低，在 11 个片区中其单位地区生产总值二氧化硫排放量排名第 7，说明六盘山片区产业二氧化硫排放量较低，产业清洁生产实施情况较好。土地产出为 3541.970 元 / 千公顷，低于 11 个片区平均 3864.891 元 / 千公顷，在 11 个片区中排在第 8 名，说明六盘山片区土地生产力有待加强。此处土地产出率的计算方法用农业总产值（农林牧渔总产值）/ 农作物播种面积。

工业固体废物综合利用率为 72.124%，比 11 个片区均值的 71.886% 高近 1%，说明六盘山片区注重对工业固体废物的循环利用。第三产业增加值比重为 38.694%，比 2012 年的 36.990% 有所提升，第三产业生产在三大产业生产中占比逐渐提高，这无疑将推动六盘山片区的绿色扶贫开发进程。

表 9–4　六盘山片区经济增长绿化度变动表

指标名称	单位	属性	2015 年六盘山片区数值	2012 六盘山片区数值	2014 年六盘山片区排名	排名变化	进退脸谱
人均地区生产总值	元 / 人	正	16500.700	12622.700	6	4	J
单位地区生产总值能耗	吨标准煤 / 万元	逆	0.945	0.960	5	–2	L
单位地区生产总值二氧化硫排放量	吨 / 万元	逆	0.006	8.300	7	3	J
土地产出率	万元 / 千公顷	正	3541.970	3.360	8	–5	L
工业固体废物综合利用率	%	正	72.124	83.690	6	–3	L
第三产业增加值比重	%	正	38.694	36.990	6	–2	L

总而言之，六盘山片区人均地区生产总值、单位地区生产总值能耗、单位地区生产总值二氧化硫排放量和工业固体废物综合利用率、第三产业增加值比重指标数值结果显示，六盘山片区经济增长较快，经济增长过程中注重对环境的保护，产业生产能耗、废气污染较低，工业固体废物利用率较高。而土地产出率和第三产业增加值比重数值结果显示六盘山片区经济绿色发展潜力巨大，同时也显示出六盘山片区土地生产力有待提升，需要加大科技投入力度，发展适度规模经营。

三、资源利用与环境保护程度指数测算结果及其分析

2014 年六盘山片区资源利用和环境保护总值为 –0.034，其二级指标主要包括人均森林面积、森林覆盖率和单位耕地面积化肥施用量，2014 年六盘山片区人均森林面积为 0.009 平方公里，较 11 个片区 2012 年平均人均森林面积 0.007 平方公里比较高；2014 年六盘山片区森林覆盖率为 24.312%，比 11 个片区平均森林覆盖率 44.544% 低，这说明六盘山片区森林资源占有量较为紧缺。

表 9–5　六盘山片区资源利用与环境保护程度指数表

指标名称	单位	指标属性	2014 六盘山片区数值	2014 年六盘山片区排名	2012 六盘山片区排名	排名变化	进退脸谱
人均森林面积	平方公里 / 人	正	0.009	4	6	2	J
森林覆盖率	%	正	24.312	9	9	0	
单位耕地面积化肥施用量	吨 / 千公顷	逆	354.765	5	2	–3	L

2014 年六盘山片区单位耕地面积化肥施用量为 350765 千克 / 千公顷，而 11 个片区该指标平均水平 385.333 千克 / 公顷，六盘山片区化肥施用量较低，注重土地的可持续利用，不过度施用化学肥料，有利于片区的绿色减贫发展。

总而言之，六盘山片区森林资源较为丰富，单位耕地面积化肥施用量较低，体现了六盘山片区注重对当地土地资源的保护，注重科学合理施用化肥，追求经济效益与资源环境保护的共同兼顾和平衡发展。

四、社会发展能力指数测算结果及分析

在社会发展能力指数项下，涵盖农村恩格尔系数、城乡收入比、新型合作医疗参合率、有卫生室行政村比重、新型农村养老参保率和高中阶段教育毛入学率 6 个二级指标。2014 年六盘山片区农村恩格尔系数为 37.897%，在 11 个片区中排在第 9 名，农村恩格尔系数较大，表明六盘山片区农村居民消费中用来购买食物的费用所占比例仍然是较大，农村居民生活水平较低。城乡收入比为 3.279，在 11 个片区中排在第 9 名，高于 11 个片区平均值 2.993，表明片区农村居民和城市居民收入差距较大。新型农村养老参保率 43.8%，在 11 个片区中排在第 10 名，说明农民新型农村养老参保水平较低。

有卫生室行政村比例为 93.369%，低于 11 个片区平均水平的 93.007%，较 2012 年有卫生室行政村比例的 88.790% 提高近 5 个百分点；高中阶段教育毛入

学率为 89.327%，高于 11 个片区平均值 82.193%，较 2012 年毛入学率 77.990% 提高 12 个百分点，成绩显著。

表 9-6 2014 年六盘山片区社会发展能力指数测算结果表（单位：%）

指标名称	指标属性	2015 年六盘山片区数值	2012 六盘山片区数值	2015 年六盘山片区排名	2012 六盘山片区排名	排名变化	2015 年数据来源	进退脸谱
农村恩格尔系数	逆	37.897	37.550	9	4	-5	中国统计	L
城乡收入比	逆	3.279	3.250	9	3	-6	中国统计	L
新型合作医疗参合率	正	93.369	79.430	3	5	2		J
有卫生室行政村比例	正	92.415	88.790	8	8	0	环境年鉴	
新型农村养老参保率	正	43.8	42.840	10	4	-6	环境年鉴	L
高中阶段教育毛入学率	正	89.327	77.990	3	5	2	工业经济	J

综上所述，六盘山片区社会发展能力指数测算结果表明，六盘山片区农村居民仍然较为贫困，农村恩格尔系数较高，城乡收入差距较大，有卫生室行政村比例较低，表明六盘山片区农村居民仍然较为贫困。新型农村养老参保率和高中阶段教育毛入学率高于全国 11 个片区平均水平，表明六盘山片区注重教育和人民健康，扶贫开发潜力较大。因此，六盘山片区扶贫开发难度较大，潜力较大，下一步需要进一步不断改善农村居民生活环境，提高六盘山片区贫困地居民收入和新型农村养老参率，加快城镇化进程，缩小城市和农村收入差距，共享经济社会发展的成果。

五、扶贫开发与减贫效果指数测算结果及分析

六盘山片区是我国连片特困地区和扶贫开发难度较大的片区之一，测算其扶贫开发与减贫效果相当必要。本文主要选取了选取贫困人口占总农村人口比重、农村人均纯收入增长率、通电自然村比重、通路自然村比重、有效灌溉面积占基本农田面积比重、实现安全饮水人数比重这 6 个指标测度六盘山片区扶贫开发与减贫效果。

2014 年六盘山片区贫困人口占总农村人口比重为 28.438%，较 11 个片区平均值 12.408% 明显偏高，在 11 个片区中排在第 10 名，而且与 2012 年排名相比没有变化，表明六盘山片区贫困发生率相对较高，而且贫困面广；农村人均纯收入增长率为 13.38%，相比全国 11 个片区平均农村人均纯收入增长率为 19.275%；通电自然村比重为 96.79%，与 2011 年基本持平；通路自然村比重

为 13.229% 差别不大，比 2012 年 20.200% 下降约 7 个百分点；通电行政村比重和通路行政村比重分别为 99.662% 和 78.410%，较 11 个片区平均通路自然村比重为 98.685% 和 81.682% 略有增加，说明六盘山片区农村通电情况较好，通路有待进一步加强。有效灌溉面积占基本农田面积比重为 35.953%，较 2012 年的 27.750% 增加了 8 个百分点，但同比全国 11 个片区有效灌溉面积占基本农田面积比重的 44.354%，水平较低，不利于农业的可持续发展。

表 9-7　六盘山片区扶贫开发与减贫效果指数测算结果表

指标名称	单位	指标属性	2014 年六盘山片区数值	2012 六盘山片区数值	2014 年六盘山片区排名	排名变化	进退脸谱
贫困人口占总农村人口比重	%	逆	28.438	50.100	10	0	
农村人均纯收入增长率	%	正	13.386	20.200	7	–3	L
通电行政村比重	%	正	99.662	99.280	4	0	
通路行政村比重	%	正	78.410	59.420	8	–2	L
有效灌溉面积占基本农田面积比重	%	正	35.953	27.750	9	2	J
实现安全饮水人数比重	%	正	55.557	68.188	2	1	J

综上所述，六盘山片区贫困发生率较其他片区而言低，贫困面广，贫困人口占总农村人口比重 28.438%，远高于全国 11 个片区的 12.408%，在 11 个片区中排在第 10 名，扶贫开发实施力度仍有待进一步加大。例如，加大通路、农田水利等基础设施建设力度，做好贫困地区村级道路畅通工作，提升片区脱贫和全面建设小康社会的能力。

第二节　六盘山片区内部各县绿色减贫指数的比较

本节主要分析六盘山片区的 61 个县（市、区）的绿色减贫指数的得分情况，对于得分靠前的县（市、区）应该总结经验，继续保持良好势头，对于得分靠后的县（市、区）应该找出得分较低的指标，着重改进。

一、绿色减贫指数比较

总体来看，地区之间绿色减贫的地区差异较大，排名前 10 位的县主要是互助县、麟游县、长武县、皋兰县、永寿县、乐都县、陇县、千阳县、华池县、西吉县，主要集中甘肃片区的兰州市，陕西片区的宝鸡市。在绿色减贫方面成效显著的是重庆市和湖北省，贵州省还面临较大的挑战。排名最后 10 位的县主要是会宁县、镇原县、安定区、东乡县、临洮县、岷县、渭源县、陇西县、环县、通渭县。主要集中于甘肃省的定西市、青海海东地区和临夏回族自治州，陕西省的咸阳市。

根据“绿色减贫测算体系表”，导入 2014 年、2012 年滇西边境片区 56 个县的数据后（如表 14–6 所示），得到绿色减贫指数及排名表。

2014 年 56 个县绿色减贫指数及在 505 个监测县中的排名情况如表 9–8 所示。

表 9–8　2014 年 61 个县绿色减贫指数及其排名情况

县（市\区）	指标值	全国排名	片区排名	县（市\区）	指标值	全国排名	片区排名	县（市/区）	指标值	全国排名	片区排名
互助县	0.685	2	1	泾源县	–0.008	268	22	甘谷县	–0.234	400	43
麟游县	0.301	67	2	永登县	–0.022	275	23	庄浪县	–0.239	405	44
长武县	0.298	70	3	灵台县	–0.029	278	24	宁县	–0.249	412	45
皋兰县	0.267	82	4	庆城县	–0.045	292	25	合水县	–0.274	427	46
永寿县	0.218	107	5	民和县	–0.068	303	26	张家川县	–0.297	438	47
乐都县	0.181	132	6	隆德县	–0.088	314	27	静宁县	–0.329	451	48
陇县	0.166	143	7	和政县	–0.098	320	28	靖远县	–0.331	452	49
千阳县	0.16	149	8	化隆县	–0.099	321	29	漳县	–0.336	453	50
华池县	0.142	160	9	湟中县	–0.119	335	30	积石山县	–0.351	459	51
西吉县	0.134	167	10	秦安县	–0.128	342	31	会宁县	–0.354	460	52
扶风县	0.106	190	11	海原县	–0.131	344	32	镇原县	–0.365	466	53
湟源县	0.105	192	12	广河县	–0.141	346	33	安定区	–0.367	468	54
崆峒区	0.1	201	13	永靖县	–0.156	356	34	东乡县	–0.376	472	55
临夏市	0.075	215	14	武山县	–0.168	363	35	临洮县	–0.414	478	56
古浪县	0.072	218	15	彭阳县	–0.18	371	36	岷县	–0.439	483	57
榆中县	0.066	221	16	同心县	–0.191	379	37	渭源县	–0.504	491	58
原州区	0.04	236	17	康乐县	–0.197	381	38	陇西县	–0.532	494	59
淳化县	0.029	242	18	景泰县	–0.197	382	39	环县	–0.548	495	60
正宁县	0.02	253	19	临夏县	–0.22	391	40	通渭县	–0.548	496	61
泾川县	0.006	263	20	北道区	–0.221	393	41				
循化县	0.002	265	21	清水县	–0.222	396	42				

注：本表根据绿色减贫测算体系表，依各片区 2014 年各指标均值测算而得。

由上表可知，绿色减贫指数结果排在该片区前 10 名的分别是互助县、麟游县、长武县、皋兰县、永寿县、乐都县、陇县、千阳县、华池县、西吉县，其指数值分别为 0.685、0.301、0.298、0.267、0.218、0.181、0.166、0.16、0.142、0.134。而在 505 个监测县的排名分别为，2、67、70、82、107、132、143、149、

160、167。排在本片区第一位的互助县在所有县中排名第2位，4个县在前100位之内，其他县排名均在100名以上。上述数据表明，六盘山片区片区绿色减贫指数整体排名靠后，除了排在前4名县、区相对排名靠前之外，其他县、区在所有县中排名都不理想。从各县所属省、区来看，陕西省各县排名相对靠前，绿色减贫效果相对较佳，而青海、甘肃、宁夏等部分县市绿色减贫指数排名垫底。

综上所述，六盘山片区片区绿色减贫指数绿色减贫效果不理想，陕西片区、青海片区绿色减贫效果相比宁夏和甘肃较好。

二、经济增长绿化度比较

经济增长绿化度包括6个二级指标，分别为：人均地区生产总值、单位地区生产总值能耗、单位地区生产总值二氧化硫排放量、土地产出率、工业固体废物综合利用率和第三产业增加值比重。排在一级指标经济增长绿化度前10位的县（市、区）分别是长武县、华池县、麟游县、淳化县、原州区、永寿县、永登县、榆中县、崆峒区和西吉县，在全国505个片区县中排名分别为：3、4、5、15、23、27、31、49、58和62。排名后10位的依次是安定区、镇原县、合水县、通渭县、岷县、环县、静宁县、靖远县、会宁县、张家川县，其指标值分别为–0.077、–0.085、–0.087、–0.09、–0.095、–0.11、–0.134、–0.157、–0.18、–0.183。如表所示：

表9–9 六盘山片区各县经济增长绿化度指数及其排名情况

县（市\区）	指标值	全国排名	片区排名	县（市\区）	指标值	全国排名	片区排名	县（市\区）	指标值	全国排名	片区排名
长武县	0.335	3	1	泾源县	0.074	140	22	秦安县	–0.028	310	43
华池县	0.328	4	2	湟源县	0.06	161	23	临洮县	–0.036	316	44
麟游县	0.307	5	3	临夏县	0.057	164	24	湟中县	–0.038	320	45
淳化县	0.243	15	4	东乡县	0.054	170	25	漳县	–0.039	322	46
原州区	0.212	23	5	广河县	0.053	175	26	武山县	–0.046	330	47
永寿县	0.201	27	6	灵台县	0.05	181	27	北道区	–0.052	339	48
永登县	0.194	31	7	积石县	0.05	182	28	景泰县	–0.052	340	49
榆中县	0.163	49	8	庄浪县	0.046	188	29	甘谷县	–0.06	351	50
崆峒区	0.157	58	9	互助县	0.032	212	30	化隆县	–0.064	359	51
西吉县	0.151	62	10	和政县	0.03	216	31	安定区	–0.077	370	52
扶风县	0.149	64	11	清水县	0.023	225	32	镇原县	–0.085	383	53
乐都县	0.132	75	12	隆德县	0.02	227	33	合水县	–0.087	386	54
陇县	0.131	76	13	彭阳县	0.016	240	34	通渭县	–0.09	390	55
千阳县	0.119	86	14	庆城县	0.01	250	35	岷县	–0.095	397	56

续表

县（市\区）	指标值	全国排名	片区排名	县（市\区）	指标值	全国排名	片区排名	县（市\区）	指标值	全国排名	片区排名
皋兰县	0.114	89	15	宁县	0.007	255	36	环县	−0.11	409	57
正宁县	0.106	98	16	循化县	−0.001	269	37	静宁县	−0.134	426	58
古浪县	0.105	100	17	同心县	−0.006	273	38	靖远县	−0.157	441	59
康乐县	0.087	120	18	民和县	−0.016	289	39	会宁县	−0.18	462	60
临夏市	0.087	121	19	渭源县	−0.017	292	40	张家川	−0.183	464	61
永靖县	0.084	125	20	陇西县	−0.021	298	41				
泾川县	0.076	137	21	海原县	−0.027	308	42				

注：差距值为正数表明排名上升。本表根据绿色减贫测算体系表，依各片区 2014 年各指标均值测算而得。

由上表（表 9–9）可知，2014 年，六盘山片区片区经济增长绿化度最高的县是长武县。该片区有长武县、华池县、麟游县、淳化县、原州区、永寿县、永登县、榆中县、崆峒区和西吉县、扶风县、乐都县、陇县、千阳县、皋兰县、正宁县、古浪县等 17 个县排进所有监测县前 100 名，主要集中于陕西、甘肃片区。青海片区和宁夏片区所属各县排名多在 200 名以后，而且各县排名较为分散，经济增长绿色度指数及其排名差异较大。

综上所述，六盘山片区各县经济增长绿化度数值显示 17 个县绿色度较好，但是整体排名比较靠后。而且片区各县排名较为分散，各县经济增长绿色度差异较大，需要以后注重保护环境和经济绿色度。

三、资源利用与环境保护程度指数比较

资源利用与环境保护程度指标项下有人均森林面积、森林覆盖率和单位耕地面积化肥施用量 3 个三级指标。2012 年资源利用和环境保护指标排名第 1 的县是互助县，其指标值为 0.569，排名最后的县为海原县，指标值为 −0.156。

2014 年资源利用和环境保护指数及其指标排名如表 9–11 所示。

表 9–10　六盘山片区各县资源利用与环境保护指数及其排名情况

县（市\区）	指标值	全国排名	片区排名	县（市\区）	指标值	全国排名	片区排名	县（市\区）	指标值	全国排名	片区排名
互助县	0.569	2	1	漳县	−0.063	388	22	康乐县	−0.086	429	43
清水县	0.034	139	2	甘谷县	−0.067	394	23	通渭县	−0.087	430	44
西吉县	0.019	181	3	临夏县	−0.068	397	24	乐都县	−0.087	432	45
合水县	0.01	213	4	张家川	−0.07	398	25	民和县	−0.093	441	46

续表

县（市\区）	指标值	全国排名	片区排名	县（市\区）	指标值	全国排名	片区排名	县（市\区）	指标值	全国排名	片区排名
皋兰县	0.008	219	5	永靖县	-0.071	400	26	湟源县	-0.095	445	47
陇县	-0.021	290	6	靖远县	-0.072	401	27	陇西县	-0.096	446	48
灵台县	-0.023	296	7	广河县	-0.073	402	28	临洮县	-0.096	447	49
泾川县	-0.026	302	8	麟游县	-0.074	403	29	临夏市	-0.099	448	50
循化县	-0.03	316	9	永登县	-0.075	406	30	彭阳县	-0.101	454	51
秦安县	-0.032	321	10	榆中县	-0.076	409	31	隆德县	-0.103	455	52
和政县	-0.041	348	11	渭源县	-0.076	410	32	东乡县	-0.105	456	53
会宁县	-0.043	354	12	湟中县	-0.077	411	33	庆城县	-0.107	458	54
千阳县	-0.049	364	13	景泰县	-0.078	412	34	化隆县	-0.113	461	55
庄浪县	-0.052	369	14	长武县	-0.078	413	35	扶风县	-0.114	462	56
淳化县	-0.053	373	15	岷县	-0.079	415	36	镇原县	-0.125	478	57
静宁县	-0.054	377	16	古浪县	-0.079	416	37	原州区	-0.134	487	58
北道区	-0.055	380	17	永寿县	-0.081	419	38	同心县	-0.142	493	59
正宁县	-0.057	381	18	积石山	-0.081	420	39	环县	-0.143	496	60
武山县	-0.059	385	19	宁县	-0.084	424	40	海原县	-0.156	504	61
泾源县	-0.06	386	20	安定区	-0.084	425	41				
崆峒区	-0.061	387	21	华池县	-0.085	427	42				

注：差距值为正数表明排名上升。本表根据绿色减贫测算体系表，依各片区 2014 年各指标均值测算而得。

由上表可知，通过 2014 年资源利用与环境保护程度、森林覆盖率和单位耕地面积化肥施用量 3 个指标排名进行排名对比发现，该片区有互助县等 1 个县排入所有监测县前 100 名，其余 60 个县所属各县排名多在 100 名以后，而且超过半数排名在 200 位以后，各县排名较为分散，资源利用与环境保护程度及其排名差异较大。同时，以上数据也再次说明六盘山片区森林资源不充裕，森林覆盖率对资源利用与环境保护程度指标的影响较大。

综上所述，六盘山片区森林资源不丰裕，要提高六盘山片区减贫绿色度，必须加大对森林资源的保护和利用力度，更加注重在土地利用过程中化肥等的使用量，确保土地和环境可持续发展。

四、社会发展能力指数比较

2014 年，六盘山片区社会发展能力指标排名前 10 的县分别为：皋兰县、湟源县、乐都县、互助县、海原县、古浪县、化隆县、庆城县、民和县、千阳县，其指标值分别为：0.154、0.148、0.136、0.122、0.12、0.091、0.084、0.061、

0.048、0.044。六盘山片区社会发展能力指标排名最后 10 的县分别为：临洮县、康乐县、淳化县、清水县、东乡县、陇西县、通渭县、渭源县、积石山县。其指数值分别为：–0.125、–0.132、–0.147、–0.227、–0.237、–0.251、–0.252、–0.261、–0.261、–0.269。

从排名的县指标取值来看，六盘山片区各县社会发展能力指标数值比较悬殊，多于一半的县指标取值为负数。

表 9–11　六盘山片区各县社会发展能力指数及其排名

县（市\区）	指标值	全国排名	片区排名	县（市\区）	指标值	全国排名	片区排名	县（市\区）	指标值	全国排名	片区排名
皋兰县	0.154	51	1	榆中县	0.014	235	22	甘谷县	–0.057	355	43
湟源县	0.148	56	2	陇县	0.011	236	23	秦安县	–0.074	381	44
乐都县	0.136	67	3	正宁县	0.01	239	24	张家川	–0.081	390	45
互助县	0.122	77	4	泾源县	0.006	250	25	漳县	–0.081	391	46
海原县	0.12	80	5	镇原县	0.005	251	26	永靖县	–0.087	396	47
古浪县	0.091	115	6	原州区	0.005	252	27	北道区	–0.092	399	48
化隆县	0.084	126	7	宁县	0.002	261	28	岷县	–0.104	418	49
庆城县	0.061	153	8	长武县	0.001	265	29	环县	–0.105	421	50
民和县	0.048	176	9	合水县	–0.002	267	30	广河县	–0.114	429	51
千阳县	0.044	182	10	扶风县	–0.006	272	31	临夏县	–0.125	442	52
崆峒区	0.042	186	11	泾川县	–0.025	300	32	临洮县	–0.132	449	53
麟游县	0.04	192	12	静宁县	–0.026	301	33	康乐县	–0.147	456	54
循化县	0.038	194	13	安定区	–0.031	306	34	淳化县	–0.227	481	55
湟中县	0.032	204	14	华池县	–0.035	316	35	清水县	–0.237	485	56
临夏市	0.031	206	15	庄浪县	–0.036	319	36	东乡县	–0.251	489	57
景泰县	0.03	208	16	和政县	–0.038	321	37	陇西县	–0.252	490	58
永寿县	0.029	210	17	会宁县	–0.038	322	38	通渭县	–0.261	491	59
隆德县	0.027	212	18	同心县	–0.038	323	39	渭源县	–0.261	492	60
西吉县	0.027	214	19	武山县	–0.04	325	40	积石山	–0.269	493	61
灵台县	0.02	223	20	永登县	–0.043	330	41				
靖远县	0.014	234	21	彭阳县	–0.056	353	42				

注：表根据绿色减贫测算体系表，依各片区 2014 年各指标均值测算而得。

由表（表 9–11）可以看出，片区有皋兰县、湟源县、乐都县、互助县、海原县由 5 个县排入所有监测县前 100 名，其余 56 个县排名多在 100 名以后，而且超过半数排名在 200 位以后，各县排名较为分散，社会发展能力指标差异较大。

综上所述，六盘山片区各县2014年社会发展能力指标排名较靠后，甘肃、陕西、宁夏、青海片区所含各县指数及其排名均不理想，各县社会发展能力指标情况不佳，存在较大的发展潜力。

五、扶贫开发与减贫效果指数比较

2014年，六盘山片区片区扶贫开发与减贫效果指标排名前10名县为：扶风县、永寿县、淳化县、临夏市、千阳县、陇县、长武县、张家川县、麟游县、秦安县，其指数值分别为：0.077、0.069、0.066、0.055、0.045、0.045、0.042、0.037、0.029、0.006。片区扶贫开发与减贫效果指标最后10名的县分别为：临洮县、漳县、镇原县、岷县、陇西县、宁县、安定区、环县、合水县、庄浪县，指数值分别为–0.15、–0.153、–0.16、–0.162、–0.163、–0.173、–0.174、–0.19、–0.194、–0.198。

表9–12　六盘山片区各县扶贫开发与减贫效果指标及其排名情况

县（市\区）	指标值	全国排名	片区排名	县（市\区）	指标值	全国排名	片区排名	县（市\区）	指标值	全国排名	片区排名
扶风县	0.077	114	1	武山县	–0.024	322	22	永靖县	–0.082	404	43
永寿县	0.069	132	2	泾源县	–0.028	328	23	临夏县	–0.083	405	44
淳化县	0.066	137	3	隆德县	–0.033	335	24	会宁县	–0.092	415	45
临夏市	0.055	151	4	榆中县	–0.035	337	25	景泰县	–0.098	423	46
千阳县	0.045	161	5	湟中县	–0.036	340	26	永登县	–0.099	424	47
陇县	0.045	163	6	崆峒区	–0.038	344	27	通渭县	–0.11	434	48
长武县	0.042	168	7	互助县	–0.038	346	28	静宁县	–0.116	443	49
张家川	0.037	179	8	彭阳县	–0.039	348	29	靖远县	–0.116	444	50
麟游县	0.029	198	9	正宁县	–0.039	349	30	渭源县	–0.15	460	51
秦安县	0.006	256	10	清水县	–0.042	352	31	临洮县	–0.15	461	52
乐都县	0.001	265	11	原州区	–0.044	356	32	漳县	–0.153	466	53
循化县	–0.005	275	12	古浪县	–0.045	359	33	镇原县	–0.16	471	54
同心县	–0.006	279	13	和政县	–0.051	364	34	岷县	–0.162	473	55
化隆县	–0.006	280	14	甘谷县	–0.051	365	35	陇西县	–0.163	474	56
民和县	–0.007	283	15	积石山县	–0.051	366	36	宁县	–0.173	482	57
湟源县	–0.008	285	16	康乐县	–0.051	367	37	安定区	–0.174	483	58
广河县	–0.008	286	17	西吉县	–0.063	380	38	环县	–0.19	486	59
庆城县	–0.009	291	18	华池县	–0.066	383	39	合水县	–0.194	490	60
皋兰县	–0.009	292	19	海原县	–0.068	388	40	庄浪县	–0.198	491	61
泾川县	–0.019	312	20	东乡县	–0.075	395	41				
北道区	–0.023	319	21	灵台县	–0.077	398	42				

注：差距值为正数表明排名上升。本表根据绿色减贫测算体系表，依各片区2014年各指标均值测算而得。

由表（表 9–12）可以看出，片区扶贫开发与减贫效果排名中没有一个县排入所有监测县前 100 名，其余 56 个县所属各县排名均在 100 名以后，而且大多数县区排名在 300 位以后，甘肃、陕西、宁夏、青海片区各县排名较为分散，社会发展能力指标差异较大，而且非常不理想。

综上所述，六盘山片区部分县扶贫开发与减贫效果在全国排名相当靠后，一方面，反映了该地区扶贫开发难度较大，投入力度也需要进一步加大。而且片区扶贫开发与减贫效果各县之间差异较大，特别是青海、甘肃片区，扶贫脱贫形势依然相当严峻，相关部门需要下决心，打好扶贫攻坚战。

第三节　启示和建议

总体而言，六盘山片区扶贫开发取得了较大的成就，经济发展速度较快，收入水平稳步提高，贫困地区基础设施明显改善，社会文化软实力不断提升，社会保障体系不断完善。但是片区经济社会发展能力总体水平不高，陕西、甘肃、宁夏、青海四片发展不平衡问题突出，制约贫困地区发展的深层次矛盾依然存在。因此，六盘山片区应进一步加快扶贫开发建设，改善生态环境，提高发展能力，缩小区域之间的差距，稳步推进片区绿色减贫，确保如期完成脱贫任务。

一、绿色减贫测算结果评论分析

通过对六盘山片区内 61 个县（市 / 区）绿色减贫指数测算发现：一、六盘山片区绿色减贫指数区域发展不平衡，整体排名靠后。2014 年六盘山片区的绿色减贫指数值为 –0.068，绿色减贫效果比较差，而且绿色减贫指数 4 个二级指标中，总体而言，排名整体靠后；就各县而言，陕西片区绿色减贫较好，其他几个片区较差。二、六盘山片区社会软实力较落后。2014 年六盘山片区农村恩格尔系数为 37.897%，在 11 个片区中排在第 9 名，农村恩格尔系数较大，表明六盘山片区农村居民消费中用来购买食物的费用所占比例仍然是较大，农村居民生活水平较低。城乡收入比为 3.279，在 11 个片区中排在第 9 名，高于 11 个片区平均值 2.993，表明片区农村居民和城市居民收入差距较大。新型农村养老参保率 43.8%，在 11 个片区中排在第 10 名，说明农民新型农村养老参保水平较低。三、六盘山片区片扶贫开发压力大。根据贫开发与减贫效果指数测算结果及分析，2014 年六盘山片区贫困人口占总农村人口比重为 28.438%，较 11 个片区平均值 12.408% 明显偏高，在 11 个片区中排在第 10 名，表明六盘山片区贫困程度深，而且贫困面广；通路行政村比重为 78.410%，较 11 个片区平均通路自然村比重为 81.682% 低，说明六盘山片区农村通路有待进一步加强。有效灌溉面积占基本农田面积比重为 35.953%，较 2012 年的 27.750% 增加了 8 个百分点，但同比全国 11 个片区有效灌溉面积占基本农田面积比重的 44.354%，水平较低，不利于农业的可持续发展。

综上所述，测算结果表明六盘山片区扶贫开发与减贫效果指数低，有效灌溉面积占基本农田面积比重小，恩格尔系数较大，人均地区生产总值较少，有卫生室行政村比例较低，新型农村养老参保率较低，农村人均纯收入增长速度较慢，城乡收入差距较大，农村居民仍然较为贫困，扶贫开发难度较大，片区各部门需要继续大力发展经济、不断改善农村居民生活环境、缩小城市和农村收入差距，走绿色可持续发展的减贫路线。

二、对六盘山片区的建议

本文以六盘山片区绿色减贫测算结果为依据，从以下几方面提出相关意见建议：

（一）协调发展绿色减贫指数指标下各项目发展进程

根据六盘山片区绿色减贫指数 2014 年计算结果进行比较发现，一方面，六盘山片区的绿色减贫指数值二级指标值差异较大，其二级指标值分别为：经济增长绿化度 0.051，在 11 个片区中排在第 4 名；资源利用和环境保护 –0.034，在 11 个片区中排在第 6 名；社会发展能力 –0.033，在 11 个片区中排在第 9 名；扶贫开发与减贫效果 –0.053，在 11 个片区中排在第 7 名，表明六盘山片区在经济发展的过程不协调。另一方面，绿色减贫指数的三级指标发展进程不协调。三级指标中，“人均地区生产总值”“城乡收入比”“农村恩格尔系数”和“土地产出率”四个三级指标变动较大，2014 年六盘山片区人均地区生产总值为 16500.70 元 / 人，在 11 个片区中排名第 6，而 2012 年该指标排名在第 10 名。2014 年六盘山片区城乡收入比为 3.279，排名为 9 名。2014 年六盘山片区农村恩格尔系数为 37.897%，11 个片区中排名第 9 名。因此，对于绿色减贫来说，如果仅仅从某一个方面着手强化其效果是远远不够的，如仅仅关注“绿色”效果或者仅仅关注“扶贫”效果。片区在未来的扶贫开发过程中应该协调发展绿色减贫指数各项目进程。

（二）强化对六盘山片区农田灌溉、通路等基础设施建设

六盘山片区基础设施较为落后，制约了绿色减贫发展。2014 年片区通路行政村比重为 78.410%，较 11 个片区平均通路自然村比重为 81.682% 明显偏低，说明六盘山片区农村通路有待进一步加强。有效灌溉面积占基本农田面积比重为 35.953%，较 2012 年的 27.750% 增加了 8 个百分点，但同比全国 11 个片区有效灌溉面积占基本农田面积比重的 44.354%，水平较低，不利于农业的可持续发展。因此，建议片区各部门加大对灌溉、交通等农村硬件设施的改进力度，完善农村公路建设，提升有效灌溉面积比例，尤其是所属青海片区和宁夏片区各贫困县。

（三）加大财政资金投入力度，切实完成脱贫任务

2014年六盘山片区扶贫开发与减贫效果–0.053，在11个片区中排在第7名；贫困人口占总农村人口比重为 28.438%，较 11 个片区平均值 12.408% 明显偏高，在 11 个片区中排在第 10 名，表明六盘山片区贫困发生率相对较高，而且贫困面广；农村人均纯收入增长率为 13.38%，相比全国 11 个片区平均农村人均纯收入增长率为 19.275%，水平较低；扶贫开发实施力度仍有待进一步加大。因此，建议片区各部门以及相关的省、市、县各级政府加大资金扶持脱贫的力度，进一步发展区域经济，多措并举，增加农民收入，全力消除贫困。

（四）缩小城乡收入差距，提高农民生活水平

2014年六盘山片区农村恩格尔系数为37.897%，在11个片区中排在第9名，农村恩格尔系数较大，表明六盘山片区农村居民消费中用来购买食物的费用所占比例仍然是较大，农村居民生活水平较低。城乡收入比为 3.279，在 11 个片区中排在第 9 名，高于 11 个片区平均值 2.993，表明片区农村居民和城市居民收入差距较大。新型农村养老参保率 43.8%，在 11 个片区中排在第 10 名，说明农民新型农村养老参保水平较低。综上所述，六盘山片区社会发展能力指数测算结果表明，片区农村居民仍然较为贫困，农村恩格尔系数较高，城乡收入差距较大，有卫生室行政村比例较低，表明六盘山片区农村居民仍然较为贫困，扶贫开发潜力较大。下一步需要进一步不断改善农村居民生活环境，提高六盘山片区贫困地居民收入和新型农村养老参率，加快城镇化进程，缩小城市和农村收入差距，共享经济社会发展的成果。

第十章　滇西边境片区绿色减贫指数分析

滇西边境片区包括云南一个大片区，共计56个县，其中包括保山市的隆阳区、施甸县、龙陵县、昌宁县；丽江市的玉龙县、永胜县、宁蒗县；普洱市的宁洱县、墨江县、景东县、景谷县、镇沅县、江城县、孟连县、澜沧县、西盟县；临沧市的临翔区、凤庆县、云县、永德县、镇康县、双江县、耿马县、沧源县；楚雄彝族自治州的双柏县、牟定县、南华县、姚安县、大姚县、永仁县；红河哈尼族彝族自治州的石屏县、元阳县、红河县、金平县、绿春县；西双版纳傣族自治州的勐海县、勐腊县；大理白族自治州的漾濞县、祥云县、宾川县、弥渡县、南涧县、巍山县、永平县、云龙县、洱源县、剑川县、鹤庆县；德宏傣族景颇族自治州的芒市、梁河县、盈江县、陇川县；怒江傈僳族自治州的泸水县、福贡县、贡山县、兰坪县。如表10–1所示：

表10–1　滇西边境片区2014、2012年56个县概况

片区省（区）	市	县
云南（56）	保山市	隆阳区、施甸县、龙陵县、昌宁县
	丽江市	玉龙县、永胜县、宁蒗县；
	普洱市	宁洱县、墨江县、景东县、景谷县、镇沅县、江城县、孟连县、澜沧县、西盟县；
	临沧市	临翔区、凤庆县、云县、永德县、镇康县、双江县、耿马县、沧源县；
	楚雄州	双柏县、牟定县、南华县、姚安县、大姚县、永仁县
	红河州	石屏县、元阳县、红河县、金平县、绿春县
	西双版纳州	勐海县、勐腊县
	大理州	漾濞县、祥云县、宾川县、弥渡县、南涧县、巍山县、永平县、云龙县、洱源县、剑川县、鹤庆县
	德宏州	芒市、梁河县、盈江县、陇川县
	怒江州	水县、福贡县、贡山县、兰坪县

滇西边境片区在我国西南地区，大面积土地高低参差，纵横起伏，一定范围又有和缓的高原面。气候兼具低纬气候、季风气候、山原气候的特点。从纬度看，其位置只相当于从雷州半岛到闽、赣、湘、黔一带的地理纬度，但由

于地势北高南低，南北之间高差悬殊大。各地的年平均温度，大致由北向南递增，平均温度在 5 ~ 24℃左右，南北气温相差达 19℃左右。夏季，最热天平均温度在 19 ~ 22℃左右；冬季，最冷月平均温度在 6 ~ 8℃以上。年温差一般为 10 ~ 15℃，但阴雨天气温较低。大部分地区年降水量在 1100mm，南部部分地区可达 1600mm 以上。

滇西边境片区地处我国西南生态脆弱区，同时开发比较晚，经济基础薄弱，是贫困人口分布广的连片特困地区。滇西边境片区仅涉及云南一个省，是云南省扶贫攻坚的"硬骨头"，农民收入水平低，贫困面广且程度较深。

第一节　滇西边境片区绿色减贫指数分析

根据绿色减贫测算体系表，对中国连片特困地区中 11 个片区绿色减贫指数进行测算，本节从中掘取滇西边境片区指数计算结果进行分析，主要包括测算总结果分析、经济增长绿化度指数结果分析、资源利用与环境保护程度指数结果分析、社会发展能力指数结果分析和扶贫开发与减贫效果指数结果分析。

一、测算总结果及分析

根据绿色减贫测算体系表，中国连片特困地区中 11 个片区绿色减贫指数测算结果如下表所示。

表 10-2　2014 年 11 个连片特困地区绿色减贫指数及排名

指标	绿色减贫指数		二级指标							
			经济增长绿色度		资源利用与环境保护程度		社会发展能力		扶贫开发与减贫效果	
省区	指标值	排名	指标值	排名	指标值	排名	指标值	排名	指标值	排名
罗霄山区	0.475	1	0.137	3	0.166	1	–0.012	8	0.184	1
大兴安岭南麓片区	0.441	2	0.222	1	–0.042	7	0.081	4	0.179	2
大别山区	0.360	3	0.181	2	–0.128	11	0.181	1	0.126	3
秦巴山区	0.006	4	–0.057	7	0.047	4	0.000	6	0.016	5
滇西边境片区	–0.009	5	–0.088	8	0.088	3	0.093	2	–0.101	9
燕山 – 太行山片区	–0.029	6	–0.114	10	–0.049	8	0.085	3	0.050	4
六盘山片区	–0.068	7	–0.016	5	–0.034	6	–0.033	9	0.014	6
武陵山区	–0.172	8	0.022	4	–0.011	5	–0.010	7	–0.173	11

续表

指标	绿色减贫指数		二级指标							
			经济增长绿色度		资源利用与环境保护程度		社会发展能力		扶贫开发与减贫效果	
省区	指标值	排名	指标值	排名	指标值	排名	指标值	排名	指标值	排名
滇桂黔石漠化片区	−0.173	9	−0.092	9	0.138	2	−0.139	10	−0.081	8
吕梁山片区	−0.237	10	−0.053	6	−0.115	10	0.004	5	−0.073	7
乌蒙山片区	−0.593	11	−0.142	11	−0.060	9	−0.250	11	−0.141	10

注：本表根据绿色减贫测算体系表，依各片区 2014 年各指标均值测算而得。资料来源：《中国统计年鉴 2015》《中国县域经济统计年鉴 2015》、2015 年各省级统计年鉴、2015 年各市级统计年鉴、2014 年各县级统计年鉴与公报，以及相关政府部门提供的权威数据。

从上表（表 10–2）可以看出，滇西边境片区绿色减贫指数在 11 个片区中排在第 5 位，2014 年滇西边境片区的绿色减贫指数值为 –0.009。总体而言，滇西边境片区绿色减贫指数为负，各二级指标值分别为：经济增长绿化度 –0.088，在 11 个片区中排在第 8 名；资源利用和环境保护 0.088，在 11 个片区中排在第 3 名；社会发展能力 0.093，在 11 个片区中排在第 3 名；扶贫开发与减贫效果 –0.101，在 11 个片区中排在第 9 名。滇西边境片区在经济发展的过程中经济发展绿色度排名较低，经济增长可持续绿色发展状态较差，而且，片区扶贫开发与减贫效果指标为负，扶贫开发压力较大。

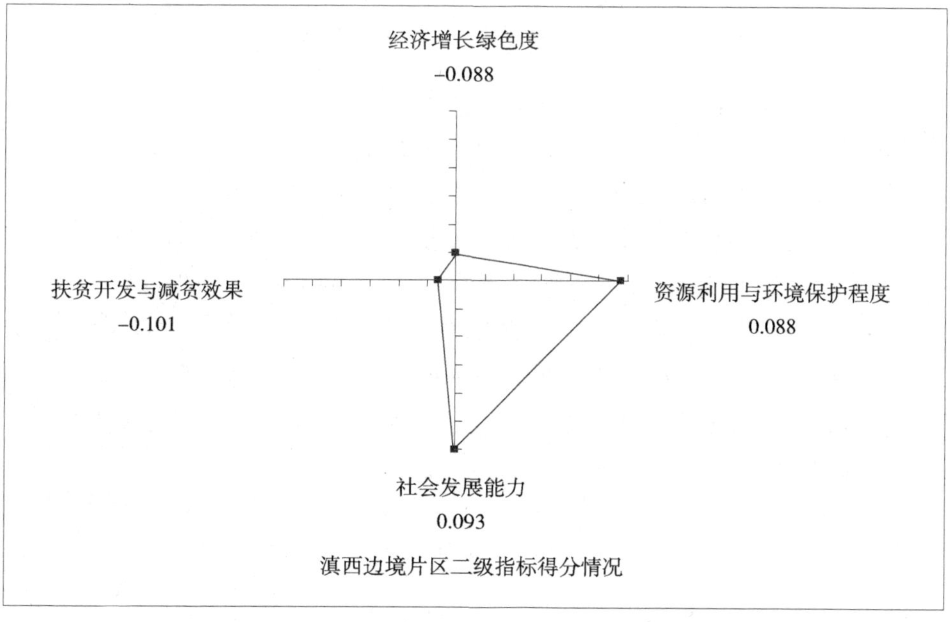

图 10–1　2014 年滇西边境片区二级指标雷达图

经济增长绿色度和扶贫开发减贫效果指标为负值的原因分别是：经济增长绿色度 7 个三级指标中，“单位地区生产总值能耗”和“单位地区生产总值二氧化硫排放量”为逆指标。扶贫开发与减贫效果指标下的 5 个三级指标“贫困人口占总农村人口比重”为逆指标。这几个二级指标测算结果显示为负值说明，一方面，滇西边境片区扶贫开发过程中没有充分重视环境保护和经济可持续发展，促进人与自然均衡发展是未来需要努力的方向；另一方面，滇西边境片区农村和城市发展不平衡，农村贫困人口占比高，农村人口普遍贫困，扶贫工作重点仍然在农村。

表 10–3　滇西边境片区指标排名变动表

三级指标名称	两年原始数据			两年排名变化		
	单位	2014	2012	2014	2012	变动
单位地区生产总值二氧化硫排放量	吨 / 万元	0.006	0.010	6	3	–3
工业固体废物综合利用率	%	64.026	75.150	9	6	–3
第三产业增加值比重	%	33.703	34.990	9	6	–3
人均森林面积	平方公里 / 人	0.011	0.000	2	9	7
新型合作医疗参合率	%	102.131	79.370	1	6	5
新型农村养老参保率	%	0.525	79.370	9	1	–8
高中阶段教育毛入学率	%	91.561	60.670	2	10	8
贫困人口占总农村人口比重	%	22.848	0.280	8	1	–7
农村人均纯收入增长率	%	15.352	19.850	2	6	4
实现安全饮水人数比重	%	38.237	79.536	11	1	–10

注：变动值为正数表明排名上升。

滇西边境片区各指标排名差别较大，而“实现安全饮水人数比重”“人均森林面积”“新型合作医疗参合率”“新型农村养老参保率”“高中阶段教育毛入学率”“贫困人口占总农村人口比重”和“农村人均纯收入增长率”7 个三级指标变动较大，如表（表 10–3）所示，2014 年滇西边境片区“实现安全饮水人数比重”为 38.237%，排名第 11，变动了 10 名；“人均森林面积”排名第 2，变动了 7 名；“新型合作医疗参合率”排名第 1，变动了 5 名；“新型农村养老参保率”排名排名第 9，变动了 8 名；“高中阶段教育毛入学率”排名第 2，变动了 8 名；“贫困人口占总农村人口比重”为 22.848%，排名第 8，变动了 7 名；“农村人均纯收入增长率”排名第 2，变动了 4 名。

二、经济增长绿化度测算结果分析

2014 年滇西边境片区经济增长绿化度总值为 –0.088，其三级指标 2014 年数值分别为：人均地区生产总值 117128.751 元 / 人，比 2012 年的 13314.210 元 / 人有所上升。单位地区生产总值能耗为 0.984 吨标准煤 / 万元，比 2012 年 1.110 吨标准煤 / 万元的能耗值低，在 11 个片区中其单位地区生产总值能耗排名第 6，说明滇西边境片区生产能耗较其他片区低，生产节能化成效显著。单位地区生产总值二氧化硫排放量为 0.006 吨 / 万元，比 2012 年 0.010 吨 / 万元的排放量低，在 11 个片区中其单位地区生产总值二氧化硫排放量排名第 6，说明滇西边境片区产业二氧化硫排放量较高，产业清洁生产实施情况一般。土地产出率为 3907.100 万元 / 千公顷，略高于 11 个片区平均 3864.891 万元 / 千公顷，在 11 个片区中排在第 6 名，说明滇西边境片区土地生产力有待加强。此处土地产出率的计算方法用农业总产值（农林牧渔总产值）/ 农作物播种面积。

工业固体废物综合利用率为 64.026%，比 11 个片区均值的 71.886% 低近 6 个百分点，说明滇西边境片区注重对工业固体废物的循环利用情况较差。第三产业增加值比重为 33.703%，比 2012 年的 34.990% 有所下降，而且低于全国 11 个片区平均值 37.194%；这均不利于推动滇西边境片区的绿色扶贫开发进程。实现安全饮水人数比重 38.237%，在 11 个片区中排在最后一名。

表 10–4 滇西边境片区经济增长绿化度变动表

指标名称	单位	指标属性	2014 片区数值	2012 片区数值	2014 片区排名	排名变化	进退脸谱
人均地区生产总值	元 / 人	正	17128.800	13314.200	5	2	J
单位地区生产总值能耗	吨标准煤 / 万元	逆	0.984	1.110	6	1	J
单位地区生产总值二氧化硫排放量	吨 / 万元	逆	0.006	0.010	6	–3	L
土地产出率	万元 / 千公顷	正	3907.100	2.670	6	–1	L
工业固体废物综合利用率	%	正	64.026	75.150	9	–3	L
第三产业增加值比重	%	正	33.703	34.990	9	–3	L

注：变动值为正数表明排名上升。

2014 年滇西边境片区单位耕地面积化肥施用量为 327.84 吨 / 千公顷，而在 11 个片区该指标平均水平为 385.333 吨 / 千公顷，滇西边境片区化肥施用量较低，注重土地的可持续利用，不过度施用化学肥料，有利于片区的绿色减贫发展。

总而言之，滇西边境片区森林资源较为丰富，单位耕地面积化肥施用量较低，体现了滇西边境片区注重对当地土地资源的保护，注重科学合理施用化肥，追求经济效益与资源环境保护的共同兼顾和平衡发展。

三、资源利用与环境保护程度指数测算结果及其分析

2014 年滇西边境片区资源利用和环境保护总值为 0.088，其二级指标主要包括人均森林面积、森林覆盖率和单位耕地面积化肥施用量。2014 年滇西边境片区人均森林面积为 0.011 平方公里，较 11 个片区 2012 年平均人均森林面积 0.007 平方公里比较高，排名第 2；2014 年滇西边境片区森林覆盖率为 64.660%，比 11 个片区平均森林覆盖率 44.544% 高出 20 个百分点，这说明滇西边境片区森林资源占有量较为丰富。

表 10-5 滇西边境片区片区资源利用与环境保护程度指数表

指标名称	单位	指标属性	2014 年测评均值	2014 年滇西边境片区数值	2012 滇西边境片区数值	2014 年滇西边境片区排名	2012 滇西边境片区排名	排名变化	进退脸谱
人均森林面积	平方公里 / 人	正	0.007	0.011	0.000	2	9	7	J
森林覆盖率	%	正	44.544	64.660	62.470	2	2	0	
单位耕地面积化肥施用量	吨 / 千公顷	逆	385.333	327.844	0.320	3	1	–2	L

注：变动值为正数表明排名上升。

2014 年滇西边境片区单位耕地面积化肥施用量为 327.84 吨 / 千公顷，而 11 个片区该指标平均水平为 385.333 吨 / 千公顷，滇西边境片区化肥施用量较低，注重土地的可持续利用，不过度施用化学肥料，有利于片区的绿色减贫发展。

总而言之，滇西边境片区森林资源较为丰富，单位耕地面积化肥施用量较低，体现了滇西边境片区注重对当地土地资源的保护，注重科学合理施用化肥，追求经济效益与资源环境保护的共同兼顾和平衡发展。

四、社会发展能力指数测算结果及分析

社会发展能力指数项涵盖了农村恩格尔系数、城乡收入比、新型合作医疗参合率、有卫生室行政村比重、新型农村养老参保率和高中阶段教育毛入学率 6 个二级指标。2014 年滇西边境片区农村恩格尔系数为 37.308%，在 11 个片区中排在第 6 名，农村恩格尔系数较大，表明滇西边境片区农村居民消费中用来购买食物的费用所占比例仍然是较大，农村居民生活水平较低。城乡收入比为 3.690，在 11 个片区中排在第 10 名，高于 11 个片区平均值 2.993，表明片区农村居民和城市居民收入差距较大。新型农村养老参保率 102.131%，在 11 个片区中排在第

1 名，说明农民新型农村养老参保水平较高。

表 10-6　2014 年滇西边境片区社会发展能力指数测算结果

指标名称	指标属性	2014 年测评均值	2014 年滇西边境片区数值	2012 滇西边境片区数值	2014 年滇西边境片区排名	2012 滇西边境片区排名	排名变化	进退脸谱
农村恩格尔系数	逆	36.747	37.308	41.220	6	7	1	J
城乡收入比	逆	2.993	3.330	3.690	10	9	–1	L
新型合作医疗参合率	正	88.482	102.131	79.370	1	6	5	J
有卫生室行政村比例	正	93.007	96.413	98.000	3	1	–2	L
新型农村养老参保率	正	39.629	0.525	79.370	9	1	–8	L
高中阶段教育毛入学率	正	82.193	91.561	60.670	2	10	8	J

注：变动值为正数表明排名上升。

有卫生室行政村比例为 96.413%，低于 11 个片区平均水平的 93.007% 近 4 个百分点；高中阶段教育毛入学率为 91.561%，高于 11 个片区平均值 82.193% 近 10 个百分点，较 2012 年毛入学率 60.670% 提高 30 个百分点，成绩显著。

综上所述，滇西边境片区社会发展能力指数测算结果表明，滇西边境片区农村居民仍然较为贫困，农村恩格尔系数较高，城乡收入差距较大，表明滇西边境片区农村居民仍然较为贫困。有卫生室行政村比例、新型农村养老参保率和高中阶段教育毛入学率高于全国 11 个片区平均水平，表明滇西边境片区教育和人民健康，扶贫开发潜力较大。因此，滇西边境片区扶贫开发，下一步需要进一步注重统筹城乡发展，不断改善农村居民生活环境，提高滇西边境片区贫困地居民收入和新型农村养老参率，加快城镇化进程，缩小城市和农村收入差距。

五、扶贫开发与减贫效果指数测算结果及分析

滇西边境片区是我国扶贫开发难度较大的片区之一，山地纵横，贫困面广，程度深，而且返贫现象比较普遍，所以测算其扶贫开发与减贫效果有重要意义。本文主要选取了选取贫困人口占总农村人口比重、农村人均纯收入增长率、通电自然村比重、通路自然村比重、有效灌溉面积占基本农田面积比重、实现安全饮水人数比重这 6 个指标测度滇西边境片区扶贫开发与减贫效果。

2014 年滇西边境片区贫困人口占总农村人口比重为 22.848%，较 11 个片区

平均值 12.408% 明显偏高，在 11 个片区中排在第 8 名，表明滇西边境片区贫困发生率相对较高，而且脱贫难度大；农村人均纯收入增长率为 15.351%，相比全国 11 个片区平均农村人均纯收入增长率较高；通电自然村比重为 97.855%，与 2012 年 95.290% 有所增长，在 11 个片区中排在第 9 名；通路自然村比重为 61.384%，比 2012 年 22.270% 增加了 40 个百分点，但在 11 个片区中排在第 11 名，说明滇西边境片区农村通电通路情况待进一步加强。有效灌溉面积占基本农田面积比重为 58.783%，较 2012 年的 27.750% 增加了 8 个百分点，但同比全国 11 个片区有效灌溉面积占基本农田面积比重的 44.354%，在 11 个片区中排在第 3 名。

表 10–7　滇西边境片区扶贫开发与减贫效果指数测算结果

指标名称	单位	指标属性	2014 年滇西边境片区数值	2012 滇西边境片区数值	2014 年滇西边境片区排名	排名变化	进退脸谱
贫困人口占总农村人口比重	%	逆	22.848	0.280	8	–7	L
农村人均纯收入增长率	%	正	15.352	19.850	2	4	J
通电行政村比重	%	正	97.855	95.290	9	1	J
通路行政村比重	%	正	61.384	22.270	10	1	J
有效灌溉面积占基本农田面积比重	%	正	58.783	61.140	3	1	J
实现安全饮水人数比重	%	正	38.237	79.536	11	–10	L

注：变动值为正数表明排名上升。

综上所述，滇西边境片区贫困发生率较其他片区而言低，贫困面广，贫困人口占总农村人口比重 22.848%，远高于全国 11 个片区的 12.408%，在 11 个片区中排在第 8 名，扶贫开发实施力度仍有待进一步加大。另外，与人民生活密切相关的水电基础设施排名较靠后，今后需要加大通路、农田水利等基础设施建设力度，做好贫困地区村级道路畅通工作。

第二节　滇西边境片区内部各县绿色减贫指数的比较

本节主要分析滇西边境片区的 56 个县（市、区）的绿色减贫指数的得分情况，对于得分靠前的县（市、区）应该总结经验，继续保持良好势头，对于得分靠后的县（市、区）应该找出得分较低的指标，着重改进。

一、绿色减贫指数比较

总体来看，地区之间绿色减贫的地区差异比较明显，排名前10位的县主要集中在云南省丽江市和大理白族自治州，在绿色减贫方面成效显著。

根据“绿色减贫测算体系表”，导入2014年、2012年滇西边境片区56个县的数据后（如表10-8所示），并得到绿色减贫指数及排名表。

表10-8 2014年滇西边境片区56个县绿色减贫指数及其排名情况

县（市\区）	指标值	全国排名	片区排名	县（市\区）	指标值	全国排名	片区排名	县（市\区）	指标值	全国排名	片区排名
祥云县	0.418	25	1	鹤庆县	0.117	181	20	福贡县	-0.064	302	39
玉龙县	0.388	30	2	盈江县	0.105	193	21	石屏县	-0.072	305	40
云龙县	0.364	36	3	洱源县	0.104	195	22	施甸县	-0.086	312	41
梁河县	0.349	44	4	云县	0.103	198	23	西盟县	-0.106	327	42
永平县	0.331	50	5	贡山县	0.089	207	24	江城县	-0.106	328	43
漾濞县	0.326	54	6	临翔区	0.086	208	25	墨江县	-0.124	338	44
宾川县	0.311	60	7	宁洱县	0.08	210	26	永德县	-0.148	352	45
南涧县	0.249	86	8	镇康县	0.078	212	27	隆阳区	-0.156	355	46
弥渡县	0.234	91	9	大姚县	0.063	224	28	沧源县	-0.159	358	47
双柏县	0.232	92	10	镇沅县	0.062	225	29	永胜县	-0.176	367	48
勐腊县	0.223	101	11	姚安县	0.058	228	30	勐海县	-0.191	378	49
巍山县	0.215	109	12	龙陵县	0.042	235	31	凤庆县	-0.244	409	50
芒市	0.174	140	13	双江县	0.035	239	32	澜沧县	-0.282	431	51
永仁县	0.171	142	14	景东县	0.019	254	33	金平县	-0.337	454	52
剑川县	0.164	145	15	耿马县	0.016	255	34	红河县	-0.421	480	53
牟定县	0.142	161	16	昌宁县	-0.01	269	35	绿春县	-0.434	482	54
孟连县	0.141	163	17	泸水县	-0.034	285	36	元阳县	-0.599	498	55
陇川县	0.125	175	18	宁蒗县	-0.038	287	37	景谷县	-0.988	505	56
南华县	0.124	176	19	兰坪县	-0.063	301	38				

注：本表根据绿色减贫测算体系表，依各片区2014年各指标均值测算而得。

由上表可知，绿色减贫指数结果排在该片区前10名的分别是祥云县、玉龙县、云龙县、梁河县、永平县、漾濞县、宾川县、南涧县、弥渡县和双柏县。而在505个监测县的排名中，排在本片区第1名的祥云县在所有县中排名第25位，玉龙县、云龙县、梁河县、永平县、漾濞县、宾川县、南涧县、弥渡县和双柏县分别排在第30位、36位、44位、50位54位、60位、86位和91位。其他县排名均在 100 名以上。上述数据表明，滇西边境片区绿色减贫指数整体排名靠后，除了前 10 名县（区）排名靠前之外，其他县、区在所有县中排名不佳。从各县所属市区来看，云南省丽江市和大理白族自治州各县排名相对靠前，绿色减贫效果相对较佳，而云南红河哈尼族彝族自治州和普洱市部分县市绿色减贫指数排名比较靠后。综上所述，滇西边境片区绿色减贫效果不显著。

二、滇西边境片区经济增长绿化度比较

经济增长绿化度包括 6 个二级指标，分别为：人均地区生产总值、单位地区生产总值能耗、单位地区生产总值二氧化硫排放量、土地产出率、工业固体废物综合利用率、第三产业增加值比重。排在一级指标经济增长绿化度前 10 位的县（市、区）分别是漾濞县、云龙县、南涧县、勐腊县、剑川县、弥渡县、祥云县、宾川县、永平县和巍山县。排名后 10 位的依次是景谷县、贡山县、沧源县、兰坪县、澜沧县、江城县、金平县、绿春县、元阳县和红河县。如表所示：

表 10–9　滇西边境片区各县经济增长绿化度指数及其排名情况

县（市\区）	指标值	全国排名	片区排名	县（市\区）	指标值	全国排名	片区排名	县（市\区）	指标值	全国排名	片区排名
漾濞县	0.219	21	1	镇康县	0.038	202	20	墨江县	–0.093	392	39
云龙县	0.198	28	2	姚安县	0.033	210	21	西盟县	–0.101	400	40
南涧县	0.177	39	3	勐海县	0.017	238	22	宁蒗县	–0.109	407	41
勐腊县	0.176	41	4	鹤庆县	0.016	239	23	凤庆县	–0.117	414	42
剑川县	0.172	42	5	南华县	–0.014	283	24	永德县	–0.127	419	43
弥渡县	0.161	54	6	施甸县	–0.017	291	25	石屏县	–0.129	422	44
祥云县	0.151	61	7	云县	–0.021	297	26	福贡县	–0.132	424	45
宾川县	0.147	66	8	龙陵县	–0.028	312	27	永胜县	–0.144	430	46
永平县	0.122	83	9	临翔区	–0.031	314	28	景谷县	–0.149	433	47
巍山县	0.113	90	10	孟连县	–0.037	318	29	贡山县	–0.15	434	48
梁河县	0.095	108	11	双江县	–0.042	325	30	沧源县	–0.166	452	49
双柏县	0.089	119	12	大姚县	–0.054	342	31	兰坪县	–0.177	460	50
盈江县	0.083	128	13	泸水县	–0.056	345	32	澜沧县	–0.201	468	51
洱源县	0.066	150	14	景东县	–0.059	349	33	江城县	–0.204	470	52
玉龙县	0.065	152	15	昌宁县	–0.072	366	34	金平县	–0.226	477	53
永仁县	0.062	159	16	隆阳区	–0.075	368	35	绿春县	–0.249	487	54
芒市	0.054	173	17	镇沅县	–0.082	378	36	元阳县	–0.317	503	55
陇川县	0.053	174	18	宁洱县	–0.088	388	37	红河县	–0.321	504	56
牟定县	0.05	180	19	耿马县	–0.089	389	38				

注：本表根据绿色减贫测算体系表，依各片区 2014 年各指标均值测算而得。

由表可知，2014 年，滇西边境片区经济增长绿化度较高漾濞县、云龙县、南涧县、勐腊县、剑川县、弥渡县、祥云县、宾川县、永平县和巍山县，其指标值分别为 0.219、0.198、0.177、0.176、0.172、0.161、0.151、0.147、0.122 和 0.113。该片区有 10 个县排入所有监测县前 100 名；排名后 10 位的县景谷县、贡山县、沧源县、兰坪县、澜沧县、江城县、金平县、绿春县、元阳县和红河县的指标值分别为 –0.149、–0.15、–0.166、–0.177、–0.201、–0.204、–0.226、–0.249、–0.317 和 –0.321。滇西边境片区所属各县排名多在 100 名以后，而且片区各县排名较为分散，经济增长绿色度指数及其排名差异较为明显。

综上所述，滇西边境片区各县经济增长绿化度数值显示 10 个县绿色度较好，且全部位于云南大理白族自治州和云南临沧市，经济增长绿化度对绿色减贫水平影响较大；经济增长绿化度数值显示 10 个县绿色度较差的县主要集中于云南红河哈尼族彝族自治州和怒江傈僳族自治州，经济增长绿化度对绿色减贫水平影响较大。滇西边境片区各县排名较为分散，经济增长绿色度差异比较一般。

三、滇西边境片区资源利用与环境保护程度比较

资源利用与环境保护程度指标项下有人均森林面积、森林覆盖率和单位耕地面积化肥施用量 3 个二级指标。排在一级指标资源利用与环境保护程度指标前 10 位的县（市、区）分别是贡山县、福贡县、泸水县、兰坪县、景谷县、宁洱县、镇沅县、江城县、景东县和西盟县。排名后 10 位的县（市、区）是勐海县、祥云县、永德县、宾川县、红河县、施甸县、鹤庆县、洱源县、弥渡县和元阳县。 2014 年，滇西边境片区资源利用与环境保护程度排名第一的是贡山县，排名最后的是元阳县，二者极差较大。

表 10–10 滇西边境片区各县资源利用与环境保护指数及其排名情况

县（市\区）	指标值	全国排名	片区排名	县（市\区）	指标值	全国排名	片区排名	县（市\区）	指标值	全国排名	片区排名
贡山县	0.399	3	1	永仁县	0.038	126	20	绿春县	–0.001	252	39
福贡县	0.243	6	2	大姚县	0.032	146	21	石屏县	–0.002	254	40
泸水县	0.217	8	3	沧源县	0.031	147	22	永胜县	–0.002	255	41
兰坪县	0.207	9	4	龙陵县	0.03	149	23	巍山县	–0.004	258	42
景谷县	0.13	31	5	梁河县	0.026	156	24	隆阳区	–0.004	260	43
宁洱县	0.128	32	6	陇川县	0.026	157	25	云县	–0.005	263	44
镇沅县	0.117	41	7	永平县	0.026	160	26	金平县	–0.006	267	45
江城县	0.117	42	8	临翔区	0.024	168	27	南涧县	–0.008	269	46

续表

县（市\区）	指标值	全国排名	片区排名	县（市\区）	指标值	全国排名	片区排名	县（市\区）	指标值	全国排名	片区排名
景东县	0.102	52	9	芒市	0.023	169	28	勐海县	-0.008	270	47
西盟县	0.091	65	10	双江县	0.019	180	29	祥云县	-0.013	281	48
双柏县	0.09	66	11	剑川县	0.019	182	30	永德县	-0.013	282	49
孟连县	0.086	68	12	镇康县	0.019	183	31	宾川县	-0.028	307	50
墨江县	0.08	74	13	云龙县	0.018	187	32	红河县	-0.028	308	51
澜沧县	0.078	76	14	昌宁县	0.014	197	33	施甸县	-0.029	312	52
勐腊县	0.071	85	15	姚安县	0.011	204	34	鹤庆县	-0.029	313	53
玉龙县	0.068	87	16	南华县	0.011	205	35	洱源县	-0.038	341	54
盈江县	0.061	93	17	凤庆县	0.01	211	36	弥渡县	-0.039	344	55
漾濞县	0.051	103	18	耿马县	0.005	230	37	元阳县	-0.047	360	56
宁蒗县	0.049	111	19	牟定县	0	245	38				

注：本表根据绿色减贫测算体系表，依各片区 2014 年各指标均值测算而得。

由（表 10–10）可知，通过对 2014 年滇西边境片区各县资源利用与环境保护程度指数及其排名进行了列示，我们注意到，该片区各县资源利用与环境保护程度排名均比较靠前，其中有贡山县、福贡县、泸水县、兰坪县、景谷县、宁洱县、镇沅县、江城县、景东县、西盟县、双柏县、孟连县、墨江县、澜沧县、勐腊县、玉龙县和盈江县等 17 个县排在所有监测县的前 100 名。

总体看来，地区之间差异明显。但滇西边境片区森林资源丰裕，人均森林面积、森林覆盖率比较高，滇西边境片区资源利用与环境保护程度比较好，今后要加大对森林资源的保护和利用力度，走绿色可持续发展的路子。

四、滇西边境片区社会发展能力指标比较

排在一级指标社会发展能力前 10 位的县（市、区）分别是玉龙县、祥云县、梁河县、漾濞县、永平县、芒市、鹤庆县、石屏县、弥渡县和宾川县，其指标值分别是 0.186、0.172、0.151、0.146、0.136、0.119、0.101、0.091、0.09 和 0.088。排名后 10 位的依次是兰坪县、隆阳区、西盟县、绿春县、泸水县、江县、元阳县、金平县、勐海县和景谷县，其指标值分别是 –0.056、–0.071、–0.071、–0.08、–0.103、–0.115、–0.117、–0.124、–0.164 和 –0.401。如表 10–11 所示。

总体看来，地区之间的差异不太明显，排名前 10 的县（市、区）较均匀地分布于云南大理白族自治州和云南丽江市。排名第一的玉龙县指标值为 0.186，排名最后的景谷县指标值为 –0.401。

表 10-11　滇西边境片区各县社会发展能力指数及其排名

县（市\区）	指标值	全国排名	片区排名	县（市\区）	指标值	全国排名	片区排名	县（市\区）	指标值	全国排名	片区排名
玉龙县	0.186	26	1	勐腊县	0.046	179	20	镇沅县	-0.013	283	39
祥云县	0.172	35	2	耿马县	0.046	180	21	江城县	-0.021	295	40
梁河县	0.151	55	3	剑川县	0.044	183	22	宁蒗县	-0.023	297	41
漾濞县	0.146	58	4	大姚县	0.042	184	23	墨江县	-0.042	329	42
永平县	0.136	68	5	洱源县	0.041	189	24	澜沧县	-0.047	337	43
芒市	0.119	82	6	昌宁县	0.035	198	25	宁洱县	-0.049	341	44
鹤庆县	0.101	107	7	双柏县	0.026	215	26	红河县	-0.05	342	45
石屏县	0.091	114	8	陇川县	0.025	217	27	施甸县	-0.054	350	46
弥渡县	0.09	116	9	姚安县	0.018	226	28	兰坪县	-0.056	354	47
宾川县	0.088	119	10	福贡县	0.016	229	29	隆阳区	-0.071	378	48
云县	0.082	130	11	临翔区	0.015	230	30	西盟县	-0.071	379	49
云龙县	0.078	133	12	凤庆县	0.015	231	31	绿春县	-0.08	389	50
南涧县	0.067	147	13	孟连县	0.014	232	32	泸水县	-0.103	417	51
双江县	0.066	150	14	镇康县	0.008	246	33	盈江县	-0.115	431	52
牟定县	0.061	155	15	贡山县	0.004	255	34	元阳县	-0.117	436	53
南华县	0.058	159	16	永胜县	0.004	256	35	金平县	-0.124	441	54
巍山县	0.057	162	17	沧源县	0.002	259	36	勐海县	-0.164	467	55
永仁县	0.05	170	18	龙陵县	0.001	263	37	景谷县	-0.401	502	56
永德县	0.05	171	19	景东县	-0.01	279	38				

注：本表根据绿色减贫测算体系表，依各片区 2014 年各指标均值测算而得。

综上所述，滇西边境片区各县 2014 年社会发展能力指标排名较靠后，有玉龙县、祥云县、梁河县、漾濞县、永平县、芒市 6 个县（区）在全国 505 个县的排名中进到了前 100 名，其排名分别为第 26 位、35 位、55 位、58 位、68 位和 82 位。其余各县均在 100 名之后，而且大部分县区在 200 名以后，各县社会发展能力指标情况不佳，需要进一步加大投入力度。

五、扶贫开发与减贫效果比较

排在一级指标扶贫开发与减贫效果指标前 10 位县（市、区）分别是祥云县、宾川县、宁洱县、临翔区、孟连县、梁河县、盈江县、云龙县、玉龙县和南华县，排名后 10 位的依次是剑川县、漾濞县、泸水县、绿春县、澜沧县、元阳县、凤庆县、贡山县、福贡县和景谷县。总体看来，地区之间差异明显，排名后 10 位的县主要集中于云南普洱市、云南红河哈尼族彝族自治州和怒江傈僳族自治州。

表 10-12　滇西边境片区各县扶贫开发与减贫效果指标及其排名情况

县（市\区）	指标值	全国排名	片区排名	县（市\区）	指标值	全国排名	片区排名	县（市\区）	指标值	全国排名	片区排名
祥云县	0.107	79	1	牟定县	0.031	194	20	沧源县	-0.025	324	39
宾川县	0.104	84	2	鹤庆县	0.03	195	21	石屏县	-0.033	330	40
宁洱县	0.09	93	3	双柏县	0.028	201	22	永胜县	-0.034	336	41
临翔区	0.078	112	4	弥渡县	0.021	225	23	兰坪县	-0.036	341	42
孟连县	0.077	113	5	永仁县	0.02	227	24	勐海县	-0.037	342	43
梁河县	0.077	115	6	陇川县	0.02	228	25	永德县	-0.058	375	44
盈江县	0.076	119	7	金平县	0.018	231	26	墨江县	-0.069	389	45
云龙县	0.07	128	8	施甸县	0.014	242	27	勐腊县	-0.07	390	46
玉龙县	0.069	130	9	镇康县	0.013	244	28	剑川县	-0.07	391	47
南华县	0.069	131	10	昌宁县	0.013	247	29	漾濞县	-0.091	412	48
耿马县	0.054	152	11	南涧县	0.012	249	30	泸水县	-0.091	413	49
巍山县	0.049	154	12	江城县	0.002	260	31	绿春县	-0.104	428	50
永平县	0.048	156	13	姚安县	-0.004	274	32	澜沧县	-0.112	438	51
云县	0.047	158	14	隆阳区	-0.006	278	33	元阳县	-0.119	446	52
宁蒗县	0.045	162	15	双江县	-0.009	290	34	凤庆县	-0.152	465	53
大姚县	0.043	167	16	景东县	-0.012	300	35	贡山县	-0.165	476	54
镇沅县	0.04	171	17	红河县	-0.023	320	36	福贡县	-0.191	488	55
龙陵县	0.04	172	18	芒市	-0.023	321	37	景谷县	-0.569	505	56
洱源县	0.036	184	19	西盟县	-0.025	323	38				

注：本表根据绿色减贫测算体系表，依各片区 2014 年各指标均值测算而得。

综上所述，滇西边境片区扶贫开发与减贫效果在全国排名在前一百位的分别是祥云县、宾川县、宁洱县，其排名分别为 79、84 和 93。其余县排名都在 100 名以后，从上表所反映的情况来看，该片区扶贫开发与减贫效果各县之间差异较大，县区扶贫脱贫形势依然相当严峻，需要进一步加大努力。

第三节　启示和建议

综上所述，一方面，滇西边境片区农村贫困人口大幅减少，人民收入水平稳步提高，扶贫开发取得了可喜成绩。另一方面，社会事业不断进步，基础设施有所改善，绿色发展观念取得重大进展，最低生活保障制度全面建立。但是地区经济社会发展能力总体水平不高，区域发展不平衡问题突出，扶贫对象规模仍然比较大，相对贫困问题凸显，发展相对滞后，贫困地区发展的深层次矛盾依然存在，扶贫开发任务仍十分艰巨。因此，滇西边境片区应进一步加大努力，致力加快扶贫开发建设，推动绿色减贫发展。

一、绿色减贫测算结果讨论

通过对滇西边境片区内 56 个县（市 / 区）绿色减贫指数测算，我们对滇西边境片区当前的绿色减贫现状有了更清楚的认识。通过绿色减贫测算发现：一是滇西边境片区绿色减贫指数整体排名靠后，绿色减贫效果比较差，片区在经济增长过程中对环境的保护力度有待加强，其生产能耗、废气污染较高，工业固体废物利用率有待提高。二是滇西边境片区部分县扶贫开发与减贫效果在全国排名相当靠后，一方面，反映了该地区扶贫开发难度较大，投入力度也需要进一步加大；另一方面，片区扶贫开发与减贫效果各县之间差异较大，需要相关部门加大努力。三是滇西边境片区过半县区在所有监测县排名在 100 名位以后，各县排名较为分散，资源利用与环境保护程度及其排名差异较大，说明滇西边境片区环境保护需要进一步加大投入力度。四是滇西边境片区社会发展能力指标排名较靠后，片区所属各县指数及其排名均不理想，各县社会发展能力指标情况较差，需要进一步提高对社会发展能力重视。

总而言之，测算结果表明滇西边境片区工业固体废物综合利用率较低、第三产业增加值比重较低、贫困人口占总人口比重较大、城乡收入比较大、通路行政村比重较低。体现了片区城乡发展不协调，农村居民仍然较为贫困，扶贫开发难度较大，片区各部门需要继续大力发展经济，加快城镇化进程，缩小城市和农村收入差距，不断改善农村居民生活环境，提高滇西边境片区贫困地区医疗，推动城市和农村共同富裕、人与自然绿色和谐发展。确保在保护环境的基础之上，实现绿色减贫。

二、对滇西边境片区的建议

通过以上分析、现提出滇西边境片区绿色减贫的建议如下：

（一）加大对口帮扶力度，降低贫困发生率

滇西边境片区贫困人数较多，消贫解困比较大。2014 年滇西边境片区贫开发与减贫效果 –0.037，在 11 个片区中排在第 6 名；贫困人口占总农村人口比重

为 22.848%，较 11 个片区平均值 12.408% 明显偏高，在 11 个片区中排在第 8 名，表明滇西边境片区贫困发生率相对较高，而且脱贫难度大，经济增长可持续绿色发展状态较差，扶贫开发压力较大。建议国家继续加大对片区政策及资金扶持力度，在精准脱贫、精准帮扶上更加重视资金供给侧拉动效应和需求侧拉动效应，提高片区人民纯收入，确保在“十三五”期间扶贫发展要在保证区域整体经济社会全面发展的基础上继续落实精准，2020 年如期脱贫。

（二）降低地区能耗，促进片区绿色发展

2014 年滇西边境片区的绿色减贫指数值为 –0.009，单位地区生产总值能耗为 0.984 吨标准煤 / 万元，比 2012 年 1.110 吨标准煤 / 万元的能耗值低，但在 11 个片区中排名第 6，说明滇西边境片区生产能耗较高，生产节能化成效不显著；单位地区生产总值二氧化硫排放量为 0.006 吨 / 万元，比 2012 年 0.010 吨 / 万元的排放量低，在 11 个片区中其单位地区生产总值二氧化硫排放量排名第 6，说明滇西边境片区产业二氧化硫排放量较高，产业清洁生产实施情况一般。工业固体废物综合利用率为 64.026%，比 11 个片区均值的 71.886% 低近 6 个百分点，说明滇西边境片区注重对工业固体废物的循环利用情况较差。第三产业增加值比重为 33.703%，比 2012 年的 34.990% 有所下降，而且低于全国 11 个片区平均值 37.194%，不利于推动滇西边境片区的绿色扶贫开发进程。以上数据显示出滇西边境片区需要更加重视环境保护，提升工业发展的绿色增值成分，降低能耗。

（三）统筹城乡发展，完善农村卫生、安全饮水等社会服务网络

滇西边境片区社会事业发展滞后，基本公共服务能力不足。有卫生室行政村比例为 96.413%，低于 11 个片区平均水平的 93.007% 近 4 个百分点；实现安全饮水人数比重 38.237%，在 11 个片区中排在最后一名。城乡收入比为 3.690，在 11 个片区中排在第 10 名，高于 11 个片区平均值 2.993，表明片区农村居民和城市居民收入差距较大。绿色减贫指数数据表明，片区医疗卫生条件差，基层卫生服务能力不足。城乡居民生活水平较高，幸福指数较低。社会事业发展滞后，基本公共服务能力不足。建议滇西边境片区发展过程中，加大对社会保障软实力的投入力度，努力提升居民生活水平。提升贫困地区医疗、文化和社会保障的完善是贫困人口福祉的软件保障水平，提升贫困人口安全感，进一步缩小城乡发展差距，更加注重公平，让农村居民共享改革开放发展成果。

（四）加大对滇西边境片区政策资金扶持力度

根据绿色减贫指数的测算，2014年滇西边境片区的绿色减贫指数值为-0.009，各二级指标值分别为：经济增长绿化度-0.152，在11个片区中排在第10名；扶贫开发与减贫效果-0.037，在11个片区中排在第6名；贫困人口占总农村人口比重为22.848%，较11个片区平均值12.408%明显偏高，在11个片区中排在第8名；实现安全饮水人数比重38.237%，在11个片区中排在最后一名；城乡收入比为3.690，在11个片区中排在第10名，高于11个片区平均值2.993。滇西边境片区在经济发展的过程中经济发展绿色度排名较低，经济增长可持续绿色发展状态较差，饮水等基础实施薄弱，城乡发展差距大，扶贫开发压力较大。因此，国家应该对滇西边境片区加大资金投入力度和政策扶持力度，整合各部门力量，积极引导社会力量参与，构建社会大扶贫的格局，确保不让任何一个地区、一个民族、一个人掉队，合力推动片区规划实施。

第十一章　吕梁山片区绿色减贫指数分析

吕梁山片区在山西省与陕西省交界地带。地貌类型以山地、高原、盆地为主，地质构造为吕梁背斜褶皱断块山地。吕梁山脉西坡有厚层的黄土堆积，水土流失严重，是黄河中游重点产沙区之一。山脉中高峰海拔多在 2500 米以上，对区域气候有明显的作用。该地区地势较高属于半干旱大陆性季风气候，四季分明，差异悬殊。水热资源分布不协调，中高山区降水少，水土流失严重，农作物产量很低。吕梁山片区包括山西、陕西两个大片区，共计 20 个县。山西片区包括忻州的静乐县、神池县、五寨县、岢岚县，临汾的吉县、大宁县、隰县、永和县、汾西县，吕梁的兴县、临县、石楼县、岚县。陕西片区包括榆林的横山县、绥德县、米脂县、佳县、吴堡县、清涧县、子洲县。如表 11-1 所示：

表 11-1　吕梁山片区 2014、2012 年 20 个县概况

片区省（区）	市	县
山西（13）	忻州	静乐县、神池县、五寨县、岢岚县
	临汾	吉县、大宁县、隰县、永和县、汾西县
	吕梁	兴县、临县、石楼县、岚县
陕西（7）	榆林	横山县、绥德县、米脂县、佳县、吴堡县、清涧县、子洲县

吕梁山片区是生态脆弱区，雨水少，生态失衡严重。同时开发比较晚，经济基础薄弱，是贫困人口分布广的连片特困地区。

第一节　吕梁山片区绿色减贫指数分析

根据绿色减贫测算体系表，对中国连片特困地区中 11 个片区绿色减贫指数进行测算，本节从中掘取吕梁山片区指数计算结果进行分析，主要包括测算总结果分析、经济增长绿化度指数结果分析、资源利用与环境保护程度指数结果分析、社会发展能力指数结果分析和扶贫开发与减贫效果指数结果分析。

一、测算总结果及分析

根据绿色减贫测算体系表，中国连片特困地区中 11 个片区绿色减贫指数测算结果如下表所示。

表 11-2　2014 年 11 个连片特困地区绿色减贫指数及排名

指标	绿色减贫指数		二级指标							
			经济增长绿色度		资源利用与环境保护程度		社会发展能力		扶贫开发与减贫效果	
省区	指标值	排名	指标值	排名	指标值	排名	指标值	排名	指标值	排名
罗霄山区	0.475	1	0.137	3	0.166	1	-0.012	8	0.184	1
大兴安岭南麓片区	0.441	2	0.222	1	-0.042	7	0.081	4	0.179	2
大别山区	0.360	3	0.181	2	-0.128	11	0.181	1	0.126	3
秦巴山区	0.006	4	-0.057	7	0.047	4	0.000	6	0.016	5
滇西边境片区	-0.009	5	-0.088	8	0.088	3	0.093	2	-0.101	9
燕山 - 太行山片区	-0.029	6	-0.114	10	-0.049	8	0.085	3	0.050	4
六盘山片区	-0.068	7	-0.016	5	-0.034	6	-0.033	9	0.014	6
武陵山区	-0.172	8	0.022	4	-0.011	5	-0.010	7	-0.173	11
滇桂黔石漠化片区	-0.173	9	-0.092	9	0.138	2	-0.139	10	-0.081	8
吕梁山片区	-0.237	10	-0.053	6	-0.115	10	0.004	5	-0.073	7
乌蒙山片区	-0.593	11	-0.142	11	-0.060	9	-0.250	11	-0.141	10

注：本表根据绿色减贫测算体系表，依各片区 2014 年各指标均值测算而得。

资料来源：《中国统计年鉴 2015》、《中国县域经济统计年鉴 2015》、2015 年各省级统计年鉴、2015 年各市级统计年鉴、2015 年各县级统计年鉴与公报，以及相关政府部门提供的权威数据。

从上表（表 11-2）可以看出，吕梁山片区绿色减贫指数在 11 个片区中排名第 10 位，2014 年吕梁山片区的绿色减贫指数值为 -0.237。总体而言，吕梁山片区绿色减贫指数为负，各二级指标值分别为：经济增长绿化度 -0.053，在 11 个片区中排在第 6 名；资源利用和环境保护 -0.115，在 11 个片区中排在第 10 名；社会发展能力 0.004，在 11 个片区中排在第 5 名；扶贫开发与减贫效果 -0.073，在 11 个片区中排在第 7 名。吕梁山片区在经济发展的过程中经济发展绿色度排名较低，经济增长可持续绿色发展状态较差，同时，片区扶贫开发与减贫效果指标为负，扶贫开发压力较大。

经济增长绿色度和扶贫开发减贫效果指标为负值的原因分别是：资源利用与环境保护程度 3 个三级指标中，“单位耕地面积化肥施用量”为逆指标。扶贫开发与减贫效果指标下的 5 个三级指标“贫困人口占总农村人口比重”为逆指标。这几个二级指标测算结果显示为负值说明，一方面，吕梁山片区扶贫开发过程中没有充分重视环境保护和经济可持续发展，促进人与自然均衡发展是未来需要努力的方向；另一方面，吕梁山片区农村和城市发展不平衡，农村贫困人口占比较大，农村人口普遍贫困，扶贫工作重点仍然在农村。

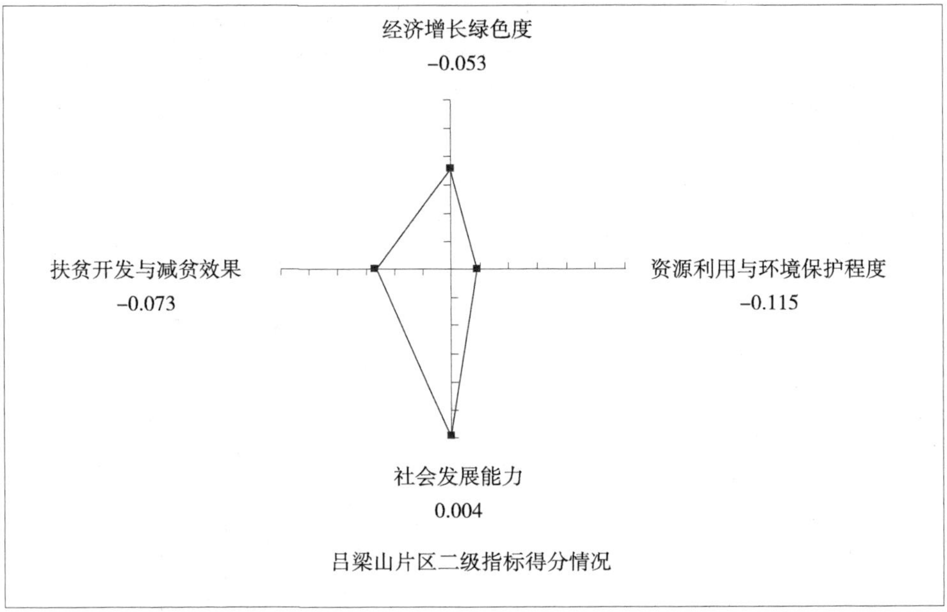

图 11-1　2014 年吕梁山片区二级指标雷达图

吕梁山片区各指标排名差别较大，而“人均地区生产总值”“单位地区生产总值二氧化硫排放量”“土地产出率”“有卫生室行政村比例”“实现安全饮水人数比重”“人均森林面积”“新型农村养老参保率”和“农村人均纯收入增长率”8 个三级指标变动较大，如表 11-3 所示，2014 年吕梁山片区“人均地区生产总值”为 14599.059 元 / 人，排名第 9，变动了 8 名；“单位地区生产总值二氧化硫排放量”为 0.009 吨 / 万元，排名第 10，变动了 7 名；“土地产出率”排名第 4，变动了 7 名；“有卫生室行政村比例”排名第 11，变动了 5 名；“实现安全饮水人数比重”为 56.648%，排名第 7，变动了 6 名；“人均森林面积”排名第 10，变动了 6 名；“新型农村养老参保率”排名第 11，变动了 9 名；“农村人均纯收入增长率”排名第 10，变动了 6 名。

表 11-3 吕梁山片区指标排名变动表

三级指标名称	两年原始数据			两年排名变化		
	单位	2014	2012	2014	2012	变动
人均地区生产总值	元 / 人	14599.100	18854.500	9	1	-8
单位地区生产总值二氧化硫排放量	吨 / 万元	0.009	0.010	10	3	-7
土地产出率	万元 / 千公顷	4111.460	1.910	4	11	7
工业固体废物综合利用率	%	76.909	86.000	4	1	-3
第三产业增加值比重	%	40.875	41.210	4	1	-3
人均森林面积	平方公里 / 人	0.002	0.350	10	4	-6
有卫生室行政村比例	%	87.028	91.110	11	6	-5
新型农村养老参保率	%	0.433	60.070	11	2	-9
农村人均纯收入增长率	%	10.837	20.200	10	4	-6
通电行政村比重	%	97.353	97.650	10	7	-3
实现安全饮水人数比重	%	56.648	59.736	1	7	6

注：变动值为正数表明排名上升。

二、经济增长绿化度测算结果分析

2014 年吕梁山片区经济增长绿化度总值为 -0.053，其三级指标 2014 年数值分别为：人均地区生产总值 14599.059 元 / 人，比 2012 年的 18854.470 元 / 人有所下降。单位地区生产总值能耗为 1.490 吨标准煤 / 万元，比 2012 年 1.670 吨标准煤 / 万元的能耗值低，在 11 个片区中其单位地区生产总值能耗排名第 11，说明吕梁山片区生产能耗较其他片区高，生产节能化成效不显著。单位地区生产总值二氧化硫排放量为 0.009 吨 / 万元，比 2012 年 0.010 吨 / 万元的排放量低，在 11 个片区中其单位地区生产总值二氧化硫排放量排名第 10，说明吕梁山片区产业二氧化硫排放量较高，产业清洁生产实施情况一般。土地产出为 4111.464 元，略高于 11 个片区平均 3864.891 元，在 11 个片区中排在第 4 名，此处土地产出率的计算方法用农业总产值（农林牧渔总产值）/ 农作物播种面积。

工业固体废物综合利用率为 76.909%，比 11 个片区均值的 71.886% 高近 4 个百分点，说明吕梁山片区注重对工业固体废物的循环利用。第三产业增加值比重为 40.875%，比 2012 年的 41.210% 有所下降，而且高于全国 11 个片区平均值 37.194%，有利于推动吕梁山片区的绿色扶贫开发进程。实现安全饮水人数比重 56.648%，在 11 个片区中排在第 1 名。

表 11-4　吕梁山片区经济增长绿化度变动表

指标名称	单位	指标属性	2014 片区数值	2012 片区数值	2014 片区排名	排名变化	进退脸谱
人均地区生产总值	元 / 人	正	14599.100	18854.500	9	–8	L
单位地区生产总值能耗	吨标准煤 / 万元	逆	1.490	1.670	11	–1	L
单位地区生产总值二氧化硫排放量	吨 / 万元	逆	0.009	0.010	10	–7	L
土地产出率	万元 / 千公顷	正	4111.460	1.910	4	7	J
工业固体废物综合利用率	%	正	76.909	86.000	4	–3	L
第三产业增加值比重	%	正	40.875	41.210	4	–3	L

注：变动值为正数表明排名上升。

总而言之，吕梁山片区人均地区生产总值、单位地区生产总值能耗、单位地区生产总值二氧化硫排放量和工业固体废物综合利用率、第三产业增加值比重指标等数值结果显示，吕梁山片区经济增长过程中缺乏注重对环境的保护，产业生产能耗、废气污染较高，工业固体废物利用率较低。而土地产出率、第三产业增加值比重和实现安全饮水人数比重数值结果表明，吕梁山片区经济绿色发展潜力巨大，同时也显示出吕梁山片区需要加大民生投入力度，逐渐发展第三产业，提升经济成果的共享价值。

三、资源利用与环境保护程度指数测算结果及其分析

2014 年吕梁山片区资源利用和环境保护总值为 –0.115，其二级指标主要包括人均森林面积、森林覆盖率和单位耕地面积化肥施用量。2014 年吕梁山片区人均森林面积为 0.002 平方公里，较 11 个片区 2015 年平均人均森林面积 0.007 平方公里较低，排名第 9；2014 年吕梁山片区森林覆盖率为 19.77%，比 11 个片区平均森林覆盖率 44.544% 低出 25 个百分点，这说明吕梁山片区森林资源占有量较少。

2014 年吕梁山片区单位耕地面积化肥施用量为 410.419 吨 / 千公顷，而 11 个片区该指标平均水平 385.333 吨 / 千公顷，吕梁山片区化肥施用量较低，注重土地的可持续利用，不过度施用化学肥料，有利于片区的绿色减贫发展。

总而言之，吕梁山片区森林资源比较少，单位耕地面积化肥施用量较低，体现了吕梁山片区资源与环境保护力度不足，需要进一步加大该方面投入力度。

表 11-5　吕梁山片区资源利用与环境保护程度指数表

指标名称	单位	指标属性	2014 年吕梁山片区数值	2012 吕梁山片区数值	2014 年吕梁山片区排名	排名变化	进退脸谱
人均森林面积	平方公里 / 人	正	0.002	0.350	10	–6	L
森林覆盖率	%	正	19.770	22.010	10	0	
单位耕地面积化肥施用量	吨 / 千公顷	逆	410.419	276.040	7	–2	L

注：变动值为正数表明排名上升。

四、社会发展能力指数测算结果及分析

在社会发展能力指数项涵盖了农村恩格尔系数、城乡收入比、新型合作医疗参合率、有卫生室行政村比重、新型农村养老参保率和高中阶段教育毛入学率 6 个二级指标。2014 年吕梁山片区农村恩格尔系数为 29.719%，在 11 个片区中排在第 1 名，农村恩格尔系数较大，表明吕梁山片区农村居民消费中用来购买食物的费用所占比例较大，农村居民生活水平较低，幸福指数较低。城乡收入比为 3.198，在 11 个片区中排在第 8 名，高于 11 个片区平均值 2.993，表明片区农村居民和城市居民收入差距较大。新型农村养老参保率 43.3%，在 11 个片区中排在第 11 名，说明农民新型农村养老参保水平较低。

表 11-6　2014 年吕梁山片区社会发展能力指数测算结果

指标名称	单位	指标属性	2014 年吕梁山片区数值	2012 吕梁山片区数值	2014 年吕梁山片区排名	排名变化	进退脸谱
农村恩格尔系数	%	逆	29.719	34.940	1	1	J
城乡收入比	%	逆	3.198	4.170	8	2	J
新型合作医疗参合率	%	正	87.944	73.670	7	2	J
有卫生室行政村比例	%	正	87.028	91.110	11	–5	L
新型农村养老参保率	%	正	0.433	60.070	11	–9	L
高中阶段教育毛入学率	%	正	94.040	81.950	1	1	J

注：变动值为正数表明排名上升。

有卫生室行政村比例为 87.028%，低于 11 个片区平均水平的 93.007% 近 6 个百分点；高中阶段教育毛入学率为 94.040%，高于 11 个片区平均值 82.193% 近 8 个百分点，较 2012 年毛入学率 81.950% 提高 10 个百分点，成绩显著，说明

片区重视高中教育。

综上所述，吕梁山片区社会发展能力指数测算结果表明，吕梁山片区城乡收入差距较大。有卫生室行政村比例、新型农村养老参保率低于全国 11 个片区平均水平，而且排在最后一名，表明吕梁山片区民生保障方面仍需要改善。因此，吕梁山片区扶贫开发下一步需要进一步注重统筹城乡发展，不断改善农村居民生活环境，提高吕梁山片区贫困地居民收入和新型农村养老参率，加快城镇化进程，缩小城市和农村收入差距。

五、扶贫开发与减贫效果指数测算结果及分析

吕梁山片区是我国扶贫开发难度较大的片区之一，贫困面广，程度深，而且返贫现象比较普遍，所以测算其扶贫开发与减贫效果有重要意义。本文主要选取了选取贫困人口占总农村人口比重、农村人均纯收入增长率、通电自然村比重、通路自然村比重、有效灌溉面积占基本农田面积比重、实现安全饮水人数比重这 6 个指标测度吕梁山片区扶贫开发与减贫效果。

表 11–7　吕梁山片区扶贫开发与减贫效果指数测算结果

指标名称	单位	指标属性	2014 年吕梁山片区数值	2012 吕梁山片区数值	2014 年吕梁山片区排名	排名变化	进退脸谱
贫困人口占总农村人口比重	%	逆	39.771	70.750	11	0	
农村人均纯收入增长率	%	正	10.837	20.200	10	–6	L
通电行政村比重	%	正	97.353	97.650	10	–3	L
通路行政村比重	%	正	89.978	75.470	4	–2	L
有效灌溉面积占基本农田面积比重	%	正	36.543	27.860	8	2	J
实现安全饮水人数比重	%	正	56.648	59.736	1	6	J

注：变动值为正数表明排名上升。

2014 年吕梁山片区贫困人口占总农村人口比重为 39.771%，较 11 个片区平均值 12.408% 明显偏高，在 11 个片区中排在第 11 名，表明吕梁山片区贫困发生率相对较高，而且脱贫难度非常大；农村人均纯收入增长率为 10.837%，相比全国 11 个片区平均农村人均纯收入增长率较低，在 11 个片区中排在第 10 名；通电自然村比重为 97.353%，与 2012 年 95.290% 有所增长，在 11 个片区中排在第 9 名；通路自然村比重为 61.384%，比全国 11 个片区均值 98.685% 较低，但在 11 个片区中排在第 10 名，说明吕梁山片区农村通电情况待进一步加强。通路行

政村比重 89.978%；有效灌溉面积占基本农田面积比重为 36.543%，较 2012 年的 27.860% 增加了 8 个百分点，但同比低于全国 11 个片区有效灌溉面积占基本农田面积比重的 44.354%，在 11 个片区中排在第 8 名。

综上所述，吕梁山片区贫困发生率较其他片区而言低，贫困面广，贫困人口占总农村人口比重 39.771%，远高于全国 11 个片区的 12.408%，在 11 个片区中排在第 11 名，扶贫开发实施力度仍有待进一步加大。而且，农村人均纯收入增长率为 10.837%，相比全国 11 个片区平均农村人均纯收入增长率较低，在 11 个片区中排在第 10 名，片区需要加快发展经济，增加人民经济收入。

第二节　吕梁山片区内部各县绿色减贫指数的比较

本节主要分析吕梁山片区的 20 个县（市、区）的绿色减贫指数的得分情况，对于得分靠前的县（市、区）应该总结经验，继续保持良好势头，对于得分靠后的县（市、区）应该找出得分较低的指标，着重改进。

一、绿色减贫指数比较

总体来看，地区之间绿色减贫的地区差异十分明显，排名前 10 位的县主要是米脂县、静乐县、绥德县、岢岚县、汾西县、兴县、清涧县、五寨县、横山县、佳县，指数值分别是：0.007、–0.015、–0.032、–0.062、–0.083、–0.087、–0.101、–0.128、–0.13、–0.146。排名后 10 位的县主要是神池县、吉县、石楼县、岚县、隰县、、子洲县、永和县、大宁县、临县、吴堡县，其指数值分别是 –0.189、–0.234、–0.234、–0.238、–0.259、–0.269、–0.275、–0.346、–0.395、–0.427。

根据“绿色减贫测算体系表”，导入 2014 年、2012 年吕梁山片区 20 个县的数据后，并得到绿色减贫指数及排名表。2014 年 20 个县绿色减贫指数及其在 505 个监测县中的排名情况如表 11–8 所示。

表 11–8　吕梁山片区 2014 年 20 个县绿色减贫指数及其排名情况

县（市\区）	指标值	全国排名	片区排名	县（市\区）	指标值	全国排名	片区排名
米脂县	0.007	262	1	神池县	–0.189	376	11
静乐县	–0.015	272	2	吉县	–0.234	401	12
绥德县	–0.032	282	3	石楼县	–0.234	403	13

续表

县（市\区）	指标值	全国排名	片区排名	县（市\区）	指标值	全国排名	片区排名
岢岚县	−0.062	299	4	岚县	−0.238	404	14
汾西县	−0.083	310	5	隰县	−0.259	418	15
兴县	−0.087	313	6	子洲县	−0.269	421	16
清涧县	−0.101	325	7	永和县	−0.275	429	17
五寨县	−0.128	341	8	大宁县	−0.346	457	18
横山县	−0.13	343	9	临县	−0.395	476	19
佳县	−0.146	350	10	吴堡县	−0.427	481	20

注：本表根据绿色减贫测算体系表，依各片区 2014 年各指标均值测算而得。

由表 11–8 可知，绿色减贫指数结果排在该片区排名前 10 位的县主要是米脂县、静乐县、绥德县、岢岚县、汾西县、兴县、清涧县、五寨县、横山县、佳县，其在 505 个监测县的排名分别是 262、272、282、299、310、313、325、341、343、350，排名后 10 位的县主要是神池县、吉县、石楼县、岚县、隰县、、子洲县、永和县、大宁县、临县、吴堡县，其在 505 个监测县的排名分别是 376、401、403、404、418、421、429、457、476、481。片区 20 个县排名均在 100 名以上。上述数据表明，吕梁山片区绿色减贫指数整体排名靠后。从各县所属省、区来看，山西、陕西片区各县排名都比较靠后，绿色减贫效果比较差。

综上所述，吕梁山片区绿色减贫指数几乎所有的县呈负值，绿色减贫效果较差，需要树立绿色发展理念，进一步改进绿色减贫。

二、经济增长绿化度比较

经济增长绿化度包括 6 个二级指标，分别为：人均地区生产总值、单位地区生产总值能耗、单位地区生产总值二氧化硫排放量、土地产出率、工业固体废物综合利用率、第三产业增加值比重。排在一级指标经济增长绿化度前 10 位的县（市、区）分别是米脂县、子洲县、吴堡县、清涧县、绥德县、佳县、横山县、五寨县、岢岚县、静乐县。其指数值分别是 0.241、0.166、0.163、0.162、0.161、0.146、0.065、0.051、0.048、0.006。排名后 10 位的依次是兴县、神池县、岚县、汾西县、石楼县、临县、吉县、永和县、隰县、大宁县。其指标值分别为 0.001、−0.061、−0.067、−0.099、−0.151、−0.162、−0.166、−0.237、−0.254、−0.282。如表 11–9 所示：

表 11-9　吕梁山片区各县经济增长绿化度指数及其排名情况

县（市\区）	指标值	全国排名	片区排名	县（市\区）	指标值	全国排名	片区排名
米脂县	0.241	16	1	兴县	0.001	266	11
子洲县	0.166	46	2	神池县	−0.061	355	12
吴堡县	0.163	48	3	岚县	−0.067	362	13
清涧县	0.162	51	4	汾西县	−0.099	399	14
绥德县	0.161	52	5	石楼县	−0.151	436	15
佳县	0.146	67	6	临县	−0.162	448	16
横山县	0.065	153	7	吉县	−0.166	451	17
五寨县	0.051	177	8	永和县	−0.237	482	18
岢岚县	0.048	185	9	隰县	−0.254	489	19
静乐县	0.006	258	10	大宁县	−0.282	496	20

注：本表根据绿色减贫测算体系表，依各片区 2014 年各指标均值测算而得。

由上表可知，2014 年，吕梁山片区片区经济增长绿化度最高的县是米脂县，最低的是大宁县。该片区有米脂县、子洲县、吴堡县、清涧县、绥德县、佳县等 6 个县排入所有监测县前 100 名，主要集中于山西片区。大多数在 200 名以后，而且各县排名较为分散，经济增长绿色度指数及其排名差异较大。

综上所述，吕梁山片区各县经济增长绿化度数值显示 6 个县绿色度较好，但是整体排名比较靠后。而且片区各县排名较为分散，各县经济增长绿色度差异较大，需要以后注重保护环境和提高经济绿色度。

三、资源利用与环境保护程度指数比较

资源利用与环境保护程度指标项下有人均森林面积、森林覆盖率和单位耕地面积化肥施用量 3 个三级指标。增长绿化度前 10 位的县（市、区）分别是吉县、隰县、大宁县、永和县、神池县、石楼县、汾西县、静乐县、临县、岢岚县。其指数值分别是 −0.011、−0.046、−0.063、−0.065、−0.068、−0.075、−0.08、−0.081、−0.083、−0.085。排名后 10 位的依次是岚县、横山县、五寨县、兴县、清涧县、佳县、吴堡县、米脂县、绥德县、子洲县。其指标值分别为 −0.088、−0.092、−0.093、−0.1、−0.117、−0.126、−0.141、−0.143、−0.156、−0.167。2014 年资源利用和环境保护指数及其指标排名如表 11-10 所示。

表 11-10 吕梁山片区各县资源利用与环境保护指数及其排名情况

县（市\区）	指标值	全国排名	片区排名	县（市\区）	指标值	全国排名	片区排名
吉县	-0.011	276	1	岚县	-0.088	435	11
隰县	-0.046	359	2	横山县	-0.092	440	12
大宁县	-0.063	389	3	五寨县	-0.093	442	13
永和县	-0.065	391	4	兴县	-0.1	451	14
神池县	-0.068	396	5	清涧县	-0.117	466	15
石楼县	-0.075	407	6	佳县	-0.126	481	16
汾西县	-0.08	417	7	吴堡县	-0.141	491	17
静乐县	-0.081	421	8	米脂县	-0.143	495	18
临县	-0.083	423	9	绥德县	-0.156	503	19
岢岚县	-0.085	426	10	子洲县	-0.167	505	20

注：本表根据绿色减贫测算体系表，依各片区 2014 年各指标均值测算而得。

由上表可知，通过 2014 年资源利用与环境保护程度、森林覆盖率和单位耕地面积化肥施用量 3 个指标排名进行对比发现，该片区没有一个县排入所有监测县前 100 名，而且所有排名在 200 位以后，各县排名较为分散，资源利用与环境保护程度及其排名差异较大。说明吕梁山片区环境保护不力。

综上所述，吕梁山片区资源利用与环境保护程度力度不足，必须加大对森林资源的保护和利用力度，更加注重在土地利用过程中化肥等的使用量，走可持续发展道路。

四、社会发展能力指数比较

2014 年，吕梁山片区片区社会发展能力指标排名前 10 的县分别为：汾西县、永和县、大宁县、石楼县、隰县、静乐县、兴县、绥德县、横山县、吉县，社会发展能力指标排名最后 10 的县分别为岢岚县、米脂县、佳县、神池县、岚县、吴堡县、清涧县、五寨县、临县、子洲县。各县在所有监测县的排名情况不理想。由此可见，吕梁山片区片区在社会发展能力方面相比其他片区较为落后，存在很大发展潜力，如表 11-11 所示。

表 11-11 吕梁山片区各县社会发展能力指数及其排名

县（市\区）	指标值	全国排名	片区排名	县（市\区）	指标值	全国排名	片区排名
汾西县	0.241	9	1	岢岚县	-0.01	277	11
永和县	0.162	43	2	米脂县	-0.013	281	12
大宁县	0.154	50	3	佳县	-0.019	292	13

续表

县（市\区）	指标值	全国排名	片区排名	县（市\区）	指标值	全国排名	片区排名
石楼县	0.119	83	4	神池县	-0.021	294	14
隰县	0.115	90	5	岚县	-0.023	298	15
静乐县	0.086	121	6	吴堡县	-0.034	312	16
兴县	0.057	161	7	清涧县	-0.034	313	17
绥德县	0.037	195	8	五寨县	-0.05	343	18
横山县	0.024	218	9	临县	-0.104	420	19
吉县	0.001	262	10	子洲县	-0.116	435	20

总体而言，吕梁山片区各县2014年社会发展能力指标排名较靠后，山西、陕西片区所属各县指数及其排名均不理想，各县社会发展能力指标情况较差，需要进一步加大对社会发展能力的重视和投入。

五、扶贫开发与减贫效果指数比较

2014年，吕梁山片区片区扶贫开发与减贫效果指标排名前10名的县分别为：岢岚县、静乐县、五寨县、神池县、临县、兴县、吉县、岚县、隰县、绥德县。片区扶贫开发与减贫效果指标最后10名的县分别为：米脂县、清涧县、石楼县、横山县、永和县、汾西县、佳县、子洲县、大宁县、吴堡县。

表11-12 吕梁山片区各县扶贫开发与减贫效果指标及其排名情况

县（市\区）	指标值	全国排名	片区排名	县（市\区）	指标值	全国排名	片区排名
岢岚县	-0.015	305	1	米脂县	-0.079	402	11
静乐县	-0.026	325	2	清涧县	-0.112	437	12
五寨县	-0.036	339	3	石楼县	-0.127	452	13
神池县	-0.04	351	4	横山县	-0.128	453	14
临县	-0.045	360	5	永和县	-0.135	455	15
兴县	-0.046	361	6	汾西县	-0.146	457	16
吉县	-0.057	373	7	佳县	-0.148	458	17
岚县	-0.060	377	8	子洲县	-0.151	463	18
隰县	-0.074	393	9	大宁县	-0.156	468	19
绥德县	-0.075	396	10	吴堡县	-0.416	503	20

由表可以看出，片区扶贫开发与减贫效果排名中没有一个县排入所有监测县前100名，而且大多数县区排名在300位以后，山西、陕西片区各县排名较为分散，社会发展能力指标差异较大，而且非常不理想，扶贫脱贫形势依然相当严峻。

综上所述，吕梁山片区部分县扶贫开发与减贫效果在全国排名相当靠后，一方面，反映了该地区扶贫开发难度较大，投入力度也需要进一步加大。

第三节　启示和建议

总体而言，吕梁山片区减贫成效比较突出，贫困人口有较大幅度减少，人民收入水平稳步提高，贫困地区基础设施明显改善，社会事业不断进步，最低生活保障制度比较完善的建立起来。然而，片区仍然存在地区经济社会发展能力总体水平不高，城乡、区域发展不平衡，绿色减贫效果不是特别突出，经济发展与环境保护矛盾比较突出等问题。因此，吕梁山片区应致力加快扶贫开发建设、改善生态环境、提高发展能力、缩小发展差距，推动片区绿色发展。

一、绿色减贫测算结果的启示

通过对吕梁山片区内 20 个县（市 / 区）绿色减贫指数测算发现：一、吕梁山片区绿色减贫指数整体排名靠后，绿色减贫效果比较差，片区在经济增长过程中对环境的保护有待加强，其生产能耗、废气污染较高，工业固体废物利用率有待提高。二、吕梁山片区第三产业比重增加，经济转轨趋向明显，经济绿色发展潜力较大。三、吕梁山片区资源利用与环境保护程度及其排名差异较大，没有一个县排名进入所有监测县前 100 名，而且所有排名在 200 位以后，说明片区环境保护不力。四、吕梁山片区社会发展能力指标排名较靠后，陕西、山西片区所属各县指数及其排名均不理想，各县社会发展能力指标情况较差，需要进一步加大对社会发展能力投入。五、吕梁山片区部分县扶贫开发与减贫效果在全国排名相对靠后，而且片区扶贫开发与减贫效果各县之间差异较大，一方面，反映了该地区扶贫开发难度较大，投入力度也需要进一步加大，相关部门需要加大努力，打好扶贫攻坚战。

总而言之，测算结果表明吕梁山片区人均森林面积较少，有卫生室行政村比例较低，新型农村养老参保率较低，农村人均纯收入增长速度较慢，城乡收入差距较大，农村居民仍然较为贫困，扶贫开发难度较大，片区各部门需要继续大力发展经济，不断改善农村居民生活环境，提高吕梁山片区贫困地区医疗条件，加快城镇化进程，缩小城市和农村收入差距，推动城市和农村共同富裕，人与自然社会绿色和谐发展，确保在保护环境基础之上，不让一个贫困人口落伍，既要金山银山，也要绿水青山，既要经济效率，也要绿色减贫发展。

二、对吕梁山片区的建议

本文以吕梁山片区绿色减贫测算结果为依据，从以下几方面提出相关意见建议：

（一）大力实施精准扶贫，推动片区贫困人口脱贫致富

吕梁山片区贫困程度深，贫困人口分布集中连片，消贫解困的难度极大。2014 年吕梁山片区扶贫开发与减贫效果 –0.118，在 11 个片区中排在第 11 名；贫困人口占总农村人口比重为 39.771%，较 11 个片区平均值 12.408% 明显偏高，在 11 个片区中排在第 11 名，表明吕梁山片区贫困发生率相对较高，而且脱贫难度非常大；农村人均纯收入增长率为 10.84%，相比全国 11 个片区平均农村人均纯收入增长率较低，在 11 个片区中排在第 10 名，说明吕梁山片区农村收入方面有待进一步加强。建议片区各部门以及相关的省、市、县各级政府根据国家统计局确定的分省（区、市）和分片区建档立卡贫困人口规模，按照《扶贫开发建档立卡工作方案》中确定的建档立卡贫困人口、贫困村规模分解和控制办法，在精准脱贫上下功夫。“十三五”期间扶贫发展要在确保区域整体经济社会全面发展的基础上继续落实精准，做到项目安排精准、资金使用精准、对象扶持精准、措施到户到人精准等，不让一个贫困人口落伍。

（二）加快生态补偿机制建设，推动地区绿色可持续发展

吕梁山片区环境保护力度不够。2014 年吕梁山片区绿色减贫指数值为 –0.237，各二级指标值分别为：资源利用和环境保护 –0.115，在 11 个片区中排在第 10 名，2014 年吕梁山片区人均森林面积为 0.002 平方公里，较 11 个片区 2012 年平均人均森林面积 0.007 平方公里较低，排名第 9；2014 年吕梁山片区森林覆盖率为 19.77%，比 11 个片区平均森林覆盖率 44.544% 低出 25 个百分点，说明了吕梁山片区在经济发展过程中经济发展绿色度较差，经济增长可持续绿色发展状态一般。建议片区各部门既要满足促进贫困地区经济发展，改善贫困人口生活，科学获取“金山银山”的现实需求，又不损害后代人享受“绿水青山”的的利益，故而建立生态补偿机制势在必行。建议国家及相关部委加大重点生态功能区生态补偿力度，坚持加快发展与保护生态环境相结合，建立科学的吕梁山片区生态环境奖惩机制，有序推进人口转移和易地安置。既要金山银山，也要绿色减贫发展。

（三）加大对片区电力、农村公路、农田水利等基础设施建设投入力度

吕梁山片区基础设施薄弱。片区通电自然村比重为97.353%，在11个片区中排在第9名；通路自然村比重为61.38%，比全国11个片区均值98.69%较低，但在11个片区中排在第10名，说明吕梁山片区农村通电情况有待进一步加强。通路行政村比重89.99%；有效灌溉面积占基本农田面积比重为36.54%，但同比全国11个片区有效灌溉面积占基本农田面积比重的44.354%，排名较靠后；“实现安全饮水人数比重”为56.648%在11个片区中排名第7。以上数据充分表明，吕梁山片区基础设施建设相对其他连片特困地区落后，因而加大对用电、交通、灌溉等农村硬件设施的建设力度十分迫切。建议片区各部门不断加大对贫困地区农村公路建设支持力度，推进村庄内道路硬化，提高农村公路服务水平；加强安全防护设施建设和中小危桥改造，提高农村水电基础设施的供应能力度，切实改善吕梁山片区农民的生活质量。

（四）完善农村养老、医疗社会保障体系，提高居民生活水平

吕梁山片区社会事业发展滞后，养老、医疗等基本公共服务能力明显不足。“有卫生室行政村比例”和“新型农村养老参保率”在11个片区中排在最后一位，为第11名；城乡收入比为3.198，在11个片区中排在第8名，高于11个片区平均值2.993，表明片区社会保障体系不健全，农村居民和城市居民收入差距较大，人民生活质量较低。建议吕梁山片区各部门今后在发展过程中，加大对社会保障软实力的投入力度，努力提升居民生活水平。为进一步缩小城乡发展差距，既要在基础建设等硬件上下功夫，而且还要提升农村贫困地区文化、社会保障软实力上重点努力，提升贫困人口幸福指数。

第十二章　秦巴山片区绿色减贫指数分析

秦巴山集中连片特殊困难地区横跨河南、湖北、重庆、四川、陕西、甘肃六个省市的80个县（市、区），总面积为22.5万平方公里（具体行政区域范围见表12-1）。2010年末，总人口3765万人，其中乡村人口3051.5万人，少数民族人口56.3万人。这一片区集革命老区、大型水库库区和自然灾害易发多发区于一体，内部差异大、致贫因素复杂，是国家新一轮扶贫开发攻坚战主战场中涉及省份最多的片区。

从地理特征看，秦巴山片区西起青藏高原东缘，东至华北平原西南部，跨秦岭、大巴山，地貌类型以山地丘陵为主，间有汉中、安康、商丹和徽成等盆地。气候类型多样，垂直变化显著，有北亚热带海洋性气候、亚热带－暖温带过渡性季风气候和暖温带大陆性季风气候，年均降水量450–1300毫米。地跨长江、黄河、淮河三大流域，是淮河、汉江、丹江、洛河等河流的发源地，水系发达，径流资源丰富，森林覆盖率达53%，是国家重要的生物多样性和水源涵养生态功能区。矿产资源品种多样，天然气蕴藏量大。旅游资源丰富，极具开发潜力。

表12-1　秦巴山片区行政区域范围

省（直辖市）	市	县（市、区）
河南省	洛阳市	嵩县、汝阳县、洛宁县、栾川县
	平顶山市	鲁山县
	三门峡市	卢氏县
	南阳市	南召县、内乡县、镇平县、淅川县、西峡县
湖北省	十堰市	丹江口市、郧县、郧西县、房县、竹山县、竹溪县、张湾区、茅箭区
	襄阳市	保康县
重庆市		城口县、云阳县、奉节县、巫山县、巫溪县
四川省	绵阳市	北川羌族自治县、平武县
	广元市	朝天区、元坝区、剑阁县、旺苍县、青川县、苍溪县、利州区
	南充市	仪陇县
	达州市	宣汉县、万源市
	巴中市	巴州区、通江县、平昌县、 南江县

续表

省（直辖市）	市	县（市、区）
陕西省	西安市	周至县
	宝鸡市	太白县
	汉中市	南郑县、城固县、洋县、西乡县、勉县、宁强县、略阳县、镇巴县、留坝县、佛坪县、汉台区
	安康市	汉滨区、汉阴县、石泉县、宁陕县、紫阳县、岚皋县、平利县、镇坪县、旬阳县、白河县
	商洛市	商州区、洛南县、丹凤县、商南县、山阳县、镇安县、柞水县
甘肃省	陇南市	武都区、文县、康县、宕昌县、礼县、西和县、成县、徽县、两当县

表格来源：秦巴山片区区域发展与扶贫攻坚规划（2011 ～ 2020 年）

第一节　秦巴山片区绿色减贫指数分析

根据绿色减贫测算体系表，对中国连片特困地区中 11 个片区绿色减贫指数进行测算，本节从中掘取秦巴山片区指数结果进行分析，主要包括测算总结果分析、经济增长绿化度指数结果分析、资源利用与环境保护程度指数结果分析、社会发展能力指数结果分析和扶贫开发与减贫效果指数结果分析。

一、测算总结果分析

根据绿色减贫测算体系表，中国连片特困地区中 11 个片区绿色减贫指数测算结果如下表所示。

表 12-2　2014 年 11 个连片特困地区绿色减贫指数及排名

指标	中国绿色减贫指数		二级指标							
			经济增长绿色度		资源利用与环境保护程度		社会发展能力		扶贫开发与减贫效果	
省区	指标值	排名	指标值	排名	指标值	排名	指标值	排名	指标值	排名
罗霄山区	0.475	1	0.137	3	0.166	1	–0.012	8	0.184	1
大兴安岭南麓片区	0.441	2	0.222	1	–0.042	7	0.081	4	0.179	2
大别山区	0.360	3	0.181	2	–0.128	11	0.181	1	0.126	3
秦巴山区	0.006	4	–0.057	7	0.047	4	0.000	6	0.016	5
滇西边境片区	–0.009	5	–0.088	8	0.088	3	0.093	2	–0.101	9
燕山 – 太行山片区	–0.029	6	–0.114	10	–0.049	8	0.085	3	0.050	4
六盘山片区	–0.068	7	–0.016	5	–0.034	6	–0.033	9	0.014	6
武陵山区	–0.172	8	0.022	4	–0.011	5	–0.010	7	–0.173	11

续表

指标	中国绿色减贫指数		二级指标							
			经济增长绿色度		资源利用与环境保护程度		社会发展能力		扶贫开发与减贫效果	
省区	指标值	排名	指标值	排名	指标值	排名	指标值	排名	指标值	排名
滇桂黔石漠化片区	-0.173	9	-0.092	9	0.138	2	-0.139	10	-0.081	8
吕梁山片区	-0.237	10	-0.053	6	-0.115	10	0.004	5	-0.073	7
乌蒙山片区	-0.593	11	-0.142	11	-0.060	9	-0.250	11	-0.141	10

注：中国绿色减贫指数由经济增长绿色度、资源利用与环境保护程度、社会发展能力、扶贫开发与减贫效果等指标计算所得。数据来源：中国统计年鉴 2015、各地市统计年鉴等。

从表 12-2 可以看出，秦巴山片区绿色减贫指数在 11 个片区中排在 4 位，2014 年秦巴山片区绿色减贫指数值为 0.006，总体而言，秦巴山片区绿色减贫指数排名靠前。各二级指标值分别为：经济增长绿化度 -0.056，在 11 个片区中排在第 7 名；资源利用和环境保护 0.047，在 11 个片区中排在第 4 名；社会发展能力 0.000，在 11 个片区中排在第 6 名；扶贫开发与减贫效果 0.015，在 11 个片区中排在第 5 名。秦巴山片区在经济发展的过程中注重资源的利用和环境保护，但经济增长绿色度、社会发展能力和扶贫开发与减贫效果的表现一般，三级指标整体而言处于中间水平，排名接近，如图 12-1 所示。

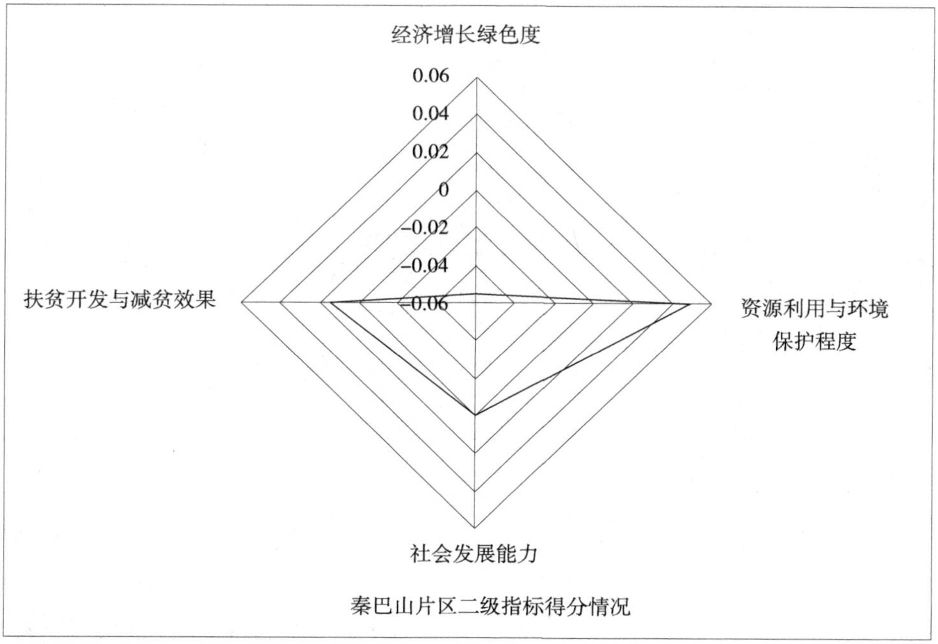

图 12-1　2014 年秦巴山片区片区二级指标雷达图

资源利用与环境保护程度二级指标下共有三个三级指标，分别为：人均森林面积，森林覆盖率和单位耕地面积化肥施用量，秦巴山片区的资源利用与环境保护程度指标为 0.047，排名第 4，表明秦巴山片区的资源利用与环境保护程度相对良好。扶贫开发与减贫效果二级指标下共有 5 个三级指标，秦巴山片区的扶贫开发与减贫效果指标为 0.016，排名第 5，表明秦巴山片区扶贫开发与减贫效果程度中等。社会发展能力指标为 0 的原因是：在社会发展能力 6 个三级指标中，“农村恩格尔系数”和“城乡收入比”为逆指标，冲抵了其余 4 个三级正指标的效果，表明秦巴山片区的农村恩格尔系数和城乡收入比相比新型合作医疗参合率，有卫生室行政村比例，新型农村养老参保率和高中阶段教育毛入学率来说较高，说明秦巴山片区扶贫开发过程中城乡发展不均衡，农村人口收入较低。经济增长绿色度指标为 –0.057，负值的原因是，在经济增长绿色度 7 个三级指标中，单位地区生产总值能耗和单位地区生产总值二氧化硫排放量为逆指标，这两个三级指标测算结果显示为负值说明，秦巴山片区扶贫开发过程中单位地区生产总值的能耗和二氧化硫排放量较高，经济发展的成本较高，对环境的污染较大。

表 12–3　秦巴山片区指标排名变动表

三级指标名称	两年原始数据			两年排名变化		
	单位	2014	2012	2014	2012	变动
土地产出率	万元 / 千公顷	3781.410	2.970	7	4	–3
单位耕地面积化肥施用量	吨 / 千公顷	331.974	728.590	4	10	6
农村恩格尔系数	%	37.567	36.600	7	3	–4
新型合作医疗参合率	%	93.025	76.600	4	7	3
有卫生室行政村比例	%	95.201	85.830	4	10	6
高中阶段教育毛入学率	%	85.835	82.350	5	1	–4
农村人均纯收入增长率	%	13.690	15.990	5	9	4
通电行政村比重	%	99.873	96.170	3	9	6
有效灌溉面积占基本农田面积比重	%	21.761	46.590	11	5	–6
实现安全饮水人数比重	%	46.706	55.844	5	8	3

注：变动值为正数表明排名上升。

秦巴山片区 21 个三级指标中，有 10 个指标排名出现 3 位及其以上的变动，单位耕地面积化肥施用量、有卫生室行政村比例、通电行政村比重、有效灌溉面积占基本农田面积比重指标变动较大，其中农村恩格尔系数、高中阶段教育毛入学率、有效灌溉面积占基本农田面积比重三个指标较 2012 年排名出现下降，其他指标排名均有不同程度提升，如上表（表 12–3）所示。秦巴山片区单位耕地面积化肥施用量和有卫生室行政村比例均由 2012 年的第 10 位上升到 2014 年的第 4 位。此外，农村人均纯收入增长率和通电行政村比重也分别由 2012 年的第 9 位提升至 2014 年第 5 位和第 1 位。

二、经济增长绿化度测算结果分析

2014 年六盘山片区片区经济增长绿化度总值为 –0.056，其二级指标 2014 年数值分别为：人均地区生产总值 18041.916 元 / 人，比 2012 年有所上升。单位地区生产总值能耗为 1.063 吨标准煤 / 万元，较 2012 年能耗稍有上升，说明秦巴山片区生产节能化成效不显著。单位地区生产总值二氧化硫排放量为 0.003 吨 / 万元，较 2012 年排放量明显降低。

表 12–4　秦巴山片区经济增长绿化度变动表

指标名称	单位	指标属性	2014 年秦巴山区数值	2012 秦巴山区数值	2014 年秦巴山区排名	排名变化	进退脸谱
人均地区生产总值	元 / 人	正	18041.900	15613.600	3	1	J
单位地区生产总值能耗	吨标准煤 / 万元	逆	1.063	1.040	7	–2	L
单位地区生产总值二氧化硫排放量	吨 / 万元	逆	0.003	0.010	4	–1	L
土地产出率	万元 / 千公顷	正	3781.410	2.970	7	–3	L
工业固体废物综合利用率	%	正	62.404	63.130	10	–2	L
第三产业增加值比重	%	正	33.726	33.650	8	–1	L

土地产出率为 3781.410 万元 / 千公顷，此处土地产出率的计算方法用农业总产值 / 农作物播种面积所得。工业固体废物综合利用率为 62.404%，在 11 个片区中排名第十，说明秦巴山片区对工业固体废物的循环利用率亟待提高，需要增强绿色生产意识。第三产业增加值比重为 33.726%，较 2012 年无明显变化，在 11 个片区中排名第八，第三产业比重对推动秦巴山片区的绿色扶贫开发进程和贫困人口脱贫致富的作用不明显。

综上所述，六盘山片区单位地区生产总值能耗和工业固体废物综合利用率指标数值结果显示，六盘山片区经济增长过程中对环境的保护程度无明显提高，但单位地区生产总值二氧化硫排放量下降明显，表明对空气污染的治理较好。第三产业增加值比重无明显的提高，表明第三产业在提升人均地区生产总值和经济绿色发展方面的作用还有待提高。

三、资源利用与环境保护程度指数测算结果及其分析

2014 年秦巴山片区资源利用和环境保护总值为 0.047，其二级指标主要包括人均森林面积、森林覆盖率和单位耕地面积化肥施用量，2014 年秦巴山片区人均森林面积排名较 2012 年上升 2 个名次，森林覆盖率排名不变。

表 12-5　秦巴山片区资源利用与环境保护程度指数表

指标名称	单位	指标属性	2014 年秦巴山区数值	2012 秦巴山区数值	2014 年秦巴山区排名	排名变化	进退脸谱
人均森林面积	平方公里 / 人	正	0.007	0.010	5	2	J
森林覆盖率	%	正	60.445	57.630	4	0	
单位耕地面积化肥施用量	吨 / 千公顷	逆	331.974	728.590	4	6	J

2014 年秦巴山片区单位耕地面积化肥施用量排名升至第 4 位，相比 2012 年有显著提高，表明片区内化肥施用量较低，注重土地的可持续利用，不以产量为追求目标，基本不存在化学肥料的过度使用现象。

综上所述，秦巴山片区森林资源较为丰富，单位耕地面积化肥施用量较低，绿色覆盖面积较广，环境保护较好，同时，秦巴山片区也注重对当地土地资源的保护，不盲目追求经济利益，合理施用化肥，追求经济效益与资源环境保护的共同兼顾和平衡发展。

四、社会发展能力指数测算结果及分析

在社会发展能力指数项下，涵盖农村恩格尔系数、城乡收入比、新型合作医疗参合率、有卫生室行政村比重、新型农村养老参保率和高中阶段教育毛入学率 6 个三级指标，2014 年秦巴山片区社会发展能力指数得分 0.000。2014 年秦巴山片区农村恩格尔系数为 37.567%，较 2012 年上升近 1 个百分点，表明秦巴山片区农村居民消费中用来购买食物的费用所占比例基本保持不变，农村居民生活水平没有显著提高。城乡收入比为 3.154，与 2012 年相比，农村居民和城镇居民收入差距有减小趋势。

表 12-6　2014 年秦巴山片区社会发展能力指数测算结果

指标名称	单位	指标属性	2014 年秦巴山区数值	2012 秦巴山区数值	2014 年秦巴山区排名	排名变化	进退脸谱
农村恩格尔系数	%	逆	37.567	36.600	7	–4	L
城乡收入比	%	逆	3.154	3.300	6	–1	L
新型合作医疗参合率	%	正	93.025	76.600	4	3	J
有卫生室行政村比例	%	正	95.201	85.830	4	6	J
新型农村养老参保率	%	正	0.596	36.630	8	–1	L
高中阶段教育毛入学率	%	正	85.835	82.350	5	–4	L

有卫生室行政村比例为 95.201%，在 11 个片区中排名第四，较 2012 年提高近 10 个百分点；新型农村养老参保率 0.596%，较 2012 年参保率跌至 1 个百分比以下；高中阶段教育毛入学率为 85.835%，较 2012 年高中阶段毛入学率提高近 3.5 个百分点，但排名却比 2012 年降低四名，从第一名跌至第五名。

综上所述，秦巴山片区社会发展能力指数测算结果表明，秦巴山片区农村居民仍然较为贫困，城乡收入差距较大。卫生室覆盖率、农村养老参保率和高中入学率较 11 个片区平均水平而言处于中等水平，因此，秦巴山片区扶贫开发力度仍需加大，不断改善农村居民生活环境，提高秦巴山片区贫困地区医疗、教育投入，缩小城市和农村收入差距，推动城市和农村共同富裕和社会和谐发展。

五、扶贫开发与减贫效果指数测算结果及分析

秦巴山片区是我国连片特困地区之一，测算其扶贫开发与减贫效果对总结已有减贫效果和下一步扶贫开发方向具有重要的指导意义。本文选取贫困人口占总农村人口比重、农村人均纯收入增长率、通电行政村比重、通路行政村比重、有效灌溉面积占基本农田面积比重、实现安全饮水人数比重等 6 个指标测度秦巴山片区扶贫开发与减贫效果。

2014 年秦巴山片区贫困人口占总农村人口比重为 0.234%，在 11 个片区内排名第四位，与 2012 年排名情况相比提高了 1 位，比重下降了近 25 个百分点；农村人均纯收入增长率为 13.690%，较 2012 年增速有所回落，但在 11 个片区中排第五位，上升 4 个名次；通电行政村比重为 99.873%，比 2011 年上升近 3 个百分比多；通路行政村比重为 85.925%，比 2012 年上升近 38 个百分点，在 11 个片区中的排名提升 2 位；有效灌溉面积占基本农田面积比重为 21.761%，较 2012 年下降近 25 个百分点，在片区中排名最后。

表 12-7　秦巴山片区扶贫开发与减贫效果指数测算结果

指标名称	单位	指标属性	2014 年秦巴山区数值	2012 秦巴山区数值	2014 年秦巴山区排名	排名变化	进退脸谱
贫困人口占总农村人口比重	%	逆	0.234	25.110	4	1	J
农村人均纯收入增长率	%	正	13.690	15.990	5	4	J
通电行政村比重	%	正	99.873	96.170	3	6	J
通路行政村比重	%	正	85.926	48.040	6	2	J
有效灌溉面积占基本农田面积比重	%	正	21.761	46.590	11	–6	L
实现安全饮水人数比重	%	正	46.706	55.844	5	3	J

综上所述，秦巴山片区贫困发生率较其他片区而言处于中等水平，总体上减贫效果取得长足进步，但农村人均收入增长率较低，扶贫开发实施力度仍有待进一步加大。例如，做好特色产业增收工作，积极培育贫困地区农民合作组织，开发现代设施农业、设施畜牧业、农家乐等多样增收方式，全面切实贫困地区人民生产生活水平，拔除“穷根”。

第二节　秦巴山片区内部各县绿色减贫指数的比较

本节探讨秦巴山片区绿色减贫指数测算结果。片区内部各县指数结果比较，尽可能剔除片区间区位、环境差异所造成的绿色减贫指标差异，更加准确地探讨绿色减贫指数变动，使研究更具实际意义。

一、绿色减贫指数比较

根据“绿色减贫测算体系表”，导入 2014 年、2012 年秦巴山片区 75 个县的数据后（如表 12-7 所示），并得到绿色减贫指数及排名表。

表 12-8 反映了六盘山片区所涵盖的绿色减贫指数监测县，河南省、湖北省、重庆市、四川省、陕西省、甘肃省分别包括 10 个、7 个、5 个、15 个、29 个、9 个县。

2014 年 75 个县绿色减贫指数及其在 505 个监测县中的排名情况如表 12-8 所示。

由表 12–8 可知，绿色减贫指数结果排在该片区前 10 名的分别是宁陕县、山阳县、柞水县、紫阳县、太白县、石泉县、白河县、镇安县、保康县、洛南县，而在 505 个监测县的排名中，排在本片区第一位的宁陕县在所有县中排名第 7 位，山阳县、柞水县和紫阳县分别排在第 37 位、42 位和 43 位，其他县排名均在 100 名以上。上述数据表明，秦巴山片区绿色减贫指数整体排名分布比较分散，排名进入前 100 名的有 14 个县，前 200 名的有 33 个县，前 300 名的有 47 个县，其他县、区在所有县中排名不佳。从各县所属省、区来看，陕西省各县排名相对靠前，绿色减贫效果相对较佳，而四川和甘肃部分县市绿色减贫指数排名垫底。

综上所述，秦巴山片区绿色减贫指数有近一半的县呈负值，绿色减贫效果不显著，陕西片区绿色减贫效果相比四川和甘肃较佳。

表 12–8 2014 年 75 个县绿色减贫指数及其排名情况

县（市\区）	指标值	排名	县（市\区）	指标值	排名	县（市\区）	指标值	排名	县（市\区）	指标值	排名
宁陕县	0.535	7	周至县	0.164	146	城口县	0.024	248	青川县	–0.217	388
山阳县	0.36	37	略阳县	0.162	147	汉滨区	0.02	252	西和县	–0.222	394
柞水县	0.351	42	汉阴县	0.157	150	商南县	0.013	258	文县	–0.222	395
紫阳县	0.351	43	西乡县	0.153	151	竹溪县	–0.016	274	通江县	–0.247	411
太白县	0.332	49	留坝县	0.149	155	镇平县	–0.024	276	武都区	–0.252	415
石泉县	0.328	53	竹山县	0.141	162	奉节县	–0.026	277	平昌县	–0.259	416
白河县	0.304	65	丹江口市	0.138	164	巫山县	–0.056	297	剑阁县	–0.284	432
镇安县	0.291	73	洛宁县	0.13	172	郧西县	–0.068	304	礼县	–0.287	434
保康县	0.287	76	鲁山县	0.119	180	郧阳区	–0.083	309	北川羌族自治县	–0.294	436
洛南县	0.274	79	内乡县	0.107	188	南江县	–0.086	311	苍溪县	–0.295	437
旬阳县	0.273	80	栾川县	0.105	194	巫溪县	–0.123	337	昭化区	–0.307	441
嵩县	0.235	90	南召县	0.101	200	宣汉县	–0.125	339	康县	–0.318	445
卢氏县	0.232	93	云阳县	0.076	213	朝天区	–0.133	345	宕昌县	–0.325	448
城固县	0.223	100	岚皋县	0.076	214	仪陇县	–0.148	351	万源市	–0.348	458
镇坪县	0.22	104	房县	0.073	217	商州区	–0.158	357	巴州区	–0.392	475
平利县	0.207	113	勉县	0.049	229	成县	–0.17	365			
丹凤县	0.207	114	两当县	0.048	231	洋县	–0.181	372			
佛坪县	0.195	124	汝阳县	0.045	232	徽县	–0.188	375			
镇巴县	0.193	125	淅川县	0.036	237	平武县	–0.213	385			
南郑县	0.176	136	宁强县	0.036	238	旺苍县	–0.217	387			

二、经济增长绿化度比较

经济增长绿化度包涵 6 个三级指标，分别为：人均地区生产总值、单位地区生产总值能耗、单位地区生产总值二氧化硫排放量、土地产出率、工业固体废物综合利用率、第三产业增加值比重。2014 年秦巴山片区各县经济增长绿化度指数及其排名如表 12-9 所示。

2014 年，秦巴山片区经济增长绿化度最高的县是柞水县，指标值为 0.221，在所有监测县中排名 20 位；第 2 名为保康县，指标值为 0.189，洛宁县，洛南县，山阳县分别排第 3、4、5 名，指标值分别为 0.178、0.166 和 0.165。该片区有 11 个县排入所有监测县前 100 名，陕西省 5 个县，河南省 4 个县，湖北省 1 个县，重庆市 1 个县；四川片区所属各县排名都在 350 名以后，甘肃片区各县排名多在 300 名以后，湖北片区各县排名成两极分化，重庆片区排名较为分散，经济增长绿色度指数及其排名差异较为明显。

综上所述，秦巴山片区各县经济增长绿化度数值显示，位于陕西、河南、湖北片区的县绿色度较好，甘肃和四川片区各县经济增长绿色度排名整体靠后。重庆片区各县排名较为分散，各县经济增长绿色度差异较大。

表 12-9　秦巴山片区各县经济增长绿化度指数及其排名情况

县	指标值	排名	县	指标值	排名	县	指标值	排名	县	指标值	排名
柞水县	0.221	20	城固县	0.058	162	镇平县	–0.006	274	宣汉县	–0.123	416
保康县	0.189	33	佛坪县	0.057	165	房县	–0.007	275	平利县	–0.126	417
洛宁县	0.178	38	紫阳县	0.055	168	汉滨区	–0.012	282	南江县	–0.131	423
洛南县	0.166	45	周至县	0.054	169	竹溪县	–0.019	295	苍溪县	–0.136	427
山阳县	0.165	47	鲁山县	0.048	184	宕昌县	–0.02	296	北川羌族自治县	–0.139	428
镇安县	0.148	65	白河县	0.04	199	城口县	–0.025	303	平武县	–0.155	438
太白县	0.138	71	石泉县	0.035	207	洋县	–0.028	311	旺苍县	–0.157	440
嵩县	0.128	79	南郑县	0.034	209	郧阳区	–0.04	323	巴州区	–0.161	445
卢氏县	0.113	91	汝阳县	0.029	219	郧西县	–0.044	328	礼县	–0.165	449
栾川县	0.112	93	宁强县	0.022	226	巫溪县	–0.049	336	昭化区	–0.177	457
奉节县	0.109	96	镇坪县	0.017	237	仪陇县	–0.068	363	万源市	–0.179	461
丹江口市	0.096	107	南召县	0.014	245	汉阴县	–0.069	365	剑阁县	–0.228	480
略阳县	0.092	112	内乡县	0.013	246	勉县	–0.08	374	青川县	–0.245	486
竹山县	0.09	116	淅川县	0.013	248	成县	–0.081	376	康县	–0.25	488
旬阳县	0.09	117	西乡县	0.01	249	通江县	–0.086	385	平昌县	–0.284	497
云阳县	0.089	118	岚皋县	0.008	252	徽县	–0.091	391			

续表

县	指标值	排名	县	指标值	排名	县	指标值	排名	县	指标值	排名
丹凤县	0.082	129	留坝县	0.007	253	文县	-0.094	393			
镇巴县	0.079	132	巫山县	0.004	261	西和县	-0.094	395			
两当县	0.074	139	武都区	-0.001	268	朝天区	-0.103	403			
宁陕县	0.067	146	商州区	-0.004	272	商南县	-0.111	410			

三、资源利用与环境保护程度指数比较

资源利用与环境保护程度指标项下有人均森林面积、森林覆盖率和单位耕地面积化肥施用量 3 个三级指标。2014 年秦巴山片区各县资源利用与环境保护程度指数及其排名如表 12-10 所示。

表 12-10 对 2014 年秦巴山片区各县资源利用与环境保护程度指数及其排名进行了列示，我们注意到，该片区各县资源利用与环境保护程度排名分布相对靠前，但各省县分布都比较分散，片区内县既有排名靠前也有排名靠后，并且呈现均匀分布。

秦巴山片区森林资源丰裕，要提高秦巴山片区减贫绿色度，必须加大对森林资源的保护和利用力度，同时，应注重在土地利用过程中化肥等的使用量，确保土地和环境可持续发展。

表 12-10 秦巴山片区各县资源利用与环境保护指数及其排名情况

县	指标值	排名	县	指标值	排名	县	指标值	排名	县	指标值	排名
宁陕县	0.308	5	镇安县	0.046	116	嵩县	0.009	216	南郑县	-0.026	301
佛坪县	0.218	7	石泉县	0.044	117	洋县	0.008	217	平昌县	-0.027	306
城口县	0.198	10	南召县	0.042	118	内乡县	0.006	229	旺苍县	-0.029	310
镇坪县	0.182	11	山阳县	0.034	140	宣汉县	0.006	225	郧阳区	-0.031	317
留坝县	0.159	13	商南县	0.034	138	通江县	0.004	233	昭化区	-0.035	331
两当县	0.15	20	卢氏县	0.033	141	保康县	0.001	239	旬阳县	-0.037	337
太白县	0.126	37	文县	0.033	143	竹山县	0.001	240	淅川县	-0.039	345
紫阳县	0.126	36	巫山县	0.03	150	北川县	0.001	241	剑阁县	-0.039	346
镇巴县	0.12	39	巫溪县	0.025	166	宁强县	-0.005	264	汉滨区	-0.043	352
岚皋县	0.106	47	万源市	0.025	162	汉阴县	-0.005	262	武都区	-0.044	355
略阳县	0.097	59	柞水县	0.023	170	汝阳县	-0.006	265	鲁山县	-0.046	358
宕昌县	0.091	64	西乡县	0.02	177	洛宁县	-0.007	268	徽县	-0.051	366
平利县	0.087	67	青川县	0.02	179	丹江口市	-0.012	278	苍溪县	-0.054	376

续表

县	指标值	排名	县	指标值	排名	县	指标值	排名	县	指标值	排名
竹溪县	0.077	77	郧西县	0.018	185	西和县	-0.012	280	仪陇县	-0.057	383
平武县	0.075	78	南江县	0.018	186	周至县	-0.018	284	镇平县	-0.082	422
白河县	0.07	86	云阳县	0.017	189	朝天区	-0.018	285			
房县	0.056	95	礼县	0.017	190	城固县	-0.021	289			
丹凤县	0.051	102	洛南县	0.016	195	成县	-0.021	291			
栾川县	0.049	110	奉节县	0.016	194	巴州区	-0.023	297			
康县	0.048	114	商州区	0.01	210	勉县	-0.024	299			

四、社会发展能力指数比较

社会发展能力指数指标项下有农村恩格尔系数，城乡收入比，新型合作医疗参合率，有卫生室行政村比例，新型农村养老参保率，高中阶段教育毛入学率 6 个三级指标。2014 年秦巴山片区各县社会发展能力指数指标及其排名如表 12-11 所示。

2014 年，秦巴山片区社会发展能力指标排名前 10 的县分别为：卢氏县、城固县、嵩县、西乡县、镇平县、保康县、旬阳县、汉阴县、商南县、山阳县，但各县在所有监测县的排名中，仅有前两个县进入前 100 名。由此可见，秦巴山片区在社会发展能力方面相比其他片区较为落后，存在较大的改进和完善空间。

总体而言，秦巴山片区各县 2014 年社会发展能力指标排名呈现两极分化趋势，河南、陕西片区所属各县指数及其排名较靠前，而甘肃和四川片区排名较靠后，湖北和重庆片区排名分布在中间，按总排名来看，排名靠前的各县社会发展能力指标情况表现中等，排名靠后的各县，存在较大的成长和完善空间。

表 12-11　秦巴山片区各县社会发展能力指数及其排名

县	指标值	排名	县	指标值	排名	县	指标值	排名	县	指标值	排名
卢氏县	0.162	44	略阳县	0.054	165	岚皋县	-0.028	303	奉节县	-0.107	424
城固县	0.12	81	南郑县	0.052	168	剑阁县	-0.031	308	仪陇县	-0.111	426
嵩县	0.103	104	汉滨区	0.049	173	留坝县	-0.034	314	西和县	-0.113	427
西乡县	0.086	123	鲁山县	0.049	175	郧阳区	-0.036	320	武都区	-0.114	430
镇平县	0.085	124	太白县	0.04	191	朝天区	-0.04	324	文县	-0.128	447
保康县	0.083	128	紫阳县	0.039	193	成县	-0.042	327	苍溪县	-0.133	451

续表

旬阳县	0.08	131	镇坪县	0.035	199	北川县	-0.043	331	昭化区	-0.142	454
汉阴县	0.079	132	淅川县	0.034	203	洛宁县	-0.043	332	宣汉县	-0.143	455
商南县	0.077	136	洋县	0.031	207	郧西县	-0.044	333	平武县	-0.159	462
山阳县	0.073	139	宁陕县	0.014	233	佛坪县	-0.046	336	两当县	-0.175	472
平利县	0.072	140	巫山县	0.011	237	平昌县	-0.053	348	商州区	-0.189	476
洛南县	0.071	142	周至县	0.01	241	城口县	-0.054	349	万源市	-0.232	484
勉县	0.069	145	云阳县	0.009	243	巫溪县	-0.054	351	通江县	-0.241	487
柞水县	0.068	146	竹山县	0.006	249	房县	-0.061	365	巴州区	-0.249	488
宁强县	0.067	148	汝阳县	0.004	257	栾川县	-0.064	369	宕昌县	-0.395	501
石泉县	0.067	149	丹江口市	-0.009	276	旺苍县	-0.066	374			
白河县	0.066	151	南江县	-0.011	278	竹溪县	-0.077	385			
镇安县	0.064	152	镇巴县	-0.015	288	徽县	-0.085	395			
内乡县	0.061	154	南召县	-0.015	289	康县	-0.098	408			
丹凤县	0.057	163	青川县	-0.02	293	礼县	-0.106	423			

五、扶贫开发与减贫效果指数比较

扶贫开发与减贫效果指数指标项下有贫困人口占总农村人口比重，农村人均纯收入增长率，通电行政村比重，通路行政村比重，有效灌溉面积占基本农田面积比重和实现安全饮水人数比重 6 个三级指标。2014 年秦巴山片区各县扶贫开发与减贫效果指数指标及其排名如表 12–12 所示。

2014 年，秦巴山片区片区扶贫开发与减贫效果指标排名前 10 名的县分别为：石泉县、平利县、汉阴县、宁陕县、旬阳县、宣汉县、紫阳县、白河县、周至县、南郑县，皆进入全体排名的前 100 名，但各片区的分布仍然比较分散，整体来说，陕西片区县的排名相对靠前，甘肃片区县的排名相对靠后。

综上所述，秦巴山片区县整体扶贫开发与减贫效果在全国排名靠前，不乏扶贫开发与减贫典型县市，但从上表所反映的情况来看，该片区扶贫开发与减贫效果各县之间差异较大，特别是甘肃片区，扶贫脱贫形势依然相当严峻。

表 12–12　秦巴山片区各县扶贫开发与减贫效果指标及其排名情况

县	指标值	排名	县	指标值	排名	县	指标值	排名	县	指标值	排名
石泉县	0.183	12	昭化区	0.046	160	洛南县	0.021	226	成县	-0.026	326
平利县	0.175	18	竹山县	0.044	165	汝阳县	0.018	232	礼县	-0.033	331
汉阴县	0.152	30	巴州区	0.041	169	丹凤县	0.017	234	佛坪县	-0.033	332
宁陕县	0.145	35	柞水县	0.039	173	留坝县	0.017	236	文县	-0.033	333

续表

旬阳县	0.14	43	万源市	0.038	175	剑阁县	0.015	238	云阳县	–0.04	350
宣汉县	0.134	50	徽县	0.038	176	保康县	0.013	243	奉节县	–0.044	355
紫阳县	0.13	55	南江县	0.038	178	商南县	0.013	245	巫溪县	–0.045	358
白河县	0.129	57	西乡县	0.037	182	镇巴县	0.009	253	宁强县	–0.049	363
周至县	0.117	70	旺苍县	0.034	187	栾川县	0.008	255	卢氏县	–0.076	397
南郑县	0.115	71	镇安县	0.033	188	竹溪县	0.003	259	略阳县	–0.08	403
平昌县	0.105	83	苍溪县	0.028	202	郧西县	0.002	261	武都区	–0.093	417
山阳县	0.088	96	太白县	0.028	203	洛宁县	0.001	262	城口县	–0.096	420
仪陇县	0.088	98	青川县	0.028	204	宕昌县	–0.001	267	巫山县	–0.1	425
房县	0.085	99	淅川县	0.028	205	两当县	–0.001	268	北川县	–0.113	439
勉县	0.084	102	朝天区	0.028	207	西和县	–0.002	271	洋县	–0.193	489
通江县	0.076	118	内乡县	0.027	208	嵩县	–0.006	277			
鲁山县	0.068	134	汉滨区	0.026	210	岚皋县	–0.01	296			
城固县	0.066	136	平武县	0.025	214	镇坪县	–0.014	303			
丹江口市	0.063	146	商州区	0.024	215	康县	–0.018	308			
南召县	0.059	147	郧阳区	0.023	218	镇平县	–0.021	315			

第三节　启示和建议

秦巴山集中连片特殊困难地区跨河南、湖北、重庆、四川、陕西、甘肃六省市，集革命老区、大型水库库区和自然灾害易发多发区于一体，内部差异大，致贫因素复杂，是国家新一轮扶贫开发攻坚战主战场中涉及省份最多的片区。通过对秦巴山片区内 75 个县（市、区）的绿色减贫指数的测算，对秦巴山片区 2014 年的绿色减贫现状有了深入的了解。本节通过对绿色减贫指数及其下属 4 个二级指标的分析结果的讨论，提出针对秦巴山片区绿色减贫发展的几点意见和建议，为秦巴山片区县（市、区）今后的绿色减贫发展奠定良好的理论基础。

一、绿色减贫指数测算结果的启示

秦巴山片区 2014 年绿色减贫指数在 11 个片区中排名第 4，处于中等偏上水平，绿色减贫形势虽然相对较好，但仍然不容乐观。通过对构成权重的具体分析可知，占比权重最大的经济增长绿化度指数为负，其余三个二级指标的指数大于或等于 0，因此，未来秦巴山片区绿色减贫的重中之重是提高经济增长绿色度，其次是社会发展能力。根据75个县绿色减贫指数及其排名情况可以看出，秦巴山片区绿色减贫指数县排名分布比较分散，陕西片区排名相对比较靠前，甘肃、四川片区排名相对靠后，表明秦巴山片区内部绿色减贫发展的不均衡，地区绿色减贫发展差异较大，未来应投入更多精力在甘肃、四川片区。

（一）经济增长的环境成本高，第三产业亟待发展

秦巴山片区的经济增长绿化度指数排名第7，在11个片区中相对较后，构成此指标的6个三级指标中，除人均地区生产总值与实现安全饮水人数比重排名提升1名和3名以外，其余5个指标排名均下降，三级指标排名整体来看处于偏下。并且，从绝对值看，除单位地区生产总值二氧化碳排放量有显著降低之外，其余指标与2012年相比，均未出现较大变化。这表明虽然秦巴山片区人均地区生产总值有所增加，经济有所发展，但经济发展的环境成本仍然较高，虽然对空气的污染程度有所降低，但单位地区生产总值能耗与工业固体废物综合利用率仍然没有提高，并且，第三产业增加值比重没有显著变化，第三产业发展亟待提升。

（二）生态环境保护良好

秦巴山片区的资源利用与环境保护指数排名第4，在11个片区中相对良好，构成此二级指标的3个三级指标中，除森林覆盖率的排名没有变化之外，其余两个指标，人均森林面积排名提高2名，单位耕地面积化肥施用量排名提高6名。但从绝对值上看，秦巴山片区人均森林面积相比2012年减小，但森林覆盖率有所增加，单位耕地面积化肥施用量下降超过一半，取得显著的成效。综上所述，秦巴山片区对生态环境的保护较好，要继续坚持生态环境保护，注重生态建设，走可持续发展之路。

（三）基础社会服务渐趋完善，农民增收幅度举步维艰

秦巴山片区的社会发展能力指数排名第6，在11个片区中处于中间位置，整体来看社会发展能力中等，需要进一步提升。构成此二级指标的6个三级指标中，农村恩格尔系数排名降低4位，但绝对值稍有降低，表明秦巴山片区农村地区人民生活水平较低，生活水平改善速度较缓；城乡收入比排名降低1名，但绝对值有所下降，表明秦巴山片区城乡收入间的差距减小，但存在同样的减小速度较慢的问题；新型合作医疗参合率和有卫生室行政村比例排名均有显著提高，分别前进3和6名；但高中阶段教育毛入学率排名降低4位，绝对值增幅缓慢。综

上所述，秦巴山片区的基础医疗服务方面进步明显，但在基础教育上的发展程度还需要提高，并且，需要大力发展地方经济，确实有效提高农民收入，保证经济发展的同时，能让农民增收。

（四）扶贫开发与减贫效果明显

秦巴山片区的扶贫开发与减贫效果指数排名第 5，在 11 个片区中处于中间位置，整体来看扶贫开发与减贫效果有显著进步。构成此二级指标的三级指标中，除有效灌溉面积占基本农田比重排名及绝对值和排名有所下降，其余指数排名均有提高。其中贫困人口占总农村人口比重提升 1 名，但绝对值下降近 25 个百分点，基本消除贫困人口；农村人均纯收入增长率提升 4 位，虽然绝对数值有所下降，但仍然保持两位数的增长；通电行政村比重排名上升 6 位，通路行政村比例上升 2 位，表明秦巴山区基础设施建设取得良好进展；有效灌溉面积占基本农田面积比重下降6位，绝对数值下降近25个百分点，需对相关原因引起重视。综上所述，秦巴山片区基础设施建设逐步完善，贫困人口基本消除，农民纯收入稳步增长，表明秦巴山区的扶贫开发与减贫工作取得良好进展。

（五）秦巴山片区内部分省级片区发展差异大

秦巴山片区 75 个县（市、区）分别被包含在 6 个省市中，不论从二级指标——绿色减贫指数来看，亦或从二级指标下的 4 个三级指标中看，不同省份所包含的县的情况均差异较大。从经济增长绿化度来看，陕西、河南片区各省排名靠前，重庆、湖北片区居中，甘肃，四川片区垫底；从资源利用与环境保护来看，陕西片区排名靠前，其余各省片区排名较后；从社会发展能力来看，河南、陕西片区排名靠前，重庆、湖北片区排名居中，四川、甘肃片区排名较后；从扶贫开发与减贫效果来看，陕西、四川片区排名靠前，湖北、河南片区排名居中，甘肃、重庆片区排名较后；从整体的绿色减贫指数来看，陕西片区排名靠前，河南、湖北、重庆片区排名居中，甘肃、四川片区排名较后。

综上所述，片区内部分省级片区差异较大，要根据不同省区的情况采取不同的应对措施，工作重点明确，尤其要重点关注四川、甘肃片区下辖的各县，这两个片区下辖的县的情况从不同指标来看均不容乐观。

二、对秦巴山片区的建议

根据对秦巴山片区绿色减贫指数测算结果的分析，本节针对秦巴山片区未来绿色减贫发展提出相关针对性建议：

（一）大力发展地方旅游文化产业，确保农民增收

根据以上分析可知，秦巴山片区经济增长的环境成本较高，原有经济发展方式已经不能符合绿色发展的要求，结合秦巴山片区长时期第三产业增加值比重没有显著增加，但基础设施渐趋完善，当地旅游资源丰富的特征，建议大力发展旅游与文化产业，以世界文化遗产、国家风景名胜区、国家级森林公园、重要历史文化古迹等为依托，以武当山、大小三峡、古蜀道等为重点，大力发展绿色生态、历史文化、红色旅游、乡村旅游，构建特色旅游圈，统筹兼顾区域开发与旅游发展，加强片区内省际旅游热线的连接和旅游区域合作，增强旅游产业的整体活力和综合实力。并且，值得关注的是，经济的增长不等同于农民的增收，要在发展地方旅游业的过程中，确实将农民考虑在内，保证农民能够享受到经济增长的好处。

（二）推进社会保障建设

秦巴山片区近年来社会保障建设虽然取得显著的进步，但仍然排名中等，表明秦巴山片区社会保障建设相对其他片区来说，仍然需要继续推进。需要继续建立健全覆盖城乡居民的社会保障体系，稳步提高保障水平，实现新型合作医疗，新型农村养老保险的全覆盖，逐步提高参合率，并统筹各类教育发展，重点支持农村高中教育，加快普及高中阶段教育，促进普通高中、中等职业教育协调发展。

（三）加强预防自然灾害与减灾抗灾能力

根据指数可知，秦巴山区近年来的基础设施有显著提升，但秦巴山大部分片区受大山阻隔，相对封闭，片区内地形复杂，洪涝、干旱、山体滑坡等自然现象易发多发，该片区是我国六大泥石流高发地区之一，因灾致贫返贫现象严重。例如片区内有 20 个县属于汶川地震极重灾县和重灾县。因此，有必要在绿色减贫的同时，注重预防自然灾害与减灾抗灾能力的建设，从而能够实现稳定的收入增长与财富积累，最终摆脱贫困，实现小康。

第十三章　武陵山片区绿色减贫指数分析

武陵山片区位于湖北、湖南、重庆、贵州4省的交界地区，片区内包括64个县（市、区），其中湖北省11个县（市），湖南省31个县（市、区），重庆市7个县（区），贵州省15个县（区）。行政区域面积为16.4万平方公里，2012年末总人口为3453.9万人。武陵山片区由于自然条件、生态环境和历史等各种原因，经济发展水平落后，是我国连片特殊困难地区的典型代表。对该地区的绿色减贫指数进行详细地研究有着重大意义。因此本章将武陵山片区作为案例，对该地区的绿色减贫情况进行剖析，不仅能够加快该地区绿色减贫的进程，而且对于指导全国贫困地区绿色减贫工作的开展具有借鉴意义。

与全国片区绿色减贫指数一样，本案例选取了经济增长绿化度、资源利用与环境保护指数、社会发展指数、扶贫开发与减贫效果指数四个一级指标以及21个二级指标。在地区的选择上，选取了武陵山片区全部县（市、区），共64个。

第一节　武陵山片区绿色减贫指数分析

根据全国片区绿色减贫指数，本节针对武陵山片区，分别从一级指标、二级指标，对其测算的绿色减贫指数的结果进行分析。

一、测算总体结果及分析

根据测算的总体结果，从横向来看，武陵山片区的绿色减贫指数在参与测算的11个片区中，排名偏后，且一级指标得分分布不均，扶贫开发与减贫效果指数得分远高于社会发展指数的得分；纵向来看，同2012年比较，2014年武陵山片区绿色减贫指数排名提升1位。

根据绿色减贫测算体系表，中国11个片区绿色减贫指数测算结果及排名如下表（表13–1）所示：

表 13-1　2014 年绿色减贫指数及排名

指标	中国绿色减贫指数		一级指标							
			经济增长绿色度		资源利用与环境保护程度		社会发展能力		扶贫开发与减贫效果	
省区	指标值	排名	指标值	排名	指标值	排名	指标值	排名	指标值	排名
罗霄山区	0.475	1	0.137	3	0.166	1	-0.012	8	0.184	1
大兴安岭南麓片区	0.441	2	0.222	1	-0.042	7	0.081	4	0.179	2
大别山区	0.360	3	0.181	2	-0.128	11	0.181	1	0.126	3
秦巴山区	0.006	4	-0.057	7	0.047	4	0.000	6	0.016	5
滇西边境片区	-0.009	5	-0.088	8	0.088	3	0.093	2	-0.101	9
燕山－太行山片区	-0.029	6	-0.114	10	-0.049	8	0.085	3	0.050	4
六盘山片区	-0.068	7	-0.016	5	-0.034	6	-0.033	9	0.014	6
武陵山区	-0.172	8	0.022	4	-0.011	5	-0.010	7	-0.173	11
滇桂黔石漠化片区	-0.173	9	-0.092	9	0.138	2	-0.139	10	-0.081	8
吕梁山片区	-0.237	10	-0.053	6	-0.115	10	0.004	5	-0.073	7
乌蒙山片区	-0.593	11	-0.142	11	-0.060	9	-0.250	11	-0.141	10

注：本表根据绿色减贫测算体系表，依各片区 2014 年各指标均值测算而得。

资料来源：《中国统计年鉴 2015》《中国县域经济统计年鉴 2015》、2015 年各省级统计年鉴、2015 年各市级统计年鉴、2015 年各县级统计年鉴与公报，以及相关政府部门提供的权威数据。

结合表 13-1，武陵山片区绿色减贫的总体特点如下：

（一）武陵山片区绿色减贫指数较 2012 年有所提升，但总体排名仍靠后

从表 13-1 中我们可以看出，在 2014 年 11 个片区绿色减贫指数中，武陵山片区指数值为 -0.172，排名第 8 位，较 2012 年的第 9 位提高一名，但整体排名仍靠后。

（二）一级指标得分高低不一，其中资源利用与环境保护程度指数贡献最大，扶贫开发与减贫效果贡献最小

根据 2014 年武陵山片区绿色减贫指数雷达图，武陵山片区一级指标得分情况高低不一，4 个一级指标中，武陵山片区经济增长绿化度指标值排名第 5，贡献最大，经济增长绿色度和社会发展这两个指标排名分别为第 6 和第 7 名，相对较后；而由于贫困人口的不断减少，贫困深度加深、扶贫难度加大，导致武陵山片区 2014 年扶贫开发与减贫效果指数排名第 9，较 2012 年的第三相比，落后

较多。

在一级指标中，武陵山片区经济增长绿化度指数值为 0.022，排名第 4，造成这一指标排名偏后的原因是二级指标中，人均地区生产总值为 15947.59 元 / 人，低于评测均值 16543.7 元 / 人；工业固体废物综合利用率为 68.023%，低于评测均值 71.886%，这两个二级指标均排名第 7；导致了经济增长绿化度指数排名偏后，说明武陵山片区经济发展水平虽较 2012 年有所提高，但总体排名仍在后半段，经济发展仍是武陵山片区今后不容忽视的重要内容。资源利用与环境保护指数值为 –0.011，排名第 5，较 2012 年排名前进 2 名，在二级指标中，单位耕地面积化肥施用量 460.645 千克 / 公顷，排名第 10，比 2012 年排名后退一位，表明武陵山片区在资源利用和环境保护方面面临严重挑战，耕地面积保护程度需加强，生态环境保护力度需提高。社会发展指数值为 –0.010，排名第 7，较 2012 年排名提前 3 位，取得一定进步，但仍为负值，处于 11 个片区后半段位置，需进一步加强社会发展水平。其中二级指标中，农村恩格尔系数为 36.423，排名由 2012 年的最后一位提升至第 4 位，对整个社会发展水平指数值有较大拉动作用；新型农村养老参保率排名第 3，较 2012 年提升 3 位；有卫生室行政村比例排名第 10 位，较 2012 年排名提升一位；城乡收入比和高中阶段教育毛入学率分别排名第 5 和第 8，较 2012 年排名均退后了 1 名；总体来讲，武陵山片区农村居民生活水平得到一定改善，但在医疗卫生和教育方面仍需进一步加强；由于扶贫难度的增大，武陵山片区扶贫减贫成效较 2012 年相比降低较大，扶贫开发与减贫效果指数值为 –0.173，排名第 11，较 2012 年相比降低 8 名。二级指标排名较 2012 年都有不同程度的退后，尤其是通电行政村比重排名最后一位，通路行政村比重排名第 7，较 2012 年排名均下降 6 名。

（三）同 2012 年相比，2014 年武陵山片区绿色减贫指数排名提升 1 位，各一级指标变化较大

根据表 13–2，武陵山片区一级指标排名变化表，2014 年同 2012 年相比，武陵山片区绿色指标排名前进 1 位，为第八名。在一级指标中，经济增长绿化度指数值为 –0.037，排名前进 2 位，资源利用与环境保护指数值为 –0.011，排名前进 2 位，社会发展指数值为 –0.010，排名前进 3 位，扶贫开发与减贫效果指数值为 –0.114，排名退后 6 位。可以看出，四个一级指标排名悬殊较大，尤其是扶贫开发与减贫效果指数值排名由 2012 年的第 3 位退后到第 9 位；其余指标较 2012 年排名均有不同程度提高。

表 13-2　武陵山片区一级指标排名变化表

指标	2014 绿色减贫	2012 绿色减贫	差距	指标	2014 绿色减贫	2012 绿色减贫	差距
绿色减贫指数	8	9	1	资源利用与环境保护	5	7	2
绿色减贫指数	8	9	1	社会发展	7	10	3
经济增长绿化度	4	8	4	扶贫开发与减贫效果	11	3	-8

注：差距值为正数表明排名上升。本表根据绿色减贫测算体系表，依各片区 2014 年各指标均值测算而得。

资料来源：《中国统计年鉴 2015》《中国县域经济统计年鉴 2015》、2015 年各省级统计年鉴、2015 年各市级统计年鉴、2015 年各县级统计年鉴与公报，以及相关政府部门提供的权威数据。

由此可以得出结论：同 2012 年相比，2014 年武陵山片区绿色减贫指数排名提前，但是一级指标扶贫开发与减贫效果排名退后幅度较大，说明新时期武陵山片区扶贫开发面临较大挑战。

二、武陵山片区绿色减贫二级指标测算结果及分析

本次指标体系选取了 21 个二级指标，同 2012 年相比，2014 年武陵山片区的二级指标排名变化较大，其中，排名前进的有 8 个，指标有排名后退的指标有 11 个，排名没有变化的有 2 个。

表 13-3　武陵山片区二级指标排名变化情况

一级指标	二级指标名称	两年原始数据			两年排名变化		
		单位	2014 年武陵山区数值	2012 武陵山区数值	2015 年武陵山区排名	2012 武陵山区排名	排名变化
经济增长绿化度	人均地区生产总值	元 / 人	15947.590	12914.740	7	9	2
	单位地区生产总值能耗	吨标准煤 / 万元	0.928	1.060	4	6	2
	单位地区生产总值二氧化硫排放量	吨 / 万元	0.005	5.940	5	9	4
	土地产出率	万元 / 千公顷	3963.248	2.270	5	9	4
	工业固体废物综合利用率	%	68.023	61.300	7	9	2
	第三产业增加值比重	%	41.474	39.450	3	2	-1
	实现安全饮水人数比重	%	38.821	60.834	10	5	-5

续表

一级指标	二级指标名称	两年原始数据			两年排名变化		
		单位	2014 年武陵山区数值	2012 武陵山区数值	2015 年武陵山区排名	2012 武陵山区排名	排名变化
资源利用与环境保护	人均森林面积	平方公里 / 人	0.004	0.010	7	7	0
	森林覆盖率	%	60.962	58.660	3	3	0
	单位耕地面积化肥施用量	吨 / 千公顷	460.645	516.440	10	9	–1
社会发展	农村恩格尔系数	%	36.423	48.030	4	11	7
	城乡收入比	%	3.096	3.280	5	4	–1
	新型合作医疗参合率	%	92.361	79.970	5	3	–2
	有卫生室行政村比例	%	88.093	80.800	10	11	1
	新型农村养老参保率	%	84.862	38.760	3	6	3
	高中阶段教育毛入学率	%	80.196	75.460	8	7	–1
扶贫开发与减贫效果	贫困人口占总农村人口比重	%	0.235	24.540	5	4	–1
	农村人均纯收入增长率	%	12.370	17.980	8	7	–1
	通电行政村比重	%	94.815	99.140	11	5	–6
	通路行政村比重	%	84.987	90.580	7	1	–6
	有效灌溉面积占基本农田面积比重	%	40.183	65.910	6	3	–3

注：差距值为正数表明排名上升。本表根据绿色减贫测算体系表，依各片区 2012 年各指标均值测算而得。

资料来源：《中国统计年鉴 2015》《中国县域经济统计年鉴 2015》、2015 年各省级统计年鉴、2015 年各市级统计年鉴、2015 年各县级统计年鉴与公报，以及相关政府部门提供的权威数据。

根据表 3，在所有的 21 个二级指标中，武陵山片区 2014 年同 2012 年相比，排名前进的有 8 个，指标有排名后退的指标有 11 个，排名没有变化的有 2 个。在排名前进的 8 个二级指标中，经济增长绿化度包括 5 个，社会发展包括 3 个，扶贫开发与减贫效果包括 6 个。在排名后退的 11 个二级指标中，资源利用与环境保护包括 1 个、经济增长绿化度包括 2 个、社会发展包括 3 个、扶贫开发与减贫效果包括 5 个。

排名变动在 4 位以上的指标有 6 个，分别是单位地区生产总值二氧化硫排放量、土地产出率、农村恩格尔系数、通电行政村比重、通路行政村比重、实现安全饮水人数比重。农村恩格尔系数由第 11 位上升到第 4 位，前进了 7 个名次；通电行政村比重由第 5 位下降到第 11 位，后退了 6 个名次；通路行政村比重由第 1 位后退到第 7 位，后退了 6 个名次；实现安全饮水人数比重由第 5 位到第 10 位，后退 5 位；单位地区生产总值二氧化硫排放量和土地产出率均由第 9 位上升到第 5 位，前进 4 个名次。

第二节 武陵山片区内部各县绿色减贫指数的比较

本节主要分析 2014 年武陵山片区的 64 个县（市、区）的绿色减贫指数的得分情况，并与 2012 年进行纵向比较，分析不同县（市、区）间的绿色减贫指数差异，以及各个县与 2012 年相比的发展态势。

一、武陵山片区绿色减贫指数比较

总体来看，地区之间绿色减贫的地区差异十分明显，排名前 10 位的县主要集中在重庆市和湖北的宜昌市。在绿色减贫方面成效显著的是重庆市和湖北省，贵州省还面临较大的挑战。

根据“绿色减贫测算体系表”，导入 2014 年、2012 年武陵山片区共 64 个县的数据后，得出以下绿色减贫指数及排名表。

表 13–4 2014 年武陵山片区 64 个县（市、区）绿色减贫指数及排名

指标		绿色减贫指数	
县（市、区）	省份	指标值	全国排名
靖州苗族侗族自治县	湖南省	0.665	3
武隆县	重庆市	0.526	9
新宁县	湖南省	0.496	13
中方县	湖南省	0.477	18
黔江区	重庆市	0.45	20
来凤县	湖北省	0.418	24
五峰土家族自治县	湖北省	0.404	26
丰都县	重庆市	0.401	27
秭归县	湖北省	0.39	29
会同县	湖南省	0.382	32
彭水苗族土家族自治县	重庆市	0.359	38
石门县	湖南省	0.354	41
慈利县	湖南省	0.331	51
通道侗族自治县	湖南省	0.329	52
花垣县	湖南省	0.317	58
绥宁县	湖南省	0.309	61
凤凰县	湖南省	0.303	66

续表

指标		绿色减贫指数	
县（市、区）	省份	指标值	全国排名
芷江侗族自治县	湖南省	0.3	69
溆浦县	湖南省	0.249	85
安化县	湖南省	0.243	87
秀山土家族苗族自治县	重庆市	0.241	88
沅陵县	湖南省	0.228	97
洞口县	湖南省	0.225	99
涟源市	湖南省	0.223	102
永顺县	湖南省	0.22	105
长阳土家族自治县	湖北省	0.211	110
咸丰县	湖北省	0.209	111
巴东县	湖北省	0.209	112
建始县	湖北省	0.199	118
保靖县	湖南省	0.197	120
恩施市	湖北省	0.197	121
邵阳县	湖南省	0.195	123
桑植县	湖南省	0.152	152
石柱土家族自治县	重庆市	0.13	171
新邵县	湖南省	0.127	173
江口县	贵州省	0.109	186
鹤峰县	湖北省	0.106	189
新化县	湖南省	0.104	197
隆回县	湖南省	0.098	203
碧江区	贵州省	0.091	206
宣恩县	湖北省	0.07	219
万山区	贵州省	0.06	226
武冈市	湖南省	0.027	245
辰溪县	湖南省	0.026	246
正安县	贵州省	0.021	251
凤冈县	贵州省	0.014	257
玉屏侗族自治县	贵州省	0.009	261
新晃侗族自治县	湖南省	–0.012	270
城步苗族自治县	湖南省	–0.04	289
道真仡佬族苗族自治县	贵州省	–0.043	290
利川市	湖北省	–0.046	295
印江土家族苗族自治县	贵州省	–0.1	323
酉阳土家族苗族自治县	重庆市	–0.101	324

续表

指标		绿色减贫指数	
县（市、区）	省份	指标值	全国排名
务川仡佬族苗族自治县	贵州省	–0.112	333
石阡县	贵州省	–0.155	354
沿河土家族自治县	贵州省	–0.163	360
古丈县	湖南省	–0.187	373
德江县	贵州省	–0.221	392
思南县	贵州省	–0.241	406
湄潭县	贵州省	–0.285	433
泸溪县	湖南省	–0.299	439
龙山县	湖南省	–0.313	444
麻阳苗族自治县	湖南省	–0.326	449
松桃苗族自治县	贵州省	–0.745	502

注：本表根据绿色减贫测算体系表，依各片区 2014 年各指标均值测算而得。

从表 13–4 可以看出，得分为正的县（市、区）有 47 个，较 2012 年的 30 个有较大提高，得分为负的县（市、区）由 2012 年的 34 个减少一半，为 17 个。高于片区平均水平的县（市、区）有 56 个，占片区县（市、区）总数的 87.5%，低于片区平均水平的县（市、区）有 8 个，占片区县（市、区）总数的 12.5%。

图 13–1 是武陵山片区绿色指标排在前 10 和后 10 位的县（市、区）。排在一级指标绿色减贫指标前 10 位的县（市、区）分别是靖州苗族侗族自治县、武隆县、新宁县、中方县、黔江区、来凤县、五峰土家族自治县、丰都县、秭归县、会同县，其中得分最高的靖州苗族侗族自治县指标值为 0.665，远高于片区值 –0.172，同时与 2012 年的第一名长阳市（0.597）相比，指标值增加了 0.066，排名最后的松桃苗族自治县指标值为 –0.745，与 2012 年的最后一名涟源市（–0.562）相比，指标值反而有所下降。

总体来看，地区之间绿色减贫的地区差异十分明显，排名前 10 的县主要集中湖南省、湖北省和重庆市。其中湖南省包括 4 个，重庆市包括 3 个，湖北省包括 3 个，排在后 10 位的集中于贵州省和湖南省。其中贵州省包括 6 个，湖南省包括 4 个，说明在绿色减贫方面成效显著的是重庆市和湖北省，湖南省各县绿色减贫发展情况差异加大，贵州省整体仍旧面临较大挑战。

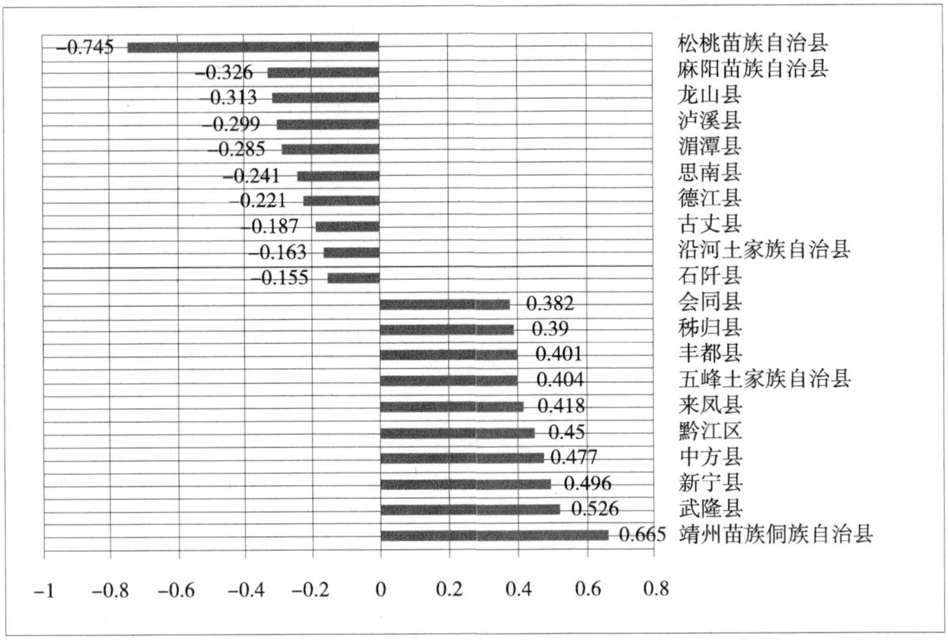

图 13-1 武陵山片区绿色减贫指标排名

二、武陵山片区经济增长绿化度比较

经济增长绿化度包括6个二级指标，分别为：人均地区生产总值、单位地区生产总值能耗、单位地区生产总值二氧化硫排放量、土地产出率、工业固体废物综合利用率、第三产业增加值比重和实现安全饮水人数比重。排在一级指标经济增长绿化度前10位的县（市、区）分别是黔江区、石门县、武隆县、来凤县、中方县、安化县、五峰土家族自治区、秭归县、靖州苗族侗族自治县、丰都县。排名后10位的依次是长阳土家族自治县、石阡县、正安县、湄潭县、泸溪县、沿河土家族自治县、思南县、德江县、印江土家族苗族自治县、松桃苗族自治县（见表13-5）。

表 13-5 2014 年武陵山片区 64 个县（市、区）经济增长绿化度及排名

县（区、市）	省（市）	经济增长绿色度指标值	全国排名
黔江区	重庆市	0.271	8
石门县	湖南省	0.227	18
武隆县	重庆市	0.222	19
来凤县	湖北省	0.217	22
中方县	湖南省	0.209	24
安化县	湖南省	0.167	43

续表

县（区、市）	省（市）	经济增长绿色度指标值	全国排名
五峰土家族自治县	湖北省	0.15	63
秭归县	湖北省	0.144	68
靖州苗族侗族自治县	湖南省	0.141	69
丰都县	重庆市	0.136	74
会同县	湖南省	0.123	81
通道侗族自治县	湖南省	0.123	82
巴东县	湖北省	0.121	84
咸丰县	湖北省	0.115	88
新晃侗族自治县	湖南省	0.112	92
桑植县	湖南省	0.111	94
彭水苗族土家族自治县	重庆市	0.107	97
绥宁县	湖南省	0.102	102
玉屏侗族自治县	贵州省	0.101	103
保靖县	湖南省	0.095	110
建始县	湖北省	0.093	111
沅陵县	湖南省	0.091	114
凤凰县	湖南省	0.085	122
利川市	湖北省	0.08	131
芷江侗族自治县	湖南省	0.077	135
秀山土家族苗族自治县	重庆市	0.071	142
新化县	湖南省	0.066	149
慈利县	湖南省	0.064	156
龙山县	湖南省	0.062	160
鹤峰县	湖北省	0.056	166
新宁县	湖南省	0.054	171
辰溪县	湖南省	0.051	179
涟源市	湖南省	0.045	190
溆浦县	湖南省	0.039	201
洞口县	湖南省	0.038	203
麻阳苗族自治县	湖南省	0.035	205
恩施市	湖北省	0.029	218
新邵县	湖南省	0.02	228
宣恩县	湖北省	0.019	231
城步苗族自治县	湖南省	0.015	243
酉阳土家族苗族自治县	重庆市	0.005	260
碧江区	贵州省	0.002	263
古丈县	湖南省	0.002	264

续表

县（区、市）	省（市）	经济增长绿色度指标值	全国排名
邵阳县	湖南省	−0.009	279
隆回县	湖南省	−0.011	281
石柱土家族自治县	重庆市	−0.015	285
花垣县	湖南省	−0.015	287
永顺县	湖南省	−0.035	315
万山区	贵州省	−0.046	331
江口县	贵州省	−0.061	356
武冈市	湖南省	−0.082	379
凤冈县	贵州省	−0.094	394
道真仡佬族苗族自治县	贵州省	−0.103	402
务川仡佬族苗族自治县	贵州省	−0.105	404
长阳土家族自治县	湖北省	−0.107	405
石阡县	贵州省	−0.119	415
正安县	贵州省	−0.141	429
湄潭县	贵州省	−0.144	431
泸溪县	湖南省	−0.144	432
沿河土家族自治县	贵州省	−0.151	437
思南县	贵州省	−0.204	469
德江县	贵州省	−0.207	473
印江土家族苗族自治县	贵州省	−0.208	474
松桃苗族自治县	贵州省	−0.208	475

资料来源:《中国统计年鉴 2015》、《中国县域经济统计年鉴 2015》、2015 年各省级统计年鉴、2015 年各市级统计年鉴、2015 年各县级统计年鉴与公报，以及相关政府部门提供的权威数据。

从表 13–5 可以看出，2014 年，武陵山片区 64 个县（市、区）经济增长绿化度指标中，得分为正的县（市、区）有 43 个，较 2012 年的 35 个增加了 8 个，得分为负（包括 0）的县（市、区）有 21 个。高于片区均值 –0.037 的县（市、区）有 48 个，较 2012 年高于当年片区均值的县数（35）相比增加 13 个，低于片区均值县（市、区）的有 16 个。说明武陵山片区较多县经济增长绿化度有较大提高，其中指数值最高的是黔江区，达到了 0.271，远高于片区值，排名最后的松桃苗族自治县得分仅为 –0.208，极差为 0.479，比 2012 年极差（0.381）扩大0.098，说明片区各县之间出现高低差距逐渐增大的现象，需进一步引起重视。

总体看来，区域之间经济增长绿化度地区差异明显。排名前 10 的县（市、区）大部分集中于湖南省、湖北省和重庆市，其中重庆市和湖北省各包括 3 个，湖南省包括 4 个。排名后 10 的县（市、区）主要集中于贵州省，有 9 个县均属于贵州省。说明在经济增长绿化度方面，做地较好的是湖南省、重庆市、湖北省，贵州在经济绿色增长方面仍需加大力度。

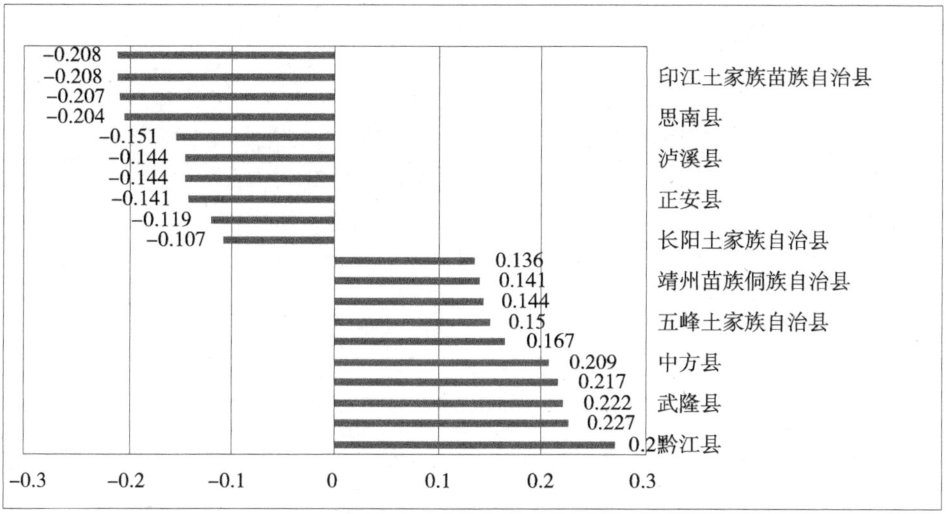

图 13-2　武陵山片区经济增长绿化度排名

三、武陵山片区资源利用与环境保护比较

资源利用与环境保护指标项下有人均森林面积、森林覆盖率和单位耕地面积化肥施用量 3 个二级指标。排在一级指标资源利用与环境保护指标前 10 位的县（市、区）分别是松桃苗族自治县、慈利县、湄潭县、沅陵县、通道侗族自治县、正安县、绥宁县、凤冈县、靖州苗族侗族自治县、城步苗族自治县。排名后 10 位的县（市、区）是恩施市、万山区、来凤县、酉阳土家族苗族自治县、建始县、利川市、沿河土家族自治县、德江县、巴东县、思南县（见表 13-6）。2014 年，武陵山片区资源利用与环境保护排名第一的是松桃苗族自治县，排名最后的是思南县，二者极差较大，说明武陵山片区各县之间在资源利用与环境保护方面存在较大差距。

表 13-6　2014 年武陵山片区 64 个县（市、区）资源利用与环境保护及排名

县（市、区）	省（市）	资源利用与环境保护程度指标值	全国排名
松桃苗族自治县	贵州省	0.075	80
慈利县	湖南省	0.065	89
湄潭县	贵州省	0.064	91

续表

县（市、区）	省（市）	资源利用与环境保护程度指标值	全国排名
沅陵县	湖南省	0.056	98
通道侗族自治县	湖南省	0.055	99
正安县	贵州省	0.051	101
绥宁县	湖南省	0.051	104
凤冈县	贵州省	0.05	105
靖州苗族侗族自治县	湖南省	0.05	106
城步苗族自治县	湖南省	0.05	108
安化县	湖南省	0.05	109
务川仡佬族苗族自治县	贵州省	0.048	112
古丈县	湖南省	0.048	113
会同县	湖南省	0.042	119
桑植县	湖南省	0.041	123
永顺县	湖南省	0.038	129
武隆县	重庆市	0.037	132
新晃侗族自治县	湖南省	0.035	136
新宁县	湖南省	0.028	152
芷江侗族自治县	湖南省	0.027	155
玉屏侗族自治县	贵州省	0.026	159
麻阳苗族自治县	湖南省	0.025	164
黔江区	重庆市	0.022	172
石柱土家族自治县	重庆市	0.022	173
溆浦县	湖南省	0.022	174
中方县	湖南省	0.021	176
保靖县	湖南省	0.017	191
江口县	贵州省	0.015	196
五峰土家族自治县	湖北省	0.012	200
彭水苗族土家族自治县	重庆市	0.012	203
辰溪县	湖南省	0.01	209
凤凰县	湖南省	0.007	222
洞口县	湖南省	0.007	223
泸溪县	湖南省	0.004	234
秀山土家族苗族自治县	重庆市	0.001	237
新化县	湖南省	0.001	242
丰都县	重庆市	0	246

续表

县（市、区）	省（市）	资源利用与环境保护程度指标值	全国排名
秭归县	湖北省	–0.001	247
新邵县	湖南省	–0.001	250
花垣县	湖南省	–0.004	259
石门县	湖南省	–0.008	271
长阳土家族自治县	湖北省	–0.012	279
鹤峰县	湖北省	–0.013	283
邵阳县	湖南省	–0.019	286
咸丰县	湖北省	–0.02	288
宣恩县	湖北省	–0.021	292
隆回县	湖南省	–0.023	298
龙山县	湖南省	–0.026	304
武冈市	湖南省	–0.028	309
印江土家族苗族自治县	贵州省	–0.031	318
碧江区	贵州省	–0.032	319
石阡县	贵州省	–0.033	323
涟源市	湖南省	–0.033	324
道真仡佬族苗族自治县	贵州省	–0.036	336
恩施市	湖北省	–0.037	338
万山区	贵州省	–0.038	343
来凤县	湖北省	–0.042	350
酉阳土家族苗族自治县	重庆市	–0.044	356
建始县	湖北省	–0.047	362
利川市	湖北省	–0.05	365
沿河土家族自治县	贵州省	–0.051	367
德江县	贵州省	–0.055	379
巴东县	湖北省	–0.057	384
思南县	贵州省	–0.071	399

资料来源：《中国统计年鉴 2015》《中国县域经济统计年鉴 2015》、2015 年各省级统计年鉴、2015 年各市级统计年鉴、2015 年各县级统计年鉴与公报，以及相关政府部门提供的权威数据。

从表 13–6 中可以看出，得分为正的县（市、区）有 36 个，得分为负（包括 0）的县（市、区）有 28 个，高于片区均值的县（市、区）有 41 个，占片区县（市、区）总数的 64.1%，低于片区均值的县（市、区）有 23 个，占总数的 35.9%。

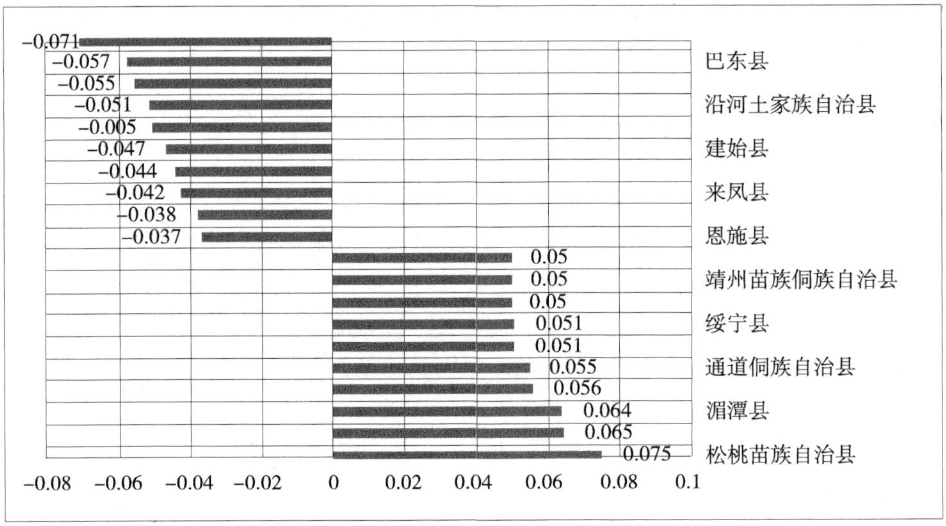

图 13-3 武陵山片区资源利用与环境保护排名

总体看来，资源利用与环境保护地区之间差异明显，排名前 10 位的县（市、区）主要集中于湖南省和贵州省，其中湖南省包括6个，贵州省包括4个。排名后 10 位的县依次是恩施市、万山区、来凤县、酉阳土家族苗族自治县、建始县、利川市、沿河土家族自治县、德江县、巴东县、思南县，主要集中于湖北省和贵州市。由此可见，在资源利用与环境保护方面，湖南省效果突出，有 6 个县排在前十位，同时没有县区列入后 10 位；贵州省较其他指标而言相对较好，前 10 位中有 4 个县属于贵州省，但仍有部分县列在后 10 位，县区间差异较大。整体而言，武陵山片区资源利用与环境保护同样存在极差较大的问题，排名第一的松桃苗族自治县资源利用与环境保护指标值为 0.075，远高于片区值 -0.011。排名最后的思南县指标值仅为 -0.071。

四、武陵山片区社会发展指标比较

排在一级指标社会发展前 10 位的县（市、区）分别是靖州苗族侗族自治县、长阳土家族自治县、新宁县、彭水苗族土家族自治县、邵阳县、秭归县、武隆县、五峰土家族自治县、来凤县、花垣县。排名后 10 位的依次是桑植县、利川市、松桃苗族自治县、城步苗族自治县、新化县、玉屏侗族自治县、古丈县、湄潭县、泸溪县、新晃侗族自治县，主要集中于湖南省和贵州省（见表 13-7）。总体看来，地区之间的差异不太明显，排名前 10 的县（市、区）主要分布于湖南省、湖北省和重庆市三省（市），其中排名第一的靖州苗族侗族自治县指标值为 0.33，排名最后的新晃侗族自治县指标值为 –0.277，极差为 0.607。

表 13–7　2014 年武陵山片区 64 个县（市、区）社会发展及排名

县（区）	省区	社会发展能力指标值	片区内排名	全国排名
靖州苗族侗族自治县	湖南省	0.33	1	2
长阳土家族自治县	湖北省	0.315	2	3
新宁县	湖南省	0.276	3	5
彭水苗族土家族自治县	重庆市	0.253	4	8
邵阳县	湖南省	0.24	5	10
秭归县	湖北省	0.236	6	11
武隆县	重庆市	0.235	7	12
五峰土家族自治县	湖北省	0.23	8	14
来凤县	湖北省	0.208	9	19
花垣县	湖南省	0.179	10	28
恩施市	湖北省	0.176	11	30
丰都县	重庆市	0.168	12	40
溆浦县	湖南省	0.165	13	42
秀山土家族苗族自治县	重庆市	0.155	14	48
洞口县	湖南省	0.155	15	49
会同县	湖南省	0.143	16	61
巴东县	湖北省	0.136	17	66
江口县	贵州省	0.131	18	71
绥宁县	湖南省	0.129	19	73
咸丰县	湖北省	0.128	20	74
慈利县	湖南省	0.121	21	78
中方县	湖南省	0.12	22	79
芷江侗族自治县	湖南省	0.113	23	93
万山区	贵州省	0.106	24	99
石柱土家族自治县	重庆市	0.104	25	103
思南县	贵州省	0.099	26	108
德江县	贵州省	0.098	27	110
碧江区	贵州省	0.097	28	111
石阡县	贵州省	0.094	29	113
建始县	湖北省	0.09	30	117
黔江区	重庆市	0.088	31	118
涟源市	湖南省	0.086	32	122
凤凰县	湖南省	0.084	33	127
沿河土家族自治县	贵州省	0.082	34	129
道真仡佬族苗族自治县	贵州省	0.078	35	134

续表

县（区）	省区	社会发展能力指标值	片区内排名	全国排名
新邵县	湖南省	0.072	36	141
沅陵县	湖南省	0.069	37	144
鹤峰县	湖北省	0.058	38	158
永顺县	湖南省	0.054	39	166
宣恩县	湖北省	0.051	40	169
印江土家族苗族自治县	贵州省	0.05	41	172
石门县	湖南省	0.035	42	200
正安县	贵州省	0.032	43	205
凤冈县	贵州省	0.025	44	216
保靖县	湖南省	0.021	45	222
酉阳土家族苗族自治县	重庆市	0.017	46	228
通道侗族自治县	湖南省	0.01	47	238
龙山县	湖南省	0.023	48	221
隆回县	湖南省	0.02	49	224
武冈市	湖南省	0.002	50	260
辰溪县	湖南省	–0.014	51	284
安化县	湖南省	–0.03	52	305
务川仡佬族苗族自治县	贵州省	–0.045	53	335
麻阳苗族自治县	湖南省	–0.058	54	356
桑植县	湖南省	–0.063	55	367
利川市	湖北省	–0.067	56	375
松桃苗族自治县	贵州省	–0.084	57	393
城步苗族自治县	湖南省	–0.095	58	404
新化县	湖南省	–0.096	59	407
玉屏侗族自治县	贵州省	–0.117	60	438
古丈县	湖南省	–0.17	61	470
湄潭县	贵州省	–0.213	62	479
泸溪县	湖南省	–0.238	63	486
新晃侗族自治县	湖南省	–0.277	64	495

资料来源：《中国统计年鉴 2015》、《中国县域经济统计年鉴 2015》、2015 年各省级统计年鉴、2015 年各市级统计年鉴、2015 年各县级统计年鉴与公报，以及相关政府部门提供的权威数据。

从表 13–7 可以看出，得分为正的县（市、区）有 50 个，得分为负的县（市、区）有 14 个。

从图 13–4 中可以看出排名前 10 位的县分别是靖州苗族侗族自治县、长阳土家族自治县、新宁县、彭水苗族土家族自治县、邵阳县、秭归县、武隆县、五峰土家族自治县、来凤县、花垣县，主要集中在湖南省、湖北省和重庆市，其中湖南省和湖北省各包括4个县，重庆市包括2个县。排名后10位的县分别是桑植县、利川市、松桃苗族自治县、城步苗族自治县、新化县、玉屏侗族自治县、古丈县、湄潭县、泸溪县、新晃侗族自治县，主要集中在湖南省和贵州省，其中湖南省包括6个县，贵州包括3个县。总体而言，湖北省和重庆市在社会发展方面完成情况较好，部分县均排在前列；湖南省各县存在两极分化的情况，排名靠前的县和排名靠后的县均存在；贵州省社会发展方面完成情况有待提升，整体水平偏低。

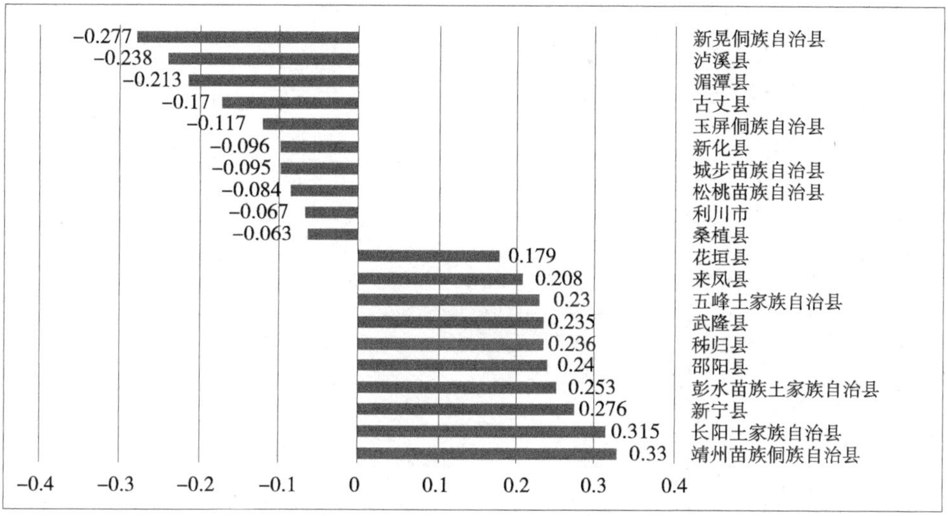

图 13-4　武陵山片区社会发展排名

五、扶贫开发与减贫效果比较

排在一级指标扶贫开发与减贫效果指标前10位的县（市、区）分别是永顺县、花垣县、靖州苗族侗族自治县、通道侗族自治县、新宁县、武冈市、新化县、凤凰县、中方县、涟源市，排名后10位的依次是辰溪县、沿河土家族自治县、德江县、思南县、古丈县、酉阳土家族苗族自治县、石阡县麻阳苗族自治县、龙山县、松桃苗族自治县（见表13-8）。总体看来，地区之间差异明显，排名第一的永顺县扶贫开发与减贫效果指标值为0.163，远高于片区值–0.114，排名最后的松桃苗族自治县指标值为–0.528。排名前10的县全部属于湖南省。排名后10位的县主要集中于贵州省和湖南省。说明在扶贫开发与减贫效果方面，成效显著的是湖南省，贵州省较落后。

表 13-8　2014 年武陵山片区 64 个县（市、区）扶贫开发与减贫效果及排名

县（区）	省（市）	扶贫开发与减贫效果指标值	全国排名
永顺县	湖南省	0.163	23
花垣县	湖南省	0.158	26
靖州苗族侗族自治县	湖南省	0.143	37
通道侗族自治县	湖南省	0.141	42
新宁县	湖南省	0.137	47
武冈市	湖南省	0.136	48
新化县	湖南省	0.132	52
凤凰县	湖南省	0.128	58
中方县	湖南省	0.127	59
涟源市	湖南省	0.125	63
新晃侗族自治县	湖南省	0.118	69
隆回县	湖南省	0.113	74
石门县	湖南省	0.1	87
丰都县	重庆市	0.098	89
印江土家族苗族自治县	贵州省	0.088	95
芷江侗族自治县	湖南省	0.082	106
慈利县	湖南省	0.081	108
泸溪县	湖南省	0.079	109
正安县	贵州省	0.079	110
会同县	湖南省	0.073	125
黔江区	重庆市	0.068	133
保靖县	湖南省	0.064	141
桑植县	湖南省	0.064	143
建始县	湖北省	0.063	145
安化县	湖南省	0.056	150
万山区	贵州省	0.038	177
新邵县	湖南省	0.036	183
来凤县	湖北省	0.035	185
凤冈县	贵州省	0.032	191
武隆县	重庆市	0.032	192
恩施市	湖北省	0.029	200
绥宁县	湖南省	0.028	206
洞口县	湖南省	0.026	212
江口县	贵州省	0.024	216
碧江区	贵州省	0.023	219
溆浦县	湖南省	0.023	220
石柱土家族自治县	重庆市	0.019	230

续表

县（区）	省（市）	扶贫开发与减贫效果指标值	全国排名
长阳土家族自治县	湖北省	0.016	237
秀山土家族苗族自治县	重庆市	0.014	240
沅陵县	湖南省	0.013	246
五峰土家族自治县	湖北省	0.012	248
秭归县	湖北省	0.01	250
巴东县	湖北省	0.009	252
湄潭县	贵州省	0.008	254
咸丰县	湖北省	–0.013	301
彭水苗族土家族自治县	重庆市	–0.013	302
邵阳县	湖南省	–0.016	306
鹤峰县	湖北省	0.005	257
宣恩县	湖北省	0.021	223
道真仡佬族苗族自治县	贵州省	0.018	233
玉屏侗族自治县	贵州省	–0.001	269
利川市	湖北省	–0.008	289
城步苗族自治县	湖南省	–0.01	293
务川仡佬族苗族自治县	贵州省	–0.01	294
辰溪县	湖南省	–0.022	317
沿河土家族自治县	贵州省	–0.043	354
德江县	贵州省	–0.057	372
思南县	贵州省	–0.066	382
古丈县	湖南省	–0.067	385
酉阳土家族苗族自治县	重庆市	–0.078	400
石阡县	贵州省	–0.097	421
麻阳苗族自治县	湖南省	–0.327	501
龙山县	湖南省	–0.371	502
松桃苗族自治县	贵州省	–0.528	504

资料来源：《中国统计年鉴 2015》《中国县域经济统计年鉴 2015》、2015 年各省级统计年鉴、2015 年各市级统计年鉴、2015 年各县级统计年鉴与公报，以及相关政府部门提供的权威数据。

从表 13–8 可以看出，得分为正的县（市、区）有 47 个，占片区县（市、区）总数的 73.4%，得分为负的县（市、区）有 17 个，占片区县（市、区）总数的 26.6%。高于片区扶贫开发与减贫效果均值 –0.114 的县有 61 个，仅有 3 个县扶贫开发与减贫效果指标值低于片区均值，分别为麻阳苗族自治县、龙山县和松桃苗族自治县。

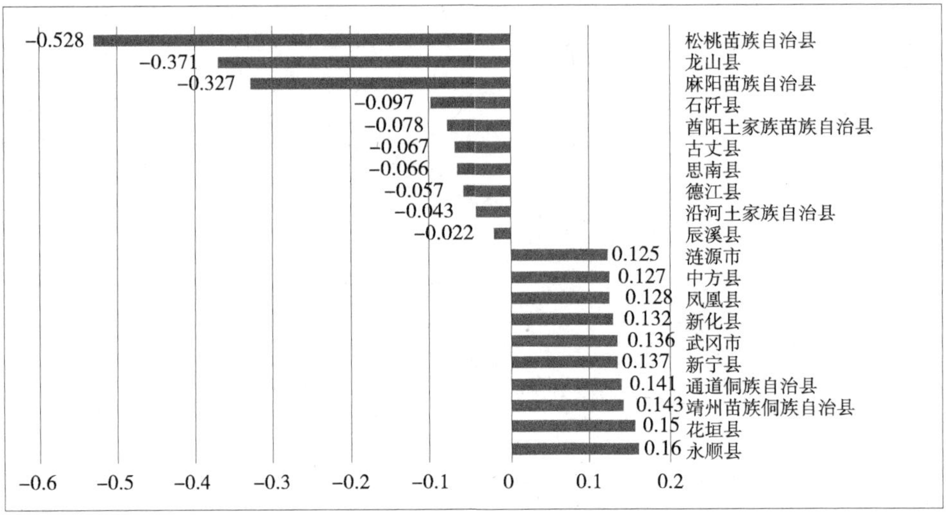

图 13-5　武陵山片区扶贫开发与减贫效果排名

由图 13-5 可以看出扶贫开发与减贫效果排名前 10 位的县依次为永顺县、花垣县、靖州苗族侗族自治县、通道侗族自治县、新宁县、武冈市、新化县、凤凰县、中方县、涟源市，全部属于湖南省；排在后 10 位的依次是辰溪县、沿河土家族自治县、德江县、思南县、古丈县、酉阳土家族苗族自治县、石阡县、麻阳苗族自治县、龙山县、松桃苗族自治县，主要集中在湖南省和贵州省，其中湖南省包括 4 个县，贵州省包括 5 个县，重庆包括 1 个县。

从各县指标值来看，各县间扶贫开发与减贫效果指标值悬殊较大，尤其是后三位指标值分别为麻阳苗族自治县（-0.327）、龙山县（-0.371）、松桃苗族自治县（-0.528），较片区均值相比相差较大，影响了片区整体的扶贫开发与减贫效果指标值。

由此看来，武陵山片区各县间扶贫开发与减贫效果悬殊较大。其中，湖南省在 2014 年扶贫开发与减贫方面效果突出，片区前 10 位县均属于湖南省，但仍有个别县处于较后位置，需对这些县加大扶贫力度；贵州省在扶贫开发与减贫方面整体处于较后位置，仍需进一步努力。

第三节　启示和建议

通过对武陵山片区内 64 个县市的绿色减贫指数测算，我们对武陵山 2014 年绿色减贫效果有了更清楚的认识，也给予我们一定的启示，对于未来武陵山片区应该在哪些方面着手加强绿色减贫工作，我们有以下几点建议：

一、建议国家加大对武陵山片区的投入力度和政策支持力度

根据绿色减贫指数的测算，武陵山片区绿色减贫指数值为 –0.172，较 2012 年（–0.116）相比不增反降，但在 11 个片区中排名中提前 1 位升至第 8 位，说明武陵山片区在 2014 年绿色减贫效果不突出，仍处于 11 个片区后半段；同时，从指标下降名次上升的现象也说明 11 个片区在 2014 年绿色减贫整体难度增大，这可能是贫困深度加深，减贫难度增大等原因造成的。所以国家在今后绿色减贫战略的实施过程中仍需加大力度，尤其是对于排名较后的几个片区，促进其绿色发展和减贫工作的融合度。

二、武陵山片应针对自身实际和绿色减贫的特点，发挥优势，补足“短板”

从测算结果来看，2014 年武陵山片区绿色减贫指数指标体系的四个一级指标指数值全部为负值，其中经济增长绿化度指数值为 –0.037，资源利用与环境保护指数值为 –0.011，社会发展指数值为 –0.010，扶贫开发与减贫效果指数值为 –0.114。与 2012 年相比，2014 年武陵山片区绿色减贫指数排名提升 1 位，为第 8 名；在一级指标中，经济增长绿化度指数值为 –0.037，排名前进 2 位，资源利用与环境保护指数值为 –0.011，排名前进 2 位，社会发展指数值为 –0.010，排名前进 3 位，扶贫开发与减贫效果指数值为 –0.114，排名退后 6 位。可以看出，四个一级指标排名悬殊较大，尤其是扶贫开发与减贫效果指数值排名由 2012 年的第 3 位退后到第 9 位；可以看出武陵山片区扶贫开发与减贫效果完成情况相对较差，在四个一级指标中相对较后，也是造成武陵山绿色减贫指数整体偏低的一个原因。由此可见，绿色减贫需要经济、减贫、环境、生态、社会共同协调发展，某一方面的落后或欠缺都会影响绿色减贫的整体效果。武陵山片区在未来的扶贫开发过程中应协调发展绿色减贫的各个方面，避免“短板”指标出现。

三、片区内各省绿色减贫悬殊较大，尤其需要加强贵州省整体绿色减贫力度

武陵山片区内贫困县的绿色减贫指数的地区差异十分明显，各省间悬殊较大。绿色减贫指数排名前 10 的县主要集中湖南省、湖北省和重庆市。其中湖南

省包括 4 个，重庆市包括 3 个，湖北省包括 3 个，排在后 10 位的集中于贵州省和湖南省。其中贵州省包括 6 个，湖南省包括 4 个，说明在绿色减贫方面成效显著的是重庆市和湖北省，湖南省各县绿色减贫发展情况差异加大，贵州省整体仍旧面临较大挑战。各一级指标中，经济增长绿化度排名前 10 的县（市、区）大部分集中于湖南省、湖北省和重庆市，其中重庆市和湖北省各包括 3 个，湖南省包括 4 个。排名后 10 的县（市、区）主要集中于贵州省，有 9 个县均属于贵州省。在资源利用与环境保护指数中排名前 10 位的主要集中在湖南省；贵州省较其他指标而言相对较好，前 10 位中有 4 个县属于贵州省，但仍有部分县列在后 10 位，县区间差异较大。社会发展指标排名前 10 位的县主要集中在湖南省、湖北省和重庆市，其中湖南省和湖北省各包括 4 个县，重庆市包括 2 个县。排名后 10 位的县主要集中在湖南省和贵州省，其中湖南省包括 6 个县，贵州包括 3 个县。扶贫开发与减贫效果指数排名前 10 位的县全部属于湖南省；排在后 10 位的县主要集中在湖南省和贵州省，其中湖南省包括 4 个县，贵州省包括 5 个县，重庆包括 1 个县。

由此看来，各省间绿色减贫悬殊较大，湖南省整体情况较好，但是个别县个别指标有待加强，湖北省和重庆市完成情况稍好，仍需进一步提高，但贵州省在各指标中完成情况均不理想，在今后武陵山绿色减贫中需要更多支持。

第十四章　滇桂黔石漠化片区绿色减贫指数分析

滇桂黔石漠化集中连片特殊困难地区大部地处云贵高原东南部及其与广西盆地过度地带，南与越南接壤，属典型的高原山地构造地形，碳酸盐分布广，石漠化面积大，是世界上喀斯特地貌发育最典型的地区之一，国土总面积22.8万平方公里，集民族地区、革命老区和边境地区于一体，是国家新一轮扶贫开发攻坚主战场中少数民族人口最多的片区，跨广西、贵州、云南三省区，包括集中连片特殊困难县（市、区）80个，其他县（市、区）11个，共91个，其中贵州省44个县（市、区），图14-1为滇桂黔石漠化片区行政区划图。

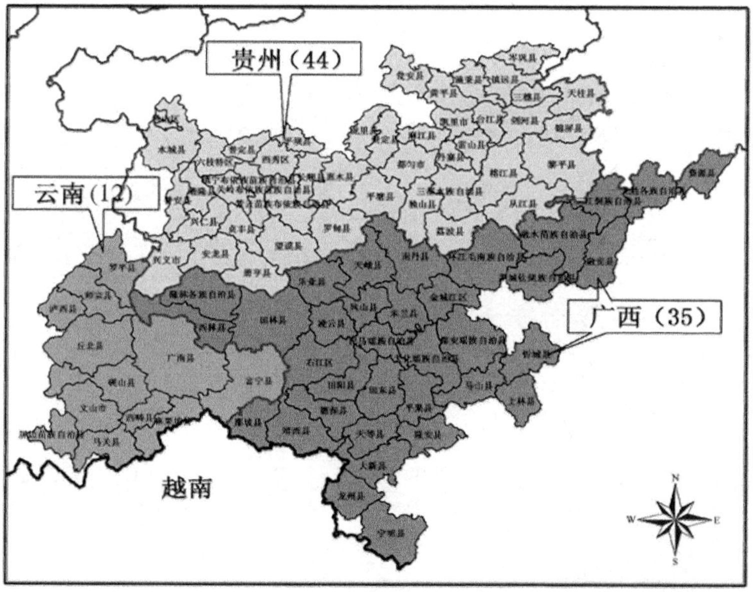

图14-1　滇桂黔石漠化片区区域发展与扶贫攻坚规划行政区划图

图片来源：滇桂黔石漠化片区区域发展与扶贫攻坚规划（2011-2020年）

截至2010年末，滇桂黔石漠化片区总人口3427.2万人，其中乡村人口

2928.8 万人，少数民族人口 2129.3 万人，有壮、苗、布依、瑶、侗等 14 个世居少数民族。气候类型主要为亚热带湿润季风气候，年均降水量 880–1991 毫米。区域内河流纵横，地跨珠江、长江两大流域和红河流域，有红水河、左江、右江、融江、清水江等河流，水能资源蕴藏量巨大。矿产资源富集，锰、铝土、锑、黄金等储藏量大。生物资源丰富，森林覆盖率 47.7%，是珠江、长江流域重要生态功能区。自然景观独特，旅游开发潜力大。

第一节　滇桂黔石漠化片区绿色减贫指数分析

根据绿色减贫测算体系表，对中国连片特困地区中 11 个片区绿色减贫指数进行测算，本节从中掘取滇桂黔石漠化片区指数结果进行分析，主要包括测算总结果分析、经济增长绿化度指数结果分析、资源利用与环境保护程度指数结果分析、社会发展能力指数结果分析和扶贫开发与减贫效果指数结果分析。

一、测算总结果及分析

根据绿色减贫测算体系表，中国连片特困地区中 11 个片区绿色减贫指数测算结果如下表所示。

表 14–1　2014 年 11 个连片特困地区绿色减贫指数及排名

指标	中国绿色减贫指数		二级指标							
			经济增长绿色度		资源利用与环境保护程度		社会发展能力		扶贫开发与减贫效果	
省区	指标值	排名	指标值	排名	指标值	排名	指标值	排名	指标值	排名
罗霄山区	0.475	1	0.137	3	0.166	1	–0.012	8	0.184	1
大兴安岭南麓片区	0.441	2	0.222	1	–0.042	7	0.081	4	0.179	2
大别山区	0.360	3	0.181	2	–0.128	11	0.181	1	0.126	3
秦巴山区	0.006	4	–0.057	7	0.047	4	0.000	6	0.016	5
滇西边境片区	–0.009	5	–0.088	8	0.088	3	0.093	2	–0.101	9
燕山 - 太行山片区	–0.029	6	–0.114	10	–0.049	8	0.085	3	0.050	4
六盘山片区	–0.068	7	–0.016	5	–0.034	6	–0.033	9	0.014	6
武陵山区	–0.172	8	0.022	4	–0.011	5	–0.010	7	–0.173	11
滇桂黔石漠化片区	–0.173	9	–0.092	9	0.138	2	–0.139	10	–0.081	8
吕梁山片区	–0.237	10	–0.053	6	–0.115	10	0.004	5	–0.073	7
乌蒙山片区	–0.593	11	–0.142	11	–0.060	9	–0.250	11	–0.141	10

注：中国绿色减贫指数由经济增长绿色度、资源利用与环境保护程度、社会发展能力、扶贫开发与减贫效果等指标计算所得。数据来源：中国统计年鉴 2015、各地市统计年鉴等。

从表 14–1 可以看出，滇桂黔石漠化片区绿色减贫指数在 11 个片区中排在第 9 位，2014 年滇桂黔石漠化片区的绿色减贫指数值为 –0.173。总体而言，滇桂黔石漠化片区绿色减贫指数排名靠后，各二级指标值分别为：经济增长绿化度 –0.092，在 11 个片区中排在第 9 名；资源利用和环境保护 0.138，排在第 2 名；社会发展能力 –0.139，排在第 10 名；扶贫开发与减贫效果 –0.081，在 11 个片区中排在第 8 名。滇桂黔石漠化片区在经济发展的过程中注重资源的利用和环境保护，但经济增长、社会发展和扶贫开发与减贫效果表现不佳，如图 14–2 所示。

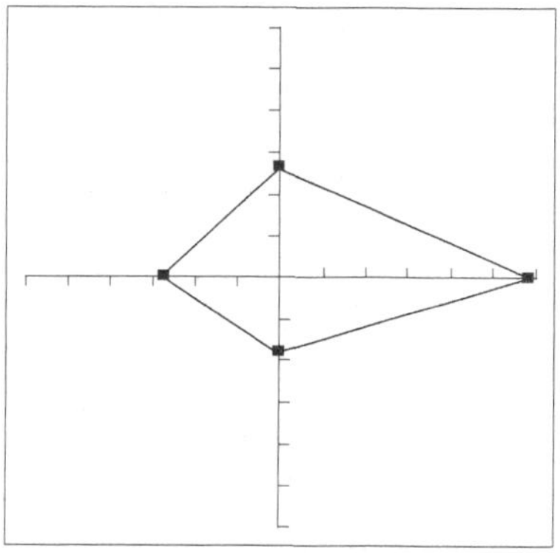

图 14–2　2014 年滇桂黔石漠化片区二级指标雷达图

社会发展能力和扶贫开发与减贫效果指标为负值的原因分别是：在社会发展能力 6 个三级指标中，“农村恩格尔系数”和“城乡收入比”为逆指标，扶贫开发与减贫效果指标下的三级指标“贫困人口占总农村人口比重”为逆指标，这两个二级指标测算结果显示为负值说明，滇桂黔石漠化片区扶贫开发过程中城乡收入差距较大，农村和城市发展不平衡，农村贫困人口占比较大，农村人口普遍贫困，扶贫工作重点仍然在农村。

滇桂黔石漠化片区 21 个三级指标中，有 8 个指标排名出现 3 位及其以上的变动，第三产业增加值比重、工业固体废物综合利用率、城乡收入比、新型合作医疗参合率和有卫生室行政村比重等指标变动较大，其中仅城乡收入比和新型合作医疗参合率和人均地区生产总值等三个指标较 2012 年排名出现下降，其他指标排名均有不同程度提升，如下表（表 14–2）所示。2014 年滇桂黔石漠化片区工业固体废物综合利用率和第三产业增加值比重分别由 2012 年的第 10 位和第 11 位上升到 2014 年的第 1 位，此外，单位耕地面积化肥施用量和有卫生室行政村比例也分别由 2012 年的第 4 位和第 7 位提升至 2014 年第 1 位。

表 14-2　滇桂黔石漠化片区指标排名变动表

三级指标名称	两年原始数据			两年排名变化		
	单位	2014	2012	2014	2012	变动
人均地区生产总值	元 / 人	12554.03	13277.71	11	8	–3
单位地区生产总值二氧化硫排放量	吨 / 万元	0.01	16.07	8	11	3
工业固体废物综合利用率	%	82.75	56.31	1	10	9
第三产业增加值比重	%	42.08	23.79	1	11	10
单位耕地面积化肥施用量	吨 / 千公顷	174.50	198.50	1	4	3
城乡收入比	%	3.74	3.35	11	6	–5
新型合作医疗参合率	%	81.41	79.92	9	4	–5
有卫生室行政村比例	%	97.02	90.25	1	7	6

注：变动值为正数表明排名上升。

二、经济增长绿化度测算结果分析

2014 年滇桂黔石漠化片区经济增长绿化度总值为 –0.062，其二级指标 2014 年数值分别为：人均地区生产总值 12554.03 元 / 人，比 2012 年有所下降。单位地区生产总值能耗为 1.42 吨标准煤 / 万元，较 2012 年能耗大大降低，说明滇桂黔石漠化片区生产节能化成效显著。单位地区生产总值二氧化硫排放量为 0.01 吨 / 万元，较 2012 年排放量明显降低。

表 14-3　滇桂黔石漠化片区经济增长绿化度变动表

指标名称	单位	指标属性	2014 片区数值	2012 片区数值	2014 片区排名	排名变化	进退脸谱
人均地区生产总值	元 / 人	正	12554.03	13277.71	11	–3	L
单位地区生产总值能耗	吨标准煤 / 万元	逆	1.42	2.90	10	1	J
单位地区生产总值二氧化硫排放	吨 / 万元	逆	0.01	16.07	8	3	J
土地产出率	万元 / 千公顷	正	3079.42	2620.00	9	–3	L
工业固体废物综合利用率	%	正	82.75	56.31	1	9	J
第三产业增加值比重	%	正	42.08	23.79	1	10	J

土地产出率为3079.42万元/千公顷，此处土地产出率的计算方法用农业总产值/农作物播种面积所得。工业固体废物综合利用率为82.75%，在11个片区中排名第一，说明滇桂黔石漠化片区注重对工业固体废物的循环利用，绿色生产意识较强。第三产业增加值比重为42.08%，较2012年有较大提升，在11个片区中排名第一，第三产业比重的提高对推动滇桂黔石漠化片区的绿色扶贫开发进程和贫困人口脱贫致富发挥重要的作用。

综上所述，滇桂黔石漠化片区单位地区生产总值能耗、单位地区生产总值二氧化硫排放量和工业固体废物综合利用率指标数值结果显示，滇桂黔石漠化片区经济增长过程中注重对环境的保护，产业生产能耗、废气污染较低，工业固体废物利用率较高。第三产业比重的提高为提升人均地区生产总值和经济绿色发展提供了重要的渠道。

三、资源利用与环境保护程度指数测算结果及其分析

2014年滇桂黔石漠化片区资源利用和环境保护总值为0.138，其二级指标主要包括人均森林面积、森林覆盖率和单位耕地面积化肥施用量，2014年滇桂黔石漠化片区人均森林面积排名较2012年下降4个名次；2014年滇桂黔石漠化片区森林覆盖率排名不变。

表14–4　滇桂黔石漠化片区资源利用与环境保护程度指数表

指标名称	单位	指标属性	2014片区数值	2012片区数值	2014片区排名	排名变化	进退脸谱
人均森林面积	平方公里/人	正	0.004	0.440	6	–4	L
森林覆盖率	%	正	57.051	55.750	5	0	
单位耕地面积化肥施用量	吨/千公顷	逆	174.501	198.500	1	3	J

2014年滇桂黔石漠化片区单位耕地面积化肥施用量排名升至第1位，片区内化肥施用量较低，注重土地的可持续利用，不以产量为追求目标，基本不存在化学肥料的过度使用现象。

综上所述，滇桂黔石漠化片区森林资源较为丰富，单位耕地面积化肥施用量较低，绿色覆盖面积较广，环境保护较好，同时，滇桂黔石漠化片区也注重对当地土地资源的保护，不盲目追求经济利益，合理施用化肥，追求经济效益与资源环境保护的共同兼顾和平衡发展。

四、社会发展能力指数测算结果及分析

在社会发展能力指数项下，涵盖农村恩格尔系数、城乡收入比、有卫生室行政村比重、新型农村养老参保率和高中阶段教育毛入学率 5 个二级指标，2014 年滇桂黔石漠化片区社会发展能力指数得分 -0.139。2014 年滇桂黔石漠化片区农村恩格尔系数为 38.11%，较 2012 年下降近 4 个百分点，表明滇桂黔石漠化片区农村居民消费中用来购买食物的费用所占比例有渐趋减小的形势，农村居民生活水平逐渐提高。城乡收入比为 3.74，与 2012 年相比，农村居民和城镇居民收入差距有扩大趋势。

表 14–5　2014 年滇桂黔石漠化片区社会发展能力指数测算结果

指标名称	单位	指标属性	2014 片区数值	2012 片区数值	2014 片区排名	排名变化	进退脸谱
农村恩格尔系数	%	逆	38.114	42.170	10	–2	L
城乡收入比	%	逆	3.736	3.350	11	–5	L
新型合作医疗参合率	%	正	81.412	79.920	9	–5	L
有卫生室行政村比例	%	正	97.023	90.250	1	6	J
新型农村养老参保率	%	正	20.772	34.980	7	2	J
高中阶段教育毛入学率	%	正	73.400	64.550	10	–1	L

有卫生室行政村比例为 97.02%，在 11 个片区中排名第一，较 2012 年提高近 7 个百分点；新型农村养老参保率 20.77%，较 2011 年参保率下降近 14 个百分点；高中阶段教育毛入学率为 73.4%，较 2012 年高中阶段毛入学率提高近 9 个百分点，但在 11 个片区中排名靠后。

综上所述，滇桂黔石漠化片区社会发展能力指数测算结果表明，滇桂黔石漠化片区农村居民仍然较为贫困，城乡收入差距较大。卫生室覆盖率、农村养老参保率和高中入学率较 11 个片区平均水平而言偏低，因此，滇桂黔石漠化片区扶贫开发力度仍需加大，不断改善农村居民生活环境、提高滇桂黔石漠化片区贫困地区医疗、教育投入，缩小城市和农村收入差距，推动城市和农村共同富裕和社会和谐发展。

五、扶贫开发与减贫效果指数测算结果及分析

滇桂黔石漠化片区是我国连片特困地区之一，测算其扶贫开发与减贫效果对

总结已有减贫效果和下一步扶贫开发方向具有重要的指导意义。本文选取贫困人口占总农村人口比重、农村人均纯收入增长率、通电行政村比重、通路行政村比重、实现安全饮水人数比重、有效灌溉面积占基本农田面积比重等6个指标测度滇桂黔石漠化片区扶贫开发与减贫效果。

2014年滇桂黔石漠化片区贫困人口占总农村人口比重为26.39%，在11个片区内排名第9位，与2012年排名情况没有变动，但比重下降了13个百分点；农村人均纯收入增长率为13.58%，较2012年增速有所回落，但在11个片区中排第6位，上升两个名次；通电行政村比重为98.46%，与2011年基本持平；通路行政村比重为67.62%，比2012年上升约40个百分点，但在11个片区中的排名没有变动；实现安全饮水人数比重50.57%；有效灌溉面积占基本农田面积比重38.87%，较2014年下降约4个百分点，在片区排名中没有变动，与2012年均排在第7位。

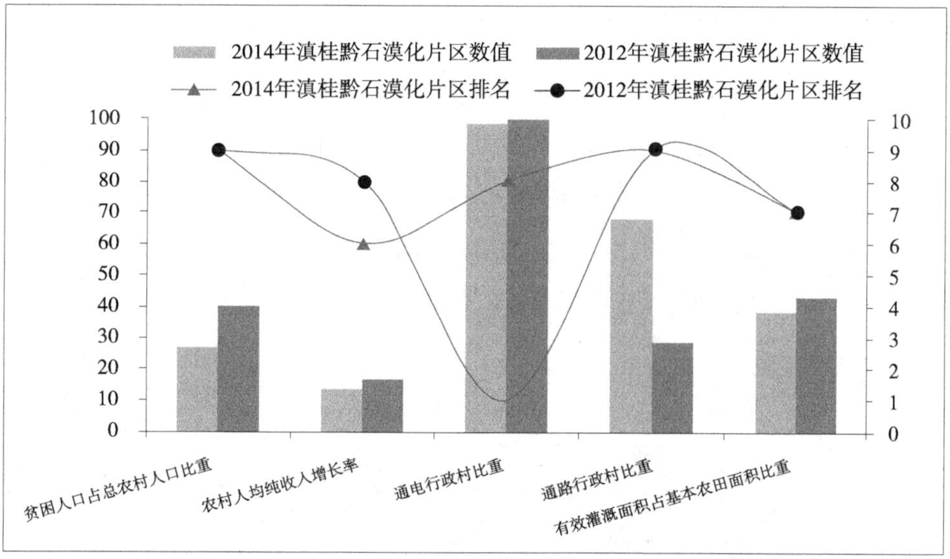

图14-3　滇桂黔石漠化片区扶贫开发与减贫效果指数测算结果

注：2012年采用的是自来水普及率，而2014年采用的是实现安全饮水人数比重，因两个指标统计口径不一致，故不作比较。

综上所述，滇桂黔石漠化片区贫困发生率较其他片区而言较高，总体上减贫效果取得长足进步，但在11个片区中排名相对靠后，扶贫开发实施力度仍有待进一步加大。例如，加大基础设施建设力度，做好贫困地区村级道路畅通工作、饮水安全工作和农村电力保障工作。

第二节 滇桂黔石漠化片区内部各县绿色减贫指数的比较

本节探讨滇桂黔石漠化片区绿色减贫指数测算结果。片区内部各县指数结果比较，尽可能剔除片区间区位、环境差异所造成的绿色减贫指标差异，更加准确地探讨绿色减贫指数变动，使研究更具实际意义。

一、绿色减贫指数比较

根据“绿色减贫测算体系表”，导入 2014 年、2012 年滇桂黔石漠化片区 80 个县的数据后（如表 14-6 所示），并得到绿色减贫指数及排名表。

表 14-6 2014、2012 年 80 个县概况

<table>
<tr><th>省（区）</th><th>市</th><th>县</th></tr>
<tr><td rowspan="7">广西（29）</td><td>南宁市</td><td>隆安县、马山县、上林县</td></tr>
<tr><td>柳州市</td><td>融安县、融水县、三江县</td></tr>
<tr><td>桂林市</td><td>龙胜县、资源县</td></tr>
<tr><td>百色市</td><td>田阳县、德保县、靖西县、那坡县、凌云县、乐业县、田林县、西林县、隆林县</td></tr>
<tr><td>河池市</td><td>凤山县、东兰县、罗城县、环江县、巴马县、都安县、大化县</td></tr>
<tr><td>来宾市</td><td>忻城县</td></tr>
<tr><td>崇左市</td><td>宁明县、龙州县、大新县、天等县</td></tr>
<tr><td rowspan="5">贵州（40）</td><td>六盘水市</td><td>六枝特区、水城县</td></tr>
<tr><td>安顺市</td><td>西秀区、平坝县、普定县、镇宁县、关岭县、紫云县</td></tr>
<tr><td>黔西南布依族苗族自治州</td><td>兴仁县、普安县、晴隆县、贞丰县、望谟县、册亨县、安龙县</td></tr>
<tr><td>黔东南苗族侗族自治州</td><td>黄平县、施秉县、三穗县、镇远县、岑巩县、天柱县、锦屏县、剑河县、台江县、黎平县、榕江县、从江县、雷山县、麻江县、丹寨县</td></tr>
<tr><td>黔南布依族苗族自治州</td><td>荔波县、贵定县、瓮安县、独山县、平塘县、罗甸县、长顺县、龙里县、惠水县、三都县</td></tr>
<tr><td rowspan="3">云南（11）</td><td>曲靖市</td><td>师宗县、罗平县</td></tr>
<tr><td>红河哈尼族彝族自治州</td><td>屏边县、泸西县</td></tr>
<tr><td>文山壮族苗族自治州</td><td>砚山县、西畴县、麻栗坡县、马关县、丘北县、广南县、富宁县</td></tr>
</table>

上表反映了滇桂黔石漠化片区所涵盖的绿色减贫指数监测县，广西壮族自治区、贵州省和云南省分别包括 29、40 和 11 个县。

2014 年 80 个县绿色减贫指数及其在 505 个监测县中的排名情况如表 14-7 所示。

表 14-7　2014 年 80 个县绿色减贫指数及其排名情况

县（市\区）	指标值	排名	县（市\区）	指标值	排名	县（市\区）	指标值	排名	县（市\区）	指标值	排名
融安县	0.31	62	大新县	0.01	259	普定县	−0.13	340	六枝特区	−0.25	410
资源县	0.27	81	丹寨县	0.01	264	忻城县	−0.14	347	紫云县	−0.25	413
雷山县	0.25	84	普安县	−0.02	273	黄平县	−0.14	348	施秉县	−0.26	417
隆安县	0.23	94	三江县	−0.03	283	瓮安县	−0.15	349	马关县	−0.26	420
龙胜县	0.20	116	长顺县	−0.03	284	师宗县	−0.15	353	麻栗坡县	−0.27	422
岑巩县	0.20	122	剑河县	−0.04	288	大化县	−0.16	361	西林县	−0.27	426
马山县	0.16	148	麻江县	−0.05	296	丘北县	−0.17	364	西畴县	−0.28	430
黎平县	0.13	166	东兰县	−0.06	298	龙里县	−0.17	366	贞丰县	−0.29	435
宁明县	0.12	182	平塘县	−0.06	300	三穗县	−0.18	370	惠水县	−0.31	440
锦屏县	0.11	183	富宁县	−0.07	306	晴隆县	−0.19	374	册亨县	−0.32	446
镇远县	0.11	191	天柱县	−0.07	307	从江县	−0.19	377	镇宁县	−0.33	450
上林县	0.08	209	关岭县	−0.09	316	天等县	−0.20	383	水城县	−0.34	455
龙州县	0.08	211	贵定县	−0.09	318	三都县	−0.22	386	隆林县	−0.35	456
泸西县	0.06	223	屏边县	−0.10	322	罗城县	−0.22	389	田林县	−0.36	462
砚山县	0.05	230	环江县	−0.10	326	都安县	−0.22	390	罗平县	−0.36	463
兴仁县	0.04	234	平坝县	−0.11	329	德保县	−0.23	398	凌云县	−0.36	465
台江县	0.03	240	凤山县	−0.11	330	罗甸县	−0.23	399	望谟县	−0.37	467
融水县	0.03	241	田阳县	−0.11	331	乐业县	−0.23	402	独山县	−0.38	471
荔波县	0.03	244	巴马县	−0.11	332	广南县	−0.24	407	安龙县	−0.46	485
榕江县	0.02	247	西秀区	−0.11	334	靖西县	−0.24	408	那坡县	−0.52	492

由上表可知，绿色减贫指数结果排在该片区前 10 名的分别是融安县、资源县、雷山县、隆安县、龙胜县、岑巩县、马山县、黎平县、宁明县和锦屏县，而在 505 个监测县的排名中，排在本片区第一位的融安县在所有县中排名第 62 位，资源县、雷山县和隆安县分别排在第 81 位、84 位和 94 位，其他县排名均在 100 名以上。上述数据表明，滇桂黔石漠化片区绿色减贫指数整体排名靠后，除了排在前 4 名县、区相对排名靠前之外，其他县、区在所有县中排名不佳。从各县所属省、区来看，广西各县排名相对靠前，绿色减贫效果相对较佳，而贵州和云南部分县市绿色减贫指数排名垫底。

综上所述，滇桂黔石漠化片区绿色减贫指数有一大半的县呈负值，绿色减贫效果不显著，广西片区绿色减贫效果相比贵州和云南较佳。

二、经济增长绿化度比较

经济增长绿化度包涵 6 个二级指标，分别为：人均地区生产总值、单位地区生产总值能耗、单位地区生产总值二氧化硫排放量、土地产出率、工业固体废物综合利用率和第三产业增加值比重。2014 年滇桂黔石漠化片区各县经济增长绿化度指数及其排名如表 14-8 所示，其中粉色底纹表示广西片区、黄色底纹表示贵州片区、蓝色底纹表示云南片区。

表 14-8　滇桂黔石漠化片区各县经济增长绿化度指数及其排名情况

县	指标值	排名	县	指标值	排名	县	指标值	排名	县	指标值	排名
隆安县	0.24	17	荔波县	0.04	194	大化县	-0.02	301	镇宁县	-0.07	361
马山县	0.20	26	黄平县	0.04	196	西畴县	-0.03	302	紫云县	-0.07	367
融安县	0.20	29	砚山县	0.04	200	广南县	-0.03	304	忻城县	-0.08	372
龙胜县	0.20	30	兴仁县	0.04	206	贞丰县	-0.03	306	丘北县	-0.08	373
宁明县	0.18	35	大新县	0.03	215	关岭县	-0.03	313	安龙县	-0.10	396
上林县	0.18	36	贵定县	0.03	217	三都县	-0.04	317	册亨县	-0.11	406
融水县	0.16	56	西秀区	0.02	223	惠水县	-0.04	326	望谟县	-0.11	412
龙州县	0.15	59	黎平县	0.02	224	普定县	-0.04	327	泸西县	-0.13	420
资源县	0.14	72	麻江县	0.02	232	龙里县	-0.05	332	靖西县	-0.16	443
晴隆县	0.11	101	普安县	0.02	234	都安县	-0.05	333	田阳县	-0.18	463
天柱县	0.10	106	麻栗坡县	0.02	236	剑河县	-0.05	335	德保县	-0.19	466
环江县	0.09	115	富宁县	0.01	256	师宗县	-0.05	338	乐业县	-0.21	472
镇远县	0.08	127	巴马县	0.01	257	罗城县	-0.05	341	屏边县	-0.23	478
马关县	0.08	136	瓮安县	0.00	270	丹寨县	-0.06	344	隆林县	-0.23	481
锦屏县	0.06	155	平塘县	0.00	271	从江县	-0.06	346	六枝特区	-0.25	490
台江县	0.06	157	独山县	-0.01	278	三穗县	-0.06	348	那坡县	-0.27	493
天等县	0.06	167	罗甸县	-0.01	284	榕江县	-0.06	352	凌云县	-0.27	494
东兰县	0.05	172	施秉县	-0.02	293	罗平县	-0.06	353	水城县	-0.29	499
雷山县	0.05	176	三江县	-0.02	294	凤山县	-0.06	354	西林县	-0.30	502
岑巩县	0.05	183	长顺县	-0.02	300	平坝县	-0.06	357	田林县	-0.33	505

2014 年，滇桂黔石漠化片区经济增长绿化度最高的县是隆安县，指标值为 0.24，在所有监测县中排名 17 位；第 2 名为马山县，指标值为 0.20，融安县、龙胜县、宁明县分别排第 3、4、5 名，指标值分别为 0.20、0.20 和 0.18。该片区有 9 个县排入所有监测县前 100 名，且全部为广西片区；贵州片区所属各县排名多在 200-300 名之间，云南片区各县排名较为分散，经济增长绿色度指数及其排名差异较为明显。

综上所述，滇桂黔石漠化片区各县经济增长绿化度数值显示 9 个县绿色度较好，且全部位于广西片区，贵州和云南片区各县经济增长绿色度排名均在 100 名以后。云南片区各县排名较为分散，各县经济增长绿色度差异较大，与广西片区部分县市存在一定的差距。

三、资源利用与环境保护程度指数比较

资源利用与环境保护程度指标项下有人均森林面积、森林覆盖率和单位耕地面积化肥施用量 3 个三级指标。2014 年资源利用和环境保护指数及其指标排名如表 14–9 所示，其中粉色底纹表示广西片区、黄色底纹表示贵州片区、蓝色底纹表示云南片区。

表 14–9　滇桂黔石漠化片区各县资源利用与环境保护指数及其排名情况

省	县	指标值	排名	省	县	指标值	排名	省	县	指标值	排名	省	县	指标值	排名
广西	田林县	0.16	12	贵州	台江县	0.12	38	广西	靖西县	0.08	70	云南	屏边县	0.03	161
广西	西林县	0.16	14	广西	罗城县	0.12	40	贵州	荔波县	0.08	71	贵州	普安县	0.02	171
广西	龙胜县	0.16	15	广西	隆林县	0.12	43	贵州	麻江县	0.08	72	云南	麻栗坡县	0.02	175
广西	乐业县	0.16	16	广西	大新县	0.11	44	广西	上林县	0.08	73	贵州	紫云县	0.01	201
广西	凌云县	0.16	17	广西	大化县	0.11	45	贵州	三都县	0.08	79	贵州	贞丰县	0.01	206
广西	凤山县	0.15	18	贵州	丹寨县	0.11	46	贵州	黄平县	0.07	84	贵州	兴仁县	0.01	214
广西	资源县	0.15	19	广西	马山县	0.11	48	贵州	册亨县	0.07	88	贵州	关岭县	0.00	238
广西	融水县	0.15	21	广西	都安县	0.10	49	贵州	望谟县	0.06	96	贵州	安龙县	0.00	244
广西	融安县	0.15	22	贵州	天柱县	0.10	50	贵州	龙里县	0.05	107	云南	丘北县	0.00	256
贵州	榕江县	0.15	23	贵州	镇远县	0.10	51	贵州	平塘县	0.05	115	贵州	普定县	0.00	257
广西	三江县	0.14	24	广西	田阳县	0.10	53	云南	广南县	0.04	121	云南	砚山县	–0.01	275
广西	东兰县	0.14	25	广西	宁明县	0.10	54	贵州	贵定县	0.04	122	贵州	镇宁县	–0.01	277
广西	那坡县	0.14	26	广西	天等县	0.10	55	云南	富宁县	0.04	124	贵州	西秀区	–0.02	294
贵州	黎平县	0.14	27	贵州	施秉县	0.10	56	云南	马关县	0.04	125	贵州	平坝县	–0.02	295
贵州	锦屏县	0.14	28	广西	忻城县	0.10	57	贵州	惠水县	0.04	128	贵州	水城县	–0.03	303
贵州	雷山县	0.13	29	广西	龙州县	0.10	58	贵州	长顺县	0.04	130	贵州	六枝特区	–0.03	305
贵州	剑河县	0.13	30	广西	隆安县	0.10	61	云南	西畴县	0.04	134	云南	罗平县	–0.03	326
贵州	从江县	0.13	33	贵州	岑巩县	0.10	62	贵州	独山县	0.04	137	云南	师宗县	–0.04	351
广西	环江县	0.13	34	贵州	三穗县	0.09	63	贵州	瓮安县	0.03	142	贵州	晴隆县	–0.05	363
广西	巴马县	0.13	35	广西	德保县	0.09	69	贵州	罗甸县	0.03	145	云南	泸西县	–0.07	393

上表对 2014 年滇桂黔石漠化片区各县资源利用与环境保护程度指数及其排名进行了列示，我们注意到，该片区各县资源利用与环境保护程度排名均较为靠前，其中 48 个县排在所有监测县的前 100 名。广西片区各县均排入前 100 名，贵州片区将近一半的县排入前 100 位，云南片区各县排名普遍不佳。

滇桂黔石漠化片区森林资源丰裕，要提高滇桂黔石漠化片区减贫绿色度，必须加大对森林资源的保护和利用力度，同时，应注重在土地利用过程中化肥等的使用量，确保土地和环境可持续发展。

四、社会发展能力指数比较

2014年，滇桂黔石漠化片区社会发展能力指标排名前10的县分别为：天柱县、兴仁县、岑巩县、镇远县、剑河县、雷山县、平坝县、台江县、丹寨县和黄平县，但各县在所有监测县的排名情况不佳。由此可见，滇桂黔石漠化片区在社会发展能力方面相比其他片区较为落后，存在较大的改进和完善空间，如表 14–10 所示。

表 14–10 滇桂黔石漠化片区各县社会发展能力指数及其排名

县	指标值	排名	县	指标值	排名	县	指标值	排名	县	指标值	排名
天柱县	0.03	209	瓮安县	–0.06	357	靖西县	–0.09	403	凌云县	–0.14	452
兴仁县	0.01	244	田阳县	–0.06	359	望谟县	–0.10	409	三江县	–0.14	453
岑巩县	0.00	258	榕江县	–0.06	360	独山县	–0.10	410	马关县	–0.15	457
镇远县	–0.01	282	黎平县	–0.06	366	田林县	–0.10	411	富宁县	–0.15	458
剑河县	–0.01	285	龙里县	–0.06	368	贵定县	–0.10	413	东兰县	–0.15	459
雷山县	–0.01	286	龙胜县	–0.06	370	平塘县	–0.10	414	那坡县	–0.15	460
平坝县	–0.02	299	罗甸县	–0.07	371	泸西县	–0.10	415	丘北县	–0.16	461
台江县	–0.03	302	从江县	–0.07	376	六枝特区	–0.10	416	广南县	–0.16	463
丹寨县	–0.03	307	晴隆县	–0.07	377	上林县	–0.10	419	西秀区	–0.16	464
黄平县	–0.03	309	施秉县	–0.07	380	安龙县	–0.11	422	凤山县	–0.16	465
锦屏县	–0.03	310	西林县	–0.08	382	德保县	–0.11	428	大化县	–0.16	466
马山县	–0.03	311	荔波县	–0.08	384	隆林县	–0.12	432	都安县	–0.17	469
普安县	–0.04	318	惠水县	–0.08	387	乐业县	–0.12	433	麻栗坡县	–0.17	471
长顺县	–0.04	326	镇宁县	–0.08	392	麻江县	–0.12	434	融水县	–0.18	473
资源县	–0.05	334	师宗县	–0.09	394	忻城县	–0.12	437	西畴县	–0.18	474
三穗县	–0.05	339	大新县	–0.09	397	宁明县	–0.12	439	巴马县	–0.18	475
普定县	–0.05	344	隆安县	–0.09	398	册亨县	–0.13	443	屏边县	–0.20	478
融安县	–0.05	345	龙州县	–0.09	400	贞丰县	–0.13	444	罗城县	–0.22	480
关岭县	–0.05	346	罗平县	–0.09	401	砚山县	–0.13	446	环江县	–0.23	482
水城县	–0.05	347	三都县	–0.09	402	紫云县	–0.13	448	天等县	–0.28	494

总体而言，滇桂黔石漠化片区各县2014年社会发展能力指标排名较靠后，广西、贵州和云南片区所属各县指数及其排名均不理想，各县社会发展能力指标情况不佳，存在较大的成长和完善空间。

五、扶贫开发与减贫效果指数比较

2014年，滇桂黔石漠化片区扶贫开发与减贫效果指标排名前10名的县分别为：泸西县、屏边县、砚山县、六枝特区、雷山县、丘北县、岑巩县、西秀区、黎平县和富宁县。其中泸西县和屏边县扶贫开发与减贫效果指数分别排在所有监测的第1位和第2位，砚山县和六枝特区排名较靠前。

表14-11　滇桂黔石漠化片区各县扶贫开发与减贫效果指标及其排名情况

县	指标值	排名	县	指标值	排名	县	指标值	排名	县	指标值	排名
泸西县	0.36	1	兴仁县	−0.01	298	罗城县	−0.07	387	台江县	−0.13	451
屏边县	0.30	2	关岭县	−0.01	299	上林县	−0.07	392	麻栗坡县	−0.14	454
砚山县	0.15	33	隆安县	−0.02	304	靖西县	−0.07	394	贞丰县	−0.15	456
六枝特区	0.14	45	三江县	−0.02	309	龙州县	−0.08	399	册亨县	−0.15	462
雷山县	0.08	105	丹寨县	−0.02	311	天等县	−0.08	401	三都县	−0.16	470
丘北县	0.07	124	普安县	−0.02	316	龙胜县	−0.09	407	三穗县	−0.17	477
岑巩县	0.05	155	荔波县	−0.02	318	大化县	−0.09	410	镇宁县	−0.17	478
西秀区	0.05	157	普定县	−0.03	329	田林县	−0.09	411	罗平县	−0.17	480
黎平县	0.04	181	麻江县	−0.04	338	环江县	−0.09	418	晴隆县	−0.17	481
富宁县	0.03	190	凤山县	−0.04	347	融水县	−0.10	419	罗甸县	−0.18	485
水城县	0.03	193	忻城县	−0.04	353	广南县	−0.10	422	从江县	−0.19	487
田阳县	0.03	196	大新县	−0.04	357	凌云县	−0.10	427	望谟县	−0.21	492
师宗县	0.03	199	宁明县	−0.05	362	东兰县	−0.11	429	惠水县	−0.22	493
资源县	0.02	221	锦屏县	−0.05	368	剑河县	−0.11	430	黄平县	−0.22	494
融安县	0.01	241	西林县	−0.05	371	都安县	−0.11	431	马关县	−0.23	495
平坝县	0.00	263	紫云县	−0.06	374	龙里县	−0.11	433	那坡县	−0.23	496
榕江县	0.00	272	巴马县	−0.06	379	西畴县	−0.11	435	安龙县	−0.26	497
德保县	0.00	273	贵定县	−0.07	381	马山县	−0.11	440	施秉县	−0.27	498
平塘县	−0.01	284	镇远县	−0.07	384	隆林县	−0.12	441	天柱县	−0.30	499
长顺县	−0.01	288	乐业县	−0.07	386	瓮安县	−0.12	445	独山县	−0.30	500

综上所述，滇桂黔石漠化片区部分县扶贫开发与减贫效果在全国排名相当靠前，不乏扶贫开发与减贫典型县市，但从上表所反映的情况来看，该片区扶贫开发与减贫效果各县之间差异较大，特别是贵州片区，扶贫脱贫形势依然相当严峻。

第三节　启示和建议

总体而言，滇桂黔石漠化片区扶贫开发取得巨大成就，农村贫困人口大幅减少，收入水平稳步提高，贫困地区基础设施明显改善，社会事业不断进步，最低生活保障制度全面建立，农村居民生存和温饱问题基本解决。但是地区经济社会发展能力总体水平不高，区域发展不平衡问题突出，制约贫困地区发展的深层次矛盾依然存在。扶贫对象规模大，相对贫困问题凸显，发展相对滞后，扶贫开发任务仍十分艰巨。因此，滇桂黔石漠化片区应致力加快扶贫开发建设，巩固温饱成果、加快脱贫致富、改善生态环境、提高发展能力、缩小发展差距。这也是绿色减贫理念提出的意义所在。

一、绿色减贫测算结果的启示

通过绿色减贫测算发现，滇桂黔石漠化片区在经济增长过程中对环境的保护有待加强，其生产能耗、废气污染较高，工业固体废物利用率有待提高。滇桂黔石漠化片区第三产业比重增加，经济转轨趋向明显，经济绿色发展潜力巨大。另外，滇桂黔石漠化片区森林资源较为丰富，可利用资源相对充裕，从测算结果来看，该片区资源利用和环境保护程度较佳。

测算结果也表明滇桂黔石漠化片区农村居民仍然较为贫困，城乡收入差距较大。卫生室覆盖率、农村养老参保率和高中入学率偏低，扶贫开发投入力度仍需加大，需要不断改善农村居民生活环境、提高滇桂黔石漠化片区贫困地区医疗、教育投入，加快城镇化进程，缩小城市和农村收入差距，推动城市和农村共同富裕，社会和谐发展。做好特色产业增收工作，注重贫困地区和贫困人口参与，切实提高贫困地区人民生产生活水平，拔除“穷根”。

二、对滇桂黔石漠化片区的建议

本文以滇桂黔石漠化片区绿色减贫测算结果为依据，以《滇桂黔石漠化片区区域发展与扶贫攻坚规划（2011 ～ 2020 年）》为抓手，以扶贫开发新纲要为基础，以加大滇桂黔石漠化片区绿色减贫开发力度为目的，从以下几方面提出相关意见建议：

（一）延续资源利用效率，加强环境保护

当前我国扶贫开发要在保护环境的条件下，既满足促进贫困地区经济发展，

改善贫困人口生活的现实需求，又不损害后代人的利益，故而生态环境建设势在必行。继续实施退耕还林、退牧还草、水土保持、天然林保护、防护林体系建设和石漠化、荒漠化治理等重点生态修复工程。建立生态补偿机制，重点向贫困地区倾斜。加大重点生态功能区生态补偿力度，重视贫困地区的生物多样性保护。

坚持加快发展与保护生态环境相结合。以生态环境保护为前提，以科技创新为支撑，转变经济发展方式，提高资源利用效率和精深加工水平，优化产业结构和空间布局。以生态建设和环境保护为主，除适当发展生态旅游、种养殖业和必要的科学实验外，严禁其他生产建设活动。结合扶贫开发和生态环境保护，有序推进人口转移和易地安置。

继续实施退耕还林、水土保持、天然林资源保护、防护林体系建设、石漠化治理、水生生态环境保护与修复、野生动植物保护及自然保护区建设、湿地保护与恢复等重点生态工程，保持片区生态植被不因扶贫开发而受损。

（二）以少数县为标杆，带动片区内其他县市发展

滇桂黔石漠化片区有为数不多的县取得了较好的扶贫开发效果，但大部分县域社会事业发展滞后，基本公共服务能力不足。普通中小学教育师资力量薄弱；职业技术教育学校少，专业设置不合理，不适应经济社会发展能力需要。医疗卫生条件差，妇幼保健力量弱，基层卫生服务能力不足。农业技术推广体系不健全，农业科技服务人员不足。应以扶贫脱贫成果显著的县市为标杆，扩大扶贫开发效果的辐射范围。

贫困地区教育、医疗、文化和社会保障的完善是贫困人口福祉的软件保障，是提升贫困人口幸福感和安全感，丰富贫困人口精神文化生活的重要条件。进一步健全贫困地区基层卫生计生服务体系，加强妇幼保健机构能力建设，加大重大疾病和地方病防控力度，采取有效措施逐步解决因病致贫、因病返贫问题，是巩固扶贫效果的重要手段。加强社会保障和基础设施与能力建设，为地区发展提供基础性和先决性的便利。

（三）挖掘地区潜力，促进经济增长

由绿色减贫测算结果看出，滇桂黔石漠化片区第三产业比重不断增加，现代设施农业等建设有待加强，并且滇桂黔石漠化片区森林资源相对充裕，因此为进一步加强滇桂黔石漠化片区绿色减贫效果，创造滇桂黔石漠化片区特色增收产业极有必要。滇桂黔石漠化片区矿产资源富集，民族文化多样，革命遗址众多，为发展特色产业和特色旅游提供了优越的条件。

发挥资源优势，优化产业布局，促进产业园区集约发展，壮大产业规模，延伸拓展产业链条，加快构建具有区域特色的现代产业体系，为区域发展和贫困群众脱贫致富奠定基础。依托区域内多彩民族民俗文化资源和丰富的自然环境资源、红色旅游资源，突出长寿养生和生态休闲特色，大力发展旅游产业。以城市为依托，以交通为纽带，以国家级风景名胜区、森林公园、历史文化名城、少数民族特色村寨等为主体，突出主题旅游，打造精品旅游线路，形成特色品牌，建成重要的喀斯特山水观光、生态休闲、养生度假、民俗体验、边关览胜、红色教育旅游目的地。通过结合当地特色资源和文化，实现产业多样化和精准化，注重和加强贫困人口参与，确保贫困人口共享发展成果，实现脱贫致富。

第十五章　乌蒙山片区绿色减贫指数分析

乌蒙山片区即乌蒙山集中连片特殊困难地区（简称“乌蒙山区”），行政区划跨云南、贵州、四川三省，是国家新一轮扶贫开发攻坚战主战场之一。包括云南、贵州、四川三省毗邻地区的 38 个县（市、区），其中四川省 13 个县、贵州省 10 个县（市、区）、云南 15 个县（市、区，）国土总面积为 10.7 万平方公里。2010 年末，总人口 2292 万人，乡村人口 2005. 1 万人，少数民族人口占总人口的 20.5%，集革命老区、民族地区、边远山区、贫困地区于一体，贫困人口分布广、少数民族聚集多的连片特困地区。

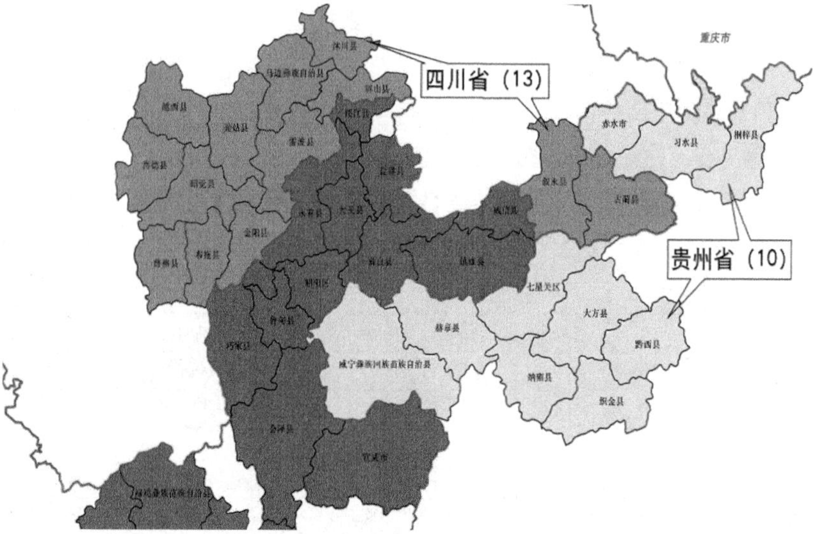

图 15-1　乌蒙山片区区域发展与扶贫攻坚规划行政区划图

图片来源：乌蒙山区区域发展与扶贫攻坚规划（2011 ～ 2020 年）

乌蒙山片区位于云贵高原与四川盆地结合部，山高谷深，地势陡峻，为典型的高原山地构造地形，属亚热带、暖温带高原季风气 候，降水时空分布不均。境内河流纵横，地跨长江、珠江两大流域，金沙江、岷江、赤水河、乌江等长江水系发达；南盘江、北盘江注入西江，是珠江上游重要河流。水能资源蕴藏量巨大，煤、磷、铝、锰、铁、铅、锌、硫等矿产资源富集。生物物种丰富，植被类型多样，森林覆盖率 38.1%，是长江、珠江上游重要生态保护区。

第一节　乌蒙山片区绿色减贫指数分析

根据绿色减贫测算体系表，对中国连片特困地区中 11 个片区绿色减贫指数进行测算，本节从中掘取乌蒙山片区指数计算结果进行分析，主要包括测算总结果分析、经济增长绿化度指数结果分析、资源利用与环境保护程度指数结果分析、社会发展能力指数结果分析和扶贫开发与减贫效果指数结果分析。

一、测算总结果及分析

根据绿色减贫测算体系表，中国连片特困地区中 11 个片区绿色减贫指数测算结果如下表所示。

表 15-1　2014 年 11 个连片特困地区绿色减贫指数及排名

指标	中国绿色减贫指数		二级指标							
			经济增长绿色度		资源利用与环境保护程度		社会发展能力		扶贫开发与减贫效果	
省区	指标值	排名	指标值	排名	指标值	排名	指标值	排名	指标值	排名
罗霄山区	0.475	1	0.137	3	0.166	1	−0.012	8	0.184	1
大兴安岭南麓片区	0.441	2	0.222	1	−0.042	7	0.081	4	0.179	2
大别山区	0.360	3	0.181	2	−0.128	11	0.181	1	0.126	3
秦巴山区	0.006	4	−0.057	7	0.047	4	0.000	6	0.016	5
滇西边境片区	−0.009	5	−0.088	8	0.088	3	0.093	2	−0.101	9
燕山－太行山片区	−0.029	6	−0.114	10	−0.049	8	0.085	3	0.050	4
六盘山片区	−0.068	7	−0.016	5	−0.034	6	−0.033	9	0.014	6
武陵山区	−0.172	8	0.022	4	−0.011	5	−0.010	7	−0.173	11
滇桂黔石漠化片区	−0.173	9	−0.092	9	0.138	2	−0.139	10	−0.081	8
吕梁山片区	−0.237	10	−0.053	6	−0.115	10	0.004	5	−0.073	7
乌蒙山片区	−0.593	11	−0.142	11	−0.060	9	−0.250	11	−0.141	10

注：本表根据绿色减贫测算体系表，依各片区 2014 年各指标均值测算而得。

资料来源：《中国统计年鉴 2014》、《中国县域经济统计年鉴 2014》、2014 年各省级统计年鉴、2014 年各市级统计年鉴、2014 年各县级统计年鉴与公报，及相关政府部门提供的权威数据。

从上表可以看出，乌蒙山片区绿色减贫指数在11个片区中排在第11位，2014年乌蒙山片区的绿色减贫指数值为–0.593。总体而言，乌蒙山区绿色减贫指数为负，各二级指标值分别为：经济增长绿化度–0.142，在11个片区中排在第11名；资源利用和环境保护–0.060，在11个片区中排在第9名；社会发展能力–0.250，在11个片区中排在第11名；扶贫开发与减贫效果–0.141，在11个片区中排在第10名。乌蒙山片区在经济发展的过程中对于资源的利用和环境保护有待提高。

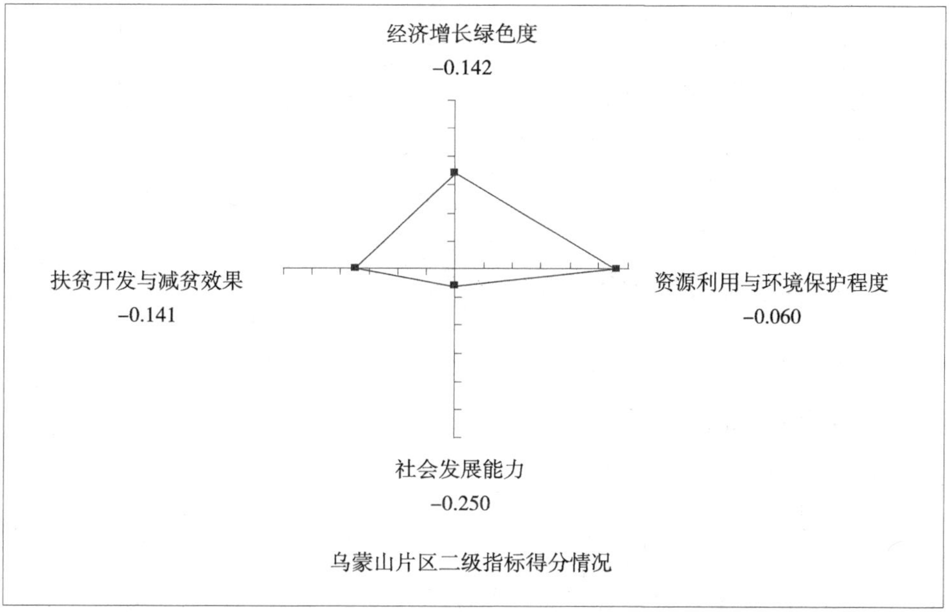

图15–2　2014年乌蒙山片区二级指标雷达图

社会发展能力、扶贫开发与减贫效果、经济增长绿色度和资源利用与环境保护指标为负值的原因分别是：在社会发展能力5个三级指标中，“农村恩格尔系数”和“城乡收入比”为逆指标，扶贫开发与减贫效果指标下的三级指标“贫困人口占总农村人口比重”为逆指标，这两个二级指标测算结果显示为负值说明，乌蒙山片区扶贫开发过程中城乡收入差距较大，农村和城市发展不平衡，农村贫困人口占比较大，农村人口普遍贫困，扶贫工作重点仍然在农村。经济增长绿色度和资源利用与环境保护指标为负值说明资源环境有待进一步提高和利用。

乌蒙山片区各指标排名中，“城乡收入比”“新型合作医疗参合率”“单位地区生产总值二氧化硫排放量”等指标变动较大。2015年乌蒙山片区城乡收入比为3.161，与2012年相比城乡收入差距减小。

表 15-2　乌蒙山片区指标排名变动表

三级指标名称	两年原始数据			两年排名变化		
	单位	2014 年	2012 年	2014 年	2012 年	变动
单位地区生产总值二氧化硫排放量	吨 / 万元	0.026	0.010	11	3	–8
土地产出率	万元 / 千公顷	4997.240	2.390	2	8	6
城乡收入比	%	3.161	4.430	7	11	4
新型合作医疗参合率	%	77.440	90.780	11	1	–10
有卫生室行政村比例	%	93.358	86.580	6	9	3
新型农村养老参保率	%	77.440	32.310	4	10	6
通电行政村比重	%	99.533	89.670	5	11	6
实现安全饮水人数比重	%	43.853	63.035	8	4	–4

注：变动值为正数表明排名上升。

二、经济增长绿化度测算结果分析

2015 年乌蒙山片区经济增长绿化度总值为 –0.142，其二级指标 2015 年数值分别为：人均地区生产总值 13504.898 元 / 人，比 2012 年有所上升。单位地区生产总值能耗为 1.322 吨标准煤 / 万元，比 2012 年 1.630 吨标准煤 / 万元的能耗值低，在 11 个片区中其单位地区生产总值能耗排名第 9，说明乌蒙山片区生产能耗较其他片区高，生产节能化成效不显著。单位地区生产总值二氧化硫排放量为 0.026 吨 / 万元，比 2012 年 0.010 吨 / 万元的排放量略高，在 11 个片区中其单位地区生产总值二氧化硫排放量排名第 11，说明乌蒙山片区产业二氧化硫排放量非常高。

表 15-3　乌蒙山片区经济增长绿化度变动表

二级指标	单位	指标属性	2014 绿色减贫乌蒙山片区数值	2014 绿色减贫乌蒙山片区排名	排名变化	较 2012 年排名进退脸谱
经济增长绿色度	元 / 人	正	13504.898	10	1	J
单位地区生产总值能耗	吨标准煤 / 万元	逆	1.322	9	0	--
单位地区生产总值二氧化硫排放量	吨 / 万元	逆	0.026	11	–8	L
土地产出率	万元 / 千公	正	4997.238	2	6	J
工业固体废物综合利用率	%	正	75.622	5	2	J
第三产业增加值比重	%	正	31.101	10	–2	L

土地产出率为 4997.238 万元 / 千公顷，乌蒙山片区土地产出率排名为 2，农业生产土地利用率较高。工业固体废物综合利用率为 75.622%，说明乌蒙山片区较为注重对工业固体废物的循环利用，绿色生产意识较强。第三产业增加值比重为 31.101%，比 2012 年的 31.650% 有较小下降，第三产业生产在三大产业生产变化不大。

综上所述，乌蒙山片区单位地区生产总值能耗、单位地区生产总值二氧化硫排放量和工业固体废物综合利用率指标数值结果显示，乌蒙山片区经济增长过程中应该更加注重对环境的保护，降低产业生产能耗和废气污染，提高工业固体废物利用率。而土地产出率的结果显示乌蒙山片区的土地产出率较高，未来应更加注重绿色环保。

三、资源利用与环境保护程度指数测算结果及其分析

2015 年乌蒙山片区资源利用和环境保护总值为 –0.0600309，其二级指标主要包括人均森林面积、森林覆盖率和单位耕地面积化肥施用量，2015 年乌蒙山片区人均森林面积为 0.003 平方公里，较 11 个片区 2015 年平均人均森林面积 0.007 平方公里都低；2015 年乌蒙山片区森林覆盖率为 45.294%，略高于 11 个片区平均森林覆盖率 44.544%，这说明乌蒙山片区森林资源占有量不高。

表 15–4　乌蒙山片区资源利用与环境保护程度指数表

二级指标	单位	指标属性	2014 绿色减贫乌蒙山片区数值	2014 绿色减贫乌蒙山片区排名	排名变化	较 2012 年排名进退脸谱
人均森林面积	平方公里 / 人	正	0.003	9	0	
森林覆盖率	%	正	45.294	6	0	
单位耕地面积化肥施用量	吨 / 千公顷	逆	443.750	9	–1	L

2015 年乌蒙山片区单位耕地面积化肥施用量为 443.750 千克 / 公顷，而 11 个片区该指标平均水平为 385.333 千克 / 公顷，乌蒙山片区化肥施用量较高，未来要注重土地的可持续利用，不可盲目追求产量和过度施用化学肥料。

综上所述，乌蒙山片区森林资源较为一般，单位耕地面积化肥施用量高，人均森林面积低于平均水平。未来乌蒙山片区要注重对当地土地资源的保护，不要盲目追求经济利益，合理施用化肥，达到经济效益与资源环境保护的共同兼顾和平衡发展。

四、社会发展能力指数测算结果及分析

在社会发展能力指数项下，涵盖农村恩格尔系数、城乡收入比、有卫生室行政村比重、新型农村养老参保率和高中阶段教育毛入学率 5 个二级指标。2015 年乌蒙山片区农村恩格尔系数为 43.850%，农村恩格尔系数偏大，表明乌蒙山片区农村居民消费中用来购买食物的费用所占比例较大，农村居民生活水平低。城乡收入比为3.161，农村居民和城市居民收入差距较大，农村居民幸福指数偏低。

表 15-5 2014 年乌蒙山片区社会发展能力指数测算结果（单位：%）

二级指标	单位	指标属性	2014 绿色减贫乌蒙山片区数值	2014 绿色减贫乌蒙山片区排名	排名变化	较 2012 年排名进退脸谱
农村恩格尔系数	%	逆	43.850	11	-1	L
城乡收入比	%	逆	3.161	7	4	J
新型合作医疗参合率	%	正	77.440	11	-10	L
有卫生室行政村比例	%	正	93.358	6	3	J
新型农村养老参保率	%	正	77.440	4	6	J
高中阶段教育毛入学率	%	正	60.695	11	0	

有卫生室行政村比例为 93.358%，略高于 11 个片区平均水平的 93.007%，较 2012 年有卫生室行政村比例提高 6.42 个百分点；新型农村养老参保率 77.44%，而 11 个片区平均值为 88.482%，低于平均水平；高中阶段教育毛入学率为 60.695%，低于 11 个片区平均值 82.193%，较 2011 年毛入学率提高 27.98 个百分点。

综上所述，乌蒙山片区社会发展能力指数测算结果表明，乌蒙山片区农村居民仍然较为贫困，城乡收入差距较大。卫生室覆盖率、农村养老参保率和高中入学率较 11 个片区平均水平而言偏低，因此，乌蒙山片区扶贫开发力度仍需加大，不断改善农村居民生活环境、提高乌蒙山片区贫困地区医疗、教育投入，加快城镇化进程，缩小城市和农村收入差距，推动城市和农村共同富裕，社会和谐发展。

五、扶贫开发与减贫效果指数测算结果及分析

本文选取贫困人口占总农村人口比重、农村人均纯收入增长率、通电行政村比重、通路行政村比重、实现安全饮水人数比重、有效灌溉面积占基本农田面积比重等 6 个指标测度乌蒙山片区扶贫开发与减贫效果。

2015 年农村人均纯收入增长率为 14.191%，11 个片区平均农村人均纯收入

增长率为 13.229%；通电行政村比重为 99.533%，远高于 2012 年的 89.570%；实现安全饮用水人数比重 43.853%，11 个片区平均值为 46.640%，乌蒙山片区自来水普及情况有待提高。

2015 年乌蒙山片区有效灌溉面积占基本农田面积比重为 34.183%，11 个片区平均水平为 44.354%，乌蒙山片区有效灌溉面积占比较其他片区来说偏低，不利于农业的发展。

综上所述，乌蒙山片区贫困发生率较其他片区而言较高，总体上减贫效果有待进一步提高，扶贫开发实施力度有待进一步加大。例如，努力提高农民的人均纯收入、加大基础设施建设力度，做好贫困地区饮水安全工作和农村电力保障工作。做好特色产业增收工作，积极培育贫困地区农民合作组织，开发现代设施农业、设施畜牧业、农家乐等多样增收方式，全面切实贫困地区人民生产生活水平。

第二节　乌蒙山片区内部各县绿色减贫指数的比较

本节探讨乌蒙山片区绿色减贫指数测算结果，深入到片区内部各县指数结果比较，尽可能剔除片区间区位、环境差异造成绿色减贫指标差异，更加准确地探讨绿色减贫指数变动，使得研究更具实际意义。

一、绿色减贫指数比较

根据“绿色减贫测算体系表”，导入 2014 年乌蒙山片区 18 个县的数据后，得出以下绿色减贫指数值及排名表。

表 15-6　2014 年 18 个县绿色减贫排名表

地区	2014 年绿色减贫指数值	2014 年排名
七星关区	–0.272	424
织金县	–0.354	461
赫章县	–0.368	469
大方县	–0.483	489
普格县	–0.637	499
布拖县	–0.576	497
金阳县	–0.523	493
喜德县	–0.655	500
越西县	–0.830	503

续表

地区	2014 年绿色减贫指数值	2014 年排名
美姑县	–0.860	504
昭觉县	–0.684	501
雷波县	–0.383	474
威宁彝族回族自治县	–0.466	486
大关县	–0.482	488
昭阳区	–0.420	479
永善县	–0.463	487
宣威市	–0.361	464
鲁甸县	–0.375	470

由（表 15–6），绿色减贫指数结果排在前 5 名的分别是七星关区、织金县、宣威市、赫章县、鲁甸县，它们的绿色减贫指数分别为 –0.272、–0.354、–0.361、–0.368、–0.375，上述数据表明，乌蒙山片区绿色减贫指数差异相对较小，绿色减贫优势均不显著。

由下图（图 15–6）2014 年乌蒙山片区县级绿色减贫指数与经济增长绿色度对比得知，绿色减贫指数显示较好的县，其经济增长绿色度排名靠前，说明绿色减贫指数与地区经济发展水平相关，例如七星关区绿色减贫指数排名第 424，而经济增长绿色度则排名第 495；织金县经济增长绿色度排名第 501，其绿色减贫指数排名则为 461。

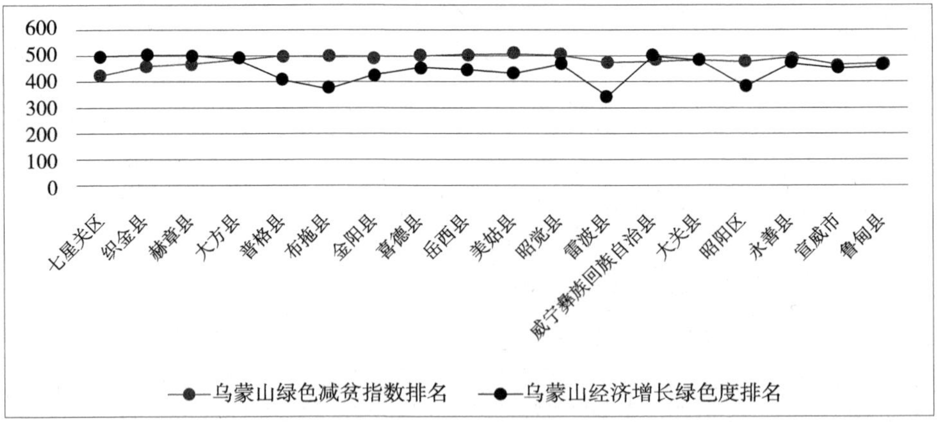

图 15–3　2014 年乌蒙山片区县级绿色减贫指数与经济增长绿色度排名对比

综上所述，乌蒙山片区绿色减贫指数全部呈负值，绿色减贫效果不显著，2012 年与 2014 年绿色减贫指数变动不大。同时，绿色减贫指数与经济增长绿色度间相关性明显，对乌蒙山片区而言，绿色减贫与经济增长间的相互作用显著。

二、经济增长绿化度比较

经济增长绿化度包涵 6 个二级指标，分别为：人均地区生产总值、单位地区生产总值能耗、单位地区生产总值二氧化硫排放量、土地产出率、工业固体废物综合利用率和第三产业增加值比重。

表 15-7　乌蒙山片区各县经济增长绿化度变动表

地区	2014 年经济增长绿化度	2014 年排名
七星关区	–0.277	495
织金县	–0.299	501
赫章县	–0.284	498
大方县	–0.017	292
普格县	–0.110	408
布拖县	–0.083	380
金阳县	–0.133	425
喜德县	–0.168	454
越西县	–0.162	446
美姑县	–0.150	435
昭觉县	–0.187	465
雷波县	–0.055	343
威宁彝族回族自治县	–0.295	500
大关县	–0.239	484
昭阳区	–0.084	382
永善县	–0.206	471
宣威市	–0.167	453
鲁甸县	–0.177	458

2014 年，经济增长绿化度最高的县是大方县，指标值为 –0.017，第 2 名为雷波县，指标值为 –0.055，布拖县、昭阳区、普格县分别排第 3、4、5 名，指标值分别为 –0.083、–0.084 和 –0.110。可以看出，经济增长绿色度和绿色减贫指数间相关性明显。

综上所述，乌蒙山片区各县经济增长绿化度数值显示各个县的绿色度较不好，绿色度显示为负的县之间差异不明显且全部为负值。对乌蒙山片区而言，经济增长绿色度与经济增长间的相互作用显著。

三、资源利用与环境保护程度指数比较

资源利用与环境保护程度指标项下有人均森林面积、森林覆盖率和单位耕地面积化肥施用量 3 个二级指标。2014 年资源利用和环境保护指标排名第 1 的县是织金县，其指标值为 2，排名最后的县为金阳县，指标值为 –43.3。

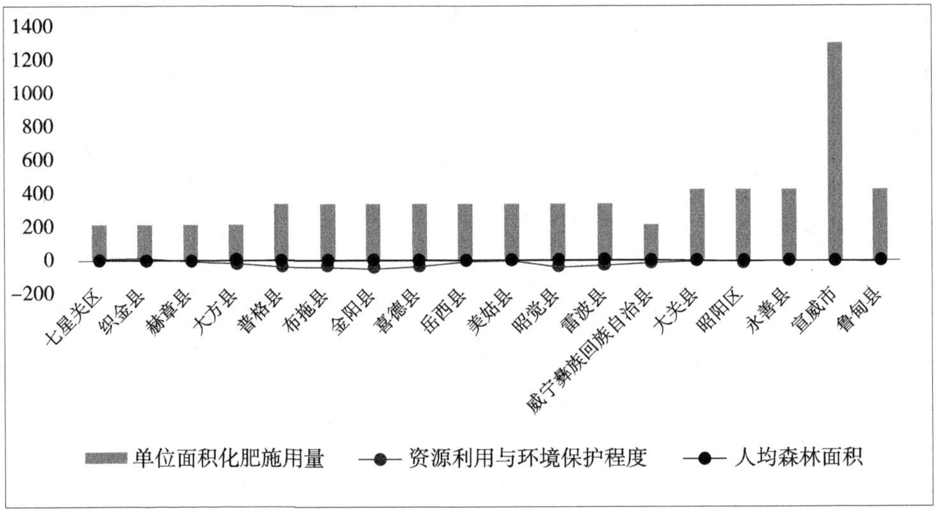

图 15–4　2014 年乌蒙山片区各县资源利用与环境保护程度指标测算结果对比

图 15–4 将 2014 年资源利用与环境保护程度、森林覆盖率和单位耕地面积化肥施用量 3 个指标排名进行对比发现，资源利用与环境保护程度指标和森林覆盖率呈近似同向变化，与单位耕地面积化肥施用量相关性不显著，因此判定该指标受地区森林覆盖率影响较大，森林面积大的县其可利用资源较多，从而对该贫困地区绿色减贫的贡献较大。同时，也再次说明乌蒙山片区森林资源充裕，森林覆盖率对资源利用与环境保护程度指标的影响较大。

综上所述，乌蒙山片区森林资源较为丰裕，要提高乌蒙山片区减贫绿色度，必须加大对森林资源的保护和利用力度，同时，应注重在土地利用过程中化肥等的使用量，确保土地和环境可持续发展。

四、社会发展能力指数比较

2014 年，乌蒙山片区社会发展能力指标排名前 10 的县分别为：昭阳区、大关县、永善县、七星关区、宣威市、鲁甸县、织金县、赫章县、金阳县、雷波县，其指标值分别为：0.008、0.009、–0.001、–0.003、–0.006、–0.034、–0.042、

–0.055、0.043。从排名前 10 的县指标取值来看，乌蒙山片区各县社会发展能力指标数值相近，几乎所有的县指标取值都为负数。

表 15–8　乌蒙山片区各县社会发展能力指标表

	社会发展能力		农村恩格尔系数	城乡收入比	新型合作医疗参合率	有卫生室行政村比例	新型农村养老参保率	高中阶段教育毛入学率
	指标值	排名	指标值	指标值	指标值	指标值	指标值	指标值
七星关区	–0.003	268	44.03	0.431872	64.83	100	64.83	82.27
织金县	–0.042	328	56.7343	0.321709	75.18	100	75.1775	78.8
赫章县	–0.055	352	56.7343	0.310665	75.7	100	75.7036	76.11
大方县	–0.164	468	56.7343	0.305427	56.82	98.916	56.8248	64.7
普格县	–0.375	500	44.03	0.244972	78.31	100	78.3095	60.12
布拖县	–0.365	499	44.03	0.267937	80.44	100	80.121	35.67
金阳县	0.043	353	44.03	0.304044	63.18	100	63.1831	24.6
喜德县	–0.333	497	44.03	0.310675	70.31	100	28.84	59.9029
越西县	–0.485	504	44.03	0.284527	72.89	99.631	72.8898	31.22
美姑县	–0.585	505	44.03	0.267931	82.05	100	82.054	12.5
昭觉县	–0.334	498	58.6174	0.259222	65.83	100	65.8262	12.14
雷波县	–0.11	425	58.6174	0.320616	78.17	100	78.1656	29.8
威宁县	–0.132	450	58.6174	0.244972	78.31	100	78.3095	60.12
大关县	0.009	248	56.7343	0.343926	84.81	96.4789	84.8055	55.44
昭阳区	0.008	247	64.762	0.273973	81.87	84.153	81.8741	50
永善县	–0.001	266	64.762	0.30581	87.71	100	87.7086	58.61
宣威市	–0.006	271	64.762	0.325839	80.93	100	80.9285	87
鲁甸县	–0.034	315	64.762	0.38663	100	86.3002	56	50.1041

农村恩格尔系数排名靠前的县分别为七星关区、普格县、布拖县、金阳县、喜德县、越西县和美姑县；城乡收入比差别不大；有卫生室行政村比例前 5 名的县分别为：鲁甸县、永善县、大关县、美姑县、昭阳区；新型农村养老参保率前 5 名的县分别为：永善县、大关县、美姑县、昭阳区、宣威市；高中阶段教育毛入学率前 5 名的县分别为：宣威市、七星关区、织金县、赫章县、大方县。

总体上说，与 2012 年相比，乌蒙山片区 2014 年农村恩格尔系数呈下降趋势，有卫生室行政村比例、新型农村养老参保率和高中阶段教育毛入学率均有所上升。乌蒙山片区的总体趋势为农村减贫效果依旧不明显，社会仍需大力发展。

五、扶贫开发与减贫效果指数比较

2014 年，乌蒙山片区扶贫开发与减贫效果指标排名中，除了金阳县和雷波县其指标数值分别为：0.083 和 0.001 外，其余各县均为负值。社会扶贫开发和减贫效果不显著。

表 15-9　乌蒙山片区各县扶贫开发与指标表

	社会扶贫开发与减贫效果	排名	贫困人口占总农村人口比重	农村人均纯收入增长率	通电行政村比重	通路行政村比重	有效农田面积占基本农田面积比重
七星关区	–0.009	295	0.128	–0.111	0.153	0.335	0.401
织金县	–0.033	334	–0.553	0.495	0.153	0.108	–0.896
赫章县	–0.054	370	–0.338	0.452	0.153	–0.5	–0.896
大方县	–0.053	369	–0.408	0.106	0.153	–0.077	–0.896
普格县	–0.087	409	0.052	–0.327	0.084	–1.95	0.311
布拖县	–0.062	378	–0.167	–1.48	–0.181	0.22	0.311
金阳县	0.083	104	–0.155	1.773	0.093	–0.275	0.311
喜德县	–0.107	432	–0.106	–0.262	0.153	–2.34	0.311
越西县	–0.126	450	–0.052	–1.22	–0.39	–1.29	0.311
美姑县	–0.115	442	–0.231	0.387	0.153	–3.04	0.311
昭觉县	–0.124	449	–0.258	0.214	–0.354	–2.53	0.311
雷波县	0.001	264	–0.145	1.059	0.153	–1.35	0.311
威宁彝族回族自治县	–0.037	343	–0.236	0.734	0.153	–0.538	–0.896

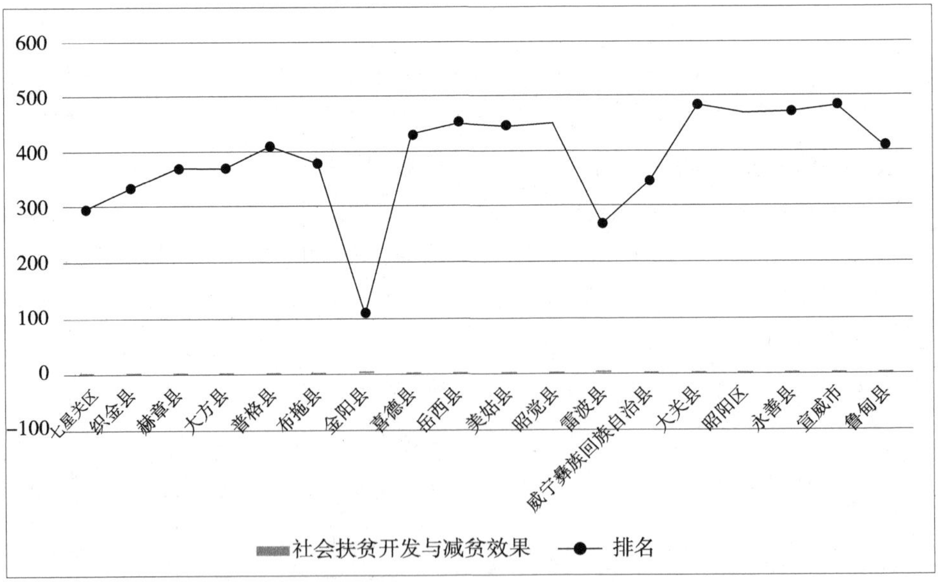

图 15-5　社会扶贫开发与减贫效果图以及各个县排名

贫困人口占总农村人口比重指标排名前 3 名的为织金县、大方县和赫章县，2014 年其指标值分别为 –0.553%、–0.408%、–0.338 %。农村人均纯收入增长率指标金阳县、雷波县、织金县分别排名前 3，其指标值分别为 1.773%、1.059%、0.495%。通电自然村比重分别是昭觉县、布施县和越西县比重最高。喜德县、美姑县、昭觉县通路行政村比重最高，但总体来说基本情况较好。织金县、赫章县和大方县的有效灌溉面积占基本农田面积比重最多。

综上所述，乌蒙山片区各县贫困人口占总农村人口比重较低，总体效果较好，其农村人均纯收入大多数县基本保持增长，各县饮水用电交通情况较好，但农业现代化平均水平较低，要注重培育自己的特色产业发展带动经济的发展。

第三节　分析和建议

通过对乌蒙山绿色减贫指数的分析，我们看到乌蒙山片区扶贫开发起到了一定的积极作用，农村贫困人口大大减少，农民的收入水平稳步提高。但同时我们也注意到，乌蒙山区地区经济社会发展水平总体不高，和其他地区仍有很大差距，制约贫困地区发展的深层次矛盾依然存在。本节通过对绿色减贫指数下四个二级指标的分析结果进行讨论，提出针对乌蒙山片区绿色减贫发展的几点建议。

一、国家应该加强对乌蒙山片区的投入力度

通过绿色减贫测算发现，乌蒙山片区绿色减贫指数在 11 个片区中排在第 11 位，2014 年乌蒙山片区的绿色减贫指数值为 –0.593。绿色减贫指数值未达到 11 个片区的平均水平，减贫成效不显著，说明未来我国应该加大对落后片区的扶持力度，在片区减贫过程中增加乌蒙山区投入的权重，使得乌蒙山片区跟上片区内整体减贫的大步伐。

另外通过对二级指标的具体分析可知，乌蒙山片区经济增长绿色度指数为 –0.163，排第 11 名；资源与环境保护程度的指标值为 –0.163，排名第 11，扶贫开发与减贫效果指标值为 –0.119，是 11 个片区中第 10 名；社会发展能力排名第 11，指标值为 –0.25。可以看出，乌蒙山区总体减贫效果差，未来应该转变目前的减贫重点和方向，在经济增长绿化度、资源与环境保护程度、社会发展能力以及扶贫开发与减贫效果四个方面均须加强减贫力度。

二、片区内整体减贫指数排名靠后，未来应该重点发展片区内特色支柱产业

根据片区内 23 个县的绿色减贫指数及其排名情况可以看出，乌蒙山绿色减贫指数排名分布整体靠后，说明乌蒙山片区内部的绿色减贫发展总体落后，未来需要投入更多的精力。并且乌蒙山片区各县总体生产能耗高，生产总值能耗为 1.322 吨标准煤 / 万元，排在第 9 位，工业固体废物利用率排在第 5 位；第三产业比重增加绝对数值 31.1%，排在第 10 位与 2012 年相比排名没有变化，说明第三产业仍有待发展，须加快经济结构调整大力发展乌蒙山片区内特色产业；如发展山地特色农业、建立农产品流通体系、促进农村分散生产向组织化、专业化生产转变；承接东部地区的产业转移，调整自身的产业结构。

三、改善乌蒙山地区农村基本生活条件，促进片区内农村人力资本发展

测算结果表明乌蒙山片区农村居民仍然较为贫困，城乡收入差距较大。2014 年农村恩格尔系数为 43.85%，排名第 5，恩格尔系数的排名较 2012 年上升了 5 位，但该指标为逆指标，说明农民的主要生活支出是食品支出，农民的生活水平有待提高；城乡收入比为 3.1614，较 2012 年下降一个百分点，城乡收入差距大，卫生室覆盖率、农村养老参保率和高中入学率指标值均偏低分别为：86%、32% 和 54%，可见扶贫开发投入力度仍需加大，未来需要不断改善农村居民生活环境、提高乌蒙山片区医疗和教育投入力度，整合各类培训资源，加强农民职业技能培训，提高农村劳动者素质，深入开发农村人力资源。同时，要统筹城乡发展，将劳动密集型加工和服务业作为拓展就业机会的重点，着力提高二三产业从业人员比重。

四、注重资源利用和片区内环境保护，加强土地石漠化治理

乌蒙山区的资源利用与环境保护程度指标值为 –0.06，在 11 个片区中处于第 9 位，但是我们注意到乌蒙山区的森林植被覆盖率高达 45.29%，说明片区内的森林覆盖率较高，但是乌蒙山区自然环境特殊，片区内石漠化问题严峻，资源环境严重制约了经济的发展，未来乌蒙山地区应该注重以防治水土流失、改善生态环境、防止土地石漠化为核心，加强石漠化综合治理及坡耕地综合治理，防治水土流失，把生态建设与绿色产业发展有机结合，探索乌蒙山区人与自然协调发展的良性机制，扩大生态建设和开发扶贫的成果。

附表一　中国连片特困地区绿色减贫体检表

序号	指标名称	单位	指标属性	2014 年测评均值	2014 年秦巴山区排名	2012 秦巴山区排名	排名变化	2014 年数据来源	进退脸谱
1	人均地区生产总值	元 / 人	正	16543.746	3	4	1	中国统计	☺
2	单位地区生产总值能耗	吨标准煤 / 万元	逆	1.045	7	5	−2	中国统计	☹
3	单位地区生产总值二氧化硫排放量	吨 / 万元	逆	0.007	4	3	−1		☹
4	土地产出率	万元 / 千公顷	正	3864.891	7	4	−3		☹
5	工业固体废物综合利用率	%	正	71.886	10	8	−2	中国统计	☹
6	第三产业增加值比重	%	正	37.194	8	7	−1	中国统计	☹
7	实现安全饮水人数比重	%	正	46.640	5	8	3	环境年报；中国统计	☺
8	人均森林面积	平方公里 / 人	正	0.007	5	7	2	中国统计	☺
9	森林覆盖率	%	正	44.544	4	4	0	中国统计	
10	单位耕地面积化肥施用量	吨 / 千公顷	逆	385.333	4	10	6	水利；中国统计	☺
11	农村恩格尔系数	%	逆	36.747	7	3	−4	中国统计	☹
12	城乡收入比	%	逆	2.993	6	5	−1	中国统计	☹
13	新型合作医疗参合率	%	正	88.482	4	7	3		☺
14	有卫生室行政村比例	%	正	93.007	4	10	6	环境年鉴	☺
15	新型农村养老参保率	%	正	39.629	8	7	−1	环境年鉴	☹
16	高中阶段教育毛入学率	%	正	82.193	5	1	−4	工业经济	☹
17	贫困人口占总农村人口比重	%	逆	12.408	4	5	1	中国统计	☺
18	农村人均纯收入增长率	%	正	13.229	5	9	4	中国统计	☺
19	通电行政村比重	%	正	98.685	3	9	6	中国统计	☺
20	通路行政村比重	%	正	81.682	6	8	2		☺
21	有效灌溉面积占基本农田面积比重	%	正	44.354	11	5	−6		☹

序号	指标名称	单位	指标属性	2014 年测评均值	2014 年大兴安岭南麓片区排名	2012 大兴安岭南麓片区排名	排名变化	2014 年数据来源	进退脸谱
1	人均地区生产总值	元 / 人	正	16543.746	1	2	1	中国统计	☺
2	单位地区生产总值能耗	吨标准煤 / 万元	逆	1.045	3	4	1	中国统计	☺
3	单位地区生产总值二氧化硫排放量	吨 / 万元	逆	0.007	1	1	0		
4	土地产出率	万元 / 千公顷	正	3864.891	11	7	–4		☹
5	工业固体废物综合利用率	%	正	71.886	3	5	2	中国统计	☺
6	第三产业增加值比重	%	正	37.194	2	10	8	中国统计	☺
7	实现安全饮水人数比重	%	正	46.640	6	10	4	环境年报；中国统计	☺
8	人均森林面积	平方公里 / 人	正	0.007	3	1	–2	中国统计	☹
9	森林覆盖率	%	正	44.544	11	11	0	中国统计	
10	单位耕地面积化肥施用量	吨 / 千公顷	逆	385.333	6	7	1	水利；中国统计	☺
11	农村恩格尔系数	%	逆	36.747	2	5	3	中国统计	☺
12	城乡收入比	%	逆	2.993	1	1	0	中国统计	
13	新型合作医疗参合率	%	正	88.482	10	11	1		☺
14	有卫生室行政村比例	%	正	93.007	7	5	–2	环境年鉴	☹
15	新型农村养老参保率	%	正	39.629	6	11	5	环境年鉴	☺
16	高中阶段教育毛入学率	%	正	82.193	4	6	2	工业经济	☺
17	贫困人口占总农村人口比重	%	逆	12.408	2	7	5	中国统计	☺
18	农村人均纯收入增长率	%	正	13.229	1	1	0	中国统计	
19	通电行政村比重	%	正	98.685	7	3	–4	中国统计	☹
20	通路行政村比重	%	正	81.682	5	4	–1		☹
21	有效灌溉面积占基本农田面积比重	%	正	44.354	4	6	2		☺

序号	指标名称	单位	指标属性	2014 年测评均值	2014 年燕山 – 太行山片区排名	2012 燕山 – 太行山片区排名	排名变化	2014 年数据来源	进退脸谱
1	人均地区生产总值	元 / 人	正	16543.746	2	3	1	中国统计	☺
2	单位地区生产总值能耗	吨标准煤 / 万元	逆	1.045	8	8	0	中国统计	
3	单位地区生产总值二氧化硫排放量	吨 / 万元	逆	0.007	9	3	–6		☹
4	土地产出率	万元 / 千公顷	正	3864.891	10	1	–9		☹
5	工业固体废物综合利用率	%	正	71.886	11	11	0	中国统计	
6	第三产业增加值比重	%	正	37.194	5	5	0	中国统计	
7	实现安全饮水人数比重	%	正	46.640	3	9	6	环境年报；中国统计	☺
8	人均森林面积	平方公里 / 人	正	0.007	8	5	–3	中国统计	☹
9	森林覆盖率	%	正	44.544	8	8	0	中国统计	
10	单位耕地面积化肥施用量	吨 / 千公顷	逆	385.333	2	6	4	水利；中国统计	☺
11	农村恩格尔系数	%	逆	36.747	3	1	–2	中国统计	☹
12	城乡收入比	%	逆	2.993	3	7	4	中国统计	☺
13	新型合作医疗参合率	%	正	88.482	8	10	2		☺
14	有卫生室行政村比例	%	正	93.007	2	4	2	环境年鉴	☺
15	新型农村养老参保率	%	正	39.629	5	5	0	环境年鉴	
16	高中阶段教育毛入学率	%	正	82.193	7	3	–4	工业经济	☹
17	贫困人口占总农村人口比重	%	逆	12.408	6	8	2	中国统计	☺
18	农村人均纯收入增长率	%	正	13.229	11	3	–8	中国统计	☹
19	通电行政村比重	%	正	98.685	1	6	5	中国统计	☺
20	通路行政村比重	%	正	81.682	2	3	1		☺
21	有效灌溉面积占基本农田面积比重	%	正	44.354	5	8	3		☺

序号	指标名称	单位	指标属性	2014 年测评均值	2014 年大别山区排名	2012 大别山区排名	排名变化	2014 年数据来源	进退脸谱
1	人均地区生产总值	元 / 人	正	16543.746	8	5	–3	中国统计	☹
2	单位地区生产总值能耗	吨标准煤 / 万元	逆	1.045	2	1	–1	中国统计	☹
3	单位地区生产总值二氧化硫排放量	吨 / 万元	逆	0.007	2	1	–1		☹
4	土地产出率	万元 / 千公顷	正	3864.891	1	10	9		☺
5	工业固体废物综合利用率	%	正	71.886	2	2	0	中国统计	
6	第三产业增加值比重	%	正	37.194	11	9	–2	中国统计	☹
7	实现安全饮水人数比重	%	正	46.640	7	11	4	环境年报；中国统计	☺
8	人均森林面积	平方公里 / 人	正	0.007	11	9	–2	中国统计	☹
9	森林覆盖率	%	正	44.544	7	7	0	中国统计	
10	单位耕地面积化肥施用量	吨 / 千公顷	逆	385.333	11	11	0	水利；中国统计	
11	农村恩格尔系数	%	逆	36.747	8	6	–2	中国统计	☹
12	城乡收入比	%	逆	2.993	2	2	0	中国统计	
13	新型合作医疗参合率	%	正	88.482	2	2	0		
14	有卫生室行政村比例	%	正	93.007	5	2	–3	环境年鉴	☹
15	新型农村养老参保率	%	正	39.629	1	3	2	环境年鉴	☺
16	高中阶段教育毛入学率	%	正	82.193	6	4	–2	工业经济	☹
17	贫困人口占总农村人口比重	%	逆	12.408	1	2	1	中国统计	☺
18	农村人均纯收入增长率	%	正	13.229	9	10	1	中国统计	☺
19	通电行政村比重	%	正	98.685	6	2	–4	中国统计	☹
20	通路行政村比重	%	正	81.682	3	5	2		☺
21	有效灌溉面积占基本农田面积比重	%	正	44.354	2	1	–1		☹

序号	指标名称	单位	指标属性	2014 年测评均值	2014 年罗霄山区排名	2012 罗霄山区排名	排名变化	2014 年数据来源	进退脸谱
1	人均地区生产总值	元 / 人	正	16543.746	4	6	2	中国统计	☺
2	单位地区生产总值能耗	吨标准煤 / 万元	逆	1.045	1	2	1	中国统计	☺
3	单位地区生产总值二氧化硫排放量	吨 / 万元	逆	0.007	3	8	5		☺
4	土地产出率	万元 / 千公顷	正	3864.891	3	2	−1		☹
5	工业固体废物综合利用率	%	正	71.886	8	4	−4	中国统计	☹
6	第三产业增加值比重	%	正	37.194	7	3	−4	中国统计	☹
7	实现安全饮水人数比重	%	正	46.640	9	6	−3	环境年报；中国统计	☹
8	人均森林面积	平方公里 / 人	正	0.007	1	3	2	中国统计	☺
9	森林覆盖率	%	正	44.544	1	1	0	中国统计	
10	单位耕地面积化肥施用量	吨 / 千公顷	逆	385.333	8	3	−5	水利；中国统计	☹
11	农村恩格尔系数	%	逆	36.747	5	9	4	中国统计	☺
12	城乡收入比	%	逆	2.993	4	8	4	中国统计	☺
13	新型合作医疗参合率	%	正	88.482	6	8	2		☺
14	有卫生室行政村比例	%	正	93.007	9	3	−6	环境年鉴	☹
15	新型农村养老参保率	%	正	39.629	1	8	7	环境年鉴	☺
16	高中阶段教育毛入学率	%	正	82.193	9	8	−1	工业经济	☹
17	贫困人口占总农村人口比重	%	逆	12.408	3	3	0	中国统计	
18	农村人均纯收入增长率	%	正	13.229	4	11	7	中国统计	☺
19	通电行政村比重	%	正	98.685	2	8	6	中国统计	☺
20	通路行政村比重	%	正	81.682	1	7	6		☺
21	有效灌溉面积占基本农田面积比重	%	正	44.354	1	2	1		☺

序号	指标名称	单位	指标属性	2014 年测评均值	2014 年武陵山区排名	2012 武陵山区排名	排名变化	2014 年数据来源	进退脸谱
1	人均地区生产总值	元 / 人	正	16543.746	7	9	2	中国统计	☺
2	单位地区生产总值能耗	吨标准煤 / 万元	逆	1.045	4	6	2	中国统计	☺
3	单位地区生产总值二氧化硫排放量	吨 / 万元	逆	0.007	5	9	4		☺
4	土地产出率	万元 / 千公顷	正	3864.891	5	9	4		☺
5	工业固体废物综合利用率	%	正	71.886	7	9	2	中国统计	☺
6	第三产业增加值比重	%	正	37.194	3	2	–1	中国统计	☹
7	实现安全饮水人数比重	%	正	46.640	10	5	–5	环境年报；中国统计	☹
8	人均森林面积	平方公里 / 人	正	0.007	7	7	0	中国统计	
9	森林覆盖率	%	正	44.544	3	3	0	中国统计	
10	单位耕地面积化肥施用量	吨 / 千公顷	逆	385.333	10	9	–1	水利；中国统计	☹
11	农村恩格尔系数	%	逆	36.747	4	11	7	中国统计	☺
12	城乡收入比	%	逆	2.993	5	4	–1	中国统计	☹
13	新型合作医疗参合率	%	正	88.482	5	3	–2		☹
14	有卫生室行政村比例	%	正	93.007	10	11	1	环境年鉴	☺
15	新型农村养老参保率	%	正	39.629	3	6	3	环境年鉴	☺
16	高中阶段教育毛入学率	%	正	82.193	8	7	–1	工业经济	☹
17	贫困人口占总农村人口比重	%	逆	12.408	5	4	–1	中国统计	☹
18	农村人均纯收入增长率	%	正	13.229	8	7	–1	中国统计	☹
19	通电行政村比重	%	正	98.685	11	5	–6	中国统计	☹
20	通路行政村比重	%	正	81.682	7	1	–6		☹
21	有效灌溉面积占基本农田面积比重	%	正	44.354	6	3	–3		☹

序号	指标名称	单位	指标属性	2014 年测评均值	2014 年乌蒙山片区排名	2012 乌蒙山片区排名	排名变化	2014 年数据来源	进退脸谱
1	人均地区生产总值	元 / 人	正	16543.746	10	11	1	中国统计	☺
2	单位地区生产总值能耗	吨标准煤 / 万元	逆	1.045	9	9	0	中国统计	
3	单位地区生产总值二氧化硫排放量	吨 / 万元	逆	0.007	11	3	–8		☹
4	土地产出率	万元 / 千公顷	正	3864.891	2	8	6		☺
5	工业固体废物综合利用率	%	正	71.886	5	7	2	中国统计	☺
6	第三产业增加值比重	%	正	37.194	10	8	–2	中国统计	☹
7	实现安全饮水人数比重	%	正	46.640	8	4	–4	环境年报；中国统计	☹
8	人均森林面积	平方公里 / 人	正	0.007	9	9	0	中国统计	
9	森林覆盖率	%	正	44.544	6	6	0	中国统计	
10	单位耕地面积化肥施用量	吨 / 千公顷	逆	385.333	9	8	–1	水利；中国统计	☹
11	农村恩格尔系数	%	逆	36.747	11	10	–1	中国统计	☹
12	城乡收入比	%	逆	2.993	7	11	4	中国统计	☺
13	新型合作医疗参合率	%	正	88.482	11	1	–10		☹
14	有卫生室行政村比例	%	正	93.007	6	9	3	环境年鉴	☺
15	新型农村养老参保率	%	正	39.629	4	10	6	环境年鉴	☺
16	高中阶段教育毛入学率	%	正	82.193	11	11	0	工业经济	
17	贫困人口占总农村人口比重	%	逆	12.408	7	6	–1	中国统计	☹
18	农村人均纯收入增长率	%	正	13.229	3	2	–1	中国统计	☹
19	通电行政村比重	%	正	98.685	5	11	6	中国统计	☺
20	通路行政村比重	%	正	81.682	11	10	–1		☹
21	有效灌溉面积占基本农田面积比重	%	正	44.354	10	9	–1		☹

序号	指标名称	单位	指标属性	2014 年测评均值	2014 年六盘山片区排名	2012 六盘山片区排名	排名变化	2014 年数据来源	进退脸谱
1	人均地区生产总值	元 / 人	正	16543.746	6	10	4	中国统计	☺
2	单位地区生产总值能耗	吨标准煤 / 万元	逆	1.045	5	3	–2	中国统计	☹
3	单位地区生产总值二氧化硫排放量	吨 / 万元	逆	0.007	7	10	3		☺
4	土地产出率	万元 / 千公顷	正	3864.891	8	3	–5		☹
5	工业固体废物综合利用率	%	正	71.886	6	3	–3	中国统计	☹
6	第三产业增加值比重	%	正	37.194	6	4	–2	中国统计	☹
7	实现安全饮水人数比重	%	正	46.640	2	3	1	环境年报；中国统计	☺
8	人均森林面积	平方公里 / 人	正	0.007	4	6	2	中国统计	☺
9	森林覆盖率	%	正	44.544	9	9	0	中国统计	
10	单位耕地面积化肥施用量	吨 / 千公顷	逆	385.333	5	2	–3	水利；中国统计	☹
11	农村恩格尔系数	%	逆	36.747	9	4	–5	中国统计	☹
12	城乡收入比	%	逆	2.993	9	3	–6	中国统计	☹
13	新型合作医疗参合率	%	正	88.482	3	5	2		☺
14	有卫生室行政村比例	%	正	93.007	8	8	0	环境年鉴	
15	新型农村养老参保率	%	正	39.629	10	4	–6	环境年鉴	☹
16	高中阶段教育毛入学率	%	正	82.193	3	5	2	工业经济	☺
17	贫困人口占总农村人口比重	%	逆	12.408	10	10	0	中国统计	
18	农村人均纯收入增长率	%	正	13.229	7	4	–3	中国统计	☹
19	通电行政村比重	%	正	98.685	4	4	0	中国统计	
20	通路行政村比重	%	正	81.682	8	6	–2		☹
21	有效灌溉面积占基本农田面积比重	%	正	44.354	9	11	2		☺

序号	指标名称	单位	指标属性	2014 年测评均值	2014 年滇西边境片区排名	2012 滇西边境片区排名	排名变化	2014 年数据来源	进退脸谱
1	人均地区生产总值	元 / 人	正	16543.746	5	7	2	中国统计	☺
2	单位地区生产总值能耗	吨标准煤 / 万元	逆	1.045	6	7	1	中国统计	☺
3	单位地区生产总值二氧化硫排放量	吨 / 万元	逆	0.007	6	3	−3		☹
4	土地产出率	万元 / 千公顷	正	3864.891	6	5	−1		☹
5	工业固体废物综合利用率	%	正	71.886	9	6	−3	中国统计	☹
6	第三产业增加值比重	%	正	37.194	9	6	−3	中国统计	☹
7	实现安全饮水人数比重	%	正	46.640	11	1	−10	环境年报；中国统计	☹
8	人均森林面积	平方公里 / 人	正	0.007	2	9	7	中国统计	☺
9	森林覆盖率	%	正	44.544	2	2	0	中国统计	
10	单位耕地面积化肥施用量	吨 / 千公顷	逆	385.333	3	1	−2	水利；中国统计	☹
11	农村恩格尔系数	%	逆	36.747	6	7	1	中国统计	☺
12	城乡收入比	%	逆	2.993	10	9	−1	中国统计	☹
13	新型合作医疗参合率	%	正	88.482	1	6	5		☺
14	有卫生室行政村比例	%	正	93.007	3	1	−2	环境年鉴	☹
15	新型农村养老参保率	%	正	39.629	9	1	−8	环境年鉴	☹
16	高中阶段教育毛入学率	%	正	82.193	2	10	8	工业经济	☺
17	贫困人口占总农村人口比重	%	逆	12.408	8	1	−7	中国统计	☹
18	农村人均纯收入增长率	%	正	13.229	2	6	4	中国统计	☺
19	通电行政村比重	%	正	98.685	9	10	1	中国统计	☺
20	通路行政村比重	%	正	81.682	10	11	1		☺
21	有效灌溉面积占基本农田面积比重	%	正	44.354	3	4	1		☺

序号	指标名称	单位	指标属性	2014 年测评均值	2014 年吕梁山片区排名	2012 吕梁山片区排名	排名变化	2014 年数据来源	进退脸谱
1	人均地区生产总值	元 / 人	正	16543.746	9	1	−8	中国统计	☹
2	单位地区生产总值能耗	吨标准煤 / 万元	逆	1.045	11	10	−1	中国统计	☹
3	单位地区生产总值二氧化硫排放量	吨 / 万元	逆	0.007	10	3	−7		☹
4	土地产出率	万元 / 千公顷	正	3864.891	4	11	7		☺
5	工业固体废物综合利用率	%	正	71.886	4	1	−3	中国统计	☹
6	第三产业增加值比重	%	正	37.194	4	1	−3	中国统计	☹
7	实现安全饮水人数比重	%	正	46.640	1	7	6	环境年报；中国统计	☺
8	人均森林面积	平方公里 / 人	正	0.007	10	4	−6	中国统计	☹
9	森林覆盖率	%	正	44.544	10	10	0	中国统计	
10	单位耕地面积化肥施用量	吨 / 千公顷	逆	385.333	7	5	−2	水利；中国统计	☹
11	农村恩格尔系数	%	逆	36.747	1	2	1	中国统计	☺
12	城乡收入比	%	逆	2.993	8	10	2	中国统计	☺
13	新型合作医疗参合率	%	正	88.482	7	9	2		☺
14	有卫生室行政村比例	%	正	93.007	11	6	−5	环境年鉴	☹
15	新型农村养老参保率	%	正	39.629	11	2	−9	环境年鉴	☹
16	高中阶段教育毛入学率	%	正	82.193	1	2	1	工业经济	☺
17	贫困人口占总农村人口比重	%	逆	12.408	11	11	0	中国统计	
18	农村人均纯收入增长率	%	正	13.229	10	4	−6	中国统计	☹
19	通电行政村比重	%	正	98.685	10	7	−3	中国统计	☹
20	通路行政村比重	%	正	81.682	4	2	−2		☹
21	有效灌溉面积占基本农田面积比重	%	正	44.354	8	10	2		☺

序号	指标名称	单位	指标属性	2014 年测评均值	2014 年滇桂黔石漠化片区排名	2012 滇桂黔石漠化片区排名	排名变化	2014 年数据来源	进退脸谱
1	人均地区生产总值	元 / 人	正	16543.746	11	8	–3	中国统计	☹
2	单位地区生产总值能耗	吨标准煤 / 万元	逆	1.045	10	11	1	中国统计	☺
3	单位地区生产总值二氧化硫排放量	吨 / 万元	逆	0.007	8	11	3		☺
4	土地产出率	万元 / 千公顷	正	3864.891	9	6	–3		☹
5	工业固体废物综合利用率	%	正	71.886	1	10	9	中国统计	☺
6	第三产业增加值比重	%	正	37.194	1	11	10	中国统计	☺
7	实现安全饮水人数比重	%	正	46.640	4	2	–2	环境年报；中国统计	☹
8	人均森林面积	平方公里 / 人	正	0.007	6	2	–4	中国统计	☹
9	森林覆盖率	%	正	44.544	5	5	0	中国统计	
10	单位耕地面积化肥施用量	吨 / 千公顷	逆	385.333	1	4	3	水利；中国统计	☺
11	农村恩格尔系数	%	逆	36.747	10	8	–2	中国统计	☹
12	城乡收入比	%	逆	2.993	11	6	–5	中国统计	☹
13	新型合作医疗参合率	%	正	88.482	9	4	–5		☹
14	有卫生室行政村比例	%	正	93.007	1	7	6	环境年鉴	☺
15	新型农村养老参保率	%	正	39.629	7	9	2	环境年鉴	☺
16	高中阶段教育毛入学率	%	正	82.193	10	9	–1	工业经济	☹
17	贫困人口占总农村人口比重	%	逆	12.408	9	9	0	中国统计	
18	农村人均纯收入增长率	%	正	13.229	6	8	2	中国统计	☺
19	通电行政村比重	%	正	98.685	8	1	–7	中国统计	☹
20	通路行政村比重	%	正	81.682	9	9	0		
21	有效灌溉面积占基本农田面积比重	%	正	44.354	7	7	0		

附件二　中国 505 个贫困县绿色减贫指数及排名表

绿色减贫指标体系	绿色减贫指数		经济增长绿色度		资源利用与环境保护程度		社会发展能力		扶贫开发与减贫效果	
片区	指标值	排名	指标值	排名	指标值	排名	指标值	排名	指标值	排名
上犹县	0.824	1	0.063	158	0.805	1	-0.066	373	0.022	222
互助土族自治县	0.685	2	0.032	212	0.569	2	0.122	77	-0.038	346
靖州苗族侗族自治县	0.665	3	0.141	69	0.050	106	0.330	2	0.143	37
宣化县	0.642	4	0.374	1	0.032	144	0.152	54	0.084	103
岳西县	0.590	5	0.160	55	0.025	163	0.209	17	0.195	8
罗田县	0.582	6	0.261	10	0.011	208	0.157	46	0.153	28
宁陕县	0.535	7	0.067	146	0.308	5	0.014	233	0.145	35
炎陵县	0.528	8	0.177	40	0.073	82	0.194	24	0.085	100
武隆县	0.526	9	0.222	19	0.037	132	0.235	12	0.032	192
潜山县	0.524	10	0.250	13	-0.029	314	0.138	64	0.165	21
井冈山市	0.507	11	0.253	12	0.026	158	0.117	87	0.111	78
麻城市	0.500	12	0.257	11	-0.024	300	0.171	38	0.097	90
新宁县	0.496	13	0.054	171	0.028	152	0.276	5	0.137	47
桂东县	0.493	14	0.007	254	0.072	83	0.289	4	0.124	65
阿尔山市	0.493	15	0.051	178	0.375	4	-0.023	296	0.089	94
安仁县	0.483	16	0.081	130	0.013	199	0.258	7	0.131	53
宜章县	0.478	17	0.364	2	0.008	220	-0.035	317	0.142	40
中方县	0.477	18	0.209	24	0.021	176	0.120	79	0.127	59
英山县	0.462	19	0.205	25	0.005	231	0.109	97	0.144	36
黔江区	0.450	20	0.271	8	0.022	172	0.088	118	0.068	133
蕲春县	0.446	21	0.162	50	-0.052	370	0.224	15	0.111	76
宿松县	0.438	22	0.157	57	-0.120	468	0.209	18	0.192	9
孝昌县	0.430	23	0.137	73	-0.142	494	0.273	6	0.163	24
来凤县	0.418	24	0.217	22	-0.042	350	0.208	19	0.035	185
祥云县	0.418	25	0.151	61	-0.013	281	0.172	35	0.107	79
五峰土家族自治县	0.404	26	0.150	63	0.012	200	0.230	14	0.012	248

续表

绿色减贫指标体系	绿色减贫指数		经济增长绿色度		资源利用与环境保护程度		社会发展能力		扶贫开发与减贫效果	
片区	指标值	排名	指标值	排名	指标值	排名	指标值	排名	指标值	排名
丰都县	0.401	27	0.136	74	–0.000	246	0.168	40	0.098	89
汝城县	0.392	28	0.032	211	0.042	120	0.187	25	0.130	54
秭归县	0.390	29	0.144	68	–0.001	247	0.236	11	0.010	250
玉龙纳西族自治县	0.388	30	0.065	152	0.068	87	0.186	26	0.069	130
明水县	0.386	31	0.270	9	–0.120	469	0.110	95	0.126	61
会同县	0.382	32	0.123	81	0.042	119	0.143	61	0.073	125
兰考县	0.380	33	0.166	44	–0.136	489	0.197	22	0.153	29
金寨县	0.370	34	0.026	221	0.007	221	0.200	21	0.136	49
科尔沁右翼中旗	0.369	35	0.067	147	–0.038	342	0.115	89	0.225	3
云龙县	0.364	36	0.198	28	0.018	187	0.078	133	0.070	128
山阳县	0.360	37	0.165	47	0.034	140	0.073	139	0.088	96
彭水苗族土家族自治县	0.359	38	0.107	97	0.012	203	0.253	8	–0.013	302
柘城县	0.355	39	0.069	144	–0.134	488	0.231	13	0.189	11
大悟县	0.355	40	0.075	138	–0.036	335	0.147	57	0.169	20
石门县	0.354	41	0.227	18	–0.008	271	0.035	200	0.100	87
柞水县	0.351	42	0.221	20	0.023	170	0.068	146	0.039	173
紫阳县	0.351	43	0.055	168	0.126	36	0.039	193	0.130	55
梁河县	0.349	44	0.095	108	0.026	156	0.151	55	0.077	115
石城县	0.343	45	0.038	204	0.017	192	0.073	138	0.216	4
万全县	0.340	46	0.001	265	0.036	133	0.160	45	0.143	38
望都县	0.338	47	0.246	14	–0.141	492	0.119	84	0.115	73
太湖县	0.337	48	0.118	87	–0.030	315	0.209	16	0.039	174
太白县	0.332	49	0.138	71	0.126	37	0.040	191	0.028	203
永平县	0.331	50	0.122	83	0.026	160	0.136	68	0.048	156
慈利县	0.331	51	0.064	156	0.065	89	0.121	78	0.081	108
通道侗族自治县	0.329	52	0.123	82	0.055	99	0.010	238	0.141	42
石泉县	0.328	53	0.035	207	0.044	117	0.067	149	0.183	12
漾濞彝族自治县	0.326	54	0.219	21	0.051	103	0.146	58	–0.091	412
茶陵县	0.326	55	0.184	34	0.028	153	0.042	185	0.072	127
莲花县	0.319	56	–0.059	350	0.006	227	0.196	23	0.176	17
瑞金市	0.319	57	0.194	32	0.014	198	–0.096	406	0.208	6
花垣县	0.317	58	–0.015	287	–0.004	259	0.179	28	0.158	26
乐安县	0.315	59	–0.001	267	0.006	228	0.129	72	0.181	14
宾川县	0.311	60	0.147	66	–0.028	307	0.088	119	0.104	84

续表

绿色减贫指标体系	绿色减贫指数		经济增长绿色度		资源利用与环境保护程度		社会发展能力		扶贫开发与减贫效果	
片区	指标值	排名	指标值	排名	指标值	排名	指标值	排名	指标值	排名
绥宁县	0.309	61	0.102	102	0.051	104	0.129	73	0.028	206
融安县	0.307	62	0.197	29	0.149	22	−0.052	345	0.014	241
宁陵县	0.306	63	0.084	123	−0.125	477	0.170	39	0.177	15
望江县	0.304	64	0.180	37	−0.126	480	0.178	29	0.073	126
白河县	0.304	65	0.040	199	0.070	86	0.066	151	0.129	57
凤凰县	0.303	66	0.085	122	0.007	222	0.084	127	0.128	58
麟游县	0.301	67	0.307	5	−0.074	403	0.040	192	0.029	198
兰西县	0.300	68	0.129	78	−0.146	501	0.136	65	0.181	13
芷江侗族自治县	0.300	69	0.077	135	0.027	155	0.113	93	0.082	106
长武县	0.298	70	0.335	3	−0.078	413	0.001	265	0.042	168
民权县	0.294	71	0.120	85	−0.114	463	0.111	94	0.177	16
青冈县	0.291	72	0.138	70	−0.122	470	0.114	92	0.161	25
镇安县	0.291	73	0.148	65	0.046	116	0.064	152	0.033	188
镇赉县	0.288	74	0.279	7	−0.124	474	0.041	187	0.091	92
红安县	0.287	75	−0.079	371	−0.034	329	0.336	1	0.064	142
保康县	0.287	76	0.189	33	0.001	239	0.083	128	0.013	243
遂川县	0.285	77	−0.026	305	0.025	165	0.074	137	0.212	5
突泉县	0.283	78	−0.009	277	−0.034	330	0.171	37	0.154	27
洛南县	0.274	79	0.166	45	0.016	195	0.071	142	0.021	226
旬阳县	0.273	80	0.090	117	−0.037	337	0.080	131	0.140	43
资源县	0.268	81	0.138	72	0.153	19	−0.045	334	0.022	221
皋兰县	0.267	82	0.114	89	0.008	219	0.154	51	−0.009	292
商城县	0.258	83	0.064	154	−0.035	334	0.095	112	0.134	51
雷山县	0.254	84	0.052	176	0.133	29	−0.014	286	0.083	105
溆浦县	0.249	85	0.039	201	0.022	174	0.165	42	0.023	220
南涧彝族自治县	0.249	86	0.177	39	−0.008	269	0.067	147	0.012	249
安化县	0.243	87	0.167	43	0.050	109	−0.030	305	0.056	150
秀山土家族苗族自治县	0.241	88	0.071	142	0.001	237	0.155	48	0.014	240
赣县	0.238	89	0.083	126	0.018	184	−0.060	362	0.197	7
嵩县	0.235	90	0.128	79	0.009	216	0.103	104	−0.006	277
弥渡县	0.234	91	0.161	54	−0.039	344	0.090	116	0.021	225
双柏县	0.232	92	0.089	119	0.090	66	0.026	215	0.028	201
卢氏县	0.232	93	0.113	91	0.033	141	0.162	44	−0.076	397
隆安县	0.231	94	0.238	17	0.096	61	−0.088	398	−0.015	304

续表

绿色减贫指标体系	绿色减贫指数		经济增长绿色度		资源利用与环境保护程度		社会发展能力		扶贫开发与减贫效果	
片区	指标值	排名	指标值	排名	指标值	排名	指标值	排名	指标值	排名
霍邱县	0.230	95	0.098	104	–0.144	499	0.183	27	0.094	91
宁都县	0.230	96	0.040	198	0.008	218	0.060	157	0.122	66
沅陵县	0.228	97	0.091	114	0.056	98	0.069	144	0.013	246
望奎县	0.228	98	0.300	6	–0.143	497	–0.018	290	0.088	97
洞口县	0.225	99	0.038	203	0.007	223	0.155	49	0.026	212
城固县	0.223	100	0.058	162	–0.021	289	0.120	81	0.066	136
勐腊县	0.223	101	0.176	41	0.071	85	0.046	179	–0.070	390
涟源市	0.223	102	0.045	190	–0.033	324	0.086	122	0.125	63
郸城县	0.220	103	0.048	186	–0.124	476	0.167	41	0.130	56
镇坪县	0.220	104	0.017	237	0.182	11	0.035	199	–0.014	303
永顺县	0.220	105	–0.035	315	0.038	129	0.054	166	0.163	23
寻乌县	0.218	106	0.084	124	0.030	148	–0.061	364	0.165	22
永寿县	0.218	107	0.201	27	–0.081	419	0.029	210	0.069	132
富裕县	0.215	108	0.110	95	–0.124	475	0.105	101	0.125	62
巍山彝族回族自治县	0.215	109	0.113	90	–0.004	258	0.057	162	0.049	154
长阳土家族自治县	0.211	110	–0.107	405	–0.012	279	0.315	3	0.016	237
咸丰县	0.209	111	0.115	88	–0.020	288	0.128	74	–0.013	301
巴东县	0.209	112	0.121	84	–0.057	384	0.136	66	0.009	252
平利县	0.207	113	–0.126	417	0.087	67	0.072	140	0.175	18
丹凤县	0.207	114	0.082	129	0.051	102	0.057	163	0.017	234
新县	0.204	115	0.058	163	0.012	202	0.117	86	0.017	235
龙胜县	0.202	116	0.195	30	0.157	15	–0.064	370	–0.085	407
南康市	0.199	117	0.019	230	–0.020	287	0.010	240	0.189	10
建始县	0.199	118	0.093	111	–0.047	362	0.090	117	0.063	145
安远县	0.198	119	0.028	220	0.037	131	–0.008	274	0.141	41
保靖县	0.197	120	0.095	110	0.017	191	0.021	222	0.064	141
恩施市	0.197	121	0.029	218	–0.037	338	0.176	30	0.029	200
岑巩县	0.196	122	0.049	183	0.096	62	0.003	258	0.048	155
邵阳县	0.195	123	–0.009	279	–0.019	286	0.240	10	–0.016	306
佛坪县	0.195	124	0.057	165	0.218	7	–0.046	336	–0.033	332
镇巴县	0.193	125	0.079	132	0.120	39	–0.015	288	0.009	253
万安县	0.191	126	0.042	195	0.005	232	0.007	248	0.137	46
团风县	0.190	127	0.161	53	–0.117	465	0.106	100	0.040	170
于都县	0.190	128	–0.046	329	0.007	224	0.078	135	0.151	31
尚义县	0.187	129	–0.114	413	0.054	100	0.172	36	0.075	121

续表

绿色减贫指标体系	绿色减贫指数		经济增长绿色度		资源利用与环境保护程度		社会发展能力		扶贫开发与减贫效果	
片区	指标值	排名	指标值	排名	指标值	排名	指标值	排名	指标值	排名
利辛县	0.186	130	0.126	80	–0.129	484	0.174	32	0.015	239
新蔡县	0.186	131	0.042	193	–0.137	490	0.153	52	0.127	60
乐都县	0.181	132	0.132	75	–0.087	432	0.136	67	0.001	265
阳原县	0.181	133	–0.022	299	0.038	127	0.145	59	0.019	229
科尔沁右翼前旗	0.180	134	0.013	247	0.028	151	–0.004	269	0.143	39
拜泉县	0.178	135	0.095	109	–0.101	453	0.114	91	0.070	129
南郑县	0.176	136	0.034	209	–0.026	301	0.052	168	0.115	71
兴国县	0.176	137	–0.062	358	0.011	207	0.056	164	0.171	19
泰来县	0.174	138	0.046	189	–0.109	459	0.131	70	0.107	81
会昌县	0.174	139	–0.027	307	0.027	154	0.024	219	0.149	32
芒市	0.174	140	0.054	173	0.023	169	0.119	82	–0.023	321
永新县	0.171	141	0.015	242	–0.001	251	0.037	196	0.120	68
永仁县	0.171	142	0.062	159	0.038	126	0.050	170	0.020	227
陇县	0.166	143	0.131	76	–0.021	290	0.011	236	0.045	163
赤水市	0.165	144	–0.009	276	0.079	75	0.036	197	0.057	149
剑川县	0.164	145	0.172	42	0.019	182	0.044	183	–0.070	391
周至县	0.164	146	0.054	169	–0.018	284	0.010	241	0.117	70
略阳县	0.162	147	0.092	112	0.097	59	0.054	165	–0.080	403
马山县	0.161	148	0.203	26	0.105	48	–0.034	311	–0.114	440
千阳县	0.160	149	0.119	86	–0.049	364	0.044	182	0.045	161
汉阴县	0.157	150	–0.069	365	–0.005	262	0.079	132	0.152	30
西乡县	0.153	151	0.010	249	0.020	177	0.086	123	0.037	182
桑植县	0.152	152	0.111	94	0.041	123	–0.063	367	0.064	143
蔚县	0.151	153	–0.165	450	0.064	90	0.153	53	0.099	88
化德县	0.150	154	–0.017	290	0.096	60	0.005	253	0.065	138
留坝县	0.149	155	0.007	253	0.159	13	–0.034	314	0.017	236
隆化县	0.148	156	0.015	241	0.009	215	0.058	160	0.066	135
克东县	0.145	157	0.065	151	–0.111	460	0.087	120	0.104	85
张北县	0.145	158	–0.068	364	0.060	94	0.109	96	0.043	166
龙江县	0.143	159	–0.028	309	–0.114	464	0.174	33	0.111	77
华池县	0.142	160	0.328	4	–0.085	427	–0.035	316	–0.066	383
牟定县	0.142	161	0.050	180	0.000	245	0.061	155	0.031	194
竹山县	0.141	162	0.090	116	0.001	240	0.006	249	0.044	165
孟连傣族拉祜族佤族自治县	0.141	163	–0.037	318	0.086	68	0.014	232	0.077	113

续表

绿色减贫指标体系	绿色减贫指数		经济增长绿色度		资源利用与环境保护程度		社会发展能力		扶贫开发与减贫效果	
片区	指标值	排名	指标值	排名	指标值	排名	指标值	排名	指标值	排名
丹江口市	0.138	164	0.096	107	–0.012	278	–0.009	276	0.063	146
商水县	0.134	165	0.031	213	–0.052	368	0.053	167	0.102	86
黎平县	0.134	166	0.023	224	0.137	27	–0.062	366	0.037	181
西吉县	0.134	167	0.151	62	0.019	181	0.027	214	–0.063	380
承德县	0.133	168	0.026	222	–0.009	273	0.084	125	0.033	189
固始县	0.132	169	–0.011	280	–0.122	472	0.118	85	0.147	34
习水县	0.131	170	0.040	197	0.016	193	0.047	178	0.027	209
石柱土家族自治县	0.130	171	–0.015	285	0.022	173	0.104	103	0.019	230
洛宁县	0.130	172	0.178	38	–0.007	268	–0.043	332	0.001	262
新邵县	0.127	173	0.020	228	–0.001	250	0.072	141	0.036	183
通榆县	0.125	174	0.152	60	–0.085	428	0.034	201	0.024	217
陇川县	0.125	175	0.053	174	0.026	157	0.025	217	0.020	228
南华县	0.124	176	–0.014	283	0.011	205	0.058	159	0.069	131
怀安县	0.123	177	–0.113	411	0.074	81	0.132	69	0.029	197
林甸县	0.122	178	0.130	77	–0.123	473	0.173	34	–0.058	376
阜南县	0.121	179	0.068	145	–0.122	471	0.101	106	0.075	120
鲁山县	0.119	180	0.048	184	–0.046	358	0.049	175	0.068	134
鹤庆县	0.117	181	0.016	239	–0.029	313	0.101	107	0.030	195
宁明县	0.116	182	0.183	35	0.101	54	–0.120	439	–0.047	362
锦屏县	0.113	183	0.064	155	0.135	28	–0.033	310	–0.052	368
扎赉特旗	0.113	184	–0.081	377	–0.089	438	0.144	60	0.139	44
平泉县	0.111	185	0.044	191	0.002	236	0.070	143	–0.005	276
江口县	0.109	186	–0.061	356	0.015	196	0.131	71	0.024	216
易县	0.108	187	0.002	262	–0.053	372	0.124	76	0.035	186
内乡县	0.107	188	0.013	246	0.006	229	0.061	154	0.027	208
鹤峰县	0.106	189	0.056	166	–0.013	283	0.058	158	0.005	257
扶风县	0.106	190	0.149	64	–0.114	462	–0.006	272	0.077	114
镇远县	0.106	191	0.083	127	0.103	51	–0.013	282	–0.067	384
湟源县	0.105	192	0.060	161	–0.095	445	0.148	56	–0.008	285
盈江县	0.105	193	0.083	128	0.061	93	–0.115	431	0.076	119
栾川县	0.105	194	0.112	93	0.049	110	–0.064	369	0.008	255
洱源县	0.104	195	0.066	150	–0.038	341	0.041	189	0.036	184
淮滨县	0.104	196	0.096	105	–0.106	457	0.049	174	0.065	139
新化县	0.104	197	0.066	149	0.001	242	–0.096	407	0.132	52
云县	0.103	198	–0.021	297	–0.005	263	0.082	130	0.047	158

续表

绿色减贫指标体系	绿色减贫指数		经济增长绿色度		资源利用与环境保护程度		社会发展能力		扶贫开发与减贫效果	
片区	指标值	排名	指标值	排名	指标值	排名	指标值	排名	指标值	排名
灵丘县	0.102	199	0.034	208	–0.033	325	0.027	213	0.074	123
南召县	0.101	200	0.014	245	0.042	118	–0.015	289	0.059	147
崆峒区	0.100	201	0.157	58	–0.061	387	0.042	186	–0.038	344
涞水县	0.099	202	0.015	244	–0.094	444	0.102	105	0.076	117
隆回县	0.098	203	–0.011	281	–0.023	298	0.020	224	0.113	74
康保县	0.095	204	–0.127	418	0.056	97	0.174	31	–0.008	287
甘南县	0.095	205	–0.016	288	–0.118	467	0.116	88	0.112	75
碧江区	0.091	206	0.002	263	–0.032	319	0.097	111	0.023	219
贡山独龙族怒族自治县	0.089	207	–0.150	434	0.399	3	0.004	255	–0.165	476
临翔区	0.086	208	–0.031	314	0.024	168	0.015	230	0.078	112
上林县	0.084	209	0.182	36	0.080	73	–0.104	419	–0.074	392
宁洱哈尼族彝族自治县	0.080	210	–0.088	388	0.128	32	–0.049	341	0.090	93
龙州县	0.080	211	0.153	59	0.097	58	–0.093	400	–0.077	399
镇康县	0.078	212	0.038	202	0.019	183	0.008	246	0.013	244
云阳县	0.076	213	0.089	118	0.017	189	0.009	243	–0.040	350
岚皋县	0.076	214	0.008	252	0.106	47	–0.028	303	–0.010	296
临夏市	0.075	215	0.087	121	–0.099	448	0.031	206	0.055	151
沽源县	0.075	216	–0.174	456	0.064	92	0.205	20	–0.020	314
房县	0.073	217	–0.007	275	0.056	95	–0.061	365	0.085	99
古浪县	0.072	218	0.105	100	–0.079	416	0.091	115	–0.045	359
宣恩县	0.070	219	0.019	231	–0.021	292	0.051	169	0.021	223
光山县	0.069	220	0.046	187	–0.101	452	0.125	75	–0.002	270
榆中县	0.066	221	0.163	49	–0.076	409	0.014	235	–0.035	337
顺平县	0.064	222	–0.048	334	–0.099	449	0.104	102	0.107	80
泸西县	0.063	223	–0.128	420	–0.066	393	–0.101	415	0.357	1
大姚县	0.063	224	–0.054	342	0.032	146	0.042	184	0.043	167
镇沅彝族哈尼族拉祜族自治县	0.062	225	–0.082	378	0.117	41	–0.013	283	0.040	171
万山区	0.060	226	–0.046	331	–0.038	343	0.106	99	0.038	177
丰宁县	0.059	227	–0.088	387	–0.006	266	0.107	98	0.046	159
姚安县	0.058	228	0.033	210	0.011	204	0.018	226	–0.004	274
勉县	0.049	229	–0.080	374	–0.024	299	0.069	145	0.084	102
砚山县	0.049	230	0.040	200	–0.011	275	–0.128	446	0.148	33
两当县	0.048	231	0.074	139	0.150	20	–0.175	472	–0.001	268

续表

绿色减贫指标体系	绿色减贫指数		经济增长绿色度		资源利用与环境保护程度		社会发展能力		扶贫开发与减贫效果	
片区	指标值	排名	指标值	排名	指标值	排名	指标值	排名	指标值	排名
汝阳县	0.045	232	0.029	219	–0.006	265	0.004	257	0.018	232
潢川县	0.044	233	0.078	134	–0.089	437	–0.060	361	0.115	72
兴仁县	0.042	234	0.035	206	0.010	214	0.009	244	–0.011	298
龙陵县	0.042	235	–0.028	312	0.030	149	0.001	263	0.040	172
原州区	0.040	236	0.212	23	–0.134	487	0.005	252	–0.044	356
淅川县	0.036	237	0.013	248	–0.039	345	0.034	203	0.028	205
宁强县	0.036	238	0.022	226	–0.005	264	0.067	148	–0.049	363
双江拉祜族佤族布朗族傣族自治县	0.035	239	–0.042	325	0.019	180	0.066	150	–0.009	290
台江县	0.034	240	0.063	157	0.123	38	–0.027	302	–0.126	451
融水县	0.034	241	0.157	56	0.150	21	–0.178	473	–0.096	419
淳化县	0.029	242	0.243	15	–0.053	373	–0.227	481	0.066	137
颍上县	0.028	243	0.020	229	–0.126	479	0.010	242	0.124	64
荔波县	0.028	244	0.042	194	0.083	71	–0.076	384	–0.022	318
武冈市	0.027	245	–0.082	379	–0.028	309	0.002	260	0.136	48
辰溪县	0.026	246	0.051	179	0.010	209	–0.014	284	–0.022	317
榕江县	0.024	247	–0.060	352	0.148	23	–0.060	360	–0.003	272
城口县	0.024	248	–0.025	303	0.198	10	–0.054	349	–0.096	420
涞源县	0.021	249	–0.015	286	–0.088	433	0.142	62	–0.019	310
古蔺县	0.021	250	–0.039	321	–0.044	357	0.041	190	0.064	144
正安县	0.021	251	–0.141	429	0.051	101	0.032	205	0.079	110
汉滨区	0.020	252	–0.012	282	–0.043	352	0.049	173	0.026	210
正宁县	0.020	253	0.106	98	–0.057	381	0.010	239	–0.039	349
景东彝族自治县	0.019	254	–0.059	349	0.102	52	–0.012	279	–0.012	300
耿马傣族佤族自治县	0.016	255	–0.089	389	0.005	230	0.046	180	0.054	152
浑源县	0.015	256	0.044	192	–0.035	332	–0.059	358	0.065	140
凤冈县	0.014	257	–0.094	394	0.050	105	0.025	216	0.032	191
商南县	0.013	258	–0.111	410	0.034	138	0.077	136	0.013	245
大新县	0.013	259	0.031	215	0.114	44	–0.088	397	–0.044	357
禄劝彝族苗族自治县	0.011	260	0.070	143	–0.054	375	0.001	264	–0.007	282
玉屏侗族自治县	0.009	261	0.101	103	0.026	159	–0.117	438	–0.001	269
米脂县	0.007	262	0.241	16	–0.143	495	–0.013	281	–0.079	402
泾川县	0.006	263	0.076	137	–0.026	302	–0.025	300	–0.019	312
丹寨县	0.005	264	–0.056	344	0.111	46	–0.031	307	–0.019	311
循化撒拉族自治县	0.002	265	–0.001	269	–0.030	316	0.038	194	–0.005	275

续表

绿色减贫指标体系	绿色减贫指数		经济增长绿色度		资源利用与环境保护程度		社会发展能力		扶贫开发与减贫效果	
片区	指标值	排名	指标值	排名	指标值	排名	指标值	排名	指标值	排名
阳高县	-0.002	266	0.019	233	-0.035	333	0.004	254	0.009	251
临泉县	-0.006	267	0.092	113	-0.129	483	0.041	188	-0.010	297
泾源县	-0.008	268	0.074	140	-0.060	386	0.006	250	-0.028	328
昌宁县	-0.010	269	-0.072	366	0.014	197	0.035	198	0.013	247
新晃侗族自治县	-0.012	270	0.112	92	0.035	136	-0.277	495	0.118	69
寿县	-0.014	271	0.006	259	-0.149	502	0.156	47	-0.026	327
静乐县	-0.015	272	0.006	258	-0.081	421	0.086	121	-0.026	325
普安县	-0.016	273	0.018	234	0.023	171	-0.035	318	-0.021	316
竹溪县	-0.016	274	-0.019	295	0.077	77	-0.077	385	0.003	259
永登县	-0.022	275	0.194	31	-0.075	406	-0.043	330	-0.099	424
镇平县	-0.024	276	-0.006	274	-0.082	422	0.085	124	-0.021	315
奉节县	-0.026	277	0.109	96	0.016	194	-0.107	424	-0.044	355
灵台县	-0.029	278	0.050	181	-0.023	296	0.020	223	-0.077	398
寻甸回族彝族自治县	-0.030	279	0.074	141	-0.090	439	-0.007	273	-0.007	281
阜平县	-0.031	280	-0.159	444	-0.076	408	0.098	109	0.106	82
曲阳县	-0.031	281	-0.065	360	-0.131	486	0.044	181	0.121	67
绥德县	-0.032	282	0.161	52	-0.156	503	0.037	195	-0.075	396
三江县	-0.033	283	-0.019	294	0.143	24	-0.139	453	-0.018	309
长顺县	-0.033	284	-0.022	300	0.038	130	-0.041	326	-0.008	288
泸水县	-0.034	285	-0.056	345	0.217	8	-0.103	417	-0.091	413
沐川县	-0.037	286	0.009	251	0.006	226	-0.078	386	0.025	213
宁蒗彝族自治县	-0.038	287	-0.109	407	0.049	111	-0.023	297	0.045	162
剑河县	-0.038	288	-0.049	335	0.131	30	-0.014	285	-0.107	430
城步苗族自治县	-0.040	289	0.015	243	0.050	108	-0.095	404	-0.010	293
道真仡佬族苗族自治县	-0.043	290	-0.103	402	-0.036	336	0.078	134	0.018	233
马边彝族自治县	-0.045	291	0.105	99	-0.032	320	-0.196	477	0.078	111
庆城县	-0.045	292	0.010	250	-0.107	458	0.061	153	-0.009	291
五台县	-0.045	293	-0.081	375	-0.038	340	-0.009	275	0.082	107
大安市	-0.046	294	0.067	148	-0.145	500	-0.005	270	0.037	180
利川市	-0.046	295	0.080	131	-0.050	365	-0.067	375	-0.008	289
麻江县	-0.051	296	0.019	232	0.082	72	-0.116	434	-0.036	338
巫山县	-0.056	297	0.004	261	0.030	150	0.011	237	-0.100	425
东兰县	-0.061	298	0.054	172	0.143	25	-0.153	459	-0.105	429
岢岚县	-0.062	299	0.048	185	-0.085	426	-0.010	277	-0.015	305

续表

绿色减贫指标体系	绿色减贫指数		经济增长绿色度		资源利用与环境保护程度		社会发展能力		扶贫开发与减贫效果	
片区	指标值	排名	指标值	排名	指标值	排名	指标值	排名	指标值	排名
平塘县	−0.063	300	−0.003	271	0.048	115	−0.100	414	−0.007	284
兰坪白族普米族自治县	−0.063	301	−0.177	460	0.207	9	−0.056	354	−0.036	341
福贡县	−0.064	302	−0.132	424	0.243	6	0.016	229	−0.191	488
民和回族土族自治县	−0.068	303	−0.016	289	−0.093	441	0.048	176	−0.007	283
郧西县	−0.068	304	−0.044	328	0.018	185	−0.044	333	0.002	261
石屏县	−0.072	305	−0.129	422	−0.002	254	0.091	114	−0.033	330
富宁县	−0.072	306	0.007	256	0.039	124	−0.151	458	0.032	190
天柱县	−0.072	307	0.096	106	0.103	50	0.030	209	−0.301	499
桐梓县	−0.080	308	−0.037	319	0.003	235	−0.095	405	0.050	153
郧阳区	−0.083	309	−0.040	323	−0.031	317	−0.036	320	0.023	218
汾西县	−0.083	310	−0.099	399	−0.080	417	0.241	9	−0.146	457
南江县	−0.086	311	−0.131	423	0.018	186	−0.011	278	0.038	178
施甸县	−0.086	312	−0.017	291	−0.029	312	−0.054	350	0.014	242
兴县	−0.087	313	0.001	266	−0.100	451	0.057	161	−0.046	361
隆德县	−0.088	314	0.020	227	−0.103	455	0.027	212	−0.033	335
繁峙县	−0.091	315	0.079	133	−0.052	371	−0.122	440	0.004	258
关岭县	−0.092	316	−0.030	313	0.001	238	−0.053	346	−0.011	299
唐县	−0.094	317	−0.102	401	−0.127	482	0.061	156	0.075	122
贵定县	−0.094	318	0.030	217	0.041	122	−0.099	413	−0.065	381
大同县	−0.095	319	−0.076	369	−0.011	274	−0.029	304	0.021	224
和政县	−0.098	320	0.030	216	−0.041	348	−0.038	321	−0.051	364
化隆回族自治县	−0.099	321	−0.064	359	−0.113	461	0.084	126	−0.006	280
屏边县	−0.100	322	−0.227	478	0.026	161	−0.198	478	0.300	2
印江土家族苗族自治县	−0.100	323	−0.208	474	−0.031	318	0.050	172	0.088	95
酉阳土家族苗族自治县	−0.101	324	0.005	260	−0.044	356	0.017	228	−0.078	400
清涧县	−0.101	325	0.162	51	−0.117	466	−0.034	313	−0.112	437
环江县	−0.104	326	0.090	115	0.127	34	−0.228	482	−0.094	418
西盟佤族自治县	−0.106	327	−0.101	400	0.091	65	−0.071	379	−0.025	323
江城哈尼族彝族自治县	−0.106	328	−0.204	470	0.117	42	−0.021	295	0.002	260
平坝县	−0.107	329	−0.062	357	−0.022	295	−0.024	299	0.001	263
凤山县	−0.108	330	−0.060	354	0.153	18	−0.162	465	−0.039	347
田阳县	−0.112	331	−0.183	463	0.101	53	−0.059	359	0.029	196

续表

绿色减贫指标体系	绿色减贫指数		经济增长绿色度		资源利用与环境保护程度		社会发展能力		扶贫开发与减贫效果	
片区	指标值	排名	指标值	排名	指标值	排名	指标值	排名	指标值	排名
巴马县	−0.112	332	0.007	257	0.127	35	−0.184	475	−0.062	379
务川仡佬族苗族自治县	−0.112	333	−0.105	404	0.048	112	−0.045	335	−0.010	294
西秀区	−0.112	334	0.024	223	−0.022	294	−0.161	464	0.047	157
湟中县	−0.119	335	−0.038	320	−0.077	411	0.032	204	−0.036	340
兴和县	−0.119	336	0.031	214	−0.037	339	−0.075	383	−0.038	345
巫溪县	−0.123	337	−0.049	336	0.025	166	−0.054	351	−0.045	358
墨江哈尼族自治县	−0.124	338	−0.093	392	0.080	74	−0.042	329	−0.069	389
宣汉县	−0.125	339	−0.123	416	0.006	225	−0.143	455	0.134	50
普定县	−0.127	340	−0.044	327	−0.004	257	−0.051	344	−0.029	329
五寨县	−0.128	341	0.051	177	−0.093	442	−0.050	343	−0.036	339
秦安县	−0.128	342	−0.028	310	−0.032	321	−0.074	381	0.006	256
横山县	−0.130	343	0.065	153	−0.092	440	0.024	218	−0.128	453
海原县	−0.131	344	−0.027	308	−0.156	504	0.120	80	−0.068	388
朝天区	−0.133	345	−0.103	403	−0.018	285	−0.040	324	0.028	207
广河县	−0.141	346	0.053	175	−0.073	402	−0.114	429	−0.008	286
忻城县	−0.142	347	−0.080	372	0.098	57	−0.117	437	−0.043	353
黄平县	−0.144	348	0.041	196	0.072	84	−0.033	309	−0.224	494
瓮安县	−0.146	349	−0.003	270	0.033	142	−0.059	357	−0.118	445
佳县	−0.146	350	0.146	67	−0.126	481	−0.019	292	−0.148	458
仪陇县	−0.148	351	−0.068	363	−0.057	383	−0.111	426	0.088	98
永德县	−0.148	352	−0.127	419	−0.013	282	0.050	171	−0.058	375
师宗县	−0.150	353	−0.052	338	−0.042	351	−0.085	394	0.029	199
石阡县	−0.155	354	−0.119	415	−0.033	323	0.094	113	−0.097	421
隆阳区	−0.156	355	−0.075	368	−0.004	260	−0.071	378	−0.006	278
永靖县	−0.156	356	0.084	125	−0.071	400	−0.087	396	−0.082	404
商州区	−0.158	357	−0.004	272	0.010	210	−0.189	476	0.024	215
沧源佤族自治县	−0.159	358	−0.166	452	0.031	147	0.002	259	−0.025	324
商都县	−0.159	359	−0.157	442	0.035	135	−0.018	291	−0.020	313
沿河土家族自治县	−0.163	360	−0.151	437	−0.051	367	0.082	129	−0.043	354
大化县	−0.163	361	−0.024	301	0.112	45	−0.162	466	−0.088	410
沈丘县	−0.166	362	−0.051	337	−0.130	485	0.140	63	−0.124	448
武山县	−0.168	363	−0.046	330	−0.059	385	−0.040	325	−0.024	322
丘北县	−0.169	364	−0.080	373	−0.004	256	−0.158	461	0.074	124
成县	−0.170	365	−0.081	376	−0.021	291	−0.042	327	−0.026	326

续表

绿色减贫指标体系	绿色减贫指数		经济增长绿色度		资源利用与环境保护程度		社会发展能力		扶贫开发与减贫效果	
片区	指标值	排名	指标值	排名	指标值	排名	指标值	排名	指标值	排名
龙里县	-0.171	366	-0.047	332	0.050	107	-0.064	368	-0.110	433
永胜县	-0.176	367	-0.144	430	-0.002	255	0.004	256	-0.034	336
淮阳县	-0.177	368	-0.058	347	-0.081	418	-0.065	372	0.026	211
围场县	-0.178	369	-0.162	447	-0.021	293	-0.080	388	0.085	101
三穗县	-0.179	370	-0.058	348	0.093	63	-0.047	339	-0.167	477
彭阳县	-0.180	371	0.016	240	-0.101	454	-0.056	353	-0.039	348
洋县	-0.181	372	-0.028	311	0.008	217	0.031	207	-0.193	489
古丈县	-0.187	373	0.002	264	0.048	113	-0.170	470	-0.067	385
晴隆县	-0.187	374	0.105	101	-0.048	363	-0.070	377	-0.173	481
徽县	-0.188	375	-0.091	391	-0.051	366	-0.085	395	0.038	176
神池县	-0.189	376	-0.061	355	-0.068	396	-0.021	294	-0.040	351
从江县	-0.191	377	-0.057	346	0.127	33	-0.070	376	-0.191	487
勐海县	-0.191	378	0.017	238	-0.008	270	-0.164	467	-0.037	342
同心县	-0.191	379	-0.006	273	-0.142	493	-0.038	323	-0.006	279
武定县	-0.192	380	-0.042	324	0.001	243	0.017	227	-0.168	479
康乐县	-0.197	381	0.087	120	-0.086	429	-0.147	456	-0.051	367
景泰县	-0.197	382	-0.052	340	-0.078	412	0.030	208	-0.098	423
天等县	-0.201	383	0.055	167	0.099	55	-0.276	494	-0.078	401
广灵县	-0.210	384	0.018	235	-0.054	374	-0.232	483	0.058	148
平武县	-0.213	385	-0.155	438	0.075	78	-0.159	462	0.025	214
三都县	-0.216	386	-0.037	317	0.075	79	-0.093	402	-0.160	470
旺苍县	-0.217	387	-0.157	440	-0.029	310	-0.066	374	0.034	187
青川县	-0.217	388	-0.245	486	0.020	179	-0.020	293	0.028	204
罗城县	-0.217	389	-0.052	341	0.118	40	-0.216	480	-0.068	387
都安县	-0.219	390	-0.047	333	0.104	49	-0.169	469	-0.107	431
临夏县	-0.220	391	0.057	164	-0.068	397	-0.125	442	-0.083	405
德江县	-0.221	392	-0.207	473	-0.055	379	0.098	110	-0.057	372
北道区	-0.221	393	-0.052	339	-0.055	380	-0.092	399	-0.023	319
西和县	-0.222	394	-0.094	395	-0.012	280	-0.113	427	-0.002	271
文县	-0.222	395	-0.094	393	0.033	143	-0.128	447	-0.033	333
清水县	-0.222	396	0.023	225	0.034	139	-0.237	485	-0.042	352
绥江县	-0.222	397	-0.085	384	-0.005	261	0.028	211	-0.161	472
德保县	-0.225	398	-0.194	466	0.086	69	-0.114	428	-0.004	273
罗甸县	-0.228	399	-0.014	284	0.032	145	-0.065	371	-0.181	485
甘谷县	-0.234	400	-0.060	351	-0.067	394	-0.057	355	-0.051	365

续表

绿色减贫指标体系	绿色减贫指数		经济增长绿色度		资源利用与环境保护程度		社会发展能力		扶贫开发与减贫效果	
片区	指标值	排名	指标值	排名	指标值	排名	指标值	排名	指标值	排名
吉县	–0.234	401	–0.166	451	–0.011	276	0.001	262	–0.057	373
乐业县	–0.234	402	–0.206	472	0.155	16	–0.115	433	–0.067	386
石楼县	–0.234	403	–0.151	436	–0.075	407	0.119	83	–0.127	452
岚县	–0.238	404	–0.067	362	–0.088	435	–0.023	298	–0.060	377
庄浪县	–0.239	405	0.046	188	–0.052	369	–0.036	319	–0.198	491
思南县	–0.241	406	–0.204	469	–0.071	399	0.099	108	–0.066	382
广南县	–0.243	407	–0.025	304	0.041	121	–0.161	463	–0.098	422
靖西县	–0.243	408	–0.159	443	0.083	70	–0.094	403	–0.074	394
凤庆县	–0.244	409	–0.117	414	0.010	211	0.015	231	–0.152	465
六枝特区	–0.246	410	–0.254	490	–0.027	305	–0.103	416	0.138	45
通江县	–0.247	411	–0.086	385	0.004	233	–0.241	487	0.076	118
宁县	–0.249	412	0.007	255	–0.084	424	0.002	261	–0.173	482
紫云县	–0.249	413	–0.074	367	0.012	201	–0.128	448	–0.058	374
屏山县	–0.250	414	–0.237	483	–0.041	349	–0.048	340	0.076	116
武都区	–0.252	415	–0.001	268	–0.044	355	–0.114	430	–0.093	417
平昌县	–0.259	416	–0.284	497	–0.027	306	–0.053	348	0.105	83
施秉县	–0.259	417	–0.017	293	0.098	56	–0.071	380	–0.269	498
隰县	–0.259	418	–0.254	489	–0.046	359	0.115	90	–0.074	393
天镇县	–0.260	419	–0.262	491	–0.066	392	0.023	220	0.044	164
马关县	–0.263	420	0.076	136	0.039	125	–0.149	457	–0.229	495
子洲县	–0.269	421	0.166	46	–0.167	505	–0.116	435	–0.151	463
麻栗坡县	–0.269	422	0.017	236	0.021	175	–0.173	471	–0.135	454
纳雍县	–0.270	423	–0.228	479	0.010	212	0.034	202	–0.086	408
七星关区	–0.272	424	–0.277	495	0.018	188	–0.003	268	–0.010	295
叙永县	–0.273	425	–0.095	398	–0.033	327	–0.127	445	–0.017	307
西林县	–0.273	426	–0.302	502	0.158	14	–0.075	382	–0.054	371
合水县	–0.274	427	–0.087	386	0.010	213	–0.002	267	–0.194	490
太康县	–0.274	428	–0.084	381	–0.144	498	–0.047	338	0.000	266
永和县	–0.275	429	–0.237	482	–0.065	391	0.162	43	–0.135	455
西畴县	–0.281	430	–0.025	302	0.035	134	–0.182	474	–0.110	435
澜沧拉祜族自治县	–0.282	431	–0.201	468	0.078	76	–0.047	337	–0.112	438
剑阁县	–0.284	432	–0.228	480	–0.039	346	–0.031	308	0.015	238
湄潭县	–0.285	433	–0.144	431	0.064	91	–0.213	479	0.008	254
礼县	–0.287	434	–0.165	449	0.017	190	–0.106	423	–0.033	331
贞丰县	–0.287	435	–0.026	306	0.011	206	–0.127	444	–0.145	456

续表

绿色减贫指标体系	绿色减贫指数		经济增长绿色度		资源利用与环境保护程度		社会发展能力		扶贫开发与减贫效果	
片区	指标值	排名	指标值	排名	指标值	排名	指标值	排名	指标值	排名
北川羌族自治县	-0.294	436	-0.139	428	0.001	241	-0.043	331	-0.113	439
苍溪县	-0.295	437	-0.136	427	-0.054	376	-0.133	451	0.028	202
张家川回族自治县	-0.297	438	-0.183	464	-0.070	398	-0.081	390	0.037	179
泸溪县	-0.299	439	-0.144	432	0.004	234	-0.238	486	0.079	109
惠水县	-0.305	440	-0.042	326	0.038	128	-0.079	387	-0.222	493
昭化区	-0.307	441	-0.177	457	-0.035	331	-0.142	454	0.046	160
巧家县	-0.307	442	-0.128	421	-0.032	322	0.008	245	-0.155	467
镇雄县	-0.311	443	-0.172	455	-0.094	443	0.048	177	-0.093	416
龙山县	-0.313	444	0.062	160	-0.026	304	0.023	221	-0.371	502
康县	-0.318	445	-0.250	488	0.048	114	-0.098	408	-0.018	308
册亨县	-0.318	446	-0.108	406	0.066	88	-0.126	443	-0.150	462
威信县	-0.324	447	-0.177	459	-0.054	378	0.019	225	-0.111	436
宕昌县	-0.325	448	-0.020	296	0.091	64	-0.395	501	-0.001	267
麻阳苗族自治县	-0.326	449	0.035	205	0.025	164	-0.058	356	-0.327	501
镇宁县	-0.326	450	-0.065	361	-0.011	277	-0.083	392	-0.167	478
静宁县	-0.329	451	-0.134	426	-0.054	377	-0.026	301	-0.116	443
靖远县	-0.331	452	-0.157	441	-0.072	401	0.014	234	-0.116	444
漳县	-0.336	453	-0.039	322	-0.063	388	-0.081	391	-0.153	466
金平苗族瑶族傣族自治县	-0.337	454	-0.226	477	-0.006	267	-0.124	441	0.018	231
水城县	-0.340	455	-0.293	499	-0.026	303	-0.053	347	0.032	193
隆林县	-0.345	456	-0.232	481	0.116	43	-0.115	432	-0.115	441
大宁县	-0.346	457	-0.282	496	-0.063	389	0.154	50	-0.156	468
万源市	-0.348	458	-0.179	461	0.025	162	-0.232	484	0.038	175
积石山保安族东乡族撒拉族自治县	-0.351	459	0.050	182	-0.081	420	-0.269	493	-0.051	366
会宁县	-0.354	460	-0.180	462	-0.043	354	-0.038	322	-0.092	415
织金县	-0.354	461	-0.299	501	0.020	178	-0.042	328	-0.033	334
田林县	-0.357	462	-0.332	505	0.162	12	-0.098	411	-0.089	411
罗平县	-0.360	463	-0.060	353	-0.033	326	-0.093	401	-0.173	480
宣威市	-0.361	464	-0.167	453	-0.087	431	-0.006	271	-0.102	426
凌云县	-0.362	465	-0.274	494	0.155	17	-0.139	452	-0.103	427
镇原县	-0.365	466	-0.085	383	-0.125	478	0.005	251	-0.160	471
望谟县	-0.367	467	-0.113	412	0.056	96	-0.098	409	-0.212	492
安定区	-0.367	468	-0.077	370	-0.084	425	-0.031	306	-0.174	483
赫章县	-0.368	469	-0.284	498	0.025	167	-0.055	352	-0.054	370

续表

绿色减贫指标体系	绿色减贫指数		经济增长绿色度		资源利用与环境保护程度		社会发展能力		扶贫开发与减贫效果	
片区	指标值	排名	指标值	排名	指标值	排名	指标值	排名	指标值	排名
鲁甸县	-0.375	470	-0.177	458	-0.079	414	-0.034	315	-0.085	406
独山县	-0.375	471	-0.009	278	0.035	137	-0.098	410	-0.303	500
东乡族自治县	-0.376	472	0.054	170	-0.105	456	-0.251	489	-0.075	395
会泽县	-0.379	473	-0.155	439	-0.088	434	-0.014	287	-0.121	447
雷波县	-0.383	474	-0.055	343	-0.034	328	-0.296	496	0.001	264
巴州区	-0.392	475	-0.161	445	-0.023	297	-0.249	488	0.041	169
临县	-0.395	476	-0.162	448	-0.083	423	-0.104	420	-0.045	360
黔西县	-0.406	477	-0.215	476	-0.002	253	-0.098	412	-0.091	414
临洮县	-0.414	478	-0.036	316	-0.096	447	-0.132	449	-0.150	461
昭阳区	-0.420	479	-0.084	382	-0.074	405	-0.110	425	-0.152	464
红河县	-0.421	480	-0.321	504	-0.028	308	-0.050	342	-0.023	320
吴堡县	-0.427	481	0.163	48	-0.141	491	-0.034	312	-0.416	503
绿春县	-0.434	482	-0.249	487	-0.001	252	-0.080	389	-0.104	428
岷县	-0.439	483	-0.095	397	-0.079	415	-0.104	418	-0.162	473
盐津县	-0.446	484	-0.242	485	-0.029	311	-0.012	280	-0.164	475
安龙县	-0.459	485	-0.095	396	0.000	244	-0.106	422	-0.258	497
永善县	-0.463	486	-0.206	471	-0.099	450	-0.001	266	-0.157	469
威宁彝族回族苗族自治县	-0.466	487	-0.295	500	-0.001	248	-0.132	450	-0.037	343
大关县	-0.482	488	-0.239	484	-0.074	404	0.008	247	-0.177	484
大方县	-0.483	489	-0.264	492	-0.001	249	-0.164	468	-0.053	369
彝良县	-0.491	490	-0.194	467	-0.088	436	-0.060	363	-0.149	459
渭源县	-0.504	491	-0.017	292	-0.076	410	-0.261	492	-0.150	460
那坡县	-0.515	492	-0.267	493	0.137	26	-0.153	460	-0.232	496
金阳县	-0.523	493	-0.133	425	-0.043	353	-0.430	503	0.083	104
陇西县	-0.532	494	-0.021	298	-0.096	446	-0.252	490	-0.163	474
环县	-0.548	495	-0.110	409	-0.143	496	-0.105	421	-0.190	486
通渭县	-0.548	496	-0.090	390	-0.087	430	-0.261	491	-0.110	434
布拖县	-0.576	497	-0.083	380	-0.067	395	-0.365	499	-0.062	378
元阳县	-0.599	498	-0.317	503	-0.047	360	-0.117	436	-0.119	446
普格县	-0.637	499	-0.110	408	-0.065	390	-0.375	500	-0.087	409
喜德县	-0.655	500	-0.168	454	-0.047	361	-0.333	497	-0.107	432
昭觉县	-0.684	501	-0.187	465	-0.040	347	-0.333	498	-0.124	449
松桃苗族自治县	-0.745	502	-0.208	475	0.075	80	-0.084	393	-0.528	504
越西县	-0.830	503	-0.162	446	-0.057	382	-0.485	504	-0.126	450

续表

绿色减贫指标体系	绿色减贫指数		经济增长绿色度		资源利用与环境保护程度		社会发展能力		扶贫开发与减贫效果	
片区	指标值	排名	指标值	排名	指标值	排名	指标值	排名	指标值	排名
美姑县	–0.860	504	–0.150	435	–0.009	272	–0.585	505	–0.115	442
景谷傣族彝族自治县	–0.988	505	–0.149	433	0.130	31	–0.401	502	–0.569	505

附件三　绿色减贫指数指标解释与数据来源

1. 人均地区生产总值（元 / 人）

国内生产总值（GDP）是指按市场价格计算的一个国家（或地区）所有常住单位在一定时期内生产活动的最终成果。对于一个地区来说，称为地区生产总值或地区 GDP。计算公式为：

$$人均地区生产总值=\frac{地区生产总值}{（上年年末总人口数+当年年末总人口数）/2}$$

资料来源：国务院扶贫办统计数据，2014。

2. 单位地区生产总值能耗（吨标准煤 / 万元）

能源消费总量是指一定时期内全国（地区）各行业和居民生活消费的各种能源的核算能源消费总量指标。能源消费总量分为三部分，即终端能源消费量、能源加工转换损失量和损失量。

单位地区生产总值能耗是指一定时期内该地区能源消费总量与地区生产总值的比值，反映的是该地区每增加一单位地区生产总值（此处地区生产总值均折算为 2010 年不变价）所带来的能源使用的增加量。计算公式：

$$单位地区生产总值能耗=\frac{能源消费总量}{地区生产总值}$$

资料来源：各省市县统计年鉴和统计公报，2014，2015。

3. 单位地区生产总值二氧化硫排放量（吨 / 万元）

单位地区生产总值二氧化碳排放量是指一定时期内某地区二氧化碳排放量与地区生产总值（此处地区生产总值均折算为 2010 年不变价）的比值。计算公式为：

$$\text{单位地区生产总值二氧化碳碳排放}=\frac{\text{二氧化碳排放量}}{\text{地区生产总值}}$$

资料来源：各省市县统计年鉴和统计公报，2014，2015。

4. 土地产出率（万元 / 千公顷）

土地产出率是指一定时期内该地区种植业产值与农作物播种面积的比值。计算公式为：

$$\text{土地产出率}=\frac{\text{农业总产值}}{\text{农作物播种面积}}$$

资料来源：各省统计年鉴和各县统计公报，2014，2015。

5. 工业固体废物综合利用率（%）

工业固体废物综合利用率是指工业固体废物综合利用量占工业固体废物产生量（包括综合利用往年贮存量）的百分率。计算公式为：

$$\text{工业固体废物综合利用率}=\frac{\text{工业固体废物综合利用量}}{\text{工业固体废物产生量}+\text{综合利用往年贮存量}}\times 100$$

资料来源：各省市县统计年鉴和统计公报，2014，2015。

6. 第三产业增加值比重（%）

第三产业增加值比重是指报告期内第三产业增加值占地区生产总值的百分比。计算公式为：

$$\text{第三产业增加值比重}=\frac{\text{第三产业增加值}}{\text{地区生产总值}}$$

资料来源：各省市县统计年鉴和统计公报，2014，2015。

7. 人均森林面积（平方公里 / 人）

森林面积是指由乔木树种构成，郁闭度 0.2 以上（含 0.2）的林地或冠幅宽度 10 米以上的林带的面积，即有林地面积。森林面积包括天然起源和人工起源的针叶林面积、阔叶林面积、针阔混交林面积和竹林面积，不包括灌木林地面积和疏林地面积。

人均森林面积是指一定时期内一个地区个人平均拥有的有林地面积。计算公式为：

$$人均森林面积=\frac{该地区森林面积}{该地区总人数}$$

资料来源：国务院扶贫办统计数据，2014。

8. 森林覆盖率（%）

森林覆盖率指一个国家或地区森林面积占土地面积的百分比。在计算森林覆盖率时，森林面积包括郁闭度 0.20 以上的乔木林地面积和竹林地面积、国家特别规定的灌木林地面积、农田林网以及四旁（村旁、路旁、水旁、宅旁）林木的覆盖面积。森林覆盖率表明一个国家或地区森林资源的丰富程度和生态平衡状况，是反映林业生产发展水平的主要指标。计算公式：

$$森林覆盖率=\frac{森林面积}{土地总面积}\times 100+\frac{灌木林地面积}{土地总面积}\times 100+\frac{林网树占地面积}{土地总面积}\times 100+\frac{四旁树占地面积}{土地总面积}\times 100$$

资料来源：国务院扶贫办统计数据，2014。

9. 单位耕地面积化肥施用量（千克 / 公顷）

农用化肥施用量指本年内实际用于农业生产的化肥数量，包括氮肥、磷肥、钾肥和复合肥。化肥施用量要求按折纯量计算数量。折纯量是指把氮肥、磷肥、钾肥分别按含氮、含五氧化二磷、含氧化钾的百分之百成份进行折算后的数量。复合肥按其所含主要成分折算。计算公式为：

$$折纯量=实物量\times 某种化肥有效成分含量的百分比$$

耕地面积指经过开垦用以种植农作物并经常进行耕耘的土地面积。包括种有作物的土地面积、休闲地、新开荒地和抛荒未满三年的土地面积。单位耕地面积化肥施用量的计算公式为：

$$单位耕地面积化肥施用量=\frac{化肥施用量}{耕地面积}$$

资料来源：各省市县统计年鉴和统计公报，2014。

10. 农村恩格尔系数（%）

农村恩格尔系数是根据恩格尔定律得出的比例数，是表示生活水平高低的一个指标。其计算公式为：

$$农村恩格尔系数=\frac{农村家庭中食品支出总额}{家庭消费支出总额}\times 100$$

资料来源：各省市县统计年鉴和统计公报，2014。

11. 城乡收入比（%）

城乡收入比是指城市与农村居民的收入之比。计算公式：

$$城乡收入比=\frac{城市居民收入}{农村居民收入}\times 100$$

资料来源：国务院扶贫办统计数据（2014）和各省市县统计年鉴、统计公报，（2014）。

12. 新型合作医疗参合率（%）

新型合作医疗参合率指连片特困地区参加新型合作医疗的农村人口占农村总人口的比率。计算公式：

$$新型合作医疗参合率=\frac{参加新型合作医疗的人数}{农村总人口}\times 100$$

资料来源：国务院扶贫办统计数据，2014。

13. 有卫生室行政村比例（%）

有卫生室行政村比例是指连片特困地区有卫生室的行政村数占行政村总数的比率。计算公式：

$$有卫生室行政村比例=\frac{有卫生室的行政村数}{行政村总数}\times 100$$

资料来源：国务院扶贫办统计数据，2014。

14. 新型农村养老参保率（%）

新型农村养老参保率指连片特困地区参加新型农村养老保险的农村人口占农

村总人口的比率。计算公式：

$$新型农村养老参保率=\frac{参加新型农村养老保险的农村人口}{农村总人口}\times 100$$

资料来源：国务院扶贫办统计数据，2014。

15. 高中阶段教育毛入学率（%）

高中阶段毛入学率是指普通高中、职业高中、成人高中、普通中专、成人中专和技工学校在校生总数与该学龄段 15 至 17 周岁人口总数的百分比。这一指标体现了一个地区 15 至 17 周岁年龄段人口的素质，也体现了一个国家和地区经济发展水平和教育发展现状及未来趋势。

资料来源：国务院扶贫办统计数据，2014。

16. 贫困人口占总农村人口比重（%）

贫困人口占总农村人口比重是指连片特困地区贫困人口与农村总人口的比率。计算公式：

$$贫困人口占总农村人口比重=\frac{贫困人口}{农村总人口}\times 100$$

资料来源：国务院扶贫办统计数据，2014。

17. 农村人均纯收入增长率（%）

农村人均纯收入增长率是指连片特困地区当年与上一年农村人均纯收入的差值与上一年农村人均纯收入的比率。计算公式：

$$农村人均纯收入增长率=\frac{当年农村人均纯收入-上一年农村人均纯收入}{上一年农村人均纯收入}\times 100$$

资料来源：国务院扶贫办统计数据，2014。

18. 通电行政村比重（%）

通电行政村比重是指连片特困地区通电的行政村数占行政村总数的比率。计算公式：

$$通电行政村比重=\frac{通电的行政村数}{行政村总数}\times 100$$

资料来源：国务院扶贫办统计数据，2014。

19. 通路行政村比重（%）

通路行政村比重是指连片特困地区通路的行政村数占行政村总数的比率。计算公式：

$$通路行政村比重=\frac{通路的行政村数}{行政村总数}\times 100$$

资料来源：国务院扶贫办统计数据，2014。

20. 有效灌溉面积占基本农田面积比重（%）

有效灌溉面积是指灌溉工程设施基本配套，有一定水源，土地较平整，一般年景可进行正常灌溉的耕地面积。计算公式：

$$有效灌溉面积占基本农田面积比重=\frac{有效灌溉面积}{基本农田面积}\times 100$$

资料来源：各省市县统计年鉴和统计公报，2014。

21. 实现安全饮水人数比重（%）

实现安全饮水人数比重是指报告期内安全饮水人数占总人数的比重。计算公式为：

$$实现安全饮水人数比重=\frac{实现安全饮水人数}{总人数}\times 100$$

资料来源：国务院扶贫办统计数据，2014。

各章主笔

章节	主笔人
总论	张琦、冯丹萌
第一章、第四章	施发启 万君
第二章	宋涛
第三章、第十四章	贺胜年 张琦
第五章、第七章	史志乐 宋涛
第六章、第八章	张琦 樊响
第九章、第十章、第十一章	张琦 陈国创
第十二章	施发启 石超
第十三章	冯丹萌 张琦
第十五章	宋涛 王聪

参考文献

[1] 大别山片区区域发展与扶贫攻坚规划（2011–2020 年）.

[2] 罗霄山片区区域发展与扶贫攻坚规划（2011–2020 年）.

[3] 滇桂黔石漠化片区区域发展与扶贫攻坚规划（2011–2020 年）.

[4] 武陵山片区区域发展与扶贫攻坚规划（2011–2020 年）.

[5] 秦巴山片区区域发展与扶贫攻坚规划（2011–2020 年）.

[6] 吕梁山片区区域发展与扶贫攻坚规划（2011–2020 年）.

[7] 乌蒙山片区区域发展与扶贫攻坚规划（2011–2020 年）.

[8] 大兴安岭南麓片区区域发展与扶贫攻坚规划（2011–2020 年）.

[9] 燕山 – 太行山片区区域发展与扶贫攻坚规划（2011–2020 年）.

[10] 六盘山片区区域发展与扶贫攻坚规划（2011–2020 年）.

[11] 滇西边境片区区域发展与扶贫攻坚规划（2011–2020 年）.

[12] 周华强等 . 基于对应分析的产业扶贫关联度分析—以四川省为例 [J]，中国农学通报，2015，31（25）: 284–290.

[13] 李捷等 . 张家界市大鲵产业扶贫的调查与思考 [J]，资源开发与市场，2015，31（8）: 999–1002.

[14] 邢燕芬 . 产业扶贫与劳务扶贫——市场经济下我省扶贫工作的现实选择 [J]，前进，1994，（12）: 32–33.

[15] 白丽、赵邦宏 . 产业化扶贫模式选择与利益联结机制研究 [J]，河北学刊，2015，35（4）: 158–162.

[16] 纪丽娟、裴蓓 . 参与式治理视角下的产业扶贫模式创新 [J]，陕西行政学院学报，2015，29（3）: 118–121.

[17] 冬唯 . 以“产业扶贫”破解天津市贫困乡村造血难题 [J]，产业经济，2014，（11）: 171–172.

[18] 叶宏、马海五达、木乃铁哈 . 民族地区妇女参与产业扶贫的问题分析和政策建议 [J]，毕节学院学报，2011，29（12）: 30–35.

[19] 全承相、贺丽君、全永海 . 产业扶贫精准化政策论析 [J]，湖南财政经济学院学报，2015，31（153）：118–123.

[20] 白丽、赵邦宏 . 产业化扶贫模式选择与利益联结机制研究 [J]，河北学刊，2015，35（4）：158–162.

[21] 徐翔、刘尔思 . 产业扶贫融资模式创新研究 [J]，经济纵横，2011，（7）：85–88.

[22] 许尔忠、齐欣 . 金融支持产业扶贫“庆阳模式”研究 [J]，西北民族大学学报（哲学社会科学版），2015，（4）：109–115.

[23] 钟承斌 . 赣州市金融支持产业扶贫开发研究 [J]，金融与经济，2015，（5）：93–96.

[24] 龙延平 . 武陵山区产业扶贫实效探讨及其经验启示 [J]，山东农业工程学院学报，2014，31（5）：12–15.

[25] 张慧君 . 赣南苏区产业扶贫的“新结构经济学”思考 [J]，经济研究参考，2013，（33）：65–72.

[26] 孙志国等 . 武陵山片区国家扶贫龙头企业与产业扶贫 [J]，陕西农业科学，2012，（6）：198–202.

[27] 邓小海、曾亮、肖洪磊 . 我国扶贫产业链优化研究 [J]，世界地理研究，2015，24（3）：167–175.

[28] 郭利芳 . 攀西民族地区资源型产业扶贫研究 [J]，技术经济与管理研究，2011，（11）：125–128.

[29] 李捷等 . 张家界市大鲵产业扶贫的调查与思考 [J]，资源开发与市场，2015，31（8）：999–1002.

[30] 胡登峰、宋思根、张廷海 . 政府意志与地方产业集群发展—基于英国经验的思考 [J]，郑州航空工业管理学院学报，2009，27（6）：1–4.

[31] 陈美华、陈东有 . 英国文化产业发展的成功经验及对中国的启示 [J]，南昌大学学报（人文社会科学版），2012，43（5）：63–67.

[32] 唐湘辉 . 美国休闲产业的发展及对中国的启示 [J]，求索，2010，（5）：81–82，159.

[33] 白丽、赵邦宏 . 产业化扶贫模式选择与利益联结机制研究 [J]，河北学刊，2015，35（4）：158–162.

[34] 黄承伟、覃志敏 . 统筹城乡发展：农业产业扶贫机制创新的契机 [J]，农村经济，2013，（2）：67–71.

[35] 李杰梅 .“公司 + 农户”型订单农业系统演化与协调机制研究 [D]，昆明理工大学博士论文，2013.

[36] 孙亚范.社员利益需求、行为激励与农民合作组织的制度分析[J]，华东经济管理，2011，(1)：31-35.

[37] 覃建雄、张培、陈兴.旅游产业扶贫开发模式与保障机制研究[J]，西南民族大学学报(人文社会科学版)，2013，(7)：134-138.

[38] 梁晨.产业扶贫项目的运作机制与地方政府的角色[J]，北京工业大学学报(社会科学版)，2015，15(5)：7-15.

[39] 李捷等.张家界市大鲵产业扶贫的调查与思考[J]，资源开发与市场，2015，31(8)：999-1002.

[40] 孙志国等.武陵山片区国家扶贫龙头企业与产业扶贫[J]，陕西农业科学，2012，(6)：198-202.

[41] 李禄胜.宁夏南部山区劳务输出：绩效、问题与对策[J]，宁夏社会科学，2005，(4)：45-51.

[42] 朱洪、郭正模.贫困少数民族地区与汉族地区劳务输出差异及原因分析[J]，特区经济，2006，(9)：272-274.

[43] 胡帮勇.西部农村地区劳务输出问题研究—以三峡库区为例[J]，安徽农业科学，2010，38(33)：19215-19217.

[44] 谭春霞.边境农村地区劳务输出对家庭生活的影响探析[J]，文山学院学报，2013，26(6)：62-66.

[45] 胡利民、高静.中西部地区政府主导型劳务输出的对策研究[J]，江西农业大学学报(社会科学版)，2006，5(4)：93-95.

[46] 李梦佳.宁夏贫困地区劳务输出现状及对策分析[J]，开发研究，2009，(3)：110-114.

[47] 程少明.鄂东农村劳务输出管理探析[J]，黄冈师范学院学报，2000，20(4)：21-23.

[48] 韦仁忠.构建青海新农村和谐社会研究[J]，甘肃联合大学学报，2010，26(1)：20-23.

[49] 李朝阳.西部地区农村劳务输出现状、问题及对策研究[J]，现代经济信息，2014，(14)：459-460.

[50] 周华.益贫式增长的定义、度量与策略研究——文献回顾[J].管理世界(月刊)，2008，(4)：160-166.

[51] 张庆红.益贫式增长的内涵及其实现路径：一个文献综述[J].新疆财经大学学报.2014，(3)：5-12.

[52] 环保部.2014 中国环境状况公报[EB/OL].http://jcs.mep.gov.cn/hjzl/zkgb/2014zkgb/

[53] 环保部 .2014 中国环境状况公报 [EB/OL]. http://jcs.mep.gov.cn/hjzl/zkgb/2014zkgb/

[54] 环保部 .2014 中国环境状况公报 [EB/OL]. http://jcs.mep.gov.cn/hjzl/zkgb/2014zkgb/

[55] 环保部 .2012 中国环境状况公报 [EB/OL]. http://jcs.mep.gov.cn/hjzl/zkgb/2014zkgb/

[56] 环保部 . 关于加强土壤污染防治工作的意见 [EB/OL]

[57] http://baike.baidu.com/link?url=N9wo_ZxJ6LMNK9G0MupZK9gGmjiGlgk9jmLyWPbuwGpTtGCIdl6DkB8S_sO14hfK6THXz63sFprE53WsBr0nK_

[58] 张琦等著《中国绿色减贫指数报告 2014》经济日报出版社 2014 年 11 月出版

[59] 张琦、黄承伟等著《扶贫脱贫机制研究》经济科学出版社 2015 年 11 月出版

[60] 张琦等著《特殊困难地区发展方式转变与减贫战略研究》中国财政经济出版社 2013 年 1 月出版

后　记

《绿色减贫指数研究报告 2016》的出版正值我国进入到了扶贫脱贫新的历史时期，一方面 2016 年是“十三五”开局之年，另一方面，脱贫攻坚进入到了关键阶段，国家“十三五”规划纲要正式出台，预示着迈向中国全面建成小康社会目标冲刺的冲锋号再次吹响，包括绿色、共享在内的“五大”发展理念已经成为未来中国社会经济发展的指引，扶贫脱贫攻坚战同样如此。

继 2014 年完成了第一部中国绿色减贫指数报告后，我们就开始着手《中国绿色减贫指数报告 2016 年》研究工作，根据专家的意见，结合扶贫脱贫和绿色发展的实际调研，并依照数据的可得性和统计数据口径统一性等实际，我们改进和完善了原有的指标体系。今年报告我们增加对 14 个片区的绿色减贫指数分别进行了分析和评价，并结合我们完成《集中连片特殊困难地区区域发展与扶贫攻坚规划实施监测》课题调研成果，提出了片区绿色减贫的对策建议，而这些建议有些是一致性建议，有些是针对相应片区提出的建议，希望能有所参考。

感谢国务院扶贫办领导的长期指导，没有扶贫办领导鼓励和支持，完成这项研究是不可能的。在这项研究过程中，国务院扶贫办刘永富主任、欧清平副主任、政策法规司苏国霞司长、中国国际扶贫中心黄承伟副主任、规划财务司郭建军副司长、行政人事司张良副司长、信息中心王小林副主任给予了多方面的指导，提出了很多修改意见。感谢贵州扶贫办叶韬主任、甘肃省扶贫办任燕顺主任、陕西省扶贫办杨向凌总农艺师、张秋霞处长、褚社教副处长及贵州扶贫办政策法规处邹涛处长、赵孝捷、杨兰、云南省扶贫办法规处、陕西省扶贫办行业发展处、甘肃省扶贫办监察考核处和感谢云南会泽县扶贫办、贵州威宁、习水县和玉屏县扶贫办、陕西省淳化县和镇安县扶贫办、甘肃省渭源县和陇西县扶贫办等在调研过程中大力支持和密切配合。

感谢扶贫研究领域著名专家李实教授、汪三贵教授、李小云教授、吴国宝研究员、王晓毅研究员、雷明教授、左停教授、夏庆杰教授、向德平教授、夏英研究员、王建民教授、孙庆忠教授等给予的研究指导。

感谢中央政策研究室经济局局长冯海发教授、中国农业大学王秀清教授经济日报社内参室孙世芳研究员等长期给予扶贫脱贫工作的关心和指导！

北京师范大学经济与管理研究院院长关成华教授、名誉院长李晓西教授等在扶贫研究方面给予了大力支持。在此表示感谢！

当然，还要感谢我们的研究团队成员，国家统计局施发启高级统计师、宋涛副教授在整个指标确定讨论和组织协调运算中付出了巨大辛劳。万君博士后在完成了片区监测报告课题后又加入到绿色减贫研究中，博士生冯丹萌、史志乐、贺胜年、硕士生樊响、陈国创、石超和王聪等也在数据收集和报告初稿撰写得到了锻炼。在完成初稿基础上，课题组进行了三次讨论和修改，宋涛老师和贺胜年博士生对初稿进行了修改，最后由张琦教授修改定稿！

绿色减贫作为新时期我国扶贫脱贫攻坚的重要路径，是理论研究新理念，是实践中正在探索的创新之举，构建绿色减贫指数是分析和研究绿色减贫的一个方面，但并不是绿色减贫的全部，因此，绿色减贫指数研究和绿色减贫研究还需要进一步深入探讨，由于我们水平有限，错误在所难免，请批评指正！

北京师范大学中国扶贫研究中心主任　张琦

2016 年 4 月 6 日